南开大学农业保险研究中心·农业保险系列教材

农 险 精 算

李勇权　主编

南开大学出版社

天　津

图书在版编目(CIP)数据

农险精算 / 李勇权主编. —天津：南开大学出版
社，2021.1
南开大学农业保险研究中心·农业保险系列教材
ISBN 978-7-310-06037-5

Ⅰ.①农… Ⅱ.①李… Ⅲ.①农业保险－保险精算－
高等学校－教材 Ⅳ.①F840.66

中国版本图书馆 CIP 数据核字(2020)第 272809 号

农险精算
NONGXIAN JINGSUAN

————————————————————

南开大学出版社出版发行
出版人：陈　敬

地址：天津市南开区卫津路 94 号　　邮政编码：300071
营销部电话：(022)23508339　营销部传真：(022)23508542
http://www.nkup.com.cn

————————————————————

北京明恒达印务有限公司印刷　全国各地新华书店经销
2021 年 1 月第 1 版　　2021 年 1 月第 1 次印刷
260×185 毫米　16 开本　27.5 印张　2 插页　552 千字
定价：78.00 元

————————————————————

如遇图书印装质量问题，请与本社营销部联系调换，电话：(022)23508339

编委会名单

主　任：虞国柱

委　员：（按姓氏笔画排序）

牛国芬　　石　践　　卢一鸣　　冯文丽

朱　航　　江生忠　　江炳忠　　李连芬

李勇权　　邱　杨　　沈光斌　　张　峭

张仁江　　张海军　　陈元良　　周县华

单　鹏　　赵　明　　段应元　　施　辉

姜　华　　郭　红

总　　序

经南开大学农业保险研究中心（以下简称南开农研中心）将近两年的精心策划、筹备、招标、研讨和各位专家学者的艰苦写作，我国农业保险界第一套专业丛书陆续问世了。这是一件值得农业保险界和保险界高兴和庆贺的事。

中国的农业保险，要从 20 世纪 40 年代的商业性试验算起，到现在已有 70 多年的历史了，但是真正的制度化农业保险的启动、试验和发展过程，只不过 12 年时间。在这 12 年时间里，农业保险学界和业界，在中国农业现代化发展和乡村振兴的背景下，借鉴和吸收不同国家发展农业保险的实践和经验，努力设计出一套有我们自己特色的制度模式和经营方式，开发出自己的丰富多彩的产品体系，在这个领域创造出中国经验和中国速度。这可能是我们的农业保险界前辈和国际农业保险界做梦也没有想到的。

实践总是理论和政策的先导，理论和政策又进一步指导着实践。这些年里，农业保险的实践不断给农业保险研究提出新课题，推动着农业保险理论的不断探索。同时，我们的实践经验也在一点一滴地积累和总结。这套教材，就是政、产、学、研在这几十年里实践和研究成果的结晶，这些成果必定会为农险制度和政策的完善、业务经营和管理的改进提供指导和规范。

几十年来，特别是近 12 年来，我国农业保险的发展走过了一条循序渐进之路。从该业务性质层面，开始是单一的商业化农业保险的试验，后来才走上政策性农业保险和商业性农业保险并行试验和全面实施的阶段。当然，目前的农业保险，政策性业务已经占到农业保险业务 95% 以上的份额。从农业保险的内容层面，也从最初的种植业和养殖业保险，扩大到涉农财产保险的广阔领域。就农业保险产品类别和作业方式层面，我们从最初的以承保少数风险责任的生产成本损失的保障，扩大到承保大多数风险责任的产量和收入的保障。承保方式也从传统的一家一户的承保理赔方式，扩展到以区域天气指数和区域产量的承保和理赔方式。从农业保险制度构建的层面，我们从商业性保险领域分离出来，建立了专门的农业保险制度。这个发展和建设过程虽然不短，但相比其他国家，特别是其他发展中国家，速度是最快的，而且从 2008 年以来我们的农业保险市场规模已经稳居亚洲第一、全球第二了。

随着农险业务和制度的发展变化，我们遇到越来越多法律的、政策的以及上述所有业务拓展领域的理论和实际问题。在商业性农业保险试验屡战屡败的背景下，最早提出来的是"农业保险有什么特殊性质"的问题。随着理论上的认识深化和逐步统一，制度和法律建设问题就提出来了。2007年政府采纳了农业保险界的意见，开始对农业保险给予保险费补贴。随着这类有财政补贴的政策性农业保险的试验和扩大，业务经营和扩展的问题也逐渐提上议事日程。《农业保险条例》出台之后，随着全国普遍实施政策性农业保险和广大小农户的参保遭遇承保理赔的困境，天气指数保险、区域产量保险等经营方式和产品形态便受到广泛关注和开发。当国家对大宗农产品定价机制改革的政策推出时，作为配套政策的农业收入保险和其他与价格风险相关的保险产品的研究也变得迫切起来。这些年，特别是在这十几年里，制度创新、经营模式创新、组织创新、产品创新等我们需要面对和探讨的课题，就一个一个被提出来了，我们的农险研究在逐步形成的政、产、学、研体制下，广泛地开展起来，参与研究的专家、学者、研究生和广大从业者越来越多，各类成果也就呈几何级数式增长的势头。我们的农业保险相关法律和政策就是在这样的基础上产生并不断完善，推动着我国农业保险的制度建设、业务规模和服务质量的快速推进和发展。

本套丛书既是适应业界业务发展的需要，也是适应学校教学的需要，在保险监管部门的充分肯定和大力支持下，集行业之力，由众多学者、业界专家和研究生们共同努力，一边调研一边讨论，共同撰写出来的。从该创意的提出，题目征集，选题招标，提纲拟定和交流，初稿的讨论，直到审议、修改和定稿，虽然历时不短，但功夫不负有心人，现在丛书终于陆续出版，与读者见面了。我想，所有参加研讨和写作的专家、学者和研究生们，都在这个过程中经受了调研和写作的艰苦，也享受到了获得成果的喜悦。我们相信，这些作品会为我们的农险实践提供帮助和支持。

本套丛书是我国第一套农业保险专业图书，也是我所知道的世界上第一套全方位讨论农业保险的图书，虽然不敢说具有多么高的理论水平和实践价值，但这是一个很好的开头，是我们这些农业保险的热心人对我国农业保险的推进，对世界农业保险发展做出的一点贡献。当然，我们的实践经验不足，理论概括能力也有限，无论观点、论证和叙述都会有很多不足之处甚至谬误，需要今后进一步修正、提高和完善。我们欢迎业界和学界广大同人和朋友在阅读这些作品后多加批评和指正。

南开农研中心要感谢这套丛书的所有参与者、支持者和关注者，特别是各位主编及其团队，感谢大家对农业保险"基建工程"的钟爱并付出的巨大热情和辛劳，感谢诸多外审专家不辞劳烦悉心审稿。也要感谢南开农研中心所有理事单位对这套丛书的鼎力支持和帮助。南开农研中心也会在总结组织编写这套丛书经验的基础上，继续推出其他系列的农业保险图书，更好地为所有理事单位服务，更好地为整个农业保险界服务，为推动我国农业保险事业的蓬勃发展做出更多的贡献。

　　南开大学出版社的各位编辑们为第一批图书能及时出版，加紧审稿，精心设计，付出诸多心血，在此表达我们的深深谢意。

庹国柱

2019 年 5 月于南开大学

目　　录

绪论　农业保险精算数理基础

学习目标

1. 了解基本的数学符号；
2. 掌握随机事件及其运算规则；
3. 了解条件概率及其计算方法；
4. 理解随机变量及其分布；
5. 掌握随机变量的数字特征。

知识结构图

```
                    数理基础
        ┌─────────────┼─────────────┐
   数学预备知识      概率论基础      统计学基础
        │             │             │
     数学符号       随机事件        基本概念
        │             │             │
     数学函数      概率、条件       统计数据
                      概率
                      │
                   随机变量
```

精算学是一门综合数学、统计学、经济学、金融学、会计学、管理学等多学科，应用于保险及风险管理领域的学科。农业保险精算的主要应用对象是农业保险领域，其基本内容包括对农业保险风险的度量、农业保险产品定价和农业保险准备金评估等，数学和统计学是农业保险精算最重要的基础。因此本章在介绍农业保险精算基本内容之前，先对相关的数学和统计学的基础知识做一个简要的回顾，数理基础扎实的读者可以跳过本章直接阅读下一章。

第一节　数学预备知识

数学是一切科学的基础，数学也为科学地表达提供了简洁和优美的语言。精算学是建立在数学的基础之上，并且大量地使用数学语言进行表达的学科，因此，阅读精算学相关文献，需要熟悉有关的数学表达方法和知识。

一　求和号

在数学和统计学中，经常需要对多个数据进行求和，比如求一组数据 $x_1, x_2, \cdots, x_n$ 的总和，可以写为：

$$x_1 + x_2 + \cdots + x_n$$

如果涉及的求和项比较多（n 比较大），则可以用求和号"$\sum$"来表示，也就是说，上式可写成：

$$\sum_{i=1}^{n} x_i \tag{0.1}$$

求和号的右边是进行求和的代数式，而上、下标则界定了求和的范围，公式（0.1）的意义就是从 $i=1$ 开始到 $i=n$ 结束，求所有 x_i 的和。

例 0-1：求 $\sum_{i=1}^{4} i^3$ 的值。

解：

根据求和号的规则可以知道，$\sum_{i=1}^{4} i^3$ 表示四个数的和，这四个数分别为 1 到 4 的立方，即：

$$\sum_{i=1}^{4} i^3 = 1^3 + 2^3 + 3^3 + 4^3 = 100$$

二　连乘号

与求和号类似，连乘号是对多个数据求乘积的简洁符号表示，比如求一组数据 x_1,

$x_2, \cdots, x_n$ 的总乘积，可以写为：

$$x_1 \times x_2 \times \cdots \times x_n$$

数学里一般用大写的字母"$\prod$"作为连乘号，于是，上式可以写成：

$$\prod_{i=1}^{n} x_i \tag{0.2}$$

连乘号的右边是进行连续相乘的代数式，而上、下标则界定了求乘积的范围，公式（0.2）的意义就是从 $i = 1$ 开始到 $i = n$ 结束，求所有 x_i 的乘积。

例 0 - 2：求 $\prod\limits_{i=1}^{3} (2i + 1)$ 的值。

解：

当 $i = 1$，2，3 时，$(2i + 1)$ 的值分别为 3，5，7，于是，这里要求的其实是 $3 \times 5 \times 7$ 的值，即：

$$\prod_{i=1}^{3} (2i + 1) = 3 \times 5 \times 7 = 105$$

三　阶乘号

如果连乘的数是从 1 开始的连续的 n 个正整数，即 $\prod\limits_{i=1}^{n} i$，我们把这个数叫作 n 的阶乘，记作 $n!$，即用符号"!"表示阶乘号：

$$n! = 1 \times 2 \times 3 \times \cdots \times n \tag{0.3}$$

按照约定，0 的阶乘等于 1，即 $0! = 1$。

例 0 - 3：求 $\sum\limits_{i=1}^{3} (x_i!)$ 的值，其中 $x_1 = 2$，$x_2 = 4$，$x_3 = 7$。

解：

我们按 x_i 的不同取值将其各自的阶乘相加，可得：

$$\sum_{i=1}^{3} (x_i!) \bigg| = 2! + 4! + 7!$$
$$\bigg| = 2 \times 1 + 4 \times 3 \times 2 \times 1 + 7 \times \cdots \times 1$$
$$\bigg| = 5066$$

四　组合号

组合号是在排列组合和离散型概率分布中经常使用的一种数学符号，用大写的 C 表示，有上、下标，下标是所有元素的总个数，上标表示参与选择的元素个数。也可以用符号"（ ）"表示，符号（ ）的上标是所有元素的总个数，下标表示参与选择的元素个数。如 C_n^i 或 $\binom{n}{i}$，表示从 n 个不同元素中取出 i 个元素的组合数，组合是不考虑取出的这几个元素的内部排序的，其计算公式为：

$$C_n^i = \frac{n!}{i!(n-i)!} \qquad (0.4)$$

以 C_5^2 为例，表示的含义是：假设有 5 本不同的书，分别为 A、B、C、D、E，从中抽取 2 本书，则一共有 $C_5^2 = \frac{5!}{2! \times (5-2)!} = \frac{5 \times 4 \times 3 \times 2 \times 1}{2 \times 1 \times (3 \times 2 \times 1)} = 10$ 种抽取方法。可用列举法进行验证，可能的组合形式如下：

AB   AC   AD   AE   BC   BD   BE   CD   CE   DE

例 0 - 4：假设有 5 种不同颜色的乒乓球，分别为红、蓝、绿、黑、白，从这五个球中选取 3 个球，请问：共有几种不同的组合形式？

解：

我们给出两种方法求解。一种是列举法，即把所有的可能结果都列举出来，在列举的时候最好遵循一定的顺序，以免漏掉某些结果；另一种则是直接根据组合的计算公式进行计算。

方法一

按题中列出的颜色顺序进行选取，按照第三位、第二位、第一位的顺序进行调整，完成如下列举：

（红，蓝，绿），（红，蓝，黑），（红，蓝，白），（红，绿，黑），
（红，绿，白），（红，黑，白），（蓝，绿，黑），（蓝，绿，白），
（蓝，黑，白），（绿，黑，白）

因此，本题中一共有 10 种组合方式。在计算中列举顺序并不唯一，可根据自己的习惯进行有规律的列举。

方法二

直接套用组合公式计算：

$$C_5^3 = \frac{5!}{3! \times (5-3)!} = 10$$

根据公式计算出的答案和列举法得出的答案是一样的，某种程度上证明公式的实用性。另外可以发现例 0 - 4 得到的答案和前面 C_5^2 的答案是一样的，这并不是巧合。当我们从 n 中抽取 i 种元素的时候，也剩下了 $n-i$ 种元素，这可以视为从 n 中抽取的 $n-i$ 种。根据组合的计算公式很容易看出组合的互补性，即：

$$C_n^i = \frac{n!}{i!(n-i)!} = \frac{n!}{(n-i)!(n-(n-i))!} = C_n^{n-i} \qquad (0.5)$$

五 微分号

微分号是微分法的意思表示。微分法是对函数的局部变化率的一种线性描述，它

以无穷分割为中心思想，将函数的变化分解。当函数自变量的取值的变化足够小时，可以将函数的变化分为两个部分，一个是自变量变化的线性部分，另一个是比自变量变化值高阶的部分。

以一个正方形面积的变化为例，正方形的面积是边长的平方，也就是边长的函数。现在记正方形面积为 S，边长为 x，则有 $S = x^2$。当边长发生变化，增加 Δx 时，面积有如下变化：

$$\Delta S \bigm| = (x + \Delta x)^2 - x^2$$
$$\bigm| = 2x \times \Delta x + (\Delta x)^2$$

从上式可以看到，正方形面积的变化可以分为两个部分，一个部分是边长变化值 Δx 的线性函数，另一部分则是边长变化值 Δx 的高阶部分，当 $\Delta x \to 0$ 时，$(\Delta x)^2$ 是比 Δx 高阶的无穷小量[①]。所以当 Δx 的值很小时，高阶部分更加微小，可直接用线性部分代替 ΔS，这一部分就称为函数 $S = x^2$ 的微分，记作 dS，即：

$$dS = df(x) = A \times \Delta x \qquad (0.6)$$

微分的意义也可以通过图 0-1 来进行理解。在图 0-1 中，曲线 $y = f(x)$ 与直线 $y = f'(x)x + C$ 相切于点 $(x, f(x))$ 处。当自变量 x 变化了 Δx 后，得到点 $(x + \Delta x, f(x + \Delta x))$，所以 $\Delta y = f(x + \Delta x) - f(x)$。根据前面对微分的定义可知，$dy = f'(x)\Delta x$。从图 0-1 可以看出，$\Delta y$ 与 dy 相差的部分为 CD，当 Δx 不断变小时，两者的差距 CD 也不断变小，所以此时可以将 dy 视为 Δy。

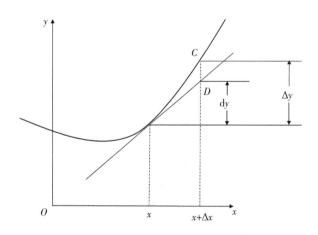

图 0-1 微分法

[①] 在 $\Delta x \to 0$ 这一过程中，$(\Delta x)^2$ 是比 Δx 高阶的无穷小量，是指在这一过程中，$(\Delta x)^2$ 趋于 0 的速度比 Δx 要快。

六 积分号

一个函数的积分可以写为 $\int f(x)\mathrm{d}x$，它可以理解为在坐标平面上，由曲线 $y = f(x)$、直线和 x 轴围成的曲边梯形的面积，如图 0-2 所示。由于曲边梯形面积求解没有简单方法，一般需要使用无限分割的理念，积分也可以简单理解为利用极限的概念，将曲边梯形分割为无数个以函数值为长、无穷小值为宽的长方形，从而对无数个长方形的面积求和的过程。

积分可以分为定积分 $\int_a^b f(x)\mathrm{d}x$ 和不定积分 $\int f(x)\mathrm{d}x$ 两种，它们之间的区别不限于定积分具有上、下限，不定积分没有上、下限。从结果上来看，定积分是根据求曲边梯形的面积得到的，最后的结果为一个数；而不定积分是找所有求导结果相同的原函数，它最后得到的结果是一个表达式。

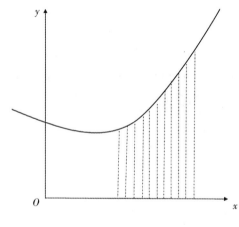

图 0-2 无限分割法

七 指数运算

指数函数的一般形式为 $y = a^x$，其中 a 为底数，x 为指数。在对指数形式的表达式进行计算的时候，有一些特殊的运算法则。

首先我们来介绍，单一指数形式的式子如何来计算。指数运算实际上是对指数个底数的乘积，比如 2^4 是 4 个 2 相乘的乘积，可以记为：

$$2^4 = 2 \times 2 \times 2 \times 2 = 16$$

如果指数部分为分数或小数，那么可对分数进行拆分，分子部分为乘方指数，按整数指数的计算方式计算即可，分母部分为根指数，则计算结果为对底数开分母次方，乘方指数和根指数的计算顺序可交换。比如 $4^{\frac{3}{2}}$ 可以拆分为 4^3 和 $\sqrt[2]{4}$ 两部分，其中分子 3

为乘方指数，分母 2 为根指数，4 的 3 次方和开根的计算顺序可互换，不影响最终结果，即：

$$4^{\frac{3}{2}} = \sqrt[2]{4^3} = \left(\sqrt[2]{4}\right)^3 = 8$$

如果指数部分为负数，那么计算结果则为底数的正指数次方的倒数，比如 2^{-4} 是 4 个 2 相乘后乘积的倒数，即：

$$2^{-4} = \frac{1}{2^4} = \frac{1}{2 \times 2 \times 2 \times 2} = \frac{1}{16}$$

特别地，当指数部分为 0 时，无论底数的值是多少，指数的运算结果都为 1，即 $a^0 = 1$。

理解了单一指数的计算方式之后，我们再来对多个指数式子的运算规则进行介绍，主要是底数相同的情况下，可以对含有多个指数的式子进行合并计算。一共有以下几种情况：

（1）$a^x \times a^y = a^{x+y}$；

（2）$a^x \div a^y = a^{x-y}$；

（3）$(a^x)^y = a^{x \times y}$。

例 0 - 5：计算 $9^{-\frac{5}{2}}$。

解：

$$9^{-\frac{5}{2}} = \left(\frac{1}{\sqrt[2]{9}}\right)^5 = \frac{1}{\left(\sqrt[2]{9}\right)^5} = \frac{1}{\sqrt[2]{(9^5)}} = \sqrt[2]{\frac{1}{9^5}} = \frac{1}{243}$$

例 0 - 6：计算下式：

（1）$27^{\frac{2}{3}}$；（2）$27^{-\frac{1}{3}}$；（3）3^3；（4）$3^{-\frac{1}{2}}$；（5）$3^{\frac{1}{2}}$；（6）$(2^2)^2$；（7）$3^{-\frac{1}{2}} \times 3^{\frac{1}{2}}$；（8）$3^{-\frac{1}{2}} \div 3^{\frac{1}{2}}$；（9）$27^{\frac{2}{3}} \div 3^3$

解：

（1）$27^{\frac{2}{3}} = \left(\sqrt[3]{27}\right)^2 = \sqrt[3]{27^2} = 9$；

（2）$27^{-\frac{1}{3}} = \frac{1}{\sqrt[3]{27}} = \frac{1}{3}$；

（3）$3^3 = 3 \times 3 \times 3 = 27$；

（4）$3^{-\frac{1}{2}} = \frac{1}{\sqrt{3}} = 0.577$；

（5）$3^{\frac{1}{2}} = \sqrt{3} = 1.732$；

（6）$(2^2)^2 = (2 \times 2)^2 = 4^2 = 16$；

（7）$3^{-\frac{1}{2}} \times 3^{\frac{1}{2}} = 3^{-\frac{1}{2}+\frac{1}{2}} = 3^0 = 1$；

（8）$3^{-\frac{1}{2}} \div 3^{\frac{1}{2}} = 3^{-\frac{1}{2}-\frac{1}{2}} = 3^{-1} = \frac{1}{3} = 0.33333$；

（9）$27^{\frac{2}{3}} \div 3^3 = 9 \div 27 = 3^{-1} = 0.3333333$。

八 对数运算

对数是指数的逆运算，如果有 $a^x = N, (N > 0)$，则 x 称为以 a 为底 N 的对数，记作 $x = \log_a(N)$，其中 a 为对数的底数，N 为真数。通常以 10 为底的对数叫作常用对数，以 e 为底的对数叫作自然对数。

因为对数是指数的逆运算，所以对数的运算法则与指数的运算法则有一定的对应性。

（1）$a^{\log_a(N)} = a^x = N$。

（2）幂的对数运算：

$$\log_a(M^n) = n \log_a(M)$$

该公式可利用指数函数进行证明，分别对左右式进行变形，可得：

$$a^{\log_a(M^n)} = M^n$$

$$a^{n\log_a(M)} = (a^{\log_a(M)})^n = M^n$$

因为指数函数在底数相同的情况下，一个指数对应一个值，不存在一个值对应多个指数的情况，所以可以判断 $\log_a(M^n) = n \log_a(M)$。

$$\log_{a^n}(M) = \frac{1}{n} \log_a(M)$$

同样可以证明：

$$(a^n)^{\log_{a^n}(M)} \mid = (a^n)^{\frac{1}{n}\log_a(M)}$$

$$\mid = a^{n \times \frac{1}{n}\log_a(M)}$$

$$\mid = a^{\log_a(M)} = M$$

后面的几条运算法则也可以同样的方式进行证明，感兴趣的读者可以自己在课后进行证明。

（3）乘积的对数运算：$\log_a(MN) = \log_a(M) + \log_a(N)$。

（4）商的对数运算：$\log_a\left(\dfrac{M}{N}\right) = \log_a(M) - \log_a(N)$。

（5）$\log_a(1) = 0$。

（6）$\log_a(b) \times \log_b(a) = 1$。

（7）（换底公式）$\log_a(b) = \dfrac{\log_c(b)}{\log_c(a)}$。

例 0 - 7：证明换底公式的正确性。

证明：

设 $b = a^m$，而 $a = c^n$，则可将 a 用 c 的指数形式替换，得：

$$b = (c^n)^m = c^{mn}$$

对 b 分别取以 a 和 c 为底的对数，可得：

$$\log_a(b) = m$$

$$\log_c(b) = mn$$

对 a 取以 c 为底的对数，得：

$$\log_c(a) = n$$

结合上式，可得：

$$\frac{\log_c(b)}{\log_a(b)} = \log_c(a)$$

经整理后即可得到换底公式：$\log_a(b) = \dfrac{\log_c(b)}{\log_c(a)}$，综上可证明换底公式的正确性。

例 0 - 8：计算下式：

$(1) \log_2(8)$；$(2) \log_3(27)$；$(3) \log_2(3) \div \log_4(9)$；$(4) \log_8(32)$；$(5) \log_{\frac{3}{2}}(9) - \log_{\frac{3}{2}}(4)$；$(6) \log_3(4) + \log_3\left(\dfrac{1}{4}\right)$

解：

$(1) \log_2(8) = \log_2(2^3) = 3\log_2(2) = 3$；

$(2) \log_3(27) = \log_3(3^3) = 3\log_3(3) = 3$；

$(3) \log_2(3) \div \log_4(9) = \log_2(3) \div \log_{2^2}(3^2)$

$$= \log_2(3) \div \left(2 \times \frac{1}{2} \times \log_2(3)\right)$$

$$= \log_2(3) \div \log_2(3) = 1$$

$(4) \log_8(32) = \log_{2^3}(2^5) = \dfrac{1}{3} \times 5 \times \log_2(2) = \dfrac{5}{3}$；

$(5) \log_{\frac{3}{2}}(9) - \log_{\frac{3}{2}}(4) = \log_{\frac{3}{2}}\left(\dfrac{9}{4}\right) = \log_{\frac{3}{2}}\left(\dfrac{3}{2}\right)^2 = 2$；

$(6) \log_3(4) + \log_3\left(\dfrac{1}{4}\right) = \log_3\left(4 \times \dfrac{1}{4}\right) = \log_3(1) = 0$。

九　插值法

插值法是利用已知点求未知点的一种近似计算方法，即利用函数 $f(x)$ 在某区间中已知的若干点，做一个适当的特定函数 $g(x)$，使得函数 $f(x)$ 中已知的点也在 $g(x)$ 上，从而使用 $g(x)$ 来估计函数 $f(x)$ 在这些点之间的其他未知点所对应的函数值。

现有一函数 $f(x)$，函数上有两个点已知，记为点 A 和点 B，这两个点的坐标分别为（2，5）和（4，7）。要估计这两个已知点之间在函数 $f(x)$ 上的某点 C，则可以建立另一个函数 $g(x)$，并使得点 A 和点 B 均在函数 $g(x)$ 上，通过 $g(x)$ 来估计点 C。为了简单，我们建立一个线性函数 $g(x)$，易知要使点 A 和点 B 均在函数 $g(x)$ 上，需要满足下式

$$g(x) - 5 = \frac{7-5}{4-2}(x-2)$$

简化上式，可以得到函数 $g(x) = x + 3$。假设要估计的函数 $f(x)$ 上的点 C 横坐标为 3，则可用插值法算出点 C 的纵坐标为 6，即点 C 的坐标为（3，6）。

上述插值方法也称线性插值法，是常用的插值方法之一。线性插值方法通常适用于曲率较小的函数（曲率越大两点之间的连线与曲线之间的间距就越大，误差也越大，如图 0-3 所示）。

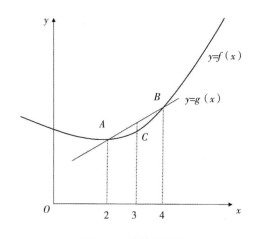

图 0-3　线性插值法

例 0-9：某保险公司为了基于保费收入来量化其分支机构的业绩，特设定了如下的考核目标及对应的考核指标得分：

保费收入	得分	考核系数
0.8 亿元	60	0.5
1 亿元	100	1
1.2 亿元	150	1.5

其他收入情况的得分和考核系数基于上表按照线性插值法算出。

假设该机构实际完成的保费收入为：

（1）0.85 亿元；

（2）1.15 亿元。

分别算出这种情况对应的得分和考核系数。

解：

（1）因为 0.8 亿元保费对应 60 分，1 亿元保费对应 100 分，所以介于 0.8 亿元到 1 亿元之间的 0.2 亿元保费总计对应 $100-60=40$（分），于是，这部分中的 0.05 亿元保费对应 $0.05\times40/0.2=10$（分）。

于是，0.85 亿元保费对应：

$$60+0.05\times40/0.2=70（分）$$

类似地，0.85 亿元保费对应的考核系数为：

$$0.5+0.05\times（1-0.5）/0.2=0.625$$

（2）因为 1.2 亿元保费对应 150 分，1 亿元保费对应 100 分，所以介于 1.2 亿元到 1 亿元之间的 0.2 亿元保费总计对应 $150-100=50$（分），于是，这部分中的 0.15 亿元保费对应 $0.15\times50/0.2=37.5$（分）。

于是，1.15 亿元保费对应：

$$100+0.15\times50/0.2=137.5（分）$$

类似地，1.15 亿元保费对应的考核系数为：

$$1+0.15\times（1.5-1）/0.2=1.375$$

第二节　概率论基础

一　随机事件及概率

（一）随机试验

在我们的认知中，有些事情是必然会发生的，例如太阳从东方升起从西方落下、水往低处流等；而有些事情则是必然不会发生的，例如 6 面的骰子掷出了 7 点。不管是必然发生还是必然不发生，这类事件都是确定事件，前者为必然事件，后者为不可能事件。

在自然或社会中也存在很多非确定的事件，例如抛一枚硬币会出现正面还是反面是不确定的、人寿命的长度是不确定的。经过大量重复的试验后发现，这类不确定事件可以呈现某种规律。在相同条件下进行大量重复观察试验被称为随机试验，而随机试验中所呈现的规律性则被称为统计规律性。

下面以 7 个例子对随机试验进行说明：

E1：投掷一枚骰子，观察出现的点数；

E2：一个黑箱中装有红蓝绿三色的乒乓球，从箱中任意摸出一个乒乓球，观察其颜色；

E3：先后投掷两次相同的硬币，观察出现正反面的情况；

E4：准备一个从 1—8 分为八等分的数字转盘，转动 10 次，每次都从两个数字的边界线开始，记录每次指针最后指向的数字；

E5：记录某地区一个月内降雨的天数；

E6：观察并记录某家肯德基一天的客流量；

E7：先后投掷两次相同的硬币，观察出现正面的次数。

上述 7 个例子中，存在一些共同点，例如 E1 可能出现的结果为 {1，2，3，4，5，6}，E2 可能出现的结果为 {红，蓝，绿}；E3 和 E4 分别将同一试验重复了 2 次和 10 次；E1—E7 在未进行试验之前都不能确定最后产生的结果（例如，即使知道 E2 只能出现红、蓝、绿三种结果，但是一次试验究竟出现哪种结果是不确定的）。概括起来，可以发现随机试验具有以下三方面的性质：

（1）可预知性：每次试验可能出现的结果有多种，并且是可以预知的；

（2）可重复性：试验在相同的条件下可以重复进行；

（3）不确定性：虽然能够预知试验产生的可能结果，但是在试验进行之前无法判断到底是哪种结果发生，只知道其中某个结果必然会发生。

值得注意的是，在上述 7 个试验中，不同的试验对应的样本空间①是不一样的，如 E1 的样本空间为 {1，2，3，4，5，6}，而 E2 的结果样本空间为 {红，蓝，绿}。另外对于同一种试验，如果试验目的不同，则对应的样本空间也是不同的，如 E3 和 E7 都是先后投掷两次相同的硬币，但是 E3 的目的是观察出现正反面的情况，而 E7 的目的是观察正面出现的次数，因此对于 E3 而言，其样本空间为 {（正面，正面），（正面，反面），（反面，正面），（反面，反面）}，而对于 E7，其样本空间则为 {0，1，2}。

（二）随机事件

随机事件是在随机试验中，可能发生的结果。它可能出现也可能不出现，但是如果大量重复试验，则可以发现某种规律性。在 E1 试验中，"出现点数 2" 这一事件可能发生也可能不发生，但是如果大量重复 E1 试验，则可以发现点数 2 的出现呈现某种固有的规律。

随机试验的结果不止一个，可以用样本空间表示所有可能的结果，而每一个可能出现的结果称为该试验的一个样本点，如试验 E1，1 是该试验的一个样本点。仅含一个样本点的随机事件称为基本事件，它是这个随机试验最简单的随机事件，因此 1 就是试验 E1 的一个基本事件。含有多个样本点的随机事件被称为复合事件，如 "出现奇数点" 就是一个复合事件，可以用样本点集合表示为 {1，3，5}。

基本事件和复合事件都是样本空间的子集，如试验 E1 的其中一个基本事件 {1}

---

① 随机试验产生的所有结果组成的集合。

和复合事件 {1，3，5} 中的所有样本点都能在样本空间 {1，2，3，4，5，6} 中找到。当不可能事件发生时，如"出现点数7"，在 E1 实验中不可能发生，它没有任何样本点，可以表示为空集的形式，空集仍然为样本空间的子集；当必然事件发生时，如"得到的点数小于或等于6"，它在 E1 试验中一定会发生，它可以表示为 {1，2，3，4，5，6}，等于样本空间，而样本空间也是自身的子集。

（三）概率

随机事件的发生是不确定的，但是在大量重复试验中会呈现固有的规律性。

简单地以抛硬币试验为例，假设连续抛 n 次硬币，把每次试验中出现正面的结果记为 1，出现反面的结果记为 0，最后将这些结果加总得到 n_1，则计算可得正面出现的频率为 n_1/n。现在将硬币连续抛 10 次、100 次、1000 次，各自重复 10 遍，可得到如表 0－1 所示的数据表。

表 0－1　　　　　　　　　　抛硬币试验数据表

试验序号	$n=10$		$n=100$		$n=1000$	
	n_1	n_1/n	n_1	n_1/n	n_1	n_1/n
1	4	0.4	55	0.55	475	0.475
2	5	0.5	52	0.52	520	0.52
3	5	0.5	48	0.48	479	0.479
4	7	0.7	43	0.43	504	0.504
5	7	0.7	68	0.68	494	0.494
6	4	0.4	51	0.51	506	0.506
7	6	0.6	45	0.45	500	0.5
8	3	0.3	51	0.51	489	0.489
9	5	0.5	49	0.49	508	0.508
10	6	0.6	45	0.45	491	0.491
均值	5.20	0.52	50.70	0.51	496.6	0.50
标准差	1.25	0.12	6.74	0.07	21.15	0.02

从表0 1可以看到，当 n 比较小时，出现正面的次数和频率差异较大，但是随着抛硬币次数 n 的增加，这种差异在逐渐减小。这说明当试验次数增加时，随机事件发生的频率会趋于稳定，即在某一固定值上发生微小变动，而这一固定值定义为概率，试验次数越大，发生的变动越小。

表 0－1 中，抛硬币出现正面的频率始终围绕着 0.5 发生波动，当抛硬币的次数 $n=1000$ 时，波动最小，因此一次抛硬币出现正面的概率为 0.5。

从上述定义我们可以看到频率与概率之间的区别：频率是一次试验中某一事件出

现的次数与试验总次数的比值，而概率是某一事件所固有的性质。频率是变化的，可以看到表 0 - 1 中每次试验可能不同，而概率是稳定不变的。只有当试验的次数非常大时，才可以认为频率等于概率。

另外还可以知道，任何一个事件发生的概率都介于 0 到 1 之间，事件发生的可能性越大，该事件发生的概率值越大。不可能事件的概率值为 0，必然事件的概率值为 1。

（四）事件间的关系及运算

随机事件有基本事件和复合事件之分，复合事件是由若干个基本事件组合而成的，因此要确定事件发生的概率，需要对事件之间的相关关系进行研究。

我们将随机事件用字母 A，B，C，…表示，事件 A 发生的概率用 P（A）表示。仍以试验 E1 为例进行事件间的关系说明。现在记样本空间为 Ω，事件"出现点数 1"为事件 A，"出现奇数点数"为事件 B，"出现大于 5 的点数"为事件 C，"出现偶数点数"为事件 D。因此可以将各事件用集合的方式进行表示：$\Omega = \{1, 2, 3, 4, 5, 6\}$，$A = \{1\}$，$B = \{1, 3, 5\}$，$C = \{6\}$，$D = \{2, 4, 6\}$。

很显然，事件 A 的发生必然导致事件 B 的发生，因为事件 A 出现点数 1，而 1 是奇数，这意味着事件 B 也发生了。从集合来看，事件 B 包含了事件 A 中的所有样本点。这种情况下，称事件 B 包含了事件 A，记作 $A \subset B$ 或 $B \supset A$。当 $A \subset B$ 和 $A \supset B$ 同时发生时，则有 $A = B$，此时事件 A、事件 B 含有相同的样本点，并认为事件 A 和事件 B 为相等事件。

当事件 C 发生时，出现点数 6，因为只有 6 满足大于 5 的条件，而 6 作为偶数点数，不满足事件 B 的条件，因此事件 B 不可能发生。从事件 C、事件 B 的集合来看，两个事件没有任何相同的样本点。这种情况下，可称事件 B 和事件 C 互斥，可以记 $BC = CB = \varnothing$。其中 $BC = CB = \varnothing$ 是 $B \cap C = C \cap B = \varnothing$ 的简写形式，符号"$\cap$"读作交，表示事件之间的交集。BC 表示事件 B 和事件 C 同时发生，是事件 B 和事件 C 的积事件。若 $A \subset B$ 或 $B \supset A$，则有 $A = A \cap B$。

除了积事件，还有和事件和差事件。和事件是指事件 A、事件 B 中至少有一个发生，也称 A 与 B 的并，记作 $A \cup B$ 或 $A + B$，显然本例中 $A \cup B = B$。若事件 A 发生而事件 B 不发生，则属于事件 A 与事件 B 的差事件，记作 $A - B$，显然本例中由于事件 $A \subset B$，所以 $A - B = \varnothing$。

互斥事件的一种特殊情况为对立事件，是指两个事件必然有一个发生而另一个不发生。如事件 B 发生的情况下，掷出的点数为奇数，此时事件 D 不可能发生，事件 B、事件 D 的集合没有交集，且事件 B、事件 D 其中之一一定会发生。因为掷出的点数只会出现奇、偶两种可能性，所以事件 B、事件 D 为对立事件，记作 $B = \overline{D}$ 或 $D = \overline{B}$。

如果某事件是否发生不受另一事件的影响，则这两个事件相互独立。假设重复进行两次试验 E1，且记第一次试验中"出现点数 1"为事件 A_1，第二次试验中"出现点数1"为事件A_2，因为第二次掷骰子并不会影响第一次，所以这两次事件相互独立。如果进行 n 次试验 E_1，每次试验"出现点数1"分别记为 A_1，A_2，…，A_n，同理 A_1，A_2，…，A_n 中的任一事件发生的概率都不受其他事件的影响，所以可以称 A_1，A_2，…，A_n 是相互独立的。

通过上述事件间相互关系的描述，我们不难得到以下的关系式：

（1）事件 B、事件 C 互斥，则 $P(B+C) = P(B) + P(C)$；

（2）事件 B、事件 D 对立，则 $P(B) + P(D) = 1$；

（3）事件 A_1，A_2，…，A_n 相互独立，则

$$P(A_1 A_2 \cdots A_n) = P(A_1) P(A_2) \cdots P(A_n) \tag{0.7}$$

例 0-10：请通过下面的几个表达式判断事件之间的相互关系：

（1）$A - B \supset C$，$BC = \varnothing$，$B - A \neq \varnothing$，$C \neq \varnothing$；

（2）$A + B = AB$，$A, B \neq \varnothing$。

解：

（1）$A - B \supset C$，$C \neq \varnothing$ 说明事件 A 中，除事件 B 之外的部分包含事件 C。这存在几种可能性：一是事件 A 包含事件 B、事件 C，事件 B、事件 C 之间的关系未知，可能相交、互斥或包含；二是事件 A 与事件 B 相交，事件 B、事件 C 之间的关系同样不能确定。

在得到这两种可能性之后，紧接着利用 $BC = \varnothing$ 排除事件 B、事件 C 之间的相交和包含关系，即事件 B、事件 C 互斥。另外 $B - A \neq \varnothing$ 说明事件 B 中不属于事件 A 的部分不为空，这也排除了事件 B 被事件 A 包含的可能性。

综上，可以由图 0-4 来对事件 A、事件 B、事件 C 之间的相互关系进行解读，其中事件 C 可能是 $A\bar{B}$ 的子集（见图 0-4）或全集（图 0-4 中除事件 A、事件 B 相交处的所有部分）。

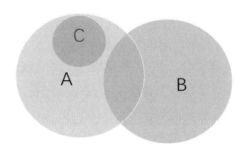

图 0-4　事件 A、事件 B、事件 C 关系图

（2）$A + B = AB$ 说明事件 A 与事件 B 的并集，等于事件 A 与事件 B 的交集，说明事件 A 与事件 B 之间是相等的。可以采用反证法或排除法进行说明：

假设事件 A 与事件 B 相交，可如图 0-4 所示，此时事件 A 与事件 B 的并集为两个

大圆圈的面积，而事件 A 与 B 的交集则是中间重合的阴影部分的面积，此时 $A + B$ 与 AB 不可能相等；

当事件 A 包含 B 或事件 B 包含 A 时，我们可以参见图 0 - 4 的事件 A 与事件 C 之间的关系，此时，事件 A 与事件 C 的交集为事件 C，并集为事件 A，而事件 A 与事件 C 不相等，所以在包含关系下，$A + B$ 与 AB 不可能相等；

当事件 A 与事件 B 互斥时，事件 A 与事件 B 的交集为空集，而并集为两个事件的和，是非空集合，所以 $A + B$ 与 AB 也不可能相等。

因此事件 A 与 B 应该为相等关系，此时事件 A、事件 B 的并集和交集都为事件 A 或事件 B。

二 条件概率及贝叶斯公式

(一) 条件概率

条件概率是指某个事件在另一个事件已经发生情况下发生的概率。假设事件 A 在事件 B 发生的情况下的发生的概率为 $P(A \mid B)$，由于事件 B 已经发生，所以事件 B 的发生概率应该为分母，而最终的状态是事件 A、事件 B 都发生了，所以分子为事件 A、事件 B 同时发生的概率，根据前面的运算规则可以得到条件概率的计算公式：

$$P(A \mid B) = \frac{P(A \cap B)}{P(B)} = \frac{P(AB)}{P(B)} \qquad (0.8)$$

由于条件概率是一个事件发生情况下，另一个事件发生的概率，它阐述的是一个事件的发生对另一事件发生的影响，所以当两个事件互不影响，即相互独立时，某事件的条件概率与其无条件概率是相等的；而当另一个事件的发生会对该事件产生影响时，两个概率是不相等的。这一点也可以从条件概率的计算公式中得出，当事件 A、B 相互独立时，有 $P(AB) = P(A)P(B)$，所以对条件概率的计算公式化简可得：

$$P(A \mid B) = \frac{P(A \cap B)}{P(B)} = \frac{P(AB)}{P(B)} = P(A) \qquad (0.9)$$

例 0 - 11：已知某农业保险公司 2017 年承保了 11280 张油葵种植保险保单，共计发生 1210 项索赔，其具体索赔情况如表 0 - 2 所示，现在记事件 A_1 为索赔总额大于 0 且低于 600 元，事件 A_2 为索赔总额大于或等于 600 元，事件 B_1 为无任何索赔发生，事件 B_2 为发生了一次的索赔，事件 B_3 为发生两次及以上的索赔。求：

(1) 事件 A_1、事件 A_2、事件 B_1、事件 B_2、事件 B_3 各自的发生概率；

(2) 只发生一次索赔且索赔总额低于 600 元的概率，即事件 A_1 和事件 B_2 同时发生的概率；

(3) 已知某保单发生了两次及以上的索赔，其索赔总额不低于 600 元的概率。

表 0 - 2　　　　　　　　　　　　　保单索赔发生情况表

保单数量	索赔总额低于 600 元	索赔总额小于或等于 600 元
发生了一次索赔	827	56
发生两次及以上索赔	228	99

解：

（1）由于在本例中观察的保单数量足够多，所以可近似认为所有事件的发生概率为该事件发生的频率，由此可以计算：

$$P(A_1) = \frac{827 + 228}{11280} = 0.094$$

$$P(A_2) = \frac{56 + 99}{11280} = 0.014$$

$$P(B_1) = \frac{11280 - 1210}{11280} = 0.893$$

$$P(B_2) = \frac{827 + 56}{11280} = 0.078$$

$$P(B_3) = \frac{228 + 99}{11280} = 0.029$$

由于事件 A_1、事件 A_2、事件 B_1 互斥且包含了索赔总额的所有可能发生的情况，所以可验证事件 A_1、事件 A_2、事件 B_1 的概率和为 1；同理事件 B_1、事件 B_2、事件 B_3 互斥且包含了索赔次数的所有可能发生的情况，所以可验证事件 B_1、事件 B_2、事件 B_3 的概率和为 1。

$$P(A_1 + A_2 + B_1) = P(A_1) + P(A_2) + P(B_1) = 0.094 + 0.014 + 0.893 = 1$$
$$P(B_1 + B_2 + B_3) = P(B_1) + P(B_2) + P(B_3) = 0.893 + 0.078 + 0.29 = 1$$

（2）要求事件 A_1 和事件 B_2 同时发生的概率，即求事件 A_1 和事件 B_2 的交集，由于事件 A_1 和事件 B_2 并不是相互独立的，所以不能直接将事件 A_1 和事件 B_2 的概率直接相乘，而是要找到事件 A_1 和 B_2 发生的交集。从表 0 - 2 可以看到，事件 A_1 和事件 B_2 同时发生的保单数量为 827 张，所以可以计算得事件 A_1 和事件 B_2 的交集的概率：

$$P(A_1 \cap B_2) = \frac{827}{11280} = 0.073$$

（3）同理可以计算事件 A_2 和事件 B_3 同时发生的概率，为：

$$P(A_2 \cap B_3) = \frac{99}{11280} = 0.0088$$

而由（1）知，事件 B_3 发生的概率为 0.029，所以在已知事件 B_3 发生的条件下，事件 A_2 发生的概率为：

$$P(A_2 \mid B_3) = \frac{P(A_2 \cap B_3)}{P(B_3)} = \frac{0.0088}{0.029} = 0.303$$

（二）全概率公式

全概率公式是基于条件概率得到的，是概率论中重要的公式，它通过将复杂事件转化为一系列简单事件，通过计算简单事件的概率和来得到复杂事件发生的概率。这种思想为复杂事件的概率计算提供了简便的手段。

在对全概率公式进行了解之前，首先要理解完备事件群。对于事件 $B_1, B_2, \cdots, B_n$，如果其满足以下两个条件，可以认为构成了一个完备事件群：

（1）对任意的 i 和 j，存在 $B_i B_j = \varnothing, i \neq j$，即任意两个事件 $B_1, B_2, \cdots, B_n$ 之间是互斥的，事件 $B_1, B_2, \cdots, B_n$ 两两互不相容；

（2）$\sum\limits_{i=1}^{n} B_i = 1$，即事件 $B_1, B_2, \cdots, B_n$ 组成的是完整的样本空间，它们的概率和为 1。

如果要计算事件 A 的发生概率，但是事件 A 的概率难以直接得出时，可以通过一个已知的完备事件群来求解。只要知道在完备事件群 $B_1, B_2, \cdots, B_n$ 中，单个事件 B_i，$i = 1, 2, \cdots, n$ 发生的情况下，事件 A 的发生概率，即可通过全概率公式求得事件 A 的发生概率，见公式（0.10）。

$$P(A) = P(A \mid B_1) P(B_1) + P(A \mid B_2) P(B_2) + \cdots + P(A \mid B_n) P(B_n) \quad (0.10)$$

由条件概率的定义可知，$P(AB_i) = P(B_i) P(A \mid B_i)$，代入上式，有 $P(A) = \sum\limits_{i=1}^{n} P(AB_i) = P(A\Omega)$，即证明了全概率公式的合理性。

例 0 - 12： 某农业保险公司根据本公司和行业相关的业务数据发现，农作物损失造成的索赔保单中，索赔总额大于 0 且低于 600 元的占比为 78%，索赔总额不少于 600 元且低于 1000 元的占比为 19.6%，剩余的索赔保单总赔付都不少于 1000 元。另外，索赔总额大于 0 且低于 600 元的保单中因暴雨造成损失的占 40%，索赔总额不少于 600 元且低于 1000 元的保单中因暴雨造成损失的占 58%，索赔总额等于或大于 1000 元保单中因暴雨造成损失的占 23%。求暴雨造成农作物损失的概率。

解：

记事件 A 为暴雨造成农作物损失的概率，事件 B_1 为索赔总额大于 0 且低于 600 元，事件 B_2 为索赔总额不少于 600 元且低于 1000 元，事件 B_3 为索赔总额等于或大于 1000 元，则有：

$$P(B_1) = 0.78, P(B_2) = 0.196, P(B_3) = 0.024$$
$$P(A \mid B_1) = 0.4, P(A \mid B_2) = 0.58, P(A \mid B_3) = 0.23$$

可直接应用全概率公式得：

$$P(A) \mid = P(A \mid B_1) P(B_1) + P(A \mid B_2) P(B_2) + P(A \mid B_3) P(B_3)$$
$$\mid = 0.4 \times 0.78 + 0.58 \times 0.196 + 0.23 \times 0.024 = 0.4312$$

（三）贝叶斯公式

贝叶斯公式是在条件概率和全概率公式的假定下，推导演变过来的，可以写成公式（0.11）的形式：

$$P(B_i \mid A) = \frac{P(AB_i)}{P(A)} = \frac{P(B_i)P(A \mid B_i)}{\sum_j P(B_j)P(A \mid B_j)} \tag{0.11}$$

这个公式虽然看上去很简单，只是对条件概率公式和全概率公式进行简单的变式，但是公式背后蕴含的思想却十分具有理论和实践意义。

前面在对全概率公式进行解读的时候提到，可将事件 B_i 看作事件 A 发生的不同途径，具体通过哪种途径是随机的，但是我们对事件 A 通过不同的事件 B_i 发生的概率具有一定认识的。这里事件 B_i 和事件 A 的条件概率是已知的信息、是我们通过经验观察可以得到的信息，我们所不知道的是，事件 A 发生的规律，即具体通过哪种途径发生。贝叶斯公式解决了这个问题，它通过对我们所知道的现象去推断现象背后的规律，计算出了事件 A 通过不同途径发生的概率。

贝叶斯公式还可以这样解读：我们通过一些信息和观察，对事件 B_i 发生的概率具有经验认识，我们此时并不知道事件 A 的发生情况，但是现在出现了新的信息，即事件 A 发生了，之前对事件 B_i 的认识需要进行修正，贝叶斯公式则体现了这种认知的变化。因此贝叶斯公式能够揭示人们对概率信息的认知加工过程，帮助人们从观察到的现象推断出背后的规律，从而指导人们进行有效的学习和判断决策。

例 0 - 13：在例 0 - 12 的基础上，假设该农业保险公司接到某投保了这一农作物种植保险的农户的首次报案，在农作物即将成熟之际，遭受了暴雨灾害，损失不明，农业保险公司也还未前往实地进行损失勘察和损失评估，现在根据已知的信息和数据，估计该农户的赔款金额在 600—1000 元的概率。

解：

根据这个例题我们可以很明显地感觉到贝叶斯公式背后的理论和实践意义，由于根据例 0 - 12，我们对赔款总额和每一赔款等级中属于暴雨造成损失的概率有了经验认识，但是现在出现了新的信息——暴雨发生了，因此我们需要在信息的基础上对曾经的认知进行修正，或重新认识。根据贝叶斯公式可得：

$$P(B_2 \mid A) \bigg| = \frac{P(B_2)P(A \mid B_2)}{\sum_j P(B_j)P(A \mid B_j)}$$

$$\bigg| = \frac{0.196 \times 0.58}{0.4312} = 0.2636$$

三　随机变量及其数字特征

随机变量是随机事件的数量表现。在前面我们对概率进行介绍时，为了计算抛一个硬币出现正面向上结果的概率，我们将每次试验后出现正面的结果记为 1，不出现正面的结果记为 0，此时，出现正面的结果视为一个随机变量，记为 X，而 0 和 1 就是随机变量 X 的可能值，可记为 $\{X = 0, 1\}$。

随机变量按其取值情况，可分为离散型随机变量和连续型随机变量。离散型随机变量的取值个数是有限的或可数的，它只能在某些特定的点之中取值，而连续型随机变量的取值为无限的且不可数的，它可在一段连续的区间内取任意值。上述随机变量 X 的取值只有 0 和 1 两种情况，列举了可能的所有取值，是有限且可数的，所以随机变量 X 是一种离散型随机变量。而诸如某个时期的降雨量、温度、湿度等都可在某段连续的区间内取任意值，所有这些都是连续型的随机变量。

（一）随机变量的分布

对于离散型随机变量而言，假设离散型随机变量 ξ 的所有可能值为 $x_1, x_2, \cdots, x_n$，则 $P(\xi = x_i) = p_i, i = 1, 2, \cdots, n, 0 < p_i < 1$ 为随机变量 ξ 的概率分布，可用表 0 – 3 进行表示。其累积概率[①]可表示为：

$$P(\xi \leqslant x_k) = \sum_{i=1}^{k} p_i, 0 < p_i < 1 \tag{0.12}$$

表 0 – 3 离散随机变量概率分布表

ξ	x_1	x_2	$\cdots$	x_i	$\cdots$	x_n
P	p_1	p_2	$\cdots$	p_i	$\cdots$	p_n

对于连续型随机变量，变量可以在特定区间内取无数个值，所以求变量在某个特定值的概率是没有意义的，它在任一特定值上的概率都为 0。因此对于连续型随机变量，只能求某个区间内概率的值，如求某个时刻的气温在 20℃是没有意义的，只有求某个时刻的气温在 19.5℃—20.5℃才有意义。需要注意的是，虽然连续型随机变量在某个特定值上的概率为 0，但是并不意味着连续型随机变量取该特定值是不可能事件，因为连续型随机变量在特定区间内可以取任何值。

我们用函数 $f(x)$ 描述连续型随机变量的概率密度，即描述在某个确定的取值点附近的概率，而随机变量的取值落在某个区间的概率就是概率密度函数 $f(x)$ 在这个区间上的积分，即如果随机变量 X 的概率密度函数为 $f(x)$，则随机变量 X 的累积分布函数为：

$$F_X(x) = Pr(X \leqslant x) = \int_{-\infty}^{x} f(t) \, dt \tag{0.13}$$

根据积分的几何意义，可用图 0 – 5 来表示 $(\xi \leqslant x)$ 的概率。

---

① 指随机变量落入某一区间的概率。

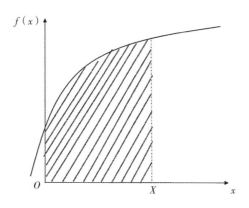

图 0 – 5　连续型随机变量概率密度函数

函数 $f(x)$ 作为连续随机变量的概率密度函数，需满足以下三个条件：

（1）$f(x) \geqslant 0$；

（2）$\displaystyle\int_{-\infty}^{+\infty} f(x)\mathrm{d}x = 1$，即在随机变量的取值区间内，概率密度函数与 x 轴围成的面积应为 1；

（3）$P(a < X \leqslant b) = \displaystyle\int_{a}^{b} f(x)\mathrm{d}x$。

（二）随机变量的数字特征

数字特征是指能够刻画随机变量某些方面特征的量，比较常用的数字特征有均值、方差、协方差和相关系数等。

1. 数学期望和矩

数学期望是随机变量可能取值的均值，即每次结果的概率乘以其数值的总和，它是最基本的数学特征之一，反映了随机变量平均取值的大小。

如表 0 – 3 所示的离散随机变量，根据数学期望的定义，可以计算该随机变量的数学期望，记为 $E(\xi)$：

$$E(\xi) = \sum_{i=1}^{n} p_i x_i \tag{0.14}$$

由于随机变量的概率有时候是未知的，这就需要进行随机试验，得到随机变量的样本值，如抛硬币试验，出现正面的次数为一个离散的随机变量 X，以第一轮抛 1000 次硬币为例，由表 0 – 1 可知，第一轮抛 1000 次硬币时，出现正面的次数为 475 次，所以出现反面的次数为 525（ = 1000 – 475）次，即：

表 0 - 4 　　　　　　　　　　　抛 1000 次硬币的取值情况表

x	1	0
n	475	525

此时虽然不知道抛硬币出现正面和反面的概率分别是多少，但是可以用随机试验得到的频率替代概率进行计算，此时数值的算术平均值与数学期望相近，所以随机变量 X 的数学期望可近似为：

$$E(x) \quad \Big| \quad = \frac{n_1}{N}x_1 + \frac{n_2}{N}x_2$$

$$\Big| \quad = \frac{475}{1000} \times 1 + \frac{525}{1000} \times 0 = 0.475$$

若 ξ 为连续的随机变量，其概率密度函数为 $f(x)$，其数学期望通过式（0.15）计算得到。

$$E(\xi) = \int_{-\infty}^{+\infty} xf(x)\mathrm{d}x \tag{0.15}$$

数学期望是按均值计算出来的，它的最终值不一定与随机变量的某个取值相等，它具有以下四个重要的性质：

（1）当 C 为常数时，$E(C) = C$；

（2）$E(CX) = CE(x)$，C 为常数；

（3）$E(X + Y) = E(x) + E(Y)$；

（4）当随机变量 X 和 Y 相互独立[①]时，$E(XY) = E(x)E(Y)$。

数学期望是随机变量的一阶原点矩。矩这个概念来源于物理学中的"力矩"，一阶原点矩是指随机变量偏离原点（0，0）的期望值，可视原点（中心）概率为 0，左端为随机变量的概率分布，右端则为概率为 1 的原点矩，如图 0 - 6 所示。原点矩体现了确定的成本（或收益）换取不确定的成本（或收益）的思想。

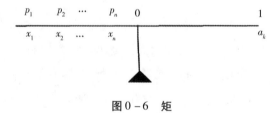

图 0 - 6 　矩

---

① 随机变量之间相互独立可以从两个随机事件相互独立的概念中引出，事件 $\{X \leq x\}$ 与事件 $\{Y \leq y\}$ 的积事件为 $\{X \leq x, Y \leq y\}$，事件 $\{X \leq x\}$ 与事件 $\{Y \leq y\}$ 相互独立意味着事件 $\{X \leq x\}$ 与事件 $\{Y \leq y\}$ 发生概率的乘积等于积事件 $\{X \leq x, Y \leq y\}$ 的发生概率，即有 $P\{X \leq x, Y \leq y\} = P(X \leq x)P(Y \leq y)$。

同理，随机变量 X 的 k 阶原点矩即随机变量偏离原点 $(0，0)$ 的 k 次方的期望值，记随机变量 X 的 k 阶原点矩为 α_k，有：

$$\alpha_k = E(X^k) = \begin{cases} \sum p_i x_i^k \\ \int x^k f(x) \, dx \end{cases} \quad (0.16)$$

2. 方差和标准差

随机变量的数学期望是随机变量的平均取值，它是个固定值，而随机变量具有不确定性，所以还需要一个指标来对随机变量的不确定性或波动性进行描述。

例 0 - 14：假设两亩地的年产量值是几个固定的值，但是每年具体产量是哪个值是不确定的，记他们的年产量值分别为随机变量 Z_1 和 Z_2，经统计发现它们的概率分布如表 0 - 5 所示。

表 0 - 5　　　　　　　　　　　随机变量 Z_1、Z_2 的概率分布表

Z_1	2	5	7	11
P	0. 2	0. 3	0. 4	0. 1
Z_2	0	3	8	12. 5
P	0. 05	0. 45	0. 4	0. 1

解：

由表 0 - 5 可以计算得到随机变量 Z_1 和 Z_2 的数学期望：

$$E(Z_1) = \sum_{i=1}^n p_i z_i = 5.8$$

$$E(Z_2) = \sum_{i=1}^n p_i z_i = 5.8$$

如果单从数学期望来看，无法判断两亩地的产量波动情况（年产量值与数学期望的偏离程度），如果给这两亩地进行承保，使用相同的保费，则不利于保险公司经营的稳定性，因为从表 0 - 5 可以看到，随机变量 Z_1 代表的农田产量波动相对较小，而随机变量 Z_2 代表的农田产量波动相对较大，对于 Z_2 很难以期望来说明其分布情况。所以还需要对随机变量的取值与数学期望的偏离程度进行描述。

方差就是度量随机变量和其数学期望之间的偏离程度的指标，记为 $Var(\xi)$。方差的平方根为标准差，记为 σ_ξ。很显然，当 ξ 的可能值越集中于其数学期望时，方差越小，标准差也越小；相反，当 ξ 的可能值越分散，那么方差就越大，相应的标准差也越大。

$$Var(\xi) = E(\xi - E(\xi))^2 = E(\xi^2) - E(\xi)^2 \quad (0.17)$$

$$\sigma_\xi = \sqrt{Var(\xi)} \tag{0.18}$$

通过上式可以计算例 0 - 14 中两个随机变量的方差，发现 $Var(Z_1) < Var(Z_2)$，与我们的直观感受相同：

$$Var(Z_1) = E(Z_1 - E(Z_1))^2 = \sum p(Z_1 - E(Z_1))^2 = 6.36$$

$$Var(Z_2) = E(Z_2 - E(Z_2))^2 = \sum p(Z_2 - E(Z_2))^2 = 11.64$$

方差具有以下几个性质：

（1）当 C 为常数时，$Var(C) = 0$；

（2）$Var(CX) = C^2 Var(x)$，C 为常数；

（3）$Var(X \pm Y) = Var(x) + Var(Y) \pm 2Cov(X,Y)$。

其中 $Cov(X,Y) = E\{(X - E(x))(Y - E(Y))\}$，$Cov(X,Y)$ 为随机变量 X 和 Y 的协方差，是两个随机变量的总体误差。方差是协方差的特殊情况[①]，即方差是两个相同随机变量的总体误差。特别地，当随机变量 X 和 Y 不相关时，$Cov(X,Y) = 0$，此时：

$$Var(X \pm Y) = Var(x) + Var(Y) \tag{0.19}$$

方差是随机变量的二阶中心矩，是随机变量关于均值（中心）的二次方期望值。记随机变量 X 关于均值 μ 的 r 阶中心矩为 μ_r，则有：

$$\mu_r = E[(X - \mu)^r] = \begin{cases} \sum (x_i - \mu)^r p_i \\ \int (x - \mu)^r f(x) \mathrm{d}x \end{cases} \tag{0.20}$$

3. 条件均值和条件方差

我们已经对条件概率有了认识，所以对于条件均值和条件方差也比较容易理解，条件均值是指在给定某一随机变量取值的条件下，另一随机变量的数学期望；条件方差则是指在给定某一随机变量取值的条件下，另一随机变量的方差。

在给定随机变量 Y 取值的情况下，随机变量 X 的数学期望和方差可分别用以下公式计算：

$$E(X \mid Y = y) = \begin{cases} \sum x_i P(X = x_i \mid Y = y) \\ \int x f(x \mid Y = y) \mathrm{d}x \end{cases} \tag{0.21}$$

$$Var(X \mid Y = y) = \begin{cases} \sum (x - E(X \mid Y = y))^2 P(X = x_i \mid Y = y) \\ \int (x - E(X \mid Y = y))^2 f(x \mid Y = y) \mathrm{d}x \end{cases} \tag{0.22}$$

根据条件均值和条件方差的计算公式可以得到两个公式，这两个公式是风险理论

---

① 当两个随机变量相同时，假设都为随机变量 X，根据协方差的公式，$Cov(X,X) = E\{(X - E(X))(X - E(X))\} = E[(X - E(x))^2]$，可以对比式（0.17）发现两个公式是相同的，即方差是两个相同随机变量的协方差。

中常用的公式，由于推导比较复杂，所以我们省略推导的过程，直接记住这两个公式即可。

$$E(x) = E_Y[E(X \mid Y)] \tag{0.23}$$

$$Var(x) = E_Y[Var(X \mid Y)] + Var_Y[E(X \mid Y)] \tag{0.24}$$

4. 众数

众数是发生次数最多的数，即发生概率最大的数。很容易知道，表 0 - 4 中 x 的众数为 0，因为 0 发生的次数最多。例 0 - 14 中随机变量 Z_1 和 Z_2 的众数分别为 7 和 3，因为 7 对应的概率 0.4 在随机变量 Z_1 的所有取值中是最高的，同理 3 对应的发生概率 0.45 在随机变量 Z_2 的所有取值中最高。

众数可以是多个值，如果一组数据中出现多个数发生的概率相等且为发生概率最大的，这些数都是众数，所以众数是不唯一的。

例 0 - 15：假设十年内某片玉米地的产量（单位：公斤）分别为 600、650、650、740、680、680、700、750、730、790。求这之中的众数是多少。

解：

可以看到在这组数据中出现最多的数字分别为 650 和 680，它们分别都出现了两次，而其他数字出现的次数都是一次，所以 650 和 680 都是众数。

5. 中位数

中位数是指按顺序排列的一组数据中，处于最中间位置的数据，在中位数的两边数据量是相等的。假设一组数据，按从小到大的顺序进行排序得到 $x_{(1)}, x_{(2)}, \cdots, x_{(n)}$（$x_{(1)} < x_{(2)} < \cdots < x_{(n)}$），则当 n 为奇数时，该组数据的中位数为 $x_{(\frac{n+1}{2})}$，当 n 为偶数时，该组数据的中位数为 $\dfrac{x_{(\frac{n+1}{2})} + x_{(\frac{n}{2})}}{2}$。中位数不同于众数，中位数只有一个，是唯一的。

例 0 - 16：接例 0 - 15，求这组数据的中位数。

解：

在计算中位数之前，首先需要按照从小到大的顺序对这组数据进行排列：600，650，650，680，680，700，730，740，750，790。由于这组数据共有 10 个数，所以中位数应该是第 5 个和第 6 个数据的平均数，即为 680 和 700 的平均数，计算得 690。

例 0 - 17：在例 0 - 15 的基础上，又过了一年，这一年的玉米地产量为 760，则重新计算玉米地产量的中位数。

解：

新加了一年的数据后，这组数据变为 11 个，因此我们对其进行重新排序：600，650，650，680，680，700，730，740，750，760，790。奇数数组不需进行额外计算，直接可从排序中找到对应的数据，11 个数对应的中位数为第 6 个数据，即中位数为700。

中位数属于分位数的一种常用的形式，分位数是指将一个随机变量的概率分布范围分为几个等分的数值点，而中位数是将随机变量的概率分布分为了两个等分的数值点。常用的分位数还有四分位数、百分位数等。

四分位数是把随机变量的所有取值由小到大排列并分成四等分，而将随机变量的取值分成四等分必然需要三个分割点，这三个分割点就是四分位数，由小到大看，处于第25%的数字称为下四分位点，处于第50%的数字为中位数，而处于第75%的数字就是上四分位点。

同理百分位数点就是将一组数据从小到大排列，按照累计百分位算，某一百分位所对应的数据即这一百分位的百分位数。

例0-18：以例0-16的玉米产量来看，求：

（1）玉米地产量的下四分位数；

（2）玉米地产量的10%分位数。

解：

（1）例0-16一共10个数据，求下四分位数即为第 $\frac{10+1}{4} = 2.75$，当四分位点不在整数位时，我们假设相邻两个值之间是线性的，则有：

$$Q_1 = 650 + (650 - 650) \times 0.75 = 650$$

可以看到本题比较特殊，四分位数相邻的两个数，即第2个数和第3个数是相等的。

（2）同样可以计算对于10个数据，10%分位点即第 $10 \times 10\% = 1$ 个数，所以玉米地产量的10%分位数为600。

中位数和前面介绍的数学期望、众数都是属于描述数据集中趋势的数字特征，只不过数学期望是根据全组数据的大小计算出的平均值，容易受极端值的影响；众数是通过计数得到的，不容易受极端值的影响；而中位数是通过数据排序得到的，也不容易受到极端值的影响。因此在对数据的集中趋势进行分析时，需根据不同的情况选用不同的数字特征。

6. 偏度系数

偏度，是表示统计数据分布偏斜方向和程度的数字特征，体现了数据分布的非对称程度。前面提到的数学期望（均值）、众数和中位数是描述数据集中趋势的数字特征，它们也可以描述位置特征，因为它们三个不同的大小关系，可以体现数据分布的不同偏度特征。

如果均值、众数、中位数三者相等，那么说明数据在均值、众数、中位数处呈对称分布；如果均值大于中位数大于众数，那么数据呈右偏分布，右偏分布意味着数据存在极大值，而均值受到极大值的影响会变大，如图 0 - 7 所示；如果均值小于中位数小于众数，那么数据呈左偏分布，左偏分布意味着数据存在极小值，而均值容易受到极端值的影响，极小值的存在则会拉低均值的值，如图 0 - 8 所示。图 0 - 7 和图 0 - 8 中的三个符号——M_0、M_e、$\bar{x}$ 分别表示众数、中位数和均值。

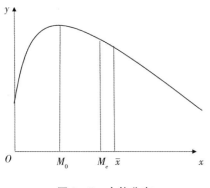

图 0 - 7　右偏分布

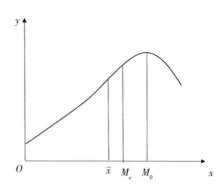

图 0 - 8　左偏分布

从图 0 - 7 和图 0 - 8 可以看到，均值、众数和中位数之间的大小关系虽然能呈现数据分布的倾斜方向，但是无法呈现数据分布的倾斜程度，而偏度系数能更清楚地体现数据分布的偏斜程度，一般记为 SK。

偏度系数的计算方法如下所示。

根据未分组的数据计算时：

$$SK = \frac{n \sum (x_i - \bar{x})^3}{(n-1)(n-2) s^3} \tag{0.25}$$

其中 $\bar{x}$ 是数据组 $x_1, x_2, \cdots, x_n$ 的均值，s 是 $x_1, x_2, \cdots, x_n$ 的标准差。

根据分组的数据计算时：

$$SK = \frac{\sum (M_i - \bar{x})^3 f_i}{n s^3} \tag{0.26}$$

其中 M_i 是每组数据的中值，f_i 则为每组数据出现的频数。

从偏度系数的计算公式（0.25）和公式（0.26）可以看出，偏度系数是一组数据的每个元素与其均值的差的三次方的平均数除以标准差的三次方，因为标准差是正的，所以偏度系数的符号取决于离差[①]的符号。当数据分布左偏时，说明存在极小值，负离差会比较大，所以偏度系数会小于 0，而若数据分布是右偏的，即存在极大值，正离差会比较大，所以偏度系数会大于 0。而偏度系数的绝对值越大，则数据分布的偏斜程度

①　离差是指一组数据的观测值关于数学期望偏离程度，计算公式可写为：$x_i - \bar{x}$。

越严重。

综上所述，如果一组数据是对称分布的，偏度系数等于 0；如果一组数据是非对称分布，偏度系数不为 0（偏度系数大于 0，右偏；偏度系数小于 0，左偏）。若偏度系数绝对值大于 1（大于 1 或小于 -1），称为高度偏态分布；若偏度系数的绝对值在 0.5—1，称为中度偏态分布；偏度系数越接近于 0，数据分布的偏斜程度越低。

可根据表 0 - 3 计算 x 的样本数据的偏度系数：

$$SK = \frac{475 \times (1 - 0.475)^3 + 525 \times (0 - 0.475)^3}{1000 \times \left(\dfrac{475 \times (1 - 0.475)^2 + 525 \times (0 - 0.475)^2}{1000 - 1}\right)^{\frac{3}{2}}} = 0.10$$

x 的样本数据偏度系数接近于 0，说明 x 的分布是对称的。

7. 峰度系数

峰度系数是对数据分布平峰或是尖峰的测度，记为 K，一般是相对于正态分布而言的，若一组数据服从标准正态分布，那么峰度系数的值等于 0；若峰度系数明显不等于 0，则表明数据分布比标准正态分布更平或更尖，就是所谓的平峰或尖峰。如图 0 - 9 所示，粗线表示的为标准正态分布的分布曲线，其峰度系数为 0，细线比标准正态分布曲线要更尖，其为尖峰分布，而虚线比标准正态分布要更平，所以其为平峰分布。尖峰和平峰的属性除了在概率密度曲线形状上的表现外，也具有其他的含义。对于尖峰分布而言，其均值附近的值的发生概率很高，所以极端值的发生概率就相对要小，这也是所谓的短尾；而对于平峰分布而言，其均值附近的值的发生概率相对较低，所以极端值的发生概率就要高，这也可描述为长尾。

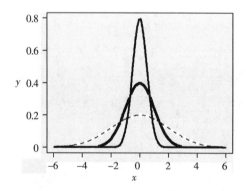

图 0 - 9 不同峰度的分布图

同样峰度系数在面对分组和未分组数据时有不同的计算公式：

未分组时，

$$K = \frac{n(n + 1) \sum (x_i - \bar{x})^4 - 3\left[\sum (x_i - \bar{x})^2\right]^2 (n - 1)}{(n - 1)(n - 2)(n - 3) s^4} \tag{0.27}$$

分组时,

$$K = \frac{\sum (M_i - \bar{x})^4 f_i}{n\,s^4} - 3 \tag{0.28}$$

峰度系数的计算中,将离差四次方的平均值除以样本标准差的四次方是为了使峰度系数成为相对数,标准正态分布的峰度系数为 0,相比标准正态分布更平的分布,其峰度系数小于 0,数据的分布更加分散,被认为是扁平分布;而峰度系数大于 0 时,相对标准正态分布更加集中,称为尖峰分布。

第三节 统计学基础

统计学是处理数据的科学,它所提供的是一套关于数据收集、处理、分析、解释并从数据中得出结论的方法,统计研究的是来自各领域的数据。数据收集也就是取得统计数据;数据处理是将数据用图表等形式展示出来;数据分析则是选择适当的统计方法研究数据,并从数据中提取有用信息进而得出结论。

理解和掌握一些统计知识对所有人来说都是必要的,例如在外出或安排农事时,我们需要关注一段时间内的详细天气预报。而对于农业保险公司而言,不管是公司战略发展层面、管理层面还是产品层面等,都需要运用统计数据和统计方法,帮助公司决策。如公司在制定发展战略时,需要了解整个宏观经济和相关市场的发展状况和变化趋势以便能够进行合理的市场定位,这一方面需要获取宏观经济数据,另一方面也需要对相关市场进行调研,得到可靠的数据。科学地分析这些数据,其分析结论则作为战略制定和实际生产经营的依据。

农业保险作为非寿险的一种,其定价过程中也将使用很多统计相关的知识,本书第二章的精算技术方法将对农险可能涉及的一些统计模型和统计分析方法进行具体的介绍,因此本节将首先介绍统计学的一些基本概念、统计数据来源和收集方法等一些基础的知识,方便阅读和理解第二章的具体内容。

一 基本概念

统计学的基本概念主要有总体、个体、参数、统计量、变量等。这些概念在统计思想的方法的理解及应用中,有着非常广泛的影响。

(一) 总体与个体

总体是指客观存在的许多性质相同的个别事物所组成的整体,而这些构成总体的个别事物则为个体。如全国的农业保险公司构成的整体中,全国的农业保险公司为总体,每一个农业保险公司则为个体。

其实总体和个体是相对的，根据研究目的和研究对象的不同，研究事物也会随之改变。因此随着研究的变化，同一总体下的个体会有所不同。例如在研究吴家村医疗保险的缴纳情况时，吴家村为研究的总体，居住在这个村子的每一位农户则为个体；而在研究吴家村的农机具使用情况时，吴家村仍为研究的总体，但是研究的个体则为每一个农机具。另外由于研究的变化，某一事物是总体还是个体就可能随之发生变化，即总体可能变化成个体，个体也可能变化成总体。例如在研究全国所有村庄的人口密度时，吴家村则只是一个个体。

总体按其包含的个体是否可数，分为有限总体和无限总体。如果一个总体中的个体是可数的，称为有限总体，否则是无限总体。社会经济统计所研究的大多是有限总体。对于无限总体，或者由于时间或精力的限制无法全部调查的有限总体，只能从中抽取总体的一部分进行统计研究，这部分所组成的整体，称为样本。样本是抽样调查中使用的概念，它是指按照随机原则，从总体中抽选出来的那部分单位所组成的小总体。

（二）参数和统计量

参数是描述总体特征的概括性数字度量，而统计量则是描述样本特征的概括性数字度量，它们都是研究者关心的某种特征值，如平均值、标准差等。由于总体的数据通常是未知的，所以参数通常是一个未知量，但是统计量是根据样本数据计算出来的值，所以研究者通常通过抽取样本计算统计量从而估计参数值，掌握相关的总体特征。例如要想知道某地区每亩玉米地的年平均产量，就随机抽取该地区的几亩玉米地，获取样本（抽取的几亩玉米地）的年平均产量，并以此估计该地区每亩玉米地的年平均产量。

（三）变量

变量表现了研究事物的某种特征，并呈现了其从一次观察到下一次观察出现的差别或变化。如产量、种植面积、受灾面积等都是变量，变量的具体取值则为变量值。统计数据就是统计变量的某些取值。变量可以分为以下几种类型：

（1）分类变量。分类变量是说明事物类别的一类变量，其取值是分类数据，即只能归于某一类别的非数字型数据。如性别作为一个分类变量，其取值为"男性"或"女性"；家禽作为一个分类变量，其取值可以为"鸡""鸭"等。

（2）顺序变量。顺序变量是说明事物有序类别的一类变量，其取值为顺序数据，即有数值大小、程度轻重、顺序先后的非数字型数据。如"受教育程度"作为顺序变量，其变量值可以是"小学""初中""高中""大学"等；"保险公司的规模"的变量值可以是"大""中""小"等。

（3）数值型变量。数值型变量是说明实务数字特征的一类变量，其取值是数值型数据，即能够按数字尺度测量的数据，如"作物产量""种植面积""受灾面积"等。

数值型变量根据其取值的不同，又可以分为离散型变量和连续型变量。离散型变量只能取有限、可数的数值，且其取值往往在整数断开，如"农机具拥有量""农户个数"等。连续型变量则可以在一个或多个区间取任意值，其取值是不能一一列举的，如之前列举的"作物产量""种植面积"等。

变量这一概念在统计中经常被使用，且多数情况下为数值型变量。当然，变量的分类不止上述一种，也可以从其他角度进行分类，如根据变量的取值是否具有随机性，可分为随机变量和非随机变量。本书主要研究和使用的为随机变量，而关于随机变量的概念、数字特征等在本章的第二节已经做了介绍，这里不再赘述。

二 数据的收集

统计学研究的基础是数据，因此在研究对象和目的明确之后，第一步工作就是收集数据，这包括需要什么样的数据、从哪儿得到数据、怎样得到数据、数据是否准确等问题。

（一）数据的来源

所有数据其实最初都是来自调查或实验。但是，从数据使用者的角度看，数据一般来源于两个途径：一个是间接来源，即数据是由别人通过调查或实验的方式收集的，使用者只是找到它们并加以使用；另一个则是直接来源，即通过自己的调查或实验直接获得的数据。

1. 间接来源

间接来源的数据是指，数据本身已经存在，研究者只是寻找收集这些数据，并对这些数据重新进行加工和整理，使之成为统计分析中可以使用的数据。从数据来源的渠道来看，这些数据可以包括统计部门和各级政府部门公布的有关资料，如统计公报、统计年鉴等；各类经济信息中心、行业协会、专业调查机构等提供的市场信息和行业发展数据；各类专业期刊、报纸、书籍等提供的文献资料；各会议，如学术研讨会等提供的会议交流资料……另外，数据也可来源于系统内部，包括公司自身的业务资料、财务报表等。

相对而言，间接来源的数据较容易获取，并且可以很快得到，因此在对相关问题进行研究时，一般首先对间接来源的数据进行分析，帮助研究者更好地了解研究的问题，更好地定义问题，从而明确研究思路，找到解决问题的途径。

但是同样地，间接来源的数据也有一定的局限性。首先，间接来源的数据并不是针对特定的研究问题产生的，所以它可能并不能完美地论证或解决你所研究的问题。其次，通过不同途径收集到的这些数据的统计口径、数据类型等都可能有所不同，因此需要进行比较复杂的处理。因此在使用间接来源的数据之前，一定要对数据进行一定的评估，要注意数据的含义、计算口径、计算方法等，避免误用和滥用，另外在引用间接来源的数据时，应注明数据的来源，尊重他人的劳动成果。

2. 直接来源

由于间接来源的数据具有上述一些问题，因此为了更好地契合研究内容，就需要通过直接调查或实验的方法获取一手数据。通过调查得到的数据被称为调查数据，通过实验得到的数据则被称为实验数据。

调查通常是针对社会现象而言的。例如，保险公司通过收集相关保险群体的消费、风险等数据来开发保险产品，经济学家通过收集农村人口的年龄结构、收入、消费等数据来研究农村的发展状况等。可以看出，调查数据通常取自有限总体，根据调查的范围，我们可以将调查分为普查和抽样调查。普查是指针对总体中的所有个体进行调查，而抽样调查是指从总体中抽取一个有效的样本进行调查。由于普查是针对总体中的所有个体进行的调查，因此普查往往能够得到全面、完整的数据，但是当普查涉及的范围比较广时，出于时间、精力和成本多方面的考量，抽取一个有效的样本以反映总体的特征则变得相当重要，在本节的后续内容会详细介绍如何合理地进行抽样调查。

实验是针对自然现象而言的。例如，为了得到最高的作物产量，我们需要通过一系列的对照实验充分了解土壤、水分、温湿等因素对农作物生长的影响，在这些实验过程中记录的各种数据就是我们得到的实验数据。通过实验直接得到数据不是本书所涉及的问题，因此只在此处做一个简要介绍。

（二）数据收集方法

1. 抽样调查

在直接进行调查过程中，当总体范围过大时，需要抽选出一个好的样本使得该样本能够准确地反映总体的特征，因此抽取一个有效的样本显得非常关键。在抽样过程中往往面临两方面的问题，一是不同研究问题需要的研究角度和研究数据是不同的，所以抽取的样本也相应有所不同；二是抽样的精度和调查成本之间存在一定的矛盾，即为了获取高质量、高精度的数据往往需要进行更多的抽样，但是更多的抽样也意味着更高的成本，因此如何平衡这两个矛盾点也是个关键问题。

根据抽样的方式不同可以分为概率抽样和非概率抽样两种。

（1）概率抽样

概率抽样是遵照随机原则进行的抽样，总体中的每个个体都有相等或不等的概率被抽中。比较常用的概率抽样方法如下：

1）简单随机抽样，是从总体中随机地一个一个地抽取 n 个个体作为样本，每个个体进入样本的概率是相等的。如要对某市所有农户进行调查，就要随机地抽取一个个农户作为样本单位。

2）分层抽样，是将被抽样的总体按某种特征或规则划分为不同的层，然后从不同的层中独立、随机地抽取样本。如要研究农业保险是否会提高农户收入，并选择某市农户进行抽样调查，就可以将该市的农户分为购买了农业保险和没有购买农业保险两个层，然后分别在两个层中独立、随机地抽取单个农户作为样本进行调查。

3）整群抽样，是指将总体中的若干个个体合并为一个群，抽样时直接抽取群，并对群内的所有个体进行调查。如要对某市所有农户进行调查，可以将每个村子作为一个群，抽样时直接抽取某个或某几个村子，并对其中的所有个体进行调查。

4）系统抽样，先把总体中的所有个体按照一定的顺序排列，在规定范围内随机抽取一个个体作为初始单位，然后按事先定好的规则确定其他样本单位。如果要用系统抽样的方法对某市农户进行调查，则可以先对所有村子和村子内的所有农户排序，然后抽取第一个村子的第 r 个农户，并抽取其他村子的第 r 个农户作为样本。

5）多阶段抽样，首先抽取群，然后进一步抽样，从抽取的群中抽取若干个单位，随后再从这若干个单位中抽样……。如果使用多阶段抽样对全国的农户进行调查，即可先抽取某省的所有农户，然后抽取该省某市的农户，接着抽取该市某区，最后抽取该区的某村的所有农户作为样本。

（2）非概率抽样

非概率抽样不是依据随机原则，而是根据研究目的采用某种方式抽取的。非概率抽样的常用方法如下：

1）方便抽样，是指调查过程中依据方便的原则，自行确定抽取样本的单位。例如，在对某村的农户进行调研时，可以在村头对进出的农户进行拦截式调查。

2）判断抽样，是指研究人员根据经验、判断和对研究对象的了解，有目的地选择一些单位作为样本的调查方法。例如，要了解某农业保险的需求情况，可以对一些龙头企业、合作社等重点单位进行调查。

3）自愿样本，是指被调查对象自愿参加，成为样本的一部分。例如在网上发布调查问卷，网民自主填写。

4）滚雪球抽样，是指先选择一些个体进行调查，然后请他们提供属于总体的其他个体，调查人员再进行调查的方法。如某人想调查农户种植茄子的情况，首先找到一个种植茄子的农户，对其进行调查后，请他介绍其他种植茄子的农户，调查人再前往他所介绍的农户处进行调查，并通过他们找到更多茄子种植户。

5）配额抽样，是指先将总体分为若干类，然后在每个类中采用方便抽样或判断抽样的方式抽取样本的方法。

对于概率抽样和非概率抽样，有其各自的优缺点。概率抽样是根据一定的概率抽取样本，因此可以依据调查结果计算估计量误差，从而得到对总体目标量进行推断的可靠程度，这可以成为评估统计结果的依据。但是概率抽样的技术含量更高，所需的成本也更高。而非概率抽样则具有统计上的简单性，并且抽样成本比较低，但是它并非随机抽样，无法根据样本结果对总体参数进行推断。

2. 收集数据的基本方法

在获取样本之后，要如何对这些样本实施调查，即如何从样本中获取所需的数据，可以采用如下几种方法：

（1）自填式，即在没有他人协助的情况下，被调查人自己填写问卷。问卷可通过面对面发放、网络发布、邮寄等方法交给被调查者。在这种情况下，由于没有调查人员的协助，为了使得被调查人能够完美地理解问卷的问题设置，问卷的设计需要更加详细、通俗。

自填式调查方法一方面可以很大程度上节省调查成本，另一方面也方便被调查者，能给他们自由的填写时间和空间。但是自填式方法的缺点也很明显，首先问卷的返还率会比较低，没有时间上的压力，被调查者往往会忘记；其次自填式的自由度使得相关问题的回答不够认真，会出现跳答、漏答等一系列问题。因此自填式调查方法通常需要对问卷进行筛选，对漏填的问卷进行跟踪回访等。

（2）面访式，即调查人与被调查人以面对面的方式进行问答对话。

调查人员通过面对面交流的形式，一方面可以说服被调查人参与调查，提高问题的回答率；另一方面可以对被调查人的相关问题进行解答，提高问题回复的准确率，提高调查数据的质量。但是这种方式所需的成本很高，因为要控制调查过程和调查数据的质量需要专业的调查人员参与，这就需要对调查员进行培训，而且调查人员的工资、交通费用等都需要开支，另外面对面的交流往往耗时较长，需要给予被调查者一点小礼品。

（3）电话式，即调查人员通过打电话的方式对被调查者进行调查。

电话式的调查方法则能够解决面访式的一部分缺点，通过打电话的方式调查，能够极大地节约调查时间，并且节省了调查所需的交通费等，极大地节约了调查成本。但是电话式的方法也很难掌控，因为被调查者在不愿意接受调查时，很难说服他们，容易被挂断电话中止调查。

不同的调查方法具有不同的特点，因此在通过调查收集数据的过程中，需要视情况采取相应的调查方法，或者将多种调查方法结合起来使用。

在收集完数据后，就需要对数据进行分析。数据分析所用的方法可分为描述统计方法和推断统计方法。描述统计方法研究的是数据收集、处理、汇总、图表描述、概括与分析等统计方法。推断统计方法是研究如何利用样本数据来推断总体特征的统计方法，这一方法我们将在第二章进行详细的说明。

本章小结

本章作为本书的预备章节，主要介绍了农业保险精算中需要使用的一些基础的数理知识。尤其本书后面会经常使用的一些数学符号，如求和号、阶乘号、组合号、积分号等，所以本章对这些做了简要的介绍。另外本章也对基础的概率论和统计学的知识做了简单的介绍，如随机事件、条件概率、随机变量及其数学特征、统计概念和统计调查方法，通过对这些后面常用的数学知识的介绍，以方便一些久疏数学的读者进行复习。

重点概念

随机试验：在相同条件下对某一随机现象进行大量重复观察。

随机事件：在随机试验中，可能出现也可能不出现，但是如果大量重复试验，则可以发现某种规律性。

互斥事件：不可能同时发生的事件。互斥事件的特殊情况为对立事件，指两个互斥事件之间必然有一个会发生。

独立事件：在一次试验中，一个事件的发生不对另一个事件造成影响，则称两个事件相互独立。

条件概率：某个事件在另一个事件已经发生的情况下的发生概率。

随机变量：表示随机试验各种结果的实值单值函数，是随机事件结果的数量表现。

总体：指客观存在的许多性质相同的个别事物所组成的整体，而这些构成总体的个别事物则为个体。

参数：描述总体特征的概括性数字度量，而统计量则是描述样本特征的概括性数字度量，它们都是研究者关心的某种特征值，如平均值、标准差等。

分类变量：是说明事物类别的一类变量，其取值是分类数据，即只能归于某一类别的非数字型数据。

顺序变量：说明事物有序类别的一类变量，其取值为顺序数据，即有数值大小、程度轻重、顺序先后的非数字型数据。

数值型变量：说明实务数字特征的一类变量，其取值是数值型数据，即能够按数字尺度测量的数据。

概率抽样：遵照随机原则进行的抽样，总体中的每个个体都有相等或不等的概率被抽中。

简单随机抽样：从总体中随机地一个一个地抽取 n 个个体作为样本，每个个体进入样本的概率是相等的。

分层抽样：是将被抽样的总体按某种特征或规则划分为不同的层，然后从不同的层中独立、随机地抽取样本。

整群抽样：是指将总体中的若干个个体合并为一个群，抽样时直接抽取群，并对群内的所有个体实施调查。

系统抽样：先把总体中的所有个体按照一定的顺序排列，在规定范围内随机抽取一个个体作为初始单位，然后按事先定好的规则确定其他样本单位。

思考与练习

1. 现从一副扑克牌（拿出了大王、小王）中随机抽取一张，并记录这张扑克牌的花色，问这个随机试验的样本空间是什么？

2. （接上题）若再一次进行了一个试验，但是这次记录的是这张牌的大小，分别将这两次随机试验的观察记为随机事件 A 和事件 B，问这两个事件是什么关系，包含、互斥、独立或其他？

3. （接上题）现在记随机事件 A_1 为"抽到方块"，随机事件 A_2 为"抽到红色牌"，问：

（1）随机事件 A_1 和随机事件 A_2 是什么关系；

（2）分别计算随机事件 A_1 和随机事件 A_2 的发生概率。

4. （接上题）记随机事件 B_1 为"抽到的扑克牌上的数字为 K"，求随机事件 A_1 和随机事件 B_1 同时发生的概率。

5. 已知某同学在高数的期末考试中及格的概率为 0.75，但是上 90 分的概率只有 0.1，求该同学的高数期末成绩在 60—90 分的概率是多少？

6. 假设某农业保险公司种植业、养殖业和森林业的比例分别为 0.55、0.3、0.15，而在这几个险种中，其中保单总索赔数为一次的均占 0.7，求在整个农业保险公司中抽取一份保单，这份保单总索赔次数为 1 的概率。

7. 某农业保险公司对自己内部业务进行统计时发现：单份保单总索赔次数为 0 次的占总保单数的 54%；单份保单总索赔次数为 1 次的占总保单数的 22.6%，此时总索赔金额在 700 元以下的概率为 80%；单份保单总索赔次数为 2 次的占总保单数的 14.4%，这种情况下，单份保单总索赔金额在 700 元以下的概率为 68%；单份保单总索赔次数为 2 次以上的占总保单数的 9%，此时单份保单总索赔金额在 700 元以下的概率为 34%，求在已知某份保单的总索赔金额为 700 元以下的情况下，它的总索赔次数为 1 次的概率是多少。

8. 假设某个樱桃园的年产量为几个固定值，但是每年产量具体是哪个值不确定，经统计发现樱桃园年产量的概率分布如表 0 - 6 所示，求这片樱桃园年产量的：

（1）数学期望、众数和中位数；

（2）二阶原点矩和二阶中心矩；

（3）偏度系数，并判断出农户使用农药次数是呈左偏分布、右偏分布还是对称分布；

（4）峰度系数，并判断农药使用次数是属于尖峰分布还是平峰分布。

表 0 - 6　　　　　　　樱桃园产量概率分布

产量（单位：公斤）	700	800	850	880	950
概率	0.05	0.2	0.45	0.25	0.05

参考文献

［1］霍萨克：《非寿险精算基础》，中国金融出版社 1992 年版。

［2］江生忠：《风险管理与保险》，南开大学出版社 2008 年版。

［3］陈希孺：《概率论与数理统计》，中国科学技术大学出版社 2009 年版。

［4］贾俊平：《统计学》，中国人民大学出版社 2011 年版。

［5］高和鸿等：《统计学》，经济管理出版社 2010 年版。

第一章　农业保险精算概述

学 习 目 标

1. 了解现代农业发展面临的风险和挑战；
2. 掌握农业风险的概念、特点和主要种类；
3. 了解农业风险管理的基本内容和主要方法；
4. 了解政策性农业保险实施背景和经营特点；
5. 了解农业保险的主要分类和特点；
6. 了解精算学的产生与发展；
7. 掌握农业保险精算涉及的基本理论；
8. 理解农业保险精算与非寿险精算之间的关系；
9. 理解农业保险精算可能面临的问题。

知 识 结 构 图

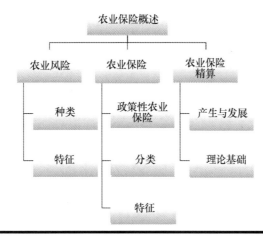

农业是通过培育动植物等来生产食品及工业原材料的产业，其劳动对象是动植物，是生命体。动植物皆有其各自的生长发育规律，需要特定的生存条件、适宜的生存环境。因此农业生产比较依赖自然环境，这意味着农业生产受自然灾害的影响较大。我国还没有建成完善的自然灾害防御机制，因此我国农业抗灾能力极弱。据统计，2016年农作物受灾面积达 26221 千公顷（当年主要农作物的总播种面积为 166649.55 千公顷，受灾比例为 15.73%），其中旱灾受灾面积达 9873 千公顷，水灾受灾面积为 8531 千公顷，自然灾害导致的直接经济损失为 5032.9 亿元，占 2016 全年第一产业总产值的 7.90%，国内生产总值的 0.68%。[①]

市场风险对农业生产经营的影响也非常大。农业生产往往无法随着市场信息的变化而调整，农业生产需要先确定生产类型和规模，而从生产到收获需要经过一定时间。在这段时间内，如果发生市场变化，农业生产者难以进行生产调整，因此难以避免市场带来的风险。另外随着我国社会主义市场经济体制改革，政府逐步放宽了对农产品市场价格管控力度，并且在 2015 年发布的《中共中央、国务院关于推进价格机制改革的若干意见》中提出要统筹利用国际、国内两个市场，让农产品价格主要由市场决定，逐步调整改进"黄箱"政策，扩大"绿箱"支持政策[②]。农产品价格市场化改革的推进，使得农产品市场价格受国内外多种因素的影响加剧，增加了农产品的市场风险。

农业生产本身具有弱质性特征，同时农业又能够为人类生活和生产提供基础的物质资料，所以基于整体经济和社会的发展，农业带来的效益高于农业生产本身。正是由于农业在社会稳定和国民经济发展中发挥了重要作用，所以需要对农业风险有全面的了解，才可能提供恰当的保险保障，并科学地进行农业保险精算。

第一节　农业风险

在认识农业风险之前，首先需要了解风险是什么。由于本书的主体内容是农业保险精算，而农业保险保障的是约定风险事件带来的经济损失，农业保险精算则是对这些可能发生的风险损失进行预测和评估，因此本书将风险定义为损失的不确定性[③]。损失是指出现实际价值低于预期价值的结果，不确定性是指损失发生与否及其大小的可能性难以确定，包括损失是否发生、损失何时发生和损失的程度三个方面的不确定性。

---

① 受灾面积数据为中华人民共和国统计局官方网站公布的原数据，比例数据是通过基础计算得到的。
② "黄箱"政策和"绿箱"政策的具体含义可见本章第二节中的知识链接。
③ 风险一般是指某种事件发生的不确定性，包括损失的不确定和收益的不确定，而本书提及的风险仅指损失发生的不确定性，即纯粹风险。

将风险的定义推及农业风险，所谓农业风险是指在农业生产活动过程中面临的损失的不确定性。农业风险普遍存在于农业生产活动中，伴随着整个农业生产和生活广泛且多样存在。以水稻种植为例，水稻是一种喜高温、多湿、短日照的农作物。水稻在不同的生长期对温度的要求不同，温度过低或过高都会对水稻的生长造成损失。另外水稻在孕穗期至抽穗期光合作用强，新陈代谢旺盛，在这段时期缺水对水稻产量影响非常大。除了低温冻害风险、高温风险和干旱风险以外，水稻生长过程中也面临其他风险，如病虫害风险。水稻目前容易遭受的三大主要病害是稻瘟病、白叶枯病和纹枯病，此外栽培措施不当也容易导致水稻减产等。

一　农业风险的种类

农业所面临的风险主要源于两大因素——自然因素和社会因素，据此可以将农业风险分为自然风险、市场风险、政治风险和技术风险四大类。

（一）自然风险

农业自然风险是指因自然力的不规则变化产生的现象，如地震、水灾、旱灾等，危害农业生产活动，导致农业和农民经济损失的不确定性。农业的生产对象为生命体，这些生命体的生长离不开自然环境，因此农业生产也受制于自然环境，自然环境条件的好坏直接影响到农业生产的效率和农业生产经营者的收益。

我国幅员辽阔，地理环境和气候环境千差万别，是世界上自然灾害种类最多的国家，参考我国自然灾害综合研究组[①]的分类，可以将自然灾害分为气象灾害、海洋灾害、地质灾害和生物灾害四类。

1. 气象灾害

气象灾害是自然灾害中发生最频繁、影响最严重的灾害，包括天气、气候灾害和气象次生、衍生灾害。天气、气候灾害是指恶劣的天气现象直接造成的灾害，包括水灾、旱灾、风灾、冻灾、雹灾等；气象次生、衍生灾害则是因气象因素引起的洪水、山体滑坡、泥石流、森林火灾、酸雨、沙尘暴等灾害。

动植物的生长发育需要一定的气象条件，不适宜甚至恶劣的气象因素会直接影响作物的生长和成熟。如果某一地区发生旱灾，土壤缺水、空气干燥，会致使农作物体内水分缺失而变得萎蔫，而动物缺水则会影响正常生长，引发各种疾病，甚至导致死亡。不同的动植物在不同的生长阶段的最适气象条件亦有所不同，即使是小幅度的气象变化都容易对其生长造成一定的损伤，从而影响农业产量，危害农业经济的稳定发展。

[①]　1991年，国家科委办公厅、国家纪委办公厅、国务院生产办秘书局联合发文成立该研究组，该研究组将自然灾害分为气象、海洋、洪水、地质、地震、农作物生物、森林生物和森林火灾灾害八大类。

2. 海洋灾害

海洋灾害是海洋环境发生的剧烈变化导致的海上或海岸灾害，引发海洋灾害的原因主要有强气流的扰动，如高纬地带的冷空气与海上热带气旋交互引起的风暴潮；海底地质的变动，如海底地震引起的海啸；还有海洋水体的变质，如赤潮等。

沿海地区的农业生产者大多依托丰富的海洋生物、海水等资源进行生产活动，通过养殖、捕捞等方式提供动植物食品和工业原料，然而海洋灾害的发生严重限制了人类在海上的经济活动，给沿海地区的海水养殖、海上捕捞等海洋农业的发展造成一定损失。

3. 地质灾害

地质灾害是在自然演化、人为诱发或两者的双重作用下形成的危害人类生命财产安全的地质现象，包括地震、崩塌、土地冻融、水土流失、土地沙漠化、盐碱化等。

农业生产活动离不开土地，地质灾害直接作用于农作物、林木和家禽家畜等赖以生存的土壤，一旦发生，对农业经济造成的损失是绝对的，而损失的规模则取决于灾害的严重程度。

4. 生物灾害

生物灾害是由于生物链的破坏或某种生物的过当繁殖引起的，主要包括病虫害、蝗灾、鼠疫等。农作物病虫害的发生会造成农作物面积减产绝收、农作物大量变质，森林病虫害危害林木的健康，生物灾害直接或间接地危害人畜的生命等，这些都直接威胁着农牧林业的生产。

（二）市场风险

农业面临的市场风险是指在农业生产和销售过程中，由于市场供求失衡、经济贸易条件变化、经营管理不善、信息不对称等因素导致农业生产者遭受经济损失的可能性，具体包括价格风险、信用风险和信息风险。

1. 价格风险

价格风险为农业生产者所面临的主要市场风险类型，是指农产品市场价格波动引起的农业生产者收入不确定性。价格波动表现为农业生产资料价格的波动和农产品价格的波动，前者造成农业生产成本的不确定性，后者造成农业生产收益的不确定性，尤其是对于农业这种事先确定生产类型和规模的产业，一旦农业生产者选定生产品种和规模，直至整个阶段的生产完成都无法再进行调整，因此农业生产者最后的收益直接取决于最后的市场价格。价格波动过大造成农业生产者"丰产不丰收"，这不仅会损害农业生产者的经济利益，也会挫伤他们生产的积极性，十分不利于农业经济的健康发展。

2. 信用风险

农业生产者面临的信用风险是指交易一方未能履行契约中的义务而造成另一方经

济损失的风险。由于农产品生产周期长，容易遭受自然风险的影响，市场供应状况及价格不确定强，因此农产品现货市场上，合同履行的不确定性也相对较高。

3. 信息风险

农业信息风险是指农业生产者参与市场交易时因信息不充分而遭受损失的不确定性。由于目前农村基础设施不完善，市场供求信息滞后，农业生产者很难根据实际市场的需求对自己的生产决策进行科学的调整，从而遭受损失。

随着国际贸易的发展，我国农业市场风险也从单纯以国内市场供求为主，转变成了国际国内多种因素叠加。据统计，2015 年我国农产品进出口贸易总额达 1875.6 亿美元，约合人民币 11648.4 亿元，占国内生产总值的 19.14%，其中出口额达 4389.58 亿元，进口额达 7258.82 亿元。[①] 这说明国外农产品对国内农产品市场会存在一定的影响，另外国内农产品的供给也受国际农产品市场的影响。

拓展阅读

让白皮书告诉世界（节选）

9 月 24 日，中秋。

这一天零时 1 分，美国政府对约 2000 亿美元中国商品加征 10% 的关税措施正式生效。同时，中国政府对原产于美国约 600 亿美元进口商品实施加征 5%—10% 不等关税的措施正式生效。

也是这一天 13 时，中国国务院新闻办公室发布《关于中美经贸摩擦的事实与中方立场》白皮书，旨在"澄清中美经贸关系事实，阐明中国对中美经贸摩擦的政策立场，推动问题合理解决"。

那么，这本几万字的白皮书究竟说了什么呢？

白皮书除前言外有六个部分，列举了大量中美经贸关系的事实，直接批驳美国政府的"贸易保护主义"和"贸易霸凌主义"，并阐述了这种做法对世界经济发展的危害，当然，也表明了中国的立场。

大伙儿知道，美国挑起贸易战的理由，无外乎纳瓦罗在其被经济学界很不认同的《致命中国》中写的那些理由，比如"对华贸易，美国吃亏了""中国在进行强制技术转让"等，最终，美国以"公平贸易"的需求为由，宣布对中国商品加征关税。

那么，美国"吃亏"否？白皮书数据显示，美国对华出口增速明显快于其对全球的出口。2017 年，美国对华出口总额 1298.9 亿美元，比 2001 年中国刚加入世贸组织时的 191.8 亿美元增长了 577%，远远高于美国对全球出口的增长率。

---

① 数据来源于国家统计局。

中国抢走了美国人的饭碗否？白皮书则披露了这样一组数据：

据美中贸易全国委员会估算，2015 年美国对华出口和中美双向投资支持了美国国内 260 万个就业岗位。其中，中国对美投资遍布美国 46 个州，为美国国内创造就业岗位超过 14 万个，而且大部分为制造业岗位。

此外，中国制造产品还有助于降低美国的物价水平，为美国家庭节省了更多钱。报告指出，美中贸易全国委员会研究显示，2015 年，中美贸易平均每年为每个美国家庭节省 850 美元成本，相当于美国家庭收入的 1.5%。

说实话，所有的经济学原理都会承认这样的基础事实：贸易对双方有好处，尤其是物美价廉的中国制造，不仅给包括美国人在内的全世界消费者带来了实实在在的好处，而且帮助降低了其通货膨胀率。

"中国强制技术转让"成立否？白皮书数据显示，自 2000 年以来，中国对科研经费的投入以每年 20% 的速度增长；2017 年，中国科研经费达到 1.76 万亿人民币，在世界排名第二；美国关税政策出台前的几次听证会，出席的美方企业也都一再说过了，"我们在华没有遭受过强制技术转让"。

再看专利。世界知识产权组织的报告显示，2016 年中国的全球专利、商标和工业品外观设计申请量再创新高。其中，由中国受理的专利申请量超过美国、日本、韩国和欧洲专利局的总和，名列世界第一，中国专利申请增量占全球总增量的 98%。

换言之，在所谓的"强制技术转让"说辞下，掩盖的是美国其实是受益者的事实。美国智库彼得森国际经济研究所的报告指出，中国使用外国技术的许可费和使用费一直飙升，2017 年达到近 286 亿美元，比过去 10 年增加了近 4 倍。据中国有关方面统计，美国是中国第一大版权引进来源国，中国对美国支付的知识产权使用费从 2011 年的 34.6 亿美元增加至 2017 年的 72 亿美元，6 年时间翻了一番。其中 2017 年中国对美支付占中国对外支付知识产权使用费总额的 1/4。

文章来源：人民网 – 人民日报海外版，2018 年 9 月 25 日

http：//ydyl. people. com. cn/n1/2018/0925/c411837 –30311383. html

（三）政治风险

政治风险是指政治环境的变化、政局的变动、政策法规等发生变化造成的经济损失的不确定性。农业面临的政治风险主要在于制度风险和政策风险，前者包括土地、税收等制度的变迁对农业生产效率的影响，后者包括支农惠农等政策措施对农业生产积极性的影响。

（四）技术风险

农业面临的技术风险是指由于某些技术因素，包括生产技术的副作用、局限性、不当使用等造成农业经济损失的不确定性，包括技术投入风险、技术自身风险、技术

被模仿风险、技术信息风险和应用风险等。农业现代科学技术的发展虽然拓宽了农业产品种类，降低了农业对自然环境的依赖性，提高了农业生产率，但是也伴随着一定的风险，如转基因技术的使用虽然丰富了产品品种，增强了其抗性，但是转基因技术对生态链和人体健康的损害争议不断。只有充分了解农业技术的相关知识，明确其适用性，才能在一定程度上减少技术风险。

上述风险中，影响农业生产产量的自然风险和影响农民生产收入的价格风险为主要的农业风险类型。在了解农业风险的种类之后，还需对农业风险的特征进行更加深入的了解，从而判断以保险方式进行农业风险转移的可行性或难易程度。

二 农业风险的特征

农业保险是针对农业风险而设计的保障农业生产经营和农业生产者收入的保险，农业风险的特征可以影响农业保险产品的开发设计、精算定价等多方面内容，决定了农业保险的复杂性和特殊性。

（一）多样性

农业所面临的风险包含的内容广泛，既有地震、旱灾等由自然力引起的自然风险，也有人为因素导致的政治风险、技术风险等，这些风险作用于农民生活和农业生产的各个方面。

农业风险的多样性意味着农业风险的高频率，因为同时面临多重风险相较于只面临某种特定风险，损失发生的可能性更高。而农业保险是对农业风险提供保障，农业保险精算是对承保风险未来可能带来的损失进行预估，因此农业风险的高频率决定了农业保险的高风险性，也决定了农业保险精算的复杂性。

高频率的农业风险也对农业保险大数据提出了很高的要求，没有足够的数据来记录农业生产过程和历史损失情况，后续就难以对其风险状况进行分析、度量，难以进行损失的预估。因此农业风险的多样性无疑增加了农业保险精算的难度，同时增加了农业保险对大数据的需求。

（二）区域性

农业风险的影响范围虽广，但是有一定的限度，即具有区域性。不同区域的地形、地势、气候条件、土壤环境等自然环境条件不同，可能遭遇的自然风险也不尽相同，如北方地区旱灾频繁、南方地区涝灾严重。另外即使同一地域的受灾种类相同，若处于不同地形或地势，其受灾程度也不尽相同，如雪灾迎风坡多、背风坡少。地域因素不仅会分割自然风险，在一定程度也会影响市场风险的作用范围。这是因为农产品的储藏、运输等方式和手段有限，因此农产品市场的空间区域有限。

大数法则表明大量重复实验相同的随机实践，必然会呈现某种规律，而保险正是运用这一定律，通过集合大量同质风险，找到一个必然的规律，达到分散个体风险的目的。一方面，农业风险的区域性意味着风险的系统性，虽然同一个地域的风险种类和发生频率等特征相同，但是一旦风险事件发生，整个区域都会遭遇风险造成损失。另一方面，农业风险的区域性意味着不同区域面临的风险种类、频率等特征不同，盲目承保不同质的风险单位只会导致农业保险财务不稳定。因此农业风险的区域性提高了精算和大数据对精细度的要求，增加了农业风险管理的难度。

（三）季节性

农作物生长和农业生产具有季节性，农作物生长的季节性约束了农业风险作用的时间点。由于受季节的影响，农业风险可能集中在某个特定的时间段，那么均衡保费和比例法评估准备金都不适用于农业保险[①]，因此农业风险的季节性对农业保险保费的确认、准备金的提存等都提出了新要求，增加了农业保险精算的复杂度。

以气象灾害为例说明灾害发生的季节性，1 月容易发生冻灾、雪灾等，4 月容易发生旱灾或涝灾等。通过对吉林省 1969—2013 年发生的森林火灾情况进行分析，结果显示，春季火灾数占 72.7%，而夏、冬两季合计仅占 2.6%[②]，这与地域特点有一定的关系，吉林属于我国东北地区，春秋降雨少，湿度低，多风，且林木含水量低，而夏季虽然气温高，但降水量大，冬季虽然气温低但是有积雪覆盖，不易发生火灾。因此森林火灾的季节性高发也将导致森林火灾保险理赔的季节性。

（四）巨灾性

农业风险的巨灾性表现在三个方面：

一是农业风险具有系统性，即一旦发生农业风险，许多被保险人同时遭受风险事故、发生经济损失。如果参保农户处于同一地域，其自然条件和市场情况类似，当自然灾害发生或市场波动，该区域的所有参保农户都将受到影响，造成严重的经济损失，这不利于从空间上进行风险分散。如 2010 年 7 月 19 日至 22 日辽宁省铁岭市曾发生强降雨，该次特大暴雨造成铁岭市 8 个县区、74 个乡镇受灾，其中农作物受灾面积达 122.49 万亩，成灾面积 73.88 万亩，绝收面积 27.44 万亩，牲畜死亡达 1.15 万头，农林牧渔业直接经济损失高达 13.81 亿元。[③]

二是农业风险的伴生性。因为农业面临的主要风险为自然风险，而一种自然灾害的发生往往会导致其他灾害相继发生，从而导致大规模损失。例如在雨涝季节，暴雨的发生不仅会造成农田积水，而且高温高湿的环境容易诱发病虫害，损害农作物的生长。甚至在山区，暴雨可能还会引发山体滑坡和泥石流，冲毁庄稼和牛舍猪圈等。

三是风险承担者的特殊性。农业风险的主要受灾体是以农业收入为主的小农户或

①　均衡保费和比例法不适用于农业保险的原因在本文费率厘定和准备金的相应部分会进行说明。

②　刘强，单延龙，于淑香，等．不同时间尺度下吉林省森林火灾发生规律［J］．东北林业大学学报，2017，45（12）：45.

③　郭锋．一次暴雨洪涝灾害对农业生产的影响分析［J］．吉林农业，2012（1）：121.

规模不大的农业生产组织，他们的收入水平不高，风险承受能力不强，所以农业风险一旦发生，对于农业生产者的打击十分沉重。

上述农业风险的四个性质中，多样性和巨灾性决定了农业的高风险性。农业风险的存在，使得农民收入不稳定，制约了农民生产生活的积极性，也进一步阻碍了农业和农村经济的发展进步。另外，农业风险通过影响农产品的供给，威胁人类社会生产生存之根本，很容易引发经济停滞、社会动荡。

农业风险随着现代农业的发展会不断发生新的变化，一方面，风险的变化会影响农业生产者的保险需求。新风险一旦出现，农业生产者就需要对这类风险进行转移，以减少损失，农业保险就需要设计新的产品对此类风险进行承保，或者更新现有保险产品的保险责任。另一方面，风险的变化会影响农业保险精算，增加农业保险精算的复杂性。农业保险精算是在保险公司不亏损的前提下，对保险合同约定的农业风险带来的经济损失进行保障，而精算的结果是基于历史数据、历史损失得到的，一旦风险发生变化，历史数据失去了可信度，这就影响了精算的准确性，增加了农业保险精算的难度。

第二节　农业保险

关于农业保险的定义[①]，《农业保险条例》中有明确的界定，条例第二条指出："农业保险，是指保险机构根据农业保险合同，对被保险人在种植业、林业、畜牧业和渔业生产中因保险标的遭受约定的自然灾害、意外事故、疫病、疾病等保险事故所造成的财产损失，承担赔偿保险金责任的保险活动。"

一　政策性农业保险

（一）发展历程

虽然我国于20世纪30年代就开办了农业保险，通过农村保险合作社、中国农业保险股份有限公司、地方商业保险机构等多种经营方式承办，但是由于当时国民政府对农业保险不够重视、保险公司技术和经营管理能力不足等多方面的原因，农业保险于20世纪50年代停办。

---

① 《农业保险条例》中的定义明确了农业保险保障的是农业生产过程，且属于财产保险，而部分学者对农业保险的界定还包括其他为农业服务，为农村、农民直接提供风险保障的保险，这些保险形式都称为涉农保险，包括涉农财产保险和涉农人身保险。涉农财产保险是指为农用机械、设施、农房等农业生产生活资料，以及农产品储藏和运输、农产品初级加工、农业信贷、农产品销售等活动提供风险保障的保险；涉农人身保险则为农民的寿命和身体等方面提供保障。

新中国成立后，随着社会主义道路的探索和改造，农业保险业务也经历多次复办和停办的曲折历程。直至 20 世纪 80 年代保险业复业后不久，人保公司也开始全面恢复农业保险，在部分地区开始了农业保险的试点，从 1982 年恢复试办，农业保险开始了稳步的增长，到 1992 年农业保险保费收入达到了最高值，相比上一年增长了将近一倍（如表 1－1 所示）。

但是在社会主义市场经济体制的目标确立后，随着农村经济体制改革的不断推进，农业保险的高赔付属性无法达到保险公司盈利的目标，人保公司停办了一些高赔付的业务，因此农业保险保费规模开始逐年萎缩。

2001 年中国加入世界贸易组织，世界贸易组织的《农业协议》中规定，政府可以采取对农产品生产、价格与贸易没有或仅有微小扭曲作用的农业支持政策，即"绿箱"政策，而农业保险作为世界贸易组织允许各国支持农业发展的重要"绿箱"政策工具，备受重视。2003 年，党的十六届三中全会《关于完善社会主义市场经济体制若干问题的决定》首次提出"探索建立政策性农业保险制度"，并于 2004 年在 9 个省区市正式启动政策性农业保险试点。并且从 2004 年至今（除 2011 年以外），中央一号文件都对农业保险的发展方向提出了指导性意见（如表 1－2 所示），并且中央政府不断加强对农业保险的财政补贴。经过政府的政策支持，我国农业保险开始高速发展，农业保险保费收入从 2007 年的 52.06 亿元，到 2015 年的 379.86 亿元，如表 1－3 所示，再到 2017 年的 479.06 亿元[①]，保费收入占整个产险的比例在这十年间也从 2.32% 增长到 4.54%。

表 1－1　　　　中国人民保险公司农业保险业务统计表（1982—1994 年）

年份	保费收入（万元）	赔款支出（万元）	净赔付率（%）
1982	23	22	95.7
1983	173	233	134.7
1984	1007	725	72.0
1985	4332	5266	121.6
1986	7803	10637	136.3
1987	10028	12604	125.7
1988	11534	9546	82.8
1989	12931	10721	82.9
1990	19248	16723	86.9
1991	45504	54194	119.1

---

① 数据来源于"2017 年保险统计数据报告"。

年份	保费收入（万元）	赔款支出（万元）	净赔付率（%）
1992	81690	81462	99.7
1993	56130	64691	115.3
1994	27272	36572	134.1

资料来源：《中国保险年鉴》。

表 1-2　　　　　　　　**2004—2018 年中央一号文件对农业保险的指导意见**

年份	涉及农业保险的内容
2004	加快建立政策性农业保险制度，选择部分产品和部分地区率先试点，有条件的地方可对参加种养业保险的农户给予一定的保费补贴。
2005	扩大农业政策性保险的试点范围，鼓励商业性保险机构开展农业保险业务。
2006	稳步推进农业政策性保险试点工作，加快发展多种形式、多种渠道的农业保险。
2007	积极发展农业保险，按照政府引导、政策支持、市场运作、农民自愿的原则，建立完善农业保险体系。扩大农业政策性保险试点范围，各级财政对农户参加农业保险给予保费补贴，完善农业巨灾风险转移分摊机制，探索建立中央、地方财政支持的农业再保险体系。鼓励龙头企业、中介组织帮助农户参加农业保险。
2008	认真总结各地开展政策性农业保险试点的经验和做法，稳步扩大试点范围，科学确定补贴品种。
2009	加快发展政策性农业保险，扩大试点范围、增加险种，加大中央财政对中西部地区保费补贴力度，加快建立农业再保险体系和财政支持的巨灾风险分散机制，鼓励在农村发展互助合作保险和商业保险业务。探索建立农村信贷与农业保险相结合的银保互动机制。
2010	积极扩大农业保险保费补贴的品种和区域覆盖范围，加大中央财政对中西部地区保费补贴力度。鼓励各地对特色农业、农房等保险进行保费补贴。发展农村小额保险。健全农业再保险体系，建立财政支持的巨灾风险分散机制。
2012	扩大农业保险险种和覆盖面，开展设施农业保费补贴试点，扩大森林保险保费补贴试点范围，扶持发展渔业互助保险，鼓励地方开展优势农产品生产保险。健全农业再保险体系，逐步建立中央财政支持下的农业大灾风险转移分散机制。
2013	健全政策性农业保险制度，完善农业保险保费补贴政策，加大对中西部地区、生产大县农业保险保费补贴力度，适当提高部分险种的保费补贴比例。开展农作物制种、渔业、农机、农房保险和重点国有林区森林保险保费补贴试点。推进建立财政支持的农业保险大灾风险分散机制。
2014	加大农业保险支持力度。提高中央、省级财政对主要粮食作物保险的保费补贴比例，逐步减少或取消产粮大县县级保费补贴，不断提高稻谷、小麦、玉米三大粮食品种保险的覆盖面和风险保障水平。鼓励保险机构开展特色优势农产品保险，有条件的地方提供保费补贴，中央财政通过以奖代补等方式予以支持。扩大畜产品及森林保险范围和覆盖区域。鼓励开展多种形式的互助合作保险。规范农业保险大灾风险准备金管理，加快建立财政支持的农业保险大灾风险分散机制。探索开办涉农金融领域的贷款保证保险和信用保险等业务。
2015	加大中央、省级财政对主要粮食作物保险的保费补贴力度。将主要粮食作物制种保险纳入中央财政保费补贴目录。中央对财政补贴险种的保险金额应覆盖直接物化成本。加快研究出台对地方特色优势农产品保险的中央财政以奖代补政策。扩大森林保险范围。

续表

年份	涉及农业保险的内容
2016	完善农业保险制度。把农业保险作为支持农业的重要手段，扩大农业保险覆盖面、增加保险品种、提高风险保障水平。积极开发适应新型农业经营主体需求的保险品种。探索开展重要农产品目标价格保险，以及收入保险、天气指数保险试点。支持地方发展特色优势农产品保险、渔业保险、设施农业保险。完善森林保险制度。探索建立农业补贴、涉农信贷、农产品期货和农业保险联动机制。积极探索农业保险保单质押贷款和农户信用保证保险。稳步扩大"保险＋期货"试点。鼓励和支持保险资金开展支农融资业务创新试点。进一步完善农业保险大灾风险分散机制。
2017	持续推进农业保险扩面、增品、提标，开发满足新型农业经营主体需求的保险产品，采取以奖代补方式支持地方开展特色农产品保险。鼓励地方多渠道筹集资金，支持扩大农产品价格指数保险试点。探索建立农产品收入保险制度。扩大银行与保险公司合作，发展保证保险贷款产品。深入推进农产品期货、期权市场建设，积极引导涉农企业利用期货、期权管理市场风险，稳步扩大"保险＋期货"试点。
2018	稳步扩大"保险＋期货"试点，探索"订单农业＋保险＋期货（权）"试点。

表 1－3　　　　　　　　　　2004—2015 年农业保险业务数据

年份	业务量超一千万元的公司数量	保费收入（百万）	赔款支出（百万）	赔付率（％）
2004	2	394.67	295.98	74.99
2005	4	767.77	571.29	74.41
2006	3	846.49	590.1	69.71
2007	5	5205.73	88344.59	1697.06
2008	5	10843.3	5997.12	55.31
2009	6	13391.24	9524.18	71.12
2010	8	16459.27	10838.91	65.85
2011	7	17446.17	8179.49	46.88
2012	9	24084.68	12704.01	52.75
2013	14	30672.82	80455.31	262.30
2014	14	30878.42	19613.24	63.52
2015	19	37985.82	23626.19	62.20

注：数据来源于中国保险统计年鉴。

知识链接

WTO "绿箱" 政策

《农业协议》的基本目标与原则是建立一个公正的、以市场导向为目标的农产品贸易体系，逐步减少现存的农业补贴和保护，纠正和防止世界农产品市场中存在的限制和扭曲。《农业协议》主要包括农产品市场准入、农业国内支持、出口补贴以及卫生与植物卫生措施等规则。

《农业协议》以农业补贴方式对市场的扭曲程度为依据，对农业国内支持采取了三层结构分类，分别为"绿箱"政策、"黄箱"政策和"蓝箱"政策。

《农业协议》给出了"绿箱"政策的基本标准：一是不会对贸易产生扭曲作用或对产量产生影响。二是该项支持应当是通过政府公共政策提供的（包括政府税收减免），而不是来自消费者的转移。三是该支持不能具有或产生与价格支持相同的效果，因为价格支持具有直接的贸易扭曲效果。另外协议还列出了一些符合"绿箱"标准的补贴措施[①]：

（1）由公共基金或财政开支所提供的一般性农业生产服务。包括环境项目研究和特定产品研究、病虫害控制、农业科技人员和生产操作培训、技术推广和咨询服务、检验服务、市场促销服务、农业基础设施建设等。

（2）为保障食品供给而支付的储存费用。

（3）食品援助补贴以及单亲家庭农场补贴。

（4）一般性农业收入保障补贴。这类补贴必须符合以下标准：第一，接受补贴的生产者收入损失量必须为全体农业生产者平均收入的30%以上，或该损失量超过其正常年份收入的30%以上；第二，有关补贴应该仅针对收入的减少，而不针对产品或产量；第三，补贴总量必须低于收入损失量的100%。

（5）自然灾害补贴。这类补贴必须符合以下标准：第一，必须基于实际发生的损害；第二，必须基于实际损失（包括收入损失、牲畜损失、土地及其他生产要素损失等）；补贴量不得超过实际损失量。

（6）农业生产结构调整性补贴。包括通过实施下述计划而提供的结构调整资助：第一，旨在便利从事可销售农产品生产人员退休的生产者退休计划；第二，旨在从可销售的农产品生产中转移土地或其他资源，包括牲畜的资源轮休计划；第三，旨在帮助生产者对运营进行财政或实物结构调整的投资支持。

（7）向农业生产条件明显不利的地区所提供的地区发展补贴。该受援地区应基于明确的合理的标准加以认定；所谓"不利的生产条件"必须是长期性的；该补贴必须

---

① 刘斌，张兆刚，霍功. 中国三农问题报告［M］. 中国发展出版社，2005.

是受援地区农业生产者所普遍能够获得的；补贴额应限于该地区的平均生产成本高出一般平均生产成本的部分。

（二）经营特点

与商业性农业保险不同的是，政策性农业保险是在保险公司市场化经营的基础上，政府通过保费补贴等政策支持，对种植业、养殖业因遭受自然灾害和意外事故造成的经济损失提供的直接物化成本保险，是为了实现政府农业和农村经济发展的政策目标而实施的农业保险。

1. 政府推动或参与经营

从政策性农业保险试行到现在，形成了许多不同的模式，包括设立专业性农业保险公司，使用商业运作加政府补贴的形式，如上海的专业性保险公司经营模式；与地方政府签订协议，由商业保险公司代办农业保险，如北京的代办模式；由地方财政兜底的政策性农业保险公司，如江苏的联办共保模式；设立农业相互保险公司，如黑龙江的相互制模式等。

在这些政策性农业保险模式中，政府都直接或间接地参与农业保险的经营，引导农业保险市场的发展。以北京的代办模式为例，虽然政府不直接参与农业保险经营，但是北京市政府会出资为农业保险业务购买再保险，并直接承担农业保险巨灾超赔风险。另外为保障农业保险制度的顺利开展，北京市政府先后出台了一系列政策性文件对政策性农业保险进行制度规范，如于 2007 年发布了《关于建立北京市政策性农业保险制度的方案（试行）》，明确了政策性农业保险制度的运作模式、组织机构、职责分工和支持政策等。

2. 不以营利为目的

政策性农业保险是由政府组织发动的，为保护和扶持我国农业而设计的公益性保险产品。政府对农业保险进行政策上的引导和支持，目的是健全保障制度，加快形成财政优先保障、金融重点倾斜、社会积极参与的多元投入结构，从而推进农业供给侧结构性改革，提高农业综合效益和竞争力。

3. 各级财政补贴

新中国成立后，我国农业保险先后经历了兴起和停办、恢复试办等几个阶段，虽然在 1982 年农业保险正式恢复试办，主要是由中国人民保险公司以商业化的模式承办，自主经营、自负盈亏，但是农业是个高风险的产业，生产技术复杂，农业生产者收入不高，这导致保险公司面临一个高风险低收入的承保群体，从供需两方抑制了农业保险的发展，导致了表 1 - 1 所示的高赔付率的经营局面。也因此，政府需通过一系列政策引导和财政支持，激励保险机构经办农业保险的动力，同时也解决农户保费支付的能力。

从表 1 - 2 可以看出，中央政府多次提出要对农业保险进行补贴：从 2004 年中央一号文件提出"有条件的地方可对参加种养业保险的农户给予一定的保费补贴"，到2007年"各级财政对农户参加农业保险给予保费补贴"，再到2008年"科学确定补贴品种"，政府一直在探索建立一个科学的农业保险补贴制度。从2008年开始，财政部先后印发了《中央财政种植业保险保险费补贴管理办法》《中央财政养殖业保险保险费补贴管理办法》和《财政部关于中央财政森林保险保险费补贴试点工作有关事项的通知》，并于2017年汇总印发了《中央财政农业保险保险费补贴管理办法》（以下简称《办法》），进一步规范了中央财政农业保险保险费补贴办法。

《办法》的第二条明确指出"本办法所称中央财政农业保险保险费补贴，是指财政部对省级政府引导有关农业保险经营机构（以下简称经办机构）开展的符合条件的农业保险业务，按照保险费的一定比例，为投保农户、农业生产经营组织等提供补贴"。

《办法》的第四条也表明保费补贴的农业保险标的仅为"关系国计民生和粮食、生态安全的主要大宗农产品，以及根据党中央、国务院有关文件精神确定的其他农产品"，同时"鼓励各省、自治区、直辖市、计划单列市（以下简称各地）结合本地实际和财力状况，对符合农业产业政策、适应当地'三农'发展需求的农业保险给予一定的保险费补贴等政策支持"。而《办法》的第七、第八条也分别对中央、地方财政的保费补贴比例进行了规定。

除了保费补贴，政府也有其他财政支持形式，如对经营政策性农业保险的保险公司的经营管理费用进行补贴，财政拨款提取农业巨灾风险准备金，财政直接购买农业再保险等。

4. 保障程度较低

政策性农业保险的实施主要在于鼓励和引导农业生产者提升风险管理意识，主动投保农业保险，从而推动农业保险市场化发展，因此政策性农业保险保障程度不高，政策性农业保险以保障农户及农业生产组织灾后恢复生产为主要目标，《办法》的第十二条中也对各险种的补贴保险金额做了详细的规定：种植业保险的保险金额应为生长期内的直接物化成本，养殖业保险的保险金额为保险标的的生理价值，而森林保险则以林木损失后的再植成本为准。

5. 巨灾风险分散机制

目前中央政府还未建立一个农业巨灾风险分散机制，但是鼓励地方政府建立地方财政支持的农业保险大灾风险分散机制①。目前，北京、上海等地明确了巨灾风险分散机制，北京构建了保险公司、再保公司和政府三位一体的农业巨灾风险分散机制，由保险公司承担赔付率160%以下的风险，政府出资购买商业再保险，由再保险公司承担

---

① 《农业保险条例》第八条："国家建立财政支持的农业保险大灾风险分散机制，具体办法由国务院财政部门会同国务院有关部门制定。国家鼓励地方人民政府建立地方财政支持的农业保险大灾风险分散机制。"

160%—300%赔付率的风险，而北京市政府则按上一年农业增加值的0.1%计提巨灾风险准备金，承担剩余的损失风险。上海市政府也制定了四层巨灾风险分散机制，第一层是由农业保险公司自行承担赔付率90%以下的损失；第二层是保险公司自行购买再保险分散赔付率在90%—150%的损失；第三层由再保公司的摊回赔款和农业保险大灾风险准备金对赔付率150%以上的损失进行补偿；第四层是第三层无法弥补的差额部分，由市、区县财政商议后另行安排解决。

二　农业保险的分类

农业保险可根据不同的标准，划分不同的农业保险种类。

（一）根据保障对象进行分类

1. 种植业保险

种植业保险是以农作物为保险标的，对在生产或初加工过程中发生约定的灾害事故造成的经济损失承担赔偿责任的保险，其中农作物包括粮食作物如水稻、小麦，经济作物如棉花、花生、甘蔗、橡胶，园艺作物如蔬菜和果树。

案例分析 1-1

某油葵种植保险条款（节选）
保险标的

第二条　同时符合下列条件的油葵可作为本保险合同的保险标的（以下统称"保险油葵"），投保人应将符合下述条件的油葵全部投保，不得选择性投保：

（一）符合当地普遍采用的种植规范和技术管理要求，种植密度达到当地农业技术部门规定的标准；

（二）经过政府部门审定的合格品种，且已种植一年以上；

（三）种植场所在当地洪水水位线以上的非蓄洪区、行洪区；

（四）生长正常。

投保人应将其符合上述条件的油葵全部投保。

第三条　下列油葵不属于本保险合同的保险标的：

（一）种植在房前屋后、零星土地里的油葵；

（二）不符合第二条规定的其他情形。

保险责任

第四条　在本保险期间内，由于下列原因造成保险油葵的直接损失，损失率达到20%（含20%）以上时，保险人依照本保险合同约定负责赔偿：

（一）暴雨、洪水（政府行蓄洪除外）、内涝、风灾、雹灾、旱灾、地震；

（二）火灾、泥石流、山体滑坡；

（三）病虫草鼠害。

保险金额

第七条　保险油葵的每亩保险金额参照保险油葵生长期内所发生的直接物化成本，由投保人与保险人协商确定，最高不超过 350 元/亩，并在保险单中载明。

第八条　保险油葵发生保险责任范围内的损失时，每次事故绝对免赔率为 10%。

保险期间

第九条　保险期间自保险油葵齐苗后起，至成熟开始收获时止。具体起止日以保险单载明为准。

保险费

第十条　保险费按保险人制定的费率计收。

赔偿处理

第十九条　保险事故发生时，被保险人对保险油葵不具有保险利益的，不得向保险人请求赔偿保险金。

第二十条　保险油葵发生保险责任范围内的损失分为绝产损失和部分损失。

1. 绝产损失：凡保险油葵损失率在 80%（含 80%）以上的为绝产损失，绝产损失按损失率为 100% 计算赔偿。

2. 部分损失：凡保险油葵损失率在 80% 以下的为部分损失。

第二十一条　保险油葵发生保险责任范围内的损失，损失率达到 20%（含 20%）以上时，保险人按照保险油葵不同生长期的最高赔偿标准、损失率及受损面积计算赔偿：

赔偿金额 = 不同生长期的最高赔偿标准 × 损失率 × 受损面积 ×（1 − 绝对免赔率）

损失率 = 单位面积植株损失数量/单位面积平均植株数量

表 1 − 4　　　　　　　　　　**油葵不同生长期最高赔偿标准（元/亩）**

生长期	最高赔偿标准
苗期	每亩保险金额 × 50%
蕾期	每亩保险金额 × 70%
开花期	每亩保险金额 × 80%
成熟期	每亩保险金额 × 100%

保险油葵如遇多次灾害，则每亩赔款累计不超过每亩保险金额上限标准。

从案例分析 1 − 1 可以看到，该油葵种植保险承保因保险责任造成油葵在齐苗期到成熟收获期间的直接经济损失。根据节选的条款可以看到，如果某农户投保油葵 50 亩，在开花期遭受暴雨，导致所有投保面积的油葵损失率达到 70%，则根据条款标明的赔付公式，可以计算出保险公司需赔付投保农户 8820 元 [= 350 × 80% × 70% × 50 × (1 - 10%)]。

2. 养殖业保险

养殖业保险是以饲养的畜、禽和水生动物等动物为保险标的，对养殖过程中发生的保险责任范围内的经济损失承担赔偿责任，包括牲畜养殖保险、家禽养殖保险和水产养殖保险。

以某桑蚕养殖保险为例，以符合保险单约定条件的桑蚕为保险标的，若养殖过程中发生约定的传染性蚕病、自然灾害、意外事故和农药中毒造成的保险桑蚕直接死亡，并且当损失率达到 30% 及以上时，承担赔偿责任。若投保 300 张桑蚕，保险金额 450 元/张，绝对免赔率 10%，以 80% 作为绝产损失率，约定桑蚕不同生长阶段每张蚕种最高赔偿标准如表 1 - 5 所示，假设由于传染性蚕病，4 龄期的 100 张桑蚕损失率达到 90%，则保险公司需赔付 20250 元 [= 450 × 50% × 100% × 300 × (1 - 10%)]。

表 1 - 5　　　　　　　　　不同生长阶段每张蚕种最高赔付标准

桑蚕生长阶段	最高赔付标准
3 龄期	保险金额 × 30%
4 龄期	保险金额 × 50%
5 龄期	保险金额 × 70%
簇中期	保险金额 × 100%

3. 森林保险

是以生长和管理正常的公益林和商品林为保险标的，对保险期间内发生的保险责任范围内的灾害造成的经济损失承担赔付责任的保险。

以某保险公司的森林保险为例，该保险以生长和管理正常的商品林、生态公益林为保险标的，对约定保险事件导致的保险林木流失、掩埋、主干折断、死亡承担赔偿责任。当损失率达到 90% 以上时，除去免赔部分，承担保险金额范围内的全部损失；而 90% 损失率以下的，则按损失率承担保险金额范围内的损失。即若该保险公司承保 100 亩公益林，约定保险金额 500 元/亩，绝对免赔率 10%，当该片公益林发生保险事件，损失率达到 80%，则保险公司需承担 36000 元 [= 500 × 80% × 100 × (1 - 10%)] 的赔款。

（二）根据保障程度进行分类

1. 成本保险

成本保险保障的是农业生产过程中投入的物化成本，并根据该成本确定保险金额，由于农业生产过程中，成本的投入不是一次性的，而是随着生长期的推进而逐渐增加，因此成本保险在不同时期有相应的赔付比例，并非固定保额。

以某农业保险公司的农作物种植成本保险为例，该保险按全省不同农作物投入的平均生产成本确定该农作物的单位面积保险金额，并且当保险标的发生全损时，分时期按保险金额的不同比例进行偿付，如表 1-6 所示。

若某农户为自家 10 公顷玉米投保上述保险，并于 7 月 28 日发生保险事故，玉米发生全损，则保险公司需赔付 27000 元（＝3000×10×90%）。

表 1-6　　　　　　　**农作物种植成本保险基本金额和赔付比例表**

农作物种类	基本保险金额 （元/公顷）	分期偿付比例		
		70%	90%	100%
玉米	3000	6 月 30 日前	7 月 30 日前	7 月 31 日后
水稻	4000	7 月 10 日前	8 月 20 日前	8 月 21 日后
大豆	2500	6 月 30 日前	7 月 30 日前	7 月 31 日后
葵花籽	2000	6 月 30 日前	7 月 30 日前	7 月 31 日后
花生	2000	6 月 30 日前	7 月 30 日前	7 月 31 日后

2. 产量保险

产量保险保障的是农产品产出量，当实际产出量低于保险合同约定的产量时进行保险赔付。

以玉米为例，假设标准产量为 600 公斤/亩，市场价格为 3 元/公斤，如果合同约定的起赔点（最低赔付的损失率）为 20%，每亩保额 400 元，则意味着保险合同约定产量为 480 公斤/亩［＝600×（1-20%）］，约定价格为 0.83 元/公斤（＝400÷480），约定价格仅为市场价格的 27.67%，即赔付比例 27.67%。

3. 收入保险

收入保险是以农业生产的平均收入为基础确定保障程度，综合考虑农产品价格和产量两方面的因素确定保险金额。收入保险同时承保农产品生产风险和市场风险，对农产品产量和价格的变化共同引起的收入损失提供保障，在一定程度上对冲了农业生产风险[①]。

美国的收入保险发展相对较早，从 1996 年开始试点，发展了包括农作物收入保险、农场收入保险和地区收入保险等品种丰富的收入保险产品，农作物收入保险是面

---

① 因为农产品产量下降，会导致农产品市场上供给下降，可能会引起价格上涨，产量和价格相反的变化可以冲减产量单方面的下降，一定程度上降低保险公司的赔付率。

对单个农户的单一农作物的收入保障产品，农场收入保险则是向某一农场提供包括农作物、牲畜等的综合收入保障保险产品，而地区收入保险是用于防范区域性农民的收入损失，由联邦政府提供补贴的保险产品。而目前我国的收入保险才刚进入试点阶段，没有推广开来。

拓展阅读

重庆市农产品收益保险[①]试点区县由7个扩大至11个

市财政局7月28日发布消息称，鉴于农产品收益保险试点效果较好，我市决定今年扩大农产品收益保险试点范围，将试点品种由3种增为4种，试点区县由7个扩大至11个。为此，市财政已于近日向永川、黔江等11个区县，拨付1600万元资金予以支持。

我市去年7月推出农产品收益保险，以期减少或者平抑农产品价格波动对生产带来的冲击。农产品收益保险按先试点、后推开的原则展开，先期在永川、黔江等7个区县试点，农户缴费465万元，市和区县财政补助1411万元，为1.5万亩水稻、20万头生猪、1.2万亩蔬菜提供3.6亿元收益保障，有效转移农户发展种植养殖业的市场风险，开辟了农业保险从"保成本"向"保收入"提升的渠道。

为将此项试点扩围增面，我市今年决定将农产品收益保险试点品种，由3种增加到4种，具体包括生猪、水稻、蔬菜、柑橘，新增柑橘项目；试点区县由7个扩至11个，具体包括永川、黔江、荣昌、武隆、忠县、南川、垫江、涪陵、潼南、开州、云阳。与此同时，育肥猪、水稻等参保计划也较上年增幅较大，其中生猪参保增长27.5%、水稻参保增长206%。

据悉，农产品收益保险试点保费，由投保企业负担40%、投保农户负担30%，其余由市和区县财政按6∶4补贴。（记者 廖雪梅）

摘自《重庆日报》2016年7月31日
http：//cq. people. com. cn/n2/2016/0731/c365402 – 28755350. html

4. 收益保险

收益保险以农产品的收益作为保险标的，当投保农户的实际利润低于预期利润时，保险公司赔付相应损失。它相比于收入保险而言，不但能补偿农产品自身价格波动带来的利润损失，还能弥补农业生产成本波动带来的利润损失，真正保障了农业生产者的实际收益。

[①]　这里讲的农产品收益保险实则为收入保险，只保障了收入波动的风险，未保障成本波动的风险。

我国实行的以猪粮比[①]作为赔付依据的生猪价格指数保险也是收益保险的一种形式，根据保险合同规定，若保险期间内，约定周期的猪粮比平均值低于约定的猪粮比值时，保险公司按合同履行赔偿义务。

从案例分析1-2可以看到，该产品可以选择三种赔付方式，对应不同的猪粮比的保障范围和保险金额，比如投保人选择第三种赔付方式，则保险公司在猪粮比实际值在5:1至6:1之间时，按赔偿处理中的赔偿系数表（见表1-8）进行相应的赔付，但是最高不能超过约定期间基础保险金额的0.092倍（根据保险金额中的最高赔偿金额表，见表1-7）。

案例分析 1-2

生猪价格指数综合保险条款（节选）
保险责任

第四条　保险期间内，因本保险合同责任免除以外的原因，造成约定周期猪粮比平均值低于投保人和保险人双方协商确定的约定猪粮比时，视为保险事故发生，保险人按本保险合同的约定负责赔偿。

约定周期猪粮比平均值＝约定周期内猪粮比之和/约定周期内猪粮比个数

约定周期是指在保险期间内，从保险期间起期开始，计算是否发生保险事故所经过的时间，具体分为四个月、六个月和十二个月，由投保人自行选择，并以保险单载明为准。

保险金额

投保人投保时，可结合自身风险保障需求选择约定猪粮比和猪粮比保障范围，确定相应的赔偿方式。约定猪粮比和猪粮比保障范围，具体以保险单载明为准。各种赔偿方式的约定周期最高赔偿金额以表1-7为准。

表1-7　　　　　　　　　　　**最高赔付金额表**

赔偿方式	约定猪粮比	猪粮比保障范围	约定周期基础保险金额的最高赔偿倍数
	6:1	5.5:1—6:1	0.083
第一种	5.9:1	5.5:1—5.9:1	0.068
	5.8:1	5.5:1—5.8:1	0.052
第二种	6:1	5:1—6:1	0.092

---

①　猪粮比是指生猪价格与作为生猪主要饲料的玉米价格之间的比值。一般而言，6:1为生猪养殖的盈亏平衡点。

赔偿处理

第二十一条 因本保险合同责任免除以外的任何原因，造成约定周期猪粮比平均值低于约定猪粮比时，根据投保人在投保时选择的赔偿方式，保险人将按照下列方式计算赔偿：

（一）第一种赔偿方式

猪粮比保障范围为 5.5∶1 至约定猪粮比，约定周期赔偿金额计算公式为：

1. 当（猪粮比 5.5∶1）≤约定周期猪粮比平均值＜约定猪粮比时

赔偿金额＝［约定猪粮比−约定周期猪粮比平均值］×约定玉米批发价格（元/公斤）×单猪平均重量（公斤/头）×约定周期保险数量（头）

2. 当约定周期猪粮比平均值＜（猪粮比 5.5∶1）时

赔偿金额＝约定周期最高赔偿金额

约定周期最高赔偿金额根据投保时所选择的约定猪粮比和猪粮比保障范围确定，具体详见第七条。

（二）第二种赔偿方式

猪粮比保障范围为 5∶1—6∶1，约定周期赔偿金额计算公式为：

当约定周期猪粮比平均值＜（猪粮比 6∶1）时

赔偿金额＝赔偿系数×约定玉米批发价格（元/公斤）×单猪平均重量（公斤/头）×约定周期保险数量（头）

其中赔偿系数是根据约定周期平均猪粮比的不同对照由表 1−8 计算。

表 1−8   赔偿系数表

约定周期平均猪粮比	赔偿系数
5.9∶1（含）—6∶1	（6∶1）−均值
5.8∶1（含）—5.9∶1	0.10＋（5.9∶1−均值）×90%
5.7∶1（含）—5.8∶1	0.19＋（5.8∶1−均值）×80%
5.6∶1（含）—5.7∶1	0.27＋（5.7∶1−均值）×70%
5.5∶1（含）—5.6∶1	0.34＋（5.6∶1−均值）×60%
5.4∶1（含）—5.5∶1	0.40＋（5.5∶1−均值）×50%
5.3∶1（含）—5.4∶1	0.45＋（5.4∶1−均值）×40%
5.2∶1（含）—5.3∶1	0.49＋（5.3∶1−均值）×30%
5.1∶1（含）—5.2∶1	0.52＋（5.2∶1−均值）×20%
5∶1（含）—5.1∶1	0.54＋（5.1∶1−均值）×10%
5∶1 及以下	0.55

均值：代指约定周期猪粮比平均值。

（三）根据保险责任范围进行分类

1. 单一风险保险

单一风险保险是指仅承保一种风险事故造成经济损失的保险，如小麦收获期火灾保险、橡胶树风灾保险、杨梅降水指数保险等。单一风险保险一般在保险产品名称中会体现承保风险类型。

2. 多风险保险

多风险保险是指承保一种以上可列明的有限风险事故造成经济损失的保险，如案例分析1－1所示的油葵种植保险，它承保了暴雨、风灾、雹灾等列明的多种风险事故造成的损失，列明了有限的可保风险事故。

3. 一切险保险

多风险保险是指除了不保风险责任以外其他风险责任均给予承保的保险。案例分析1－2所示的生猪价格指数综合保险可以认为是一种一切险保险，因为保险条款中保险责任部分规定"保险期间内，因本保险合同责任免除以外的原因，造成约定周期猪粮比平均值低于投保人和保险人双方协商确定的约定猪粮比时，视为保险事故发生"，即说明它承保责任免除条款以外的任何风险。

（四）根据赔付依据进行分类

1. 传统农业保险

传统农业保险是指保险公司根据个体实际产量或损失进行赔付的农业保险产品。如前述的油葵种植保险、桑蚕养殖保险、森林保险等，通过对保险公司赔付金额的计算可以发现，上述保险都是根据实际发生的损失率计算得到的，是基于个体的实际损失。

2. 天气指数保险

天气指数保险是以客观的一个或多个气象指标作为赔付指数，当赔付指数达到合同约定值时，保险公司进行赔付的一种新型的农业保险形式。现在农业保险市场上已经有许多天气指数保险产品，如蜜橘冻害气象指数保险、樱桃降雨指数保险等。

从案例分析1－3可以看到，天气指数保险对气象指数达到一定的值，赔付对应的比例有明确的规定，以该款降雨量指数保险为例，如果当地降雨量在6月22—6月23日累计达到500mm，则按照保险条款约定的赔款处理规则，保险公司需赔付保险金额的8.8%［＝4.8%＋（500－320－80）×0.04%］，无须对承保葡萄进行实地查勘和定损。不管葡萄的实际损失率高于或低于8.8%，保险公司一律按照保险金额的8.8%进行赔付。因此天气指数保险对天气指数的选取以及指数值和损失率之间的对应关系的设计要求很高，这关系到保险赔付与实际损失是否一致的问题，即"基差风险"，这也直接影响了天气指数保险的实施效果。

案例分析 1-3

葡萄降雨量指数保险条款（节选）

保险标的

第二条　同时符合下列条件种植的葡萄（简称"保险葡萄"，下同），均可列入保险标的范围：

（一）约定期间内种植的尚未投保种植保险的葡萄，并正常生长的；

（二）符合当地政府和农业部门的要求和规范标准；

（三）投保种植地所在区县拥有气象监测机构，并且气象记录数据完善。

葡萄生产龙头企业、农民专业合作社以及种植面积 5 亩以上的葡萄种植大户可以单独投保；单户种植在 5 亩以下的散户，经行政村统一组织后也可以投保。

第三条　本保险合同所涉及的气象数据以当地气象局提供的数据为准。

保险责任

第四条　本保险合同承担以下保险责任：

保险期间内，累计降雨量高于保险约定累计降雨量时，视为保险事故发生，保险人按照本保险合同的约定承担赔偿责任。

具体保险约定累计降雨量详见表 1-9。

表 1-9　　　　　　　　　　　　　　　**累计降雨量阈值**

保险期间	保险约定累计降雨量（mm）
6 月 1 日—7 月 31 日	320
8 月 1 日—9 月 30 日	180
6 月 1 日—9 月 30 日	600

保险期间

第七条　保险期间根据葡萄具体品种和生长季节所对应的实际生长周期确定，保险期间分 6 月 1 日—7 月 31 日、8 月 1 日—9 月 30 日、6 月 1 日—9 月 30 日三个时段，投保时可自主选择保险期间，具体起讫时间以保险合同载明为准。保险期间一经确定，中途不得请求批改。

赔偿处理

第十八条　保险事故发生时，被保险人对保险标的不具有保险利益的，不得向保险人请求赔偿保险金。

第十九条　发生保险事故时，保险人按以下方式计算赔偿：

赔款＝每亩保险金额×保险数量×赔偿比例（见表 1-10）

表1-10   赔偿比例表

保险期间	降雨量差（mm）	赔偿比例
6月1日—7月31日	(0, 80]	2.4% + 累计降雨量差 ×0.03%
	(80, 200]	4.8% +（累计降雨量差 - 80）×0.04%
	大于200	9.6% +（累计降雨量差 - 200）×0.01%
8月1日—9月30日	(0, 80]	2.4% + 累计降雨量差 ×0.03%
	(80, 200]	4.8% +（累计降雨量差 - 80）×0.04%
	大于200	9.6% +（累计降雨量差 - 200）×0.01%
6月1日—9月30日	(0, 150]	2.4% + 累计降雨量差 ×0.03%
	(150, 400]	6.9% +（累计降雨量差 - 150）×0.04%
	大于400	16.9% +（累计降雨量差 - 400）×0.01%

注：累计降雨量差 = 累计降雨量 - 保险约定累计降雨量。

3. 价格指数保险

价格指数保险将农产品市场风险纳入农业保险的保障范畴，以农产品价格作为指数，以农产品价格为保险标的，当农产品价格低于目标价格（或约定价格）导致农业生产者遭受损失时，保险公司承担赔偿责任。

以案例分析1-4所示的鸡蛋价格指数保险为例，该保险以鸡蛋的平均收购价格作为价格指数，并对不同的收购价格按赔偿处理所示的表计算赔偿金额，比如当鸡蛋的平均收购价格为3.5元时，保险公司按0.02元/斤的补偿金额进行赔付，补偿金额最高不超过条款约定的保险金额。

案例分析1-4

鸡蛋价格保险条款（节选）

第二条　同时符合下列条件的蛋鸡养殖企业、蛋鸡专业合作社以及规模养殖户等均可作为本保险的投保人：

（一）保险期间内持续养殖蛋鸡；

（二）符合当地政府和农业部门的要求和规范标准；

（三）在当地从事蛋鸡养殖时间1年以上。

第三条　本保险合同所涉及的"平均收购价"数据由当地市政府物价局提供。

保险责任

第四条　在保险期间内，鸡蛋平均收购价低于约定的保险价格时，视为保险事故发生，保险人按本保险合同的约定承担赔偿责任。

保险金额和保险费

第六条　保险金额是保险事故损失补偿的最高限额。

保险金额 = 每羽保险金额 × 保险数量（羽）

　　　　　= 每羽年产蛋量（公斤）× 保险价格（元/公斤）× 保险数量（羽）

保险数量以保险单载明为准。

保险费 = 保险金额 × 保险费率

保险期间

第七条　除另有约定外，保险期间为一年，以保险合同载明的起讫时间为准。

首次投保时，保险双方可以约定自保险期间开始之日起的一段时间为保险合同的观察期，观察期内发生的保险事故，保险人不承担保险责任，投保人也不需缴纳相应的保险费。观察期具体时间由保险合同双方协商确定，并在保险单中载明。

赔偿处理

第十七条　保险事故发生时，被保险人对保险鸡蛋不具有保险利益的，不得向保险人请求赔偿保险金。

第十八条　发生保险事故时，保险人按表 1－11 计算赔偿金。

表 1－11　　　　　　　　　　　　**赔偿金额表**

鸡蛋平均收购价（元/斤）	补偿金额（元/斤）	鸡蛋平均收购价（元/斤）	补偿金额（元/斤）
3.49—3.48	0.01	3.00—2.96	0.15
3.47—3.46	0.02	2.95—2.89	0.16
3.45—3.41	0.03	2.88—2.82	0.17
3.40—3.34	0.04	2.81—2.75	0.18
3.33—3.29	0.05	2.74—2.68	0.19
3.28—3.24	0.06	2.67—2.62	0.20
3.23—3.20	0.07	2.61—2.56	0.21
3.19—3.16	0.08	2.55—2.51	0.22
3.15—3.13	0.09	2.50—2.43	0.23
3.12—3.11	0.10	2.42—2.37	0.24
3.10—3.08	0.11	2.36—2.30	0.25
3.07—3.06	0.12	2.29—2.24	0.26
3.05—3.03	0.13	≤2.23	0.27
3.02—3.01	0.14		

注：月赔偿金额 = 补偿金额 × 月度产蛋数量。

与天气指数保险类似，价格指数保险的问题同样在于价格的选取，以及价格与赔偿金额对应关系的设计，由于我国目前还没有一个被广泛认可的农产品市场预期价格的制定依据，因此我国价格指数保险相对较少，目前国内市场上只有部分地区有生猪、鸡蛋或蔬菜价格指数保险。

三　农业保险的特点

从农业保险的定义可以看到，农业保险的保障是农业生产，它对农业生产过程中发生的保险事故提供保险赔偿。因此农业的特点、农业所面临的风险的特点都将决定农业保险的特点。

（一）外部性

农业保险的外部性是指在进行农业保险活动的过程中，也会对除保险人和被保险人以外的他人或社会产生影响。购买农业保险能使投保农户在发生保险事故时享受相应的保险赔付，保障了农户的收入稳定，减轻了政府对受灾农户进行补贴的财政负担。另外农业保险也能发挥社会管理功能，如社会风险、关系和信用管理等，减少一些不必要的摩擦和冲突，促进社会和谐稳定发展。因此农业保险的生产对政府和社会都具有正外部性。而农业保险的正外部性又表现在生产和消费两个方面，具有"双重正外部性"。

第一，生产的正外部性。由于农业生产的复杂性，保险公司在设计农业保险产品、承保、理赔等过程中，相对于其他保险来讲需要更强的技术性，也需要更多的农业相关知识储备，再加上农业产业的系统性风险，农业保险的经营风险较高，因此保险公司经营农业保险所需的成本较高，而带来的收益对保险公司而言则很少，但是政府和社会都能享受农业保险带来的福利，且边际社会收益大于保险公司的边际私人收益。

第二，消费的正外部性。农户购买农业保险能够享受到收入稳定的好处，而整个社会能享受农业生产稳定，甚至农业生产力创新发展的好处，因而边际社会收益大于投保农户的边际私人收益。

农业保险的外部性是政府选择对农业保险给予政策支持的原因之一，这也决定了某些农业保险产品精算定价等过程的特殊性。

（二）地域性

农业保险的地域性是由其保险标的，即承保的农产品和农业灾害的地域性造成的。由于农作物或其他农业保险标的对生长环境和生长条件具有比较高的要求，不同地区种植的作物品种不同，如水稻喜高温、多湿、短日照，小麦则是一种温带长日照植物，因此在我国小麦和水稻分布地区不同，水稻多于热带、半热带和温带等地区的沿海平原、潮汐三角洲和河流盆地的淹水地栽培，而小麦主要分布于黄河下游平原、汾河谷地、关中平原和山东半岛。

而同一品种的保险标的在不同地区，由于地区气候条件、土壤环境、海拔、坡向等环境因素不同，其生长状态、受灾类型、受灾频率、受灾强度等也不尽相同，因此农业保险在保险责任、保险期限、保险费率等方面的设定也会不同，表现为区域内的相似性和区域外的差异性。

（三）分散性

农业保险经营的分散性主要是由于农业生产和投保农户的分散。我国农业生产是以分散的小农户为主，仍未实现规模化和集约化的生产经营，而农业保险的设计和销售是根据农业生产而进行的，分散的农业生产也导致了每份保单的承保面积有限。据《中国农业保险市场年报（2016）》统计，2015 年我国农业保险承保主要农作物约 0.964 亿公顷，参保农户 2.29 亿户次。根据这两个数据可以计算，每户次承保的农作物面积仅为 0.42 公顷（约 2.56 亩）。[①]

农业保险的展业和承保相对分散，而且这种分散性也对农业保险产品的设计和定价增加了一定的困难，因为小规模经营的农户对于农业保险往往是缺乏需求的，并且会增加农业保险承保和理赔成本。小规模经营的农户生产经营的规模小，自然其投入的资本和劳动成本也少，因此面临的风险也相对较小。

另外目前我国农户大多存在其他非农收入，非农收入在一定程度也分散了农户在务农过程中可能存在的风险，这种分散机制会弱化农户的农业保险需求，非农收入占比越大，这种分散机制对农户保险需求的弱化就越严重。

（四）周期性

农业保险能够保障农业生产过程中遭受的自然灾害，而大多数自然灾害的发生具有一定的周期性，是有据可循的。考察我国近 30 年农作物受灾面积可发现农业灾害平均每 3 年会出现一次[②]，这也使得农业保险经营过程中会出现这种周期性，平均每 3 年一次灾害，则平均每 3 年一次高赔付率。农业保险经营的周期性也决定了农业保险的经营至少需要经过一个农业风险周期，否则难以从时间上进行风险分散。

（五）季节性

农业保险的季节性表现在展业、承保、理赔等多方面，这也是农业生产和农业灾害的季节性造成的。

以种植业保险为例，种植业保险的保险期间一般由投保人和保险人参照作物的生长期协商确定，最长不超过一年，而每种作物的生长期具有一定的规律性和周期性，比如冬小麦一般在 9 月下旬到 10 月上旬播种，第二年 5 月底到 6 月中旬成熟，那么冬小麦种植保险的展业期就应该在播种之前，在冬小麦播种到成熟之间进行承保，并对其间发生的损失进行理赔，而冬小麦成熟之后保险责任也随之结束，保险公司又要开

---

① 朱俊生．农业保险经营模式的问题与改革建议［J］．重庆理工大学学报（社会科学），2017，31（3）：3.
② 许飞琼．农业灾害经济：周期波动与综合治理［J］．经济理论与经济管理，2010（8）：74.

始下一轮的展业和承保。

（六）系统性

农业保险面临的系统性风险是指许多被保险人同时遭受风险事故、发生经济损失的风险。如果参保农户处于同一地域，其自然条件和市场情况类似，当自然灾害发生或市场波动，该区域的所有参保农户都将受到影响，造成严重的经济损失，这不利于农业保险从空间上进行风险分散。

天气指数保险在我国保险市场的开发和试行越来越广，以樱桃降雨指数保险为例，降雨量作为天气指数，一旦投保农户经受的降雨量达到保险合同规定的水平，无论投保农户的实际损失如何，保险公司都会按约定金额进行赔付。显而易见的是，一个地区的降雨量不会出现明显的差别，这就意味着，一旦发生暴雨，整个承保区域的降雨量都会达到规定水平，大量被保险人同时得到理赔。

（七）不对称性

在农业保险的运营过程中，农户相比保险公司具备天然的信息优势，容易引发道德风险和逆向选择。农业生产除了受自然环境的影响，农户的生产和经营行为对农业生产结果的影响也非常大，投保农户的耕种方式、化学品的投入量等都直接影响最终的产量，当保险事故发生之后，保险公司难以剥离投保人行为所造成的经济损失，这也就滋长了道德风险的发生。另外农业生产和农业灾害都具有一定的周期性，长期从事农业生产的农户也具有一定的经验积累，他们可以根据今年灾害情况和作物风险情况有选择性和针对性地投保，具有明显的逆向选择倾向。

农业保险虽然是财产保险的一种形式，但是它与一般财产保险的不同特点决定了农业保险经营的特殊性。而上述农业保险的特点，也在一定程度上增加了农业保险精算的复杂性。

第三节　农业保险精算

一　产生与发展

保险精算最早起源于寿险行业，是在概率论、生命表和利息理论等科学技术的基础上改善和发展起来的。1693 年，英国数学家、天文学家 Edmund Halley 根据 1687—1691 年德国 Breslau 地区出生与死亡人数数据，按不同年龄和性别分类统计出死亡率和生存率，并由此编制出了历史上第一部完整的生命表。另外，Halley 还使用该生命表计算现金流量支付，即在给定年龄下，为领取未来某一时间段内的年金，现在需要支付的现金流量，这是精算学研究的最基本方法。1756 年，英国数学家 James Dodson 首次提出保险费率的计算应该考虑死亡率，他揭示了保费与投保人年龄和预期寿命之间的关系，并且首先创立了"均衡保险法"的理论，这直接推动了精算学的兴起和发展，James 的精算思想也因此被认为是寿险精算学的雏形。

18 世纪 70 年代，英国公平人寿应用了 James 的精算思想技术，成为第一家将精算技术应用于保险费率厘定的保险公司。该公司根据 1728—1750 年的伦敦人口死亡统计数据，制作了第一张寿险行业的经验死亡率表，并采用均衡保费理论计算保险费率。同时公平人寿也设立了专门的精算技术部门，分析保险需求和利润来源，测定人口死亡率等。此后精算技术开始应用于许多寿险和养老金业务中。

直到 19 世纪中后期，随着非寿险领域问题日益增加，非寿险精算技术才开始日趋完善。相比寿险业务，非寿险精算在技术上的成熟性和完备性相对落后于寿险精算，因为非寿险业务相对较分散，涉及的随机因素较多，并且非寿险业务周期短、赔付条件以及损失发生形式多变，所以计算的难度和误差较大。我们可以通过比较寿险和非寿险的特点来进行说明。

（1）承保对象不同，其风险性质也不同。寿险是以人的生命和身体作为保险标的，以人的生死作为保险事故。寿险精算的技术基础是生命表技术，而生命表是以大数定律为基础，其统计的出生率和死亡率具有一定的稳定性，所以寿险的风险相对稳定。而非寿险是以自然灾害和意外事故造成的财产损失作为保险事故，它们发生的随机性更强，体现在发生的频率和发生时造成的损失两个方面，所以非寿险面临的风险事件更难预测和估计。

（2）费率厘定方法和需要考虑的因素不同。寿险保险费计算的基础是"三差"——实际死亡率与预期死亡率的差、实际利率与预期利率的差、实际费用率与预期费用率的差。由于死亡率、利率和费用率在一定时期内是相对稳定的，所以保费的计算相对准确。非寿险精算是以历史损失数据为依据，通过对历史损失数据进行分析来确定其面临的风险，从而预估未来损失。由于历史损失数据所体现的只是过去一段时间内该业务面临的风险因素，而风险是变化的，预估未来损失时则需要考虑这些变化，并对模型进行修正调整以适应新的风险状况。

（3）巨灾风险发生的可能性不同。对于寿险而言，不太可能出现大量被保险人同时死亡的情况，因为造成巨大损失的风险事故如地震、海啸等是大多寿险合同的除外责任。而在非寿险中，一些承保的风险责任造成大量保险标的同时发生损失的可能性是非常大的，如未及时扑灭的火灾造成大量相邻房屋的损毁，汽车追尾造成大量车辆损毁，强降雨造成该地区所有农作物受灾发生经济损失等。

农业保险属于非寿险领域，而且农业保险精算相比于一般非寿险精算的发展更加落后，面临更多的困难。

首先，农业保险是对农业生产生活中可能发生的风险事故进行承保，而农业生产经营非常依赖自然环境，所以自然风险对农业生产的影响很大。自然风险具有很强的随机性和不可控性，这也使得农业保险面临的风险事件难以预测和预防。另外我国农产品市场发展落后，市场交易数据缺失，这导致某些承保市场风险的保险产品难以准确地进行损失分析和预估。

其次，农业生产的特殊性和复杂性，使得农业保险相较于一般非寿险而言，面临更多的风险因素，所以农业保险费率厘定过程中面临的不确定性更强，所需要的精算技术也更为复杂。另外，农业生产、自然灾害以及农产品市场的地域性问题，都可能导致大量投保农户同时发生损失，使得农业保险面临非常严重的系统性风险和巨灾风险。

农业生产的复杂性决定了农业保险的复杂性，同样也决定了农业保险精算的复杂程度。为了农业保险更好地发展，我们更需要对保险精算进行充分的理解，并对农业保险精算及其面临的问题进行梳理和总结，才能更快地探索解决这些困难。尽管如此，农业保险作为非寿险领域内的一个险种，虽然它有着许多特殊性和复杂性，但是其经营的一般原则和精算的基本原理和其他保险大同小异，因此在对农业保险精算的具体内容进行阐述之前，我们首先要深刻地理解保险精算学的基本原理。

二　理论基础

保险精算是运用数学工具对未来不确定事件进行分析，从而对相关经济活动进行预测。可以说保险精算研究了两个方面的问题，一是不确定性的问题，二是财务问题。

两个不同的养殖场在投保养殖险的时候应该各自缴纳多少保费呢？虽然两个养殖场可能发生的损失次数、单次损失金额等都是不确定的，但是精算师会通过收集过去这两个养殖场的损失数据找到一个比较可靠的规律，从而对每个养殖场收取合理的保费。另外，众所周知，保险是一种风险转移机制，大量投保人通过支付少量固定的保险费，转移大量不确定的损失风险，而保险人收集保险费后，一方面保证风险事故发生后进行保险偿付，另一方面合理调配资金，提高保险基金的投资收益。精算在保险运行的基础上，通过统计分析和计算解决保险运行过程中面临的问题，所以精算是保险公司经营不可或缺的核心技术之一。但是保险为什么能实现这种运行方式，精算又为什么能够通过历史数据来预估未来风险发生的概率呢？这一切都是以大数法则和中心极限定理为理论基础。

如果某农户想申请注册家庭农场，向银行贷款 100 万元，每月月初支付一次，年利率为 3%，那么该农户每个月需要支付多少钱呢？另外在养老金计划中，如何管理资金来源，如何设计养老金支付，如何进行资金投资等？这些问题都涉及了资金的经营和管理，都可以通过精算来解决，理论基础就是利息理论。

（一）大数法则

前面在定义概率和频率的时候提到，当试验次数增加到一定的数量时，事件发生的频率逐渐趋向稳定，并且近似等于事件发生的概率。这正是大数法则所揭示的原理——当随机事件大量重复出现时，往往会呈现几乎必然的规律。大数法则有若干个表现形式，接下来就对三个比较常用的法则进行介绍。

1. 切比雪夫大数法则

假设 $X_1, X_2, \cdots, X_n$ 是相互独立的一组随机变量，且具有相同的数学期望和方差，记其数学期望为 μ，方差为 σ^2，则对于任意的正数 ε，都存在

$$\lim_{n \to \infty} Pr\left\{ \left| \frac{X_1 + X_2 + \cdots + X_n}{n} - \mu \right| < \varepsilon \right\} = 1 \qquad (1.1)$$

上式说明，对于任意小的正数 ε 都满足，当样本容量 n 充分大时，样本均值与总体均值之间的差非常小的概率为 1。即当样本容量充分大时，可认为样本均值等于总体均值。这为样本平均数估计总体平均数在统计推断中的使用提供了理论依据。同时，农业保险精算中，以过去损失的平均数为基础预测总体损失均值和未来可能发生的损失也是依据切比雪夫大数法则。

可以注意到，切比雪夫大数法则的条件中，并未对随机变量 $X_1, X_2, \cdots, X_n$ 的分布情况作出要求，即切比雪夫大数法则不要求随机变量 $X_1, X_2, \cdots, X_n$ 服从同样的理论分布，这体现了切比雪夫大数法则的一般性。

2. 辛钦大数法则

辛钦大数法则假设随机变量 $X_1, X_2, \cdots, X_n$ 是独立同分布的，且他们的期望值 $E(X_i)$ 都存在，则对于任意的大于 0 的 ε，都有

$$\lim_{n \to \infty} Pr\left\{ \left| \frac{1}{n} \sum_{i=1}^{n} X_i - \frac{1}{n} \sum_{i=1}^{n} E(X_i) \right| < \varepsilon \right\} = 1 \qquad (1.2)$$

上式说明，对于任意小的正数 ε，当样本数量足够大时，用算术平均值来近似真实值是合理的，辛钦大数法则是算术平均值法则的理论基础，是我们使用算术平均值来估计数学期望的依据。

3. 伯努利大数法则

伯努利大数法则是辛钦大数法则的一种特例，当随机变量 $X_1, X_2, \cdots, X_n$ 独立且服从 0—1 分布时，我们就可以得到伯努利大数法则。伯努利大数法则基于伯努利试验，记 f 为 n 次独立试验中随机事件发生的次数，且该随机事件在每次试验中发生的概率为 p，则对任意正数 ε，存在：

$$\lim_{n \to \infty} Pr\left\{ \left| \frac{f}{n} - p \right| < \varepsilon \right\} = 1 \qquad (1.3)$$

上式说明，对于任意小的正数 ε，当独立的随机试验次数足够大时，随机事件发生的频率与随机事件发生的概率的差值非常小的概率为 1。即当独立随机试验进行的次数足够多时，随机事件的频率接近于其发生的概率，这说明了频率的稳定性。伯努利大

数法则也为统计中使用事件发生的频率估计事件发生的概率提供了理论依据,这也是保险经营的基础。

大数法则告诉了我们,在无数次独立同分布的随机事件中,事件发生的频率会稳定趋于一个概率值;在大量的数据基础下,样本均值依概率趋于其真实值。保险精算基于大数法则进行风险预测,通过承保大量的风险,将风险聚集在一起,从而得到大量风险数据和经验损失数据,通过这些数据,保险人能够估算出过去损失的概率,进而预测未来的损失风险。保险人对风险的预测是基于整体风险而言,而对于个人风险,保险人同样无法将风险预测精确到单个投保人。

例 1 - 1:假设某农业保险公司承保了 n 个风险相同、相互独立的风险单位,试说明承保的风险单位数 n 越大,农业保险公司对风险的估计越准确。

解:我们用随机变量 $X_1, X_2, \cdots, X_n$ 表示每个风险单位发生的损失额,由于题中已经说明 n 个风险单位面临的风险相同且相互独立,所以随机变量 $X_1, X_2, \cdots, X_n$ 也是独立同分布的。对于单个投保农户而言,其实际损失 X_i 与期望损失 $E(X_i)$ 之间的偏差我们可以用标准差 σ_x 来表示,由于随机变量 $X_1, X_2, \cdots, X_n$ 独立同分布,所以对于不同的投保农户,其标准差 σ_x 是一样的。根据大数法则可知,当 n 足够大时,样本均值 $E(X_i)$ 与总体均值 $E(X)$ 之间的差异是非常小的,并且可用随机变量的算术平均来近似。所以对于 n 个投保农户,他们总体损失与总体期望损失之间的偏差,即总体标准差有:

$$
\begin{aligned}
\sigma_{\bar{X}} \Big| &= \sqrt{Var\left(\frac{X_1 + X_2 + \cdots + X_n}{n}\right)} \\
\Big| &= \sqrt{\frac{1}{n^2}Var(X_1 + X_2 + \cdots + X_n)} \\
\Big| &= \frac{1}{n}\sqrt{nVar(X_i)} = \frac{1}{\sqrt{n}}\sigma_x
\end{aligned}
$$

从上式可以看出,总体标准差与单个投保农户的标准差成正比,比例系数为 $\frac{1}{\sqrt{n}}$,比例系数随着投保农户数量,即风险单位数 n 的增加而减小。这说明承保风险单位数越大,农业保险公司面临的整体风险就越小。而风险估计的准确性我们需要通过变异系数来确定,即损失偏差与期望损失之间的比值:

$$
\begin{aligned}
CV_X \Big| &= \frac{\sqrt{Var(X_1 + X_2 + \cdots + X_n)}}{E(X_1 + X_2 + \cdots + X_n)} \\
\Big| &= \frac{\sqrt{n}\,\sigma_x}{nE(X_i)} = \frac{1}{\sqrt{n}}\frac{\sigma_x}{E(X_i)} \\
\Big| &= \frac{1}{\sqrt{n}}CV_{X_i}
\end{aligned}
$$

从上式也可以看出，总体的变异系数与个体变异系数成正比，比例系数随着风险单位数的增加而减小。这说明农业保险公司对整体风险的估计准确性随着承保风险单位数量的增加而增加。

保险基于大数法则进行经营运作，通过对风险进行大量承保，估算整体风险，规避个体风险的不确定性，从而在一定程度上消除风险的偶然性，化偶然为必然，使得风险能够在可预测的范围内发生，从而达到预测损失、控制风险的目的。

保险的运行方式也是基于大数法则进行的，投保人事先缴付小额的保险费，保险人对其可能发生的损失进行承保，一旦发生风险事故，保险人赔付约定的保险金额。这种运行方式是保险人通过大数法则预测损失风险，计算并收取保险费，然后将单个投保人可能发生的损失分摊到每一个投保人身上。这是一种事前损失分摊的方式，即通过事先收费，发生风险事故保险人再进行赔偿。事先损失分摊的方式将投保人不确定的损失转变成了确定的支出（这里指缴纳的保费支出）。

（二）中心极限定理

中心极限定理是数理统计学和误差分析的理论基础，它指出了大量随机变量近似服从正态分布的条件。在现实社会中，一些现象受到许多相互独立的随机因素的影响，中心极限定理证明了：如果每个因素所产生的影响都很微小，总的影响可以看作是服从正态分布的。

假设随机变量 $X_1, X_2, \cdots, X_n$ 独立同分布，且其期望和方差都存在，分别记为 $E(X_i) = \mu$，$Var(X_i) = \sigma^2$，则对于任意的 x，分布函数

$$F_n(x) = Pr\left(\frac{\sum_{i=1}^{n} X_i - n\mu}{\sqrt{n}\sigma} \leqslant x\right)$$

满足：

$$\lim_{n \to \infty} F_n(x) = \frac{1}{\sqrt{2\pi}} \int_{-\infty}^{x} e^{-\frac{t^2}{2}} dt = \phi(x) \tag{1.4}$$

公式（1.4）说明，当 n 充分大时，随机变量 $\dfrac{\sum_{i=1}^{n} X_i - n\mu}{\sqrt{n}\sigma}$ 近似地服从标准正态分布，即

$$\frac{\sum_{i=1}^{n} X_i - n\mu}{\sqrt{n}\sigma} \sim N(0,1)$$

例 1 - 2：某农业保险公司的多年保单数据表明，在所有投保农户中，发生索赔的农户占 10%，先随机抽取 100 个投保农户，其中发生索赔的农户有 X 个，求 $P(10 < X < 15)$。

解：由题可知，农户发不发生索赔是服从 0—1 分布的，其中发生索赔的概率为 0.1，可以记农户发生索赔为随机变量 Y，且存在：

$$Y = \begin{cases} 0, p = 0.9 \\ 1, p = 0.1 \end{cases}$$

对于随机变量 Y，可以计算出其数学期望和方差：

$$E(Y) = 0.1 \times 1 + 0.9 \times 0 = 0.1$$

$$Var(Y) = 0.9 \times (0 - 0.1)^2 + 0.1 \times (1 - 0.1)^2 = 0.09$$

X 为随机抽取 100 个投保农户，其中发生索赔的农户个数，即有：

$$X = Y_1 + Y_2 + \cdots + Y_{100}$$

根据中心极限定理可知，随机变量 X 服从均值为 $nE(Y)$，方差为 $nVar(Y)$ 的正态分布，随机变量 $\dfrac{X - nE(Y)}{\sqrt{nVar(Y)}}$ 服从标准正态分布，则可计算

$$P(10 < X < 15) \quad \bigg| \quad = \phi\left(\frac{15 - 100 \times 0.1}{\sqrt{100 \times 0.09}}\right) - \phi\left(\frac{10 - 100 \times 0.1}{\sqrt{100 \times 0.09}}\right)$$

$$\bigg| \quad = \phi\left(\frac{5}{3}\right) - \phi(0) = 0.9522$$

例 1 - 3：假设某项保单同风险类型的索赔农户共 100 个，其索赔金额是随机变量，经农业保险公司的索赔数据统计发现，索赔金额的均值为 490，方差为 3280，求在这 100 份保单中，发生的总索赔额超过 5 万元的概率是多少？

解：记每个投保农户的索赔金额为 X，总索赔金额为 S，根据题意，有

$$S = X_1 + X_2 + \cdots + X_{100}$$

$$E(X_i) = 490, i = 1, 2, \cdots, 100$$

$$Var(X_i) = 3280, i = 1, 2, \cdots, 100$$

根据中心极限定理可知，随机变量 $\dfrac{S - nE(X_i)}{\sqrt{nVar(X_i)}}$ 服从标准正态分布，要求总索赔额超过 5 万的概率，即求

$$P(S \geqslant 450000) \quad \bigg| \quad = 1 - P\left(\frac{S - nE(X_i)}{\sqrt{nVar(X_i)}} \leqslant \frac{50000 - 100 \times 490}{\sqrt{100 \times 3280}}\right)$$

$$\bigg| \quad = 1 - \phi(1.746) = 0.04$$

通过例 1 - 2 和例 1 - 3 可以看出，利用中心极限定理，保险人可以基于过去损失发生的情况，对未来可能发生的损失进行评估。例 1 - 2 中，保险人基于过去的索赔数据，对现在可能发生索赔的风险单位数进行估算，并且可以对风险单位数在每一区间发生的概率进行估算。例 1 - 3 中，保险人基于过去的索赔数据，对现在收取的保费是否足以支付未来发生的损失进行评估，并能计算出收取保费总额覆盖未来损失的概率。

（三）利息理论

利息是指借用资本的成本或借出资本的报酬。而为什么借用资本会需要支付利息呢？可以简单地从以下几点原因进行说明：一是放款人借出资本后只能在一段时间后使用这些资本，这相当于延迟了放款人的消费，根据时间偏好原则，消费者相较于未来，更加偏好现在的商品。二是大部分社会会发生通货膨胀，这意味着相同的资本数额在未来的购买力会低于现在的购买力，因此借款人需要为这些损失提供补偿。三是由于机会成本①，放款人将资本借给借款人时，他放弃了将这些资本投入到其他活动中，这相当于他放弃了其他投资可能获得的回报，因此借款人需要为这部分损失提供补偿。四是由于借款人随时可能因破产、违约等无法偿还放款人的资本，放款人需要为这些风险收取补偿金。

用一个简单的例子来描述利息的运动。假设路人甲在农业银行开设了一个储蓄账户，并且存入 10000 元存款，此后无任何存、取款行为，一年后他结清这个账户时，得到了 10300 元。10300 可以分成两部分，一部分是本金 10000 元，一部分就是 300 元的利息，这个利息就是银行在这一年期间使用本金而对路人甲的报酬。

单位本金在单位时间内所获得的利息即实际利率，常用百分比表示，根据单位时间的长短不同，可以分为年利率、季利率、月利率、日利率，若无特别说明，一般利率所指的为年利率。

根据本金在一定时间内度量利息的方式不同，可分为单利和复利。对于单利，他假定单位本金的投资在单位时间内所得到的利息是相等的，且利息不再用于投资。如果路人甲的 10000 元存款按单利率 3% 支付利息，那么他每年可得到 300 元的利息，即一年后账户余额为 10300 元，两年后 10600 元，三年后 10900 元，以此类推。

现假设本金 C 以单利 i 计息，那么，该本金在 n 年后可得到总利息 I 和本利和 S_n 分别为：

$$I = niC \tag{1.5}$$

$$S_n = C + I = C(1 + ni) \tag{1.6}$$

复利与单利的区别就在于，复利假定每个单位时间内得到的利息都会自动转成本金，并且在下一个单位时间内赚取利息。仍以路人甲的 10000 元存款为例，若其按复利率 3% 计息，那么一年后账户余额仍为 10300 元，其中 300 元为利息。但是到了第二年，这 300 元的利息视为本金进行计息，所以第二年除了得到 10000 元本金的利息 300 元外，第一年的利息 300 元也会产生 9 元（＝300×3%）利息，即二年后账户余额将变成 10609 元［＝10000 + 10000×3%×2 + 10000×3%×3% = 10000×(1 + 3%)×(1 + 3%)］，同理可以计算三年后账户余额为 10927.27 元。

---

① 机会成本是指为进行某项活动而放弃另一项活动的机会。

一般地，若假设本金 C 以复利 i 计息，设 S_n 为 n 年后的本利和，I_n 为第 n 年产生的利息，则有：

$$I_{n+1} = iS_n, S_0 = C \tag{1.7}$$

$$S_{n+1} = S_n + iS_n = C(1+i)^n, n \geqslant 1 \tag{1.8}$$

单利和复利计息方式的差异导致了在相同利率下，每个相等计息期的利息增长特点不同。在单利下，每个相等计息期利息增长的绝对数额相等，而复利下，每个相等计息期的利息增长相对比率相等。在金融活动中，一般使用复利计息，单利偶尔会用于短期交易中，另外单利也会作为不足一个计息期的复利的近似值以便于计算。

公式（1.6）和公式（1.8）都是在当期本金金额已知的情况下，求 n 年后的本金和利息的累计值，这也被称为终值。与终值相对的概念就是现值，现值是在 n 年后的本金和利息的累计值已知的情况下，通过利率求得的当期的本金金额。假设 t 时刻路人甲进行了一项投资，该项投资的投资回报率为利率 i，要想 n 年后得到本利和 S_n，则 t 时刻需要投入的资本 A_n 为：

$$A_n = \frac{S_n}{(1+i)^n} = S_n v^n \tag{1.9}$$

其中，$v = \dfrac{1}{1+i}$ 被称为贴现因子，A_n 为 S_n 在 t 时刻的现值，S_n 为 A_n 在 $t+n$ 时刻的终值。

例 1 - 4： 假设一农户以自身购买的长期寿险产品向保险公司进行抵押贷款，贷款金额为 5 万元，约定 6 个月内还款，贷款利率约定为 1.5% 的月利率，请问：

（1）该农户在 6 个月后需要偿还本利共计多少元？

（2）如果该农户在第 2 个月末向保险公司支付了 2 万元的欠款，还款期末需支付剩余欠款多少元？

解：（1）根据题意，已知本金 C 为 50000 元，月利率 i 为 1.5%，还款期 n 为 6 个月，根据公式（1.8）则可直接计算出终值：

$$S_6 = C(1+i)^n = 50000 \times (1+1.5\%)^6 = 54672.16$$

即可得该农户在 6 个月后需要偿还本利共计 54672.16 元。

（2）由于农户在第 2 个月末支付了一笔欠款，产生了欠款期内的现金流动，所以我们可以利用现金流入与现金流出相匹配的原则进行计算，即以农户为主体来看，在这一时刻，农户未来的现金流入的现值等于农户未来现金流出的现值。

用符号 C_0、C_2、C_6 分别表示在此刻、第 2 个月末、第 6 个月末的现金流量，根据题意可知，只有此时农户得到了 5 万元，而在第 2 个月末和第 6 个月末农户都是支付现金偿还欠款，所以 C_0 是农户的现金流入，而 C_2、C_6 都是农户的现金流出。要使得现金流入现值等于现金流出现值，即需满足：

$$C_0 = C_2\, v^2 + C_6\, v^6$$

我们已知 $C_0 = 50000$，$C_2 = 20000$，以及月利率为 1.5%，即可计算：

$$C_6 \mid = C_0 (1 + i)^6 - C_2 (1 + i)^4$$
$$\mid = 50000 \times 1.015^6 - 20000 \times 1.015^4$$
$$\mid = 19692.04$$

即农户还需在 6 个月后支付 19692.04 元。

在本节的开头我们就提到了精算师也需要管理保险公司的现金流，如运用现金流量模型管理资产投资，制定投资策略，使得公司的资本能够与未来负债相匹配。另外精算师也需对未到期责任准备金、赔款准备金等进行评估，这都涉及货币的时间价值，在计算过程中都需使用到利息理论的相关知识。

本章小结

农业是人类社会赖以生存的基础，为人类生存和国民经济的发展提供了物质基础。但是农业生产的弱质性又阻碍了农业的生产活动，妨碍了人类社会的持续健康发展和进步。因此迫切要求进行农业风险管理，丰富和发展农业保险产品。本章首先介绍了农业的重要地位和我国农业现阶段的特点和存在的问题，然后对农业生产过程中面临的主要风险和特点进行了详细的介绍，然后详细介绍了农业保险的主要产品种类和特点。最后本章也介绍农业保险精算的几个基本理论，希望能通过对本章的学习，为本书的其他章节做好理论准备。

重点概念

农业风险：在农业生产活动过程中面临的损失的不确定性。

农业风险管理：个人或组织通过对农业风险进行识别、估测和评价，选择适当的方法对农业风险进行有效的控制，从而实现以最小的成本达到最好的保障效果。

农业保险：保险机构根据农业保险合同，对被保险人在种植业、林业、畜牧业和渔业生产中因保险标的遭受约定的自然灾害、意外事故、疫病、疾病等保险事故所造成的财产损失，承担赔偿保险金责任的保险活动。

政策性农业保险：在保险公司市场化经营的基础上，政府通过保费补贴等政策支持，对种植业、养殖业因遭受自然灾害和意外事故造成的经济损失提供的直接物化成本保险。

农业保险保费补贴：中央或地方财政对购买农业保险的农户按保险费的一定比例进行补贴。保费补贴的形式，相当于帮农户支付一定的保险费，能够减轻农户的投保压力，刺激农业保险市场的需求。

农业巨灾风险分散机制：利用再保险机制和其他手段预防和分散巨灾风险，提供灾后损失补偿的制度安排，是市场经济条件下国家自然灾害风险管理体系的重要组成部分。

收入保险：以农业生产的平均收入为基础确定保障程度，综合考虑农产品价格和产量两方面的因素确定保险金额，对农产品产量和价格的变化共同引起的收入损失提供保障。

天气指数保险：以客观的一个或多个气象指标作为赔付指数，当赔付指数达到合同约定值时，保险公司进行赔付的一种新型的农业保险形式。

价格指数保险：以农产品价格作为指数，当农产品价格低于目标价格（或约定价格）导致农业生产者遭受损失，保险公司承担赔偿责任的一种保险形式。

大数法则：又称"大数定律"或"平均法则"，在随机现象的大量重复中往往出现几乎必然的规律。

中心极限定理：指概率论中讨论随机变量序列部分和分布渐近于正态分布的一类定理。在自然生产中，一些现象受到许多相互独立的随机因素的影响，如果每个因素所产生的影响都很微小时，总的影响可以看作是服从正态分布的。中心极限定理就是从数学上证明了这一现象。

利息：借用资本的成本或借出资本的报酬。

思考与练习

1. 如何看待农业在国民经济中的地位？

2. 现代农业发展面临哪些挑战？

3. 农业风险主要包括哪些？可保的农业风险有哪些？都有什么特征？

4. 如何选择农业保险风险管理策略？

5. 政策性农业保险有哪些经营特点？

6. 农业保险可进行哪些分类？

7. 农业保险有哪些特点？如何对这些特点进行理解？

8. 根据对我国农业、农业保险进行简要了解之后，你认为我国农业保险的发展可能面临哪些问题，需要如何解决？

9. 谈谈寿险精算与非寿险精算之间存在什么异同点？

10. 你认为农业保险精算相比于一般非寿险精算存在什么样的难点呢？

11. 请简要谈一谈你对大数法则和中心极限定理的理解，并说明它们在保险和精算领域有什么样的运用。

12. 假设某农业保险公司今年承保了风险状况相近的 2000 个危险单位，每个危险单位的历史年平均总损失额为 800 元，方差为 200，试估计该农业保险公司今年的总理赔额在 80000 元到 100000 元的概率。

13. 假设农业保险保单组合共承保了 100 个危险单位，它们之间风险独立，且根据历史数据显示，每个危险单位的年索赔额为 600 元，方差为 300，请问保险公司需为这个农业保险保单组合建立多少准备金才能以 90% 的概率保证这一年的偿付需求？

14. 假设一农户以自身购买的长期寿险产品向保险公司进行抵押贷款，贷款金额为 5 万元，约定 6 个月内还款，贷款利率约定为 1.2% 的月利率，该利率以单利的形式计息，求农户在 6 个月后需要支付多少元以还清欠款？

15. 接题 14，若 1.2% 的月利率以复利的形式计息，农户在还款期结束后应该支付多少元以还清欠款？

16. 接题 15，如果该农户在第 3 个月末向保险公司支付了 10000 元，并在第 5 个月月末支付了 20000 元，求该农户在最后还需支付多少元？

17. 接题 15，如果保险公司要求该农户在每个月月末支付一笔等额的现金流以偿还全部贷款，请问该农户每个月月末需要支付多少元才能在 6 个月内还清全部欠款？

参考文献

[1] 陈雪:《中国农业经济现状分析》,《农村经济与科技》2017 年第 8 期。

[2] 钟真、孔祥智:《经济新常态下的中国农业政策转型》,《教学与研究》2015 年第 5 期。

[3] 孔祥智、高强、钟真:《新世纪以来的中国农业发展现状与政策转型》,《经济动态与评论》2016 年第 1 期。

[4] 孙良媛、张岳恒:《转型期农业风险的特点与风险管理》,《农业经济问题》2001 年第 8 期。

[5] 刘学文:《中国农业风险管理研究》,西南财经大学,2014 年。

[6] 张峭、王克、汪必旺、李越:《农业风险综合管理:一个理论框架》,《农业展望》2016 年第 3 期。

[7] 王燕青、张秀青、冯凯慧、武拉平:《期货市场与农业风险管理:以"保险+期货"模式为例》,《保险理论与实践》2016 年第 12 期。

[8] 朱俊生:《农业保险经营模式的问题与改革建议》,《重庆理工大学学报》(社会科学版) 2017 年第 3 期。

[9] 庹国柱:《中国农业保险与农村社会保障制度研究》,首都经济贸易大学出版社 2002 年版。

[10] 冯文丽:《农业保险理论与实践研究》,中国农业出版社 2008 年版。

[11] 丁少群、冯文丽:《农业保险学》,中国金融出版社 2015 年版。

[12] 陈璐、宗国富、任碧云:《中国农业保险风险管理与控制研究》,中国财政经济出版社 2008 年版。

[13] 曾玉珍:《政策性农业保险内涵、功能及作用路径的新诠释》,《经济问题》2011 年第 4 期。

[14] 张跃华、顾海英:《准公共品、外部性与农业保险的性质——对农业保险政策性补贴理论的探讨》,《中国软科学》2004 年第 9 期。

[15] 李军:《农业保险的性质、立法原则及发展思路》,《中国农村经济》1996 年第 1 期。

[16] 冯文丽:《我国农业保险市场失灵与制度供给》,《金融研究》2004 年第 4 期。

［17］陈璐：《政府扶持农业保险发展的经济学分析》，《财经研究》2004年第6期。

［18］庹国柱：《略论农业保险的财政补贴》，《经济与管理研究》2011年第4期。

［19］黎已铭：《农业保险性质与农业风险的可保性分析》，《保险研究》2005年第11期。

［20］张跃华、顾海英：《公共品、外部性与农业保险的性质》，中国青年农业经济学者年会，2004年。

［21］陈文辉：《中国农业保险市场年报（2016）》，南开大学出版社2016年版。

［22］孙良媛、张岳恒：《转型期农业风险的特点与风险管理》，《农业经济问题》2001年第8期。

［23］廖杉杉、鲁钊阳：《农产品价格风险的成因及规避机制研究》，《农村经济》2013年第3期。

［24］王静龙、汤鸣、韩天雄：《非寿险精算》，中国人民大学出版社2004年版。

［25］孟生旺、袁卫：《实用非寿险精算学》，经济科学出版社2000年版。

［26］张思锋等：《社会保障精算理论与应用》，人民出版社2006年版。

［27］《精算管理》编写组：《精算管理》，中国财政经济出版社2010年版。

［28］朱文革：《新编精算原理》，同济大学出版社2005年版。

［29］姜晓兵：《保险精算》，西安电子科技大学出版社2015年版。

［30］李晓林：《寿险精算原理》，中国财政经济出版社2012年版。

第二章 农业保险精算技术方法

1. 掌握常用的损失次数模型；
2. 掌握常用的损失金额模型；
3. 掌握个体风险模型和集体风险模型，并了解这两者之间的差异；
4. 掌握参数估计的不同方法；
5. 掌握损失拟合程度检验的方法；
6. 了解贝叶斯方法的基本思想，并掌握贝叶斯拟合方法；
7. 了解随机模拟方法；
8. 了解信度理论在精算中的运用方式和基本思想；
9. 了解完全可信性和部分可信性的异同；
10. 掌握不同信度理论的计算方法。

知识结构图

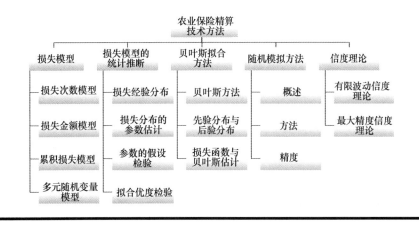

农业保险保障的是不确定事件带来的经济损失，一旦发生经济损失，被保险人可向保险公司提出索赔。前面在对风险的不确定性进行介绍的时候提过，不确定性包括三方面的内容，一是是否发生不确定，二是发生时间的不确定，三是发生后造成的损失程度不确定。这些不确定性会给农业保险精算带来两个方面的问题，一是风险发生频率不确定导致索赔次数不确定，二是风险事故发生后造成损失程度不确定导致索赔金额不确定。因此农业保险精算同一般非寿险精算一样，需要分别对损失次数和损失金额进行分析、预测，从而估计索赔次数和索赔金额，进行费率厘定。

保险标的发生的损失次数和损失金额是不确定的，我们可以把它们视为随机变量，通过对它们的历史数据进行研究，找到各自的概率分布，从而掌握损失发生的规律。而获取一个随机变量的概率分布通常有以下三种方法。

1. 数理统计法

数理统计方法又叫频率学派方法，频率学派方法是比较常用的损失拟合法，它基于理论模型对大量历史数据进行拟合，从而选取最符合的概率分布模型。它主要是依靠样本的平均值、标准差等数字特征来估计未知参数，并通过检验推断对有关统计量进行计算来判断概率分布是否适合，主要包括以下几个步骤。

一是通过损失的数理特征大致描绘损失分布的大致形状，包括最大损失、最小损失、中位数、平均值、众数、分位数等特殊值；

二是通过大致的形状判断出几个相近形状的理论分布，并从已知的理论分布中选取一种最为接近的概率分布；

三是使用矩估计、极大似然估计、分位点法等估计所选分布中的参数，从而确定损失分布；

四是利用观察数据对已得的损失分布进行统计检验，即拟合优度检验，如果通过拟合优度检验，则说明这个分布拟合是合适的；如果没有通过拟合优度检验，则需重新选择新的分布进行参数估计和拟合优度检验，直至通过为止。

2. 贝叶斯法

贝叶斯法是通过先验概率、损失函数等主观信息，估计未知参数、获取损失分布。该方法与频率学派方法不同之处在于：频率学派方法是在大量数据的基础上，基于大数法则建立概率分布，而贝叶斯方法则是用数据拟合经验假设，得到概率分布；频率学派方法认为理论分布的参数是一个固定值，而贝叶斯法把未知参数视为随机变量，用样本信息描述未知参数。贝叶斯方法不需要大量的数据作支撑，所以它比较适用于没有历史数据和样本信息的新业务。

3. 随机模拟法

模拟方法则是利用计算机产生随机数来模拟实际过程，它能解决一些用常规解析方法难以解决的问题。

其中数理统计法和贝叶斯法都是在理论分布的基础上进行研究，因为理论分布具有良好的统计性质，通过对理论分布的学习可以在一定程度上方便进行数据分析，而损失数据的统计分析结果是农业保险精算定价的依据和基础。因此本章将先对损失次数和损失金额可能的理论分布进行介绍，在损失理论分布的基础上详细介绍上述的三种统计方法。但是我们知道，历史损失数据有时候并不能完全反映现在和未来的风险状况，因为风险和社会经济是变化的，需要根据情况对历史数据进行调整，其理论基础为信度理论。因此本章的最后也会对信度理论进行介绍，为本书后续费率调整章节打好理论基础。

第一节　损失模型

保险标的的损失次数和损失金额作为随机变量具有不同的特点，损失次数是一个非负整数，而损失金额是非负实数（可以是小数）。根据这两个随机变量的取值情况可以判断，损失次数是一个离散型随机变量，而损失金额为连续型随机变量。因此，对于这两个不同的随机变量，需要分别进行建模分析。

分别对损失次数和损失金额建模是符合实际的，因为不同因素的变化对于损失金额和损失次数的影响是不同的，有些只会影响损失次数或只会影响单次损失金额。如某个险种业务规模的变化会影响损失次数，业务规模增加，该险种的期望损失次数也会相应地增加，但是单次损失的期望金额不会受到影响。而当市场上发生通货膨胀时，单次损失的金额就会受到影响，理赔金额需要根据通货膨胀进行调整，但是这种情况下损失次数不会受到影响。

虽然我们关心累计损失，但是只对累计损失进行研究会掩盖一些因素的影响，所以为了更好地理解损失发生的规律，我们最好对损失次数和损失金额分别研究，以找到单独影响损失次数和损失金额的风险因素，另外也需要对一些共同作用因素进行研究，从而控制风险因素，掌握风险发生规律。

一　损失次数模型

严格来说，损失次数和索赔次数是不同的。损失次数是指风险事故发生后造成被保险人遭受经济损失的次数，而索赔次数是指被保险人向保险公司提出赔偿请求的次数。索赔次数与损失次数不同的原因在于，有时被保险人遭受小额经济损失时不会向被保险人索赔，因为索赔得到的不只是赔偿金，还有一些可能发生的成本，如时间成本、失去无理赔优惠等。

虽然损失次数和索赔次数在概念上不完全相等，但是描述这两者的理论分布是一致的，也就是拟合损失次数的模型也可拟合索赔次数，所以在介绍理论模型时不对这两者进行区别。

单张保单的总损失次数可以用随机变量 N 来表示，损失次数服从离散型的分布模型，其中最常用的三种离散型分布，包括泊松分布、二项分布和负二项分布。

（一）泊松分布

泊松分布是一个非负整数值的离散型随机变量的分布，常用于描述小概率事件发生的次数。泊松分布是非寿险，是包括农业保险最常用的一种分布。由于泊松分布适合描述单位时间（单位面积）随机事件发生的次数，所以泊松分布不仅能用于描述赔款或损失的次数，还能用于描述风险事故发生的次数，如某地一个月内暴雨发生的次数等。

泊松分布具有一个参数 λ，它描述了单位时间（单位面积）内损失的平均发生率，若前述暴雨发生次数服从参数为 λ 的泊松分布，意味着某地一个月内暴雨平均发生次数为 λ。

现假设损失次数 N 服从参数为 λ 的泊松分布，则发生 k 次损失的概率为：

$$P(N = k) = \frac{e^{-\lambda} \lambda^k}{k!}, \lambda > 0, k = 0,1,2\cdots \tag{2.1}$$

根据数学期望和方差的计算公式，可以计算得到泊松分布的期望和方差：

$$E(N) = Var(N) = \lambda \tag{2.2}$$

从公式（2.2）可以知道，泊松分布的一大特点就是数学期望和方差相等，且为泊松分布的参数 λ。可以通过这一特性判断某一随机变量是否服从泊松分布，即检验该随机变量的样本均值与方差是否近似相等，若相等则可判断服从泊松分布。

画出 $\lambda = 4$ 和 $\lambda = 6$ 两种情况下的概率函数图，分别如图 2-1 和图 2-2 所示。通过比较图 2-1 和图 2-2 可以发现，泊松分布的概率函数在参数值，也就是均值附近可取得最大值，并且从两端向下减少，即损失次数越远离均值，发生的概率越小，这也是

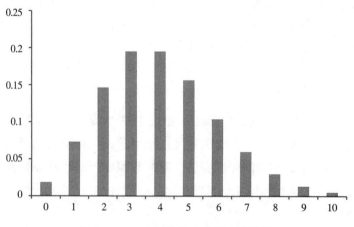

图 2-1　$\lambda = 4$ 的泊松分布概率函数图

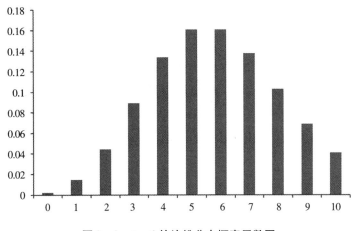

图 2 - 2　λ = 6 的泊松分布概率函数图

泊松分布常用于描述小概率事件发生次数的原因。

另外可计算泊松分布的偏度系数为：$SK = \lambda^{-0.5}$。由于 λ 是大于 0 的正数，所以泊松分布的偏度系数一定大于 0，即泊松分布是右偏的。

泊松分布具有可加性[①]，即如果损失次数 N_1 和 N_2 相互独立，且分别服从参数为 λ_1 和 λ_2 的泊松分布，则总损失次数 N 服从参数为 $\lambda_1 + \lambda_2$ 的泊松分布。这一性质为拟合总损失的分布提供了便利。

（二）二项分布

二项分布是重复 n 次的伯努利试验，所谓伯努利试验是在相同条件下重复地、相互独立地进行的一种随机试验，试验的结果只有两种——发生或者不发生。二项分布描述了在 n 次随机试验中发生随机事件的次数，它具有两个参数，一个是独立随机试验重复的总次数 n，另一个是随机事件发生的概率 p。

假设损失次数 N 服从参数为 (n, p) 的二项分布，则发生 k 次损失的概率为：

$$P(N = k) = C_n^k p^k q^{n-k}, q = 1 - p, 0 < p < 1, k = 0, 1, 2, \cdots, n \qquad (2.3)$$

从二项分布的概率函数可以看出，用二项分布描述损失次数是存在一个最大值的，这个最大值就是试验总次数 n，这在农业保险精算中是有意义的，因为一块地在一年内的损失次数是有限的。另外由于二项分布是一种伯努利试验，n 次试验是在相同条件下进行的，且相互独立、互不影响，所以二项分布可以描述 n 个独立同分布的风险单位所组成的风险集合损失的总次数，可作为同质风险[②]保单赔款次数的理论分布模型。

---

①　可加性是指互不相容事件发生的概率和等于每个事件的概率相加，其中互不相容事件是指每个事件的交集为空集。

②　同质风险是指风险单位在种类、品质等方面大体相近。

　　根据期望和方差的公式可以计算出二项分布的数学期望和方差，见公式（2.4），由于概率 p 是一个大于 0 且小于 1 的实数，而 $q = 1 - p$，所以 q 也是一个大于 0 且小于 1 的实数，由式（2.4）可知二项分布的数学期望大于方差。因此要判断一个随机变量是否服从二项分布，首先计算其样本均值是否大于方差，若均值大于方差，可保留意见，继续进行下一步的判断；若均值小于方差，则说明随机变量不服从二项分布。

$$E(N) = np, Var(N) = npq \tag{2.4}$$

二项分布的概率函数图如图 2-3 和图 2-4 所示。

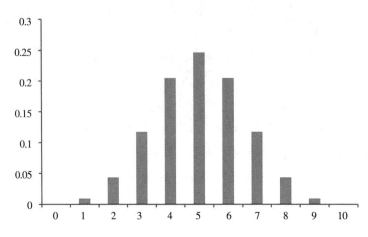

图 2-3　二项分布的概率函数 $p = 0.5$，$n = 10$

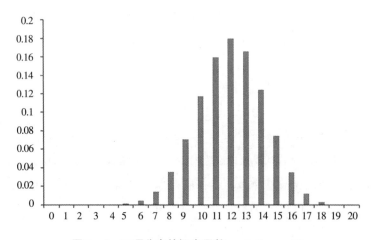

图 2-4　二项分布的概率函数 $p = 0.6$，$n = 20$

（三）负二项分布

　　负二项分布与二项分布是类似的，也是重复多次的伯努利实验，但是与二项分布不同的是，负二项分布描述的是在第 r 次随机事件发生之前，随机事件不发生的次数，或者在第 r 次不发生随机事件之前，随机事件发生的次数。负二项分布中随机试验的总次数是不确定的，而二项分布是确定的；负二项分布中随机事件发生的次数和不发生次数两者之一确定，另一个不确定，而二项分布中这两者都是不确定的。

现假设损失次数 N 服从参数为 r 和 p 的负二项分布，其中 r 为损失不发生的次数，p 为损失不发生的概率，则发生 k 次损失的概率满足：

$$P(N = k) = C_{k+r-1}^{k} p^r q^k, r > 0, 0 < p < 1, q = 1 - p \tag{2.5}$$

同样根据式（2.5）计算负二项分布的数学期望和方差可得式（2.6）：

$$E(N) = \frac{rq}{p}, Var(N) = \frac{rq}{p^2} \tag{2.6}$$

由于 p 是大于 0 且小于 1 的实数，所以 $\frac{1}{p}$ 为大于 1 的实数。由公式（2.6）可以发现，负二项分布的方差大于其数学期望，因此要判断一个随机变量是否服从负二项分布，首先计算其样本均值是否小于方差，若均值小于方差，可保留意见，继续进行下一步的判断；若均值大于方差，则说明随机变量不服从二项分布。比较样本均值和方差的大小也是判断泊松分布、二项分布和负二项分布三个模型中，哪个能更好地拟合数据的一种方法。

特别地，当 $k = 1$ 时的负二项分布就是几何分布，即描述伯努利试验首次成功前，失败的次数：

$$P(N = k) = p(1 - p)^k, 0 < p < 1, k = 0, 1, 2, \cdots, n \tag{2.7}$$

$$E(N) = \frac{1 - P}{P}, Var(N) = \frac{1 - p}{p^2} \tag{2.8}$$

例 2 - 1： 假设某地区保险公司承保的冬小麦种植保险在保险期间内的索赔次数服从参数为 λ 的泊松分布，但是由于承保农户的风险状况不完全相同，所以每个保单的参数 λ 的大小是不同的，已知参数 λ 服从伽马分布，即有：

$$f(\lambda) = \frac{\beta^{\alpha}}{\Gamma(\alpha)} e^{-\beta\lambda} \lambda^{\alpha-1}, \lambda > 0$$

因此对于冬小麦种植保险的保单持有人来说，其保险期间内索赔次数 N 服从条件分布：

$$P(N = k \mid \lambda) = \frac{e^{-\lambda} \lambda^k}{k!}$$

根据条件概率可以计算得到索赔次数 N 的概率函数：

$$P(N = k) \mid = \int P(N = k \mid \lambda) f(\lambda) \mathrm{d}\lambda$$

$$\mid = \int \frac{e^{-\lambda} \lambda^k}{k!} \frac{\beta^{\alpha}}{\Gamma(\alpha)} e^{-\beta\lambda} \lambda^{\alpha-1} \mathrm{d}\lambda$$

$$\mid = C_{k+\alpha-1}^{k} \left(\frac{\beta}{\beta+1}\right)^{\alpha} \left(\frac{1}{\beta+1}\right)^k$$

比较式（2.5）可知，这是一个 $r = \alpha, p = \dfrac{\beta}{\beta+1}$ 的负二项分布。这意味着负二项分

布是泊松分布的混合分布①，且描述的是不同质的风险单位发生损失的总次数，可作为不同质保单的赔款次数的理论模型。

二 损失金额模型

损失金额和赔款金额也是不相同的两个概念，损失金额是指发生风险事故后，保险标的遭受损失的总金额，而赔款金额是在损失金额的基础上按保险合同约定的方式计算得到的，是保险公司最终赔付给被保险人的金额。由于农业保险中单张保单发生的总损失金额和总赔款金额都属于连续型随机变量，其适用的理论分布模型是一致的，而且赔款金额是在损失金额的基础上计算得到的，所以在对理论模型的介绍过程中不对两者进行完全区分。

损失金额是保险人遭受的经济损失额度，视为非负的实数。由于我国农业仍然是以小型农户为主的家庭式农业生产方式，所以每张保单的损失总额不会很高，即农业保险的损失金额模型应该是右偏、短尾②的，即农业保险的单位损失金额的均值较小，且发生大额损失的概率也很小。但是随着我国现代农业和新型农业主体的发展，我国农业保险的单位损失结构也会发生变化，可能未来农业保险单位保单发生大额损失的可能性会不断增加。所以目前使用的损失模型主要为右偏、短尾分布的模型，但是未来的损失模型也会逐渐向长尾分布发展。

我们记单次事故的总损失金额为随机变量 X，接下来将介绍几个比较常用的连续型随机分布。

（一）正态分布

正态分布是最重要且最常用的一个连续型随机分布，在许多社会和经济相关问题中，都存在服从正态分布的随机变量，如人的身高、体重等经统计发现都是服从正态分布的。

如果损失金额 X 服从正态分布，记作 $X \sim N(\mu,\sigma^2)$，其中参数 μ （$\mu > 0$）是随机变量 X 的均值，σ （$\sigma > 0$）是随机变量 X 的标准差，则其概率密度函数可以表示为：

$$f(x) = \frac{1}{\sigma\sqrt{2\pi}} e^{-\frac{(x-\mu)^2}{2\sigma^2}}, \ -\infty < x < +\infty \tag{2.9}$$

正态分布的概率密度曲线如图 2 - 5 所示，其中虚线曲线为均值为 0，方差为 1 的正态分布的概率密度曲线；点线曲线表示的正态分布均值为 0，方差为 2；双线曲线的正态分布均值为 0；方差为 3，由此可以看出正态分布有以下几个特点。

（1）正态分布是具有钟形的概率分布，两头低、中间高，左右对称。从图 2 - 5 中可以发现，它在均值处呈对称分布，并且在均值处概率密度函数值达到最大，这说明

---

① 混合分布是指将概率分布的参数视为随机变量而形成的新分布。如书中将泊松分布中的参数视为服从伽马分布的随机变量，而得到负二项分布。

② 短尾是相对长尾或厚尾来说的，是指极端值发生的概率相对较小。

在均值附近的值发生概率更大。

（2）当 x 值趋向无穷时，概率密度曲线不断趋近 x 轴，但永远不会与 x 轴相交。

（3）正态分布的概率密度曲线的陡缓程度由标准差的大小决定，标准差越大，概率密度曲线越平缓；标准差越小，概率密度曲线越陡峭。

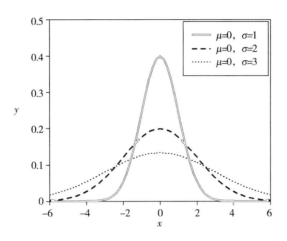

图 2 - 5　正态分布概率密度函数曲线

特别地，当一个正态分布的 $\mu = 0, \sigma = 1$ 时，它被称为标准正态分布。任何一个正态分布都可以通过线性变换转化为标准正态分布：

已知随机变量 $X \sim N(\mu, \sigma^2)$ ，则

$$Z = \frac{X - \mu}{\sigma} \sim N(0, 1) \tag{2.10}$$

所有的正态分布通过线性变换转化为标准正态分布后，即可查标准正态分布表，计算得到正态分布的概率。

正态分布也是很多统计方法的理论基础，如 t 分布、F 分布、卡方分布等都是在正态分布的基础上推导出来的。以卡方分布为例，当随机变量 $X_1, X_2, \cdots, X_n$ 相互独立，且都服从正态分布时，则有 $Y = X_1^2 + X_2^2 + \cdots + X_n^2$ 服从自由度为 n 的卡方分布。而 t 分布、二项分布、泊松分布的极限分布都是正态分布，当样本量很大时，这些分布都可以近似为正态分布。中心极限定理也是以正态分布为极限分布。

（二）对数正态分布

对数正态分布是正态分布经指数转化后得到的，即如果一个随机变量的对数服从正态分布的话，那么这个随机变量服从对数正态分布。若假设损失金额 X 服从对数正态分布，则存在：

$$f(x) = \frac{1}{\sqrt{2\pi}\sigma x} e^{-\frac{(\ln x - \mu)^2}{2\sigma^2}}, x > 0 \tag{2.11}$$

其中 μ 和 σ（$\sigma > 0$）是对数正态分布的两个参数，对数正态分布的定义域为正数。相比正态分布而言，它的概率分布向右进行了移动和修正，不再是对称分布了，但是从短期来看，对数正态分布与正态分布非常接近。从图 2-6 可以看到对数正态分布的概率密度曲线，根据曲线的形状可以发现，对数正态分布总是右偏的，符合农业保险损失分布的特点。

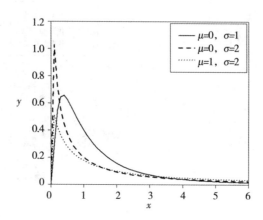

图 2-6　对数正态分布概率密度曲线

我们还可以根据公式（0.15）和公式（2.11），计算得到对数正态分布的数学期望和方差的表达式：

$$E(x) = e^{\mu + \frac{\sigma^2}{2}}, Var(x) = e^{2\mu + \sigma^2}(e^{\sigma^2} - 1) \tag{2.12}$$

（三）帕累托分布

帕累托分布是意大利经济学家维弗雷多·帕累托从一些现实现象中总结发现的一个幂次定律分布。帕累托分布有三种形式，包括简单帕累托分布、一般帕累托分布和广义帕累托分布。

1. 简单帕累托分布

假设损失金额 X 服从简单帕累托分布，则有：

$$f(x) = \begin{cases} \dfrac{\alpha}{\beta}\left(\dfrac{\beta}{x}\right)^{\alpha+1}, & x > \beta \\ 0, & x \leqslant \beta \end{cases} \tag{2.13}$$

根据原点矩的计算公式，可以得到简单帕累托分布的原点矩：

$$E(X^k) = \frac{\alpha\beta^k}{\alpha - k}, k < \alpha \tag{2.14}$$

当 $\alpha > 1$ 时，简单帕累托分布的数学期望存在 $E(x) = \dfrac{\alpha\beta}{\alpha - 1}$；

当 $\alpha > 2$ 时，简单帕累托分布的方差存在 $Var(x) = \dfrac{\alpha\beta^2}{\alpha - 2}\left(\dfrac{\alpha\beta}{\alpha - 1}\right)^2$。

2. 一般帕累托分布

假设损失金额 X 服从一般帕累托分布，则有：

$$f(x) = \frac{\alpha \beta^\alpha}{(\beta + x)^{\alpha+1}}, x > 0 \qquad (2.15)$$

根据原点矩的计算公式，可以得到一般帕累托分布的原点矩：

$$E(X^k) = \frac{\beta^k \Gamma(k+1) \Gamma(\alpha-k)}{\Gamma(\alpha)}, -1 < k < \alpha \qquad (2.16)$$

当 $\alpha > 1$ 时，一般帕累托分布的数学期望存在 $E(x) = \frac{\beta}{\alpha-1}$；

当 $\alpha > 2$ 时，一般帕累托分布的方差存在 $Var(x) = \frac{\alpha \beta^2}{(\alpha-2)(\alpha-1)^2}$。

3. 广义帕累托分布

广义帕累托分布比简单帕累托分布和一般帕累托分布多了一个参数 r，所以假设损失次数 X 服从广义帕累托分布，则损失次数 X 的概率密度函数可写为：

$$f(x) = \frac{\Gamma(\alpha+r) \beta^\alpha x^{r-1}}{\Gamma(\alpha) \Gamma(r) (\beta+x)^{\alpha+r}}, x > 0 \qquad (2.17)$$

根据原点矩的计算公式，可以得到广义帕累托分布的原点矩：

$$E(X^k) = \frac{\beta^r \Gamma(r+k) \Gamma(\alpha-k)}{\Gamma(\alpha) \Gamma(r)}, -r < k < \alpha \qquad (2.18)$$

当 $\alpha > 1$ 时，广义帕累托分布的数学期望存在 $E(x) = \frac{\beta r}{\alpha-1}$；

当 $\alpha > 2$ 时，广义帕累托分布的方差存在 $Var(x) = \frac{(\alpha+r-1) r \beta^2}{(\alpha-2)(\alpha-1)^2}$。

帕累托分布由于存在损失额的下限，所以对小额损失的描述有所欠缺，但是它的概率密度函数曲线呈右偏斜，其尾部趋于零的速度要比对数正态分布慢得多，所以帕累托分布右偏、长尾的性质对于估计大额损失的效果比较理想，可用于拟合相对大概率出现重大损失的情况。

（四）伽马分布

在对负二项分布介绍的时候就提到了伽马分布，泊松分布与伽马分布的混合分布为负二项分布，因此伽马分布可用于分析风险的非同质性。除此之外，伽马分布还可用于描述损失金额的分布，它也是农业保险常用的连续型分布模型。

现假设损失金额 X 服从伽马分布，伽马分布具有两个参数，一个是形状参数 α，另一个是尺度参数 β，则损失金额的概率密度函数为：

$$f(x) = \frac{\beta^\alpha}{\Gamma(\alpha)} \mathrm{e}^{-\beta x} x^{\alpha-1} \qquad (2.19)$$

其中，$x > 0, \alpha > 0, \beta > 0, \Gamma(\alpha) = \int_0^{+\infty} x^{\alpha-1} \mathrm{e}^{-x} \mathrm{d}x$。

$\Gamma(\alpha)$ 称为伽马函数,具有以下四种性质:

(1) $\Gamma(2) = \Gamma(1) = 1$;

(2) $\Gamma\left(\dfrac{1}{2}\right) = \sqrt{\pi}$;

(3) 当 $\alpha > 0$ 时,$\Gamma(\alpha) = (\alpha - 1)\Gamma(\alpha - 1)$;

(4) 当 α 是正整数时,$\Gamma(\alpha) = (\alpha - 1)!$。

我们可以通过图 2-7 感受形状参数和尺度参数对伽马分布图形的影响。可以发现改变形状参数的取值,伽马分布的形状也会发生改变——形状参数发生改变,则伽马分布图形的峰度和宽度会发生改变,形状参数越大,峰度越低,宽度越大。

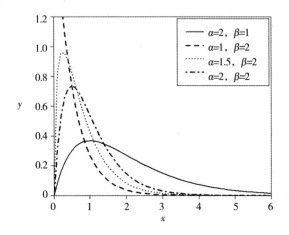

图 2-7 伽马分布概率密度函数曲线

同样可根据式(0.15)和公式(2.19)计算得到伽马分布的数学期望和方差:

$$E(x) = \frac{\alpha}{\beta}, Var(x) = \frac{\alpha}{\beta^2} \tag{2.20}$$

计算偏度系数可得式(2.21),显然伽马分布的偏度系数一定是大于0,说明伽马分布是右偏分布,适用于农业保险精算损失分布的拟合。

$$SK = \frac{E(X - EX)^3}{[E(X - EX)^2]^{\frac{3}{2}}} = \frac{2}{\sqrt{\alpha}} \tag{2.21}$$

特别地,当伽马分布的参数 $\alpha = 1$ 时,它也是一个以 β 为参数的指数分布,指数分布是一种特殊的伽马分布,所以如果损失金额服从指数分布,则损失金额 X 的概率密度函数为:

$$f(x) = \beta e^{-\beta x}, \beta > 0, x > 0 \tag{2.22}$$

(五)逆高斯分布

逆高斯分布同样是统计学中常用的一种分布,它是高斯分布(也称为正态分布)

的"逆"，这里"逆"是指高斯分布描述的是在某个随机过程中的某个固定时刻的距离分布，而逆高斯分布描述的是到达固定距离所需时间的分布。逆高斯分布含有两个参数 γ 和 β，其概率密度函数为：

$$f(x) = \frac{\gamma}{\sqrt{2\pi\beta}x^{\frac{3}{2}}}e^{-\frac{(x-\mu)^2}{2\beta x}}, x > 0, \gamma > 0, \beta > 0 \tag{2.23}$$

可根据式（0.15）和式（2.23）计算逆高斯分布的均值和方差，得：

$$E(X) = \gamma, Var(x) = \gamma\beta \tag{2.24}$$

逆高斯也是右偏的，并且它的尾部随着参数 β 的增加逐渐变厚，可用于大额损失较多的数据拟合。逆高斯分布的参数 γ 为其均值，而参数 β 决定了其尾部特征，所以逆高斯分布可直接通过参数值来判断其大致的形状。

例 2 - 2：现假设例 2 - 1 中泊松分布的参数 λ 服从逆高斯分布而非伽马分布，求索赔次数的概率密度函数。

解：

由于被保险人的总索赔次数服从条件分布：

$$P(N = k \mid \lambda) = \frac{e^{-\lambda}\lambda^k}{k!}$$

现已知泊松分布参数 λ 服从逆高斯分布，即有：

$$f(\lambda) = \frac{\gamma}{\sqrt{2\pi\beta}\lambda^{\frac{3}{2}}}e^{-\frac{(\lambda-\mu)^2}{2\beta\lambda}}, \gamma > 0, \beta > 0$$

所以根据条件概率的定义可以计算得到泊松—逆高斯分布的概率分布：

$$p_0 = e^{\frac{\gamma}{\beta}[1-(1+2\beta)^{\frac{1}{2}}]}$$

$$p_1 = \gamma p_0 (1 + 2\beta)^{-\frac{1}{2}}$$

$$(1 + 2\beta)k(k - 1)p_k = \beta(k - 1)(2k - 3)p_{k-1} + \gamma^2 p_{k-2}, k = 2,3,4,\cdots$$

如例 2 - 2 所示，逆高斯分布也可对非同质风险进行描述，像伽马分布、逆高斯分布这样描述保单组合中每份保单索赔频率的差异性的密度函数，通常被称为结构函数。当实际数据的尾部较厚时，用伽马分布作为结构函数可能不太理想，这时就可以用逆高斯分布作为结构函数进行描述，因为泊松—逆高斯分布比负二项分布具有更厚的右尾。

三　累积损失模型

累积损失是指特定业务在给定时期内的总损失额。累积损失模型则是损失次数分布和损失金额分布的复合分布。累积损失模型分为个体风险模型和集体风险模型两种。

（一）个体风险模型

个体风险模型以单张保单作为研究单位，研究一定时期内固定保单数量的损失总额。记每张保单的损失额为 X_i，其中 $i = 1,2,3,\cdots,n$，n 是我们研究的保单总数，则所有保单的损失总额 S 可表示为：

$$S = X_1 + X_2 + \cdots + X_n \tag{2.25}$$

要想直接获取所有保单的损失总额 S 是比较困难的，所以个体风险模型通过一些假设对研究问题进行了简化：

（1）随机变量 $X_1,X_2,\cdots,X_n$ 相互独立，即每张保单是否发生理赔以及发生理赔的情况下理赔额的大小是互相独立、互不影响的，风险独立性假设是保险运用大数法则这一基本原理的前提；

（2）在对所有保单的总索赔额进行研究的这段时期内，每张保单的索赔次数最多只有一次，即每张保单都不会出现多次索赔的情况，要么索赔，要么无索赔；

（3）个体风险模型研究的所有保单面临的风险是同质的，它们服从相同的损失分布，可以理解为研究的所有保单为同一类保单，被保险人面临的风险类别相同；

（4）个体风险模型研究的保单总数 n 是固定不变的。

例 2 - 3：假设某森林火灾保险发生索赔的概率为 p_i，一旦发生索赔，保险责任终止。已知该保险每张保单的损失金额均值为 μ_i，标准差为 σ_i，求 n 张森林火灾保单的总损失金额的均值和方差。

解：

我们可以用示性函数[①] I 表示每张保单的索赔次数，即有：

$$I = \begin{cases} 0, & 1 - p_i \\ 1, & p_i \end{cases}$$

同时，可以将第 i 张保单的理赔额记为 X_i，而一旦发生理赔，保险公司的理赔金额为 B_i，则有：

$$X_i = \begin{cases} 0, & 1 - p_i \\ B_i, & p_i \end{cases}$$

现在已知

$$\mu_i = E(B_i \mid I_i = 1) = E(X_i \mid I_i = 1)$$
$$\sigma_i^2 = Var(B_i \mid I_i = 1) = Var(X_i \mid I_i = 1)$$

根据条件均值和条件方差的计算公式，我们可以计算第 i 张保单的理赔额的均值和方差：

$$E(X_i) = E_I(E(X_i \mid I_i)) = E_I(\mu_i I_i) = \mu_i E(I_i) = \mu_i p_i$$
$$Var(X_i) \mid = Var_I(E(X_i \mid I_i)) + E_I(Var(X_i \mid I_i))$$

---

① 示性函数是 0，1 的二值函数，用数值 0，1 来表示事件发生与否。

$$| = Var_I(\mu_i I_i) + E_I(\sigma_i^2 I_i)$$

$$| = \mu_i^2 p_i(1 - p_i) + \sigma_i^2 p_i$$

由于每张保单是否索赔与索赔金额相互独立，所以总理赔金额 S 的均值和方差分别为：

$$E(S) = \sum_{i=1}^{n} E(X_i) = \sum_{i=1}^{n} \mu_i p_i$$

$$Var(S) = \sum_{i=1}^{n} Var(X_i) = \sum_{i=1}^{n} \mu_i^2 p_i(1 - p_i) + \sigma_i^2 p_i$$

（二）集体风险模型

集体风险模型研究的是一个保单组合的总损失金额。记保单组合每次索赔的金额为 X_i，其中 $i = 1,2,3,\cdots,N$，N 表示的是保单组合索赔的总次数，则保单组合的损失总额 S 可表示为：

$$S = X_1 + X_2 + \cdots + X_N \tag{2.26}$$

与个体风险模型不同的是，集体风险模型中表示索赔总次数的 N 是不固定的，是一个随机变量，所以集体风险模型中含有两个随机变量，是由随机变量 N 和 X 组成的复合分布。

为了简化模型，通常需要对损失次数和损失金额进行如下假设：

（1）随机变量 $X_1,X_2,\cdots,X_n$ 独立同分布，即每次损失的损失金额是不受前一次损失的影响的，且每次损失金额的概率分布是相同的；

（2）损失次数 N 和损失金额 X 之间相互独立。

对于集体风险模型的总损失 S，可通过条件分布和全概率公式，计算其均值和方差：

$$
\begin{aligned}
E(S) \quad & | = E_N(E(S \mid N)) \\
& | = \sum_{i=0}^{+\infty} E[S \mid N = i] \Pr(N = i) \\
& | = \sum_{i=0}^{+\infty} E[X_1 + X_2 + \cdots + X_i] \Pr(N = i) \\
& | = \sum_{i=0}^{+\infty} i E[X] \Pr(N = i) \\
& | = E(x) \sum_{i=0}^{+\infty} i \Pr(N = i) \\
& | = E(x)E(N)
\end{aligned}
$$

$$
\begin{aligned}
Var(S) \quad & | = Var_N(E(S \mid N)) + E_N(Var(S \mid N)) \\
& | = Var_N(N \times E(x)) + E_N(N \times Var(x)) \\
& | = E(x)^2 Var(N) + E(N) Var(x)
\end{aligned}
$$

例 2 - 4：某农户面临的风险长期不变，并且该农户长期续保某农业保险，该险种没有最高索赔次数的规定，现已知在一段期间内该农户的总索赔次数服从均值为 4 的泊松分布，每次索赔金额服从均值为 500，方差为 60 的对数正态分布，求该农户这段时间内总索赔额的均值和方差。

解：

已知索赔次数 $N \sim P(4)$，根据泊松分布的均值和方差公式可知：

$$E(N) = \lambda = 4$$
$$Var(N) = \lambda = 4$$

另外每次索赔金额 X 的均值和方差已知，$E(x) = 500$，$Var(x) = 60$，根据条件分布和全概率公式可以计算：

$$E(S) \ \big| = E_N(E(S \mid N)) = E(x)E(N)$$
$$\big| = \lambda \times E(x)$$
$$\big| = 4 \times 500 = 2000$$
$$Var(S) \ \big| = Var_N(E(S \mid N)) + E_N(Var(S \mid N))$$
$$\big| = E(x)^2 Var(N) + E(N) Var(x)$$
$$\big| = \lambda \times E(x)^2 + \lambda \times Var(x)$$
$$\big| = 1000240$$

四 多元随机变量模型

对于农业生产活动，会同时存在很多风险因素，我们可以把这些不同的风险因素视为随机变量，这样我们需要构建一个多元随机变量的模型来分析这些风险因素同时对农业生产活动造成的影响。如对于收入保险而言，它保障的是整体收入的损失，既需要考虑价格又需要考虑产量变动产生的综合影响，因此在对价格和产量风险单独进行分析之后，还需要对两者之间的内在联系进行分析，这就需要构建一个价格和产量的二元联合概率分布模型。

由多个随机变量组成的多元概率分布我们称之为多元随机变量联合分布，联合分布与前面我们讲到的复合分布所不同的是，联合分布是一个高维变量的分布，而复合分布是由分布参数随机化而产生的概率分布。

（一）联合分布

我们以二元随机变量的联合分布为例进行说明。假设 (X, Y) 是由随机变量 X 和随机变量 Y 组成的二维随机变量，对任意实数 x, y，都有累积分布函数：

$$F(x, y) \ \big| = P\{(X < x) \cap (Y < y)\} = P(X < x, Y < y)$$
$$\big| = \int_{-\infty}^{x} \int_{-\infty}^{y} f(m, n) \, dm dn$$

由上式可以看出，如果将二维随机变量 (X, Y) 视为平面上随机点的坐标，那么分布函数 $F(x, y)$ 的值就是以点 (x, y) 为顶点，位于该点左下方的无穷矩形区域内的概率。

而对于离散的二元随机变量，其概率分布密度函数可以写为：

$$P\{(X = x) \cap (Y = y)\} \mid \quad = P(Y = y \mid X = x) \times P(X = x)$$

$$\mid \quad = P(X = x \mid Y = y) \times P(Y = y)$$

要理解多元随机变量的联合分布，可以类比一元随机变量的概率分布，如果说一元随机变量的概率是概率密度曲线与坐标轴之间的面积，那么二元随机变量的联合分布就是多元随机变量概率密度组成的曲面与空间坐标之间的体积。

（二）边缘分布

对于上述二元随机变量 (X, Y) 是由随机变量 X 和随机变量 Y 组成的，其中随机变量 X 和 Y 都有各自的分布 $F(x)$ 和 $F(y)$，其中分布 $F(x)$ 和 $F(y)$ 被称为随机变量 X 和随机变量 Y 的边缘分布。记 n 维随机向量为 $X = (X_1, X_2, \cdots, X_n)$，则 n 维随机变量 X 的每一个分量 X_i 都是一个一维随机变量，它们都有各自的分布 $F_i(x)$，分布 $F_i(x)$ 只与随机变量 X_i 相关，是随机变量 X_i 的边缘分布。

同样以二元随机变量 (X, Y) 的联合分布为例，对随机变量 X 的边缘分布进行说明。假设我们现在已知二元随机变量的联合分布概率密度函数为 $f(x, y)$，则对于随机变量 X，其边缘分布的概率密度函数可以通过式（2.27）进行计算：

$$f(x) = \int_{-\infty}^{+\infty} f(x, y) \, \mathrm{d}y \qquad (2.27)$$

同理可知，当二元随机变量为离散型随机变量时，随机变量 X 的边缘分布概率函数就是当 X 等于某一定值时，Y 的所有取值之和，即有

$$P(X = x_i) = \sum_y P(X = x_i, Y = y) \qquad (2.28)$$

例 2 - 5：假设某农业保险公司承保了两个危险单位，分别记为 X_1 和 X_2，这两个危险单位的索赔次数的概率分布如表 2 - 1 所示，求危险单位 2 索赔次数的边缘概率分布。

表 2 - 1　　　　　　　　　　　　索赔次数联合分布表

X_2 ＼ X_1	0	1	2	3
0	0.28	0.19	0.14	0.05
1	0.12	0.05	0.02	0.02
2	0.06	0.01	0.01	0.01
3	0.02	0.01	0.01	0

解：

通过表 2 - 1 可以看到，危险单位 2 索赔次数的取值只有四种，分别为 0、1、2、3，而这四种取值又可以拆分成四个互斥事件，以 $\{X_2 = 0\}$ 为例，这个事件可以分为：

$$\{X_1 = 0, X_2 = 0\}, \{X_1 = 1, X_2 = 0\}, \{X_1 = 2, X_2 = 0\}, \{X_1 = 3, X_2 = 0\}$$

这四个互斥事件组成的样本空间即为事件 $\{X_2 = 0\}$，所以事件 $\{X_2 = 0\}$ 的概率为这四个互斥事件的概率之和，即有

$$P\{X_2 = 0\} = 0.28 + 0.19 + 0.14 + 0.05 = 0.66$$

同理可知

$$P\{X_2 = 1\} = 0.12 + 0.05 + 0.02 + 0.02 = 0.21$$

$$P\{X_2 = 2\} = 0.06 + 0.01 + 0.01 + 0.01 = 0.09$$

$$P\{X_2 = 3\} = 0.02 + 0.01 + 0.01 + 0 = 0.04$$

我们也可以根据式（2.28）直接得出上述答案。

（三）Copula 函数

Copula 函数又称连接函数，是通过连接多元随机变量的边际分布而构成的，并且它能够准确地描述多元随机变量之间复杂的相关关系。

运用 Copula 方法来分析随机变量的相关关系有很多优点。首先，与一般的线性相关关系相比，基于 Copula 函数的一致性度量和尾部相关性测度可以准确有效地描述随机变量间非线性非对称的相关关系。其次，Copula 函数的运用更为灵活多变，它并不限制边际分布的具体选择，而且如果对随机变量进行单调增的变换，由 Copula 函数描述的一致性和相关性测度都不会改变；如果当随机变量的边际正态分布假设不成立时，可以选择不同的边际分布和 Copula 函数，从而达到最好的拟合效果。基于 Copula 函数建立的模型不但可以得到准确度量复杂相关关系的指标，而且还可以构造出描述多元随机变量间相关结构的 Copula 函数。

一个 n 维 Copula 函数是定义在 $[0, 1]^n$ 上的实值函数 C，并且具有以下性质：

（1）$C \in [0, 1]^n$；

（2）C 对它的每一个随机变量都是递增的；

（3）C 的边缘分布 C_j 满足：$C_j(u_j) = C(1, \cdots, 1, u_j, 1, \cdots, 1) = u_j$，其中 $u_j \in [0, 1]$，$j \in \{1, 2, \cdots, n\}$。

金融相关分析中常用的 Copula 主要是椭球 Copula 和阿基米德 Copula 两种，椭球 Copula 由椭球分布得到，阿基米德由相应的生成元函数得到。

1. 椭球 Copula 函数

椭球 Copula 由椭球分布得到，椭球分布的密度形式为 $f(X^T X)$，因此密度函数的截面是椭球形。椭球 Copula 函数很容易从二元推广到多元。

（1）多元正态 Copula 函数

多元正态 Copula 函数定义为：

$$C(u_1, u_2, \cdots, u_n; \rho) = \Phi_\rho \big[\Phi^{-1}(u_1), \Phi^{-1}(u_2), \cdots, \Phi^{-1}(u_n) \big]$$

其中，Φ 表示标准正态的累积分布函数，则 Φ^{-1} 是其逆函数。所以多元正态 Copula 函数使用标准多元正态分布连接各变量，而各变量的边际分布也为标准正态分布。

（2）多元 t-Copula

多元 t-Copula 定义为：

$$T_{R,v}(u_1, u_2, \cdots, u_n) = t_{R,v} \big[t_v^{-1}(u_1), t_v^{-1}(u_2), \cdots, t_v^{-1}(u_n) \big]$$

其中，t_v 表示自由度为 v 的服从 t 分布的累积分布函数，则 t_v^{-1} 是自由度为 v 的 t 分布的累积分布函数的逆函数。R 为对角线元素为 1 的对称正定矩阵。所以多元 t-Copula 函数使用自由度为 v，相关系数矩阵为 R 的多元 t 分布连接各变量，而各变量的边际分布也为自由度为 v 的 t 分布。

2. 二元阿基米德 Copula 函数

令 φ 是一个发生器，函数 $C \in [0,1]^n \rightarrow [0,1]$，$\varphi^{-1}$ 在 $[0, +\infty]$ 上是严格单调的，如果满足以下条件：

$$C(u_1, u_2, \cdots, u_n) = \varphi^{-1} \big[\varphi(u_1) + \varphi(u_2) + \cdots + \varphi(u_n) \big]$$

函数 C 即阿基米德 Copula 函数，其中函数 $\varphi(\cdot)$ 又称为阿基米德 Copula 函数的母函数，它是一个凸的减函数。根据发生器的不同，阿基米德函数也有不同的函数形式，常用的二元阿基米德 Copula 函数有 Gumbel 函数、Clayton Copula 函数和 Frank Copula 函数。阿基米德函数具有对称性、可结合性，并且计算上也相对简单，因此在实际应用中较为常用。

使用 Copula 方法对收入保险的保费定价可以分为以下几步，首先估计出产量及价格的概率密度模型，然后在此基础上选择适当的 Copula 模型并估计其参数，Copula 方法的优势在于不需要事先测定变量之间的相关关系，仅通过变量的边际分布便可对变量间的相关关系进行研究，最后通过 Copula 方法计算的联合密度函数，可在此基础上计算保险费率。

拓展阅读

基于 Copula 方法的作物收入保险定价研究
——以安徽省阜阳市为例

本文以安徽省阜阳市作为研究对象，以农作物单位面积产量及农产品月度价格数据作为研究数据，使用 Copula 函数研究了农作物收入保险的定价问题。由于生产技术、总体市场价格等在各年份间都会存在变化，所以为了消除这些变化引起的农产品单产数据和价格数据在不同年份间的趋势变化，本文首先使用直线滑动平均法[①]将两个变量的观测值分为趋势值和随机波动值两个部分，其中随机波动量就是我们想要研究的部分。

在得到去趋势化的数据后，本文分别对作物的单产和价格数据进行了分布拟合。首先对于单产数据的拟合，本文选取了 Logistic、Beta、Gamma、Normal、Weibull 五种分布作为候选模型，并使用 AD[②]、K - S 以及卡方统计量对试拟合的分布进行检验，最终发现小麦及玉米单产服从 Logistic 分布，大豆单产服从 Weibull 分布。同样，本文也对农产品价格的分布进行了拟合和拟合优度检验，最终发现，玉米及小麦价格服从 Burr 分布，而大豆价格服从 Logistic 分布。

在得到单产及价格边缘分布之后，本文采用两阶段极大似然估计法，并且分别对正态 Copula 和 Frank Copula 函数进行参数估计，其中极大似然估计值较大的即更优的 Copula 函数，根据计算得到了玉米、大豆及小麦的单产及价格联合概率密度最优的 Copula 模型分别为 Frank Copula、Frank Copula 和正态 Copula。

通过 Copula 方法计算得到了农作物单产及价格的联合概率密度模型，由于 Copula 函数的具体解析式很难求出，因此可以通过随机模拟的方法，在 Copula 函数的基础上，模拟得到 10000 个单产和价格的数据，两者相乘得到收入数据，再使用计算费率的公式，得到收入保险的保费。

$$r = \frac{L_y}{\alpha \hat{Y}} = \frac{P(y < \alpha \hat{Y}) \times [\alpha \hat{Y} - E(y \mid y < \alpha \hat{Y})]}{\alpha \hat{Y}}$$

其中，r 是指纯保费率，L_y 是指预期损失，α 为保障水平，$\hat{Y}$ 为预期收入。

第二节　损失模型的统计推断

所谓统计推断，就是根据样本，对总体分布及其数字特征等作出合理的推断。损失模型的统计推断是在已有的经验数据的基础上，对其服从什么理论分布进行合理的推断。因为理论分布是通过理论分布的数字特征如数学期望、方差、偏度系数、峰度系数等反映的，所以可以通过对经验数据的一些数字特征进行分析，作出与理论分布有关的结论。统计推断包括对理论分布的未知参数进行估计、对参数的假设进行检验、对拟合优良程度进行检验等。

---

① 该方法是一种线性回归模拟与滑动平均模拟相结合的方法，它将时间序列按照一定的步长分为若干时段，在时段内的变化看成线性函数。

② 即 Anderson-Darling 统计量，是 Anderson-Darling 拟合优度检验所使用的一种统计量，该统计量越小，数据试拟合的分布就越接近真实分布。

一 损失经验分布

在对损失分布进行拟合之前，首先要对损失分布的大致形状和数字特征进行了解，只有了解了损失数据的大致特征，才能选取更加合适的理论分布进行筛选判断。因此损失分布拟合的首要步骤就是根据观测得到的损失数据编制损失经验分布。

我们知道，累积分布函数是概率密度函数的积分，因此随机变量在 x 处的累积概率为所有小于 x 的实数的概率之和，即：

$$F_X(x) = Pr\,(X \leqslant x) \tag{2.29}$$

而累积经验分布函数是对样本数据的累积分布函数的估计，因此 x 处的累积经验分布的函数值是所有小于或等于 x 的样本数量与总样本数的比值。设 $x_1, x_2, \cdots, x_n$ 是损失随机变量 X 的 n 个观测值，为了得到小于或等于 x 的样本数，我们需要将样本数据全部按大小排列，得到 $x_{(1)}, x_{(2)}, \cdots, x_{(n)}(x_{(1)} < x_{(2)} < \cdots < x_{(n)})$，则随机变量 X 的累积经验分布函数可以表示为：

$$F_n(x) = \begin{cases} 0, & x < x_{(1)} \\ \dfrac{1}{n}, & x_{(1)} \leqslant x < x_{(2)} \\ \cdots \\ \dfrac{k}{n}, & x_{(k)} \leqslant x < x_{(k+1)} \\ \cdots \\ 1, & x \geqslant x_{(n)} \end{cases} \tag{2.30}$$

从式（2.30）可以看出累积经验分布函数是不连续的、跳跃式的，我们按照式（2.30）画出累积经验分布函数的图形，可以想象到累积经验分布函数的图形是呈跳跃式上升的。如果样本观测值 $x_1, x_2, \cdots, x_n$ 中无重复值，则跳跃的高度为 $1/n$，而如果 $x_{(k)}$ 重复了 L 次，则累积经验分布函数从区间 $[x_{(k)}, x_{(k+1)})$ 到区间 $[x_{(k+1)}, x_{(k+2)})$ 需要向上跳跃 L/n 个高度。

如果损失随机变量的观测值很多（即 n 很大时），可不必将所有的数据都进行排序并计算每个观测值处的累积经验分布概率，这无疑是一个巨大的工作量，因此为了减轻工作量可以适当地对所有的样本数据进行分组，并计算组内的样本数据量，表示为频数和对应的频率。值得一提的是，累积频率表示经验分布函数在各组上限的左极限，即该区间对应的累积分布函数值。现将一组样本数据划分为 k 个小组，每个小组中样本量的频数、频率和累积频率分布表如表 2-2 所示。

表 2 – 2　　　　　　　　　　　　　　频率和累积频率分布表

分组情况	各组频数	各组频率	累积频数
$[t_0, t_1)$	n_1	n_1/n	$n_1/n = F(t_1)$
$[t_1, t_2)$	n_2	n_2/n	$(n_1 + n_2)/n = F(t_2)$
…	…	…	…
$[t_{k-1}, t_k)$	n_k	n_k/n	$1 = F(t_k)$

在不是平均分组的情况下，为了消除组距不同对频率的影响，可以计算频率密度，频率密度 = 频率/组距，即：第 i 组的频率密度 $= \dfrac{n_i/n}{t_i - t_{i-1}}$。

在上一部分我们介绍了不同理论分布的形状特征和性质，所以在得到经验分布函数后，我们需要对经验分布函数的图形特征和数字特征进行分析，找到最接近的理论分布，再进行进一步的参数估计和统计检验，这样才能提高损失拟合的效率。例如，在对损失次数的样本数据进行整理，并计算出其均值方差，发现样本数据的均值和方差非常接近，这说明这些样本数据有很大的可能性是服从泊松分布的，所以可以直接使用泊松分布进行拟合和检验。而如果得到样本数据不对其进行特征分析，则需要套用所有的损失次数模型进行拟合和检验，这是十分没有效率且浪费时间的做法。

二　损失分布的参数估计

损失理论分布的参数反映了损失随机变量的数字特征，所以在得到损失经验分布之后，我们需要运用经验数据估计理论分布的参数，这是损失分布拟合的前提。因为各个理论分布模型所具有的参数和参数所代表的含义不同，而且对于同一个损失模型，不同参数下，其展现的风险状况也是不同的。参数估计是基于随机变量的理论分布已知的条件，通过计算样本的数字特征来代替总体的数字特征，从而计算出未知参数。

根据统计理论，这里的损失理论分布就是所谓的总体分布，未知的参数被称为待估参数，或总体参数，而经验数据就是样本观测值。参数估计作为统计推断的一种方法，是根据样本观测值来估计总体分布中未知参数的过程，参数估计不仅要求出总体参数的估计量，还要指出所求总体参数的精度，即这一参数估计值的可信程度。

参数估计有很多种方法，从估计形式上来看，参数估计分为点估计和区间估计；从构造估计量的方法上来看，参数估计包括矩估计、最小二乘估计、极大似然估计、贝叶斯估计等。

（一）点估计

1. 点估计的概念及常用方法

点估计是用样本观测值来估计总体参数的值，估计出来一个数值，即数轴上的某一个点值，这也是将其称为点估计的原因。点估计是通过构造一个只依赖样本观测值的估计量来作为总体参数的函数，例如，要知道某地区玉米的年平均产量 μ，可利用过去 n 年的玉米产量数据，以 $x_1, x_2, \cdots, x_n$ 记作该地区每年的玉米产量数据，然后使用 $\dfrac{\sum\limits_{i=1}^{n} x_i}{n}$ 来估计 μ，这就是一种点估计。构造点估计的常用方法有矩估计法、最小二乘法、极大似然法和贝叶斯估计法等。

（1）矩估计法

在绪论中我们对矩的概念进行过简单的介绍，而矩估计法就是利用矩的概念，以样本的矩来估计总体矩，以样本矩的表达式来作为总体矩的解析式。矩估计法的实质是以样本矩作为相应总体矩的估计，以样本的经验分布代替真实的总体分布。

我们将已有的损失数据作为样本数据，得到样本容量为 n 的样本数据 $x_1, x_2, \cdots, x_n$，根据矩的计算公式（0.16）我们可以求出相应的样本矩，样本的 k 阶原点矩和 k 阶中心矩分别如式（2.31）和式（2.32）所示：

$$\hat{\alpha_k} = \frac{1}{n} \sum_{i=1}^{n} x_i^k \tag{2.31}$$

$$\hat{\mu_k} = \frac{1}{n} \sum_{i=1}^{n} (x_i - \bar{x})^k \tag{2.32}$$

矩估计法的基本思想是：随机变量 X 的理论分布如果有 k 个未知参数，那么它们一定包含在随机变量 X 的各阶矩之中。依据这个原理，矩估计法利用样本矩作为随机变量 X 的同类、同阶总体矩的估计，然后通过联立方程的方法，计算得到各个未知参数的估计值。具体过程如下：

假设随机变量 X 的前 k 阶原点矩均存在，即 $\hat{\alpha_i}, i = 1, 2, \cdots, k$，现已知随机变量 X 的理论分布中含有 k 个未知参数，分别为 $\theta_1, \theta_2, \cdots, \theta_k$，并且随机变量 X 拥有样本容量为 n 的样本数据 $x_1, x_2, \cdots, x_n$，则可求出所有未知参数 $\theta_1, \theta_2, \cdots, \theta_k$ 的矩估计量。

首先，根据矩的计算公式，求出可能的总体分布的前 k 阶原点矩，总体分布的原点矩是未知参数的函数，即可得到如式（2.33）所示的方程组。

$$\alpha_i = E(X^i) = f(\theta_1, \theta_2, \cdots, \theta_k), i = 1, 2, \cdots, k \tag{2.33}$$

其次，根据总体矩关于未知参数 $\theta_1, \theta_2, \cdots, \theta_k$ 的表达式，反解出未知参数关于总体矩的表达式，即

$$\theta_i = f^{-1}(\alpha_1, \alpha_2, \cdots, \alpha_k), i = 1, 2, \cdots, k \tag{2.34}$$

最后，使用样本矩来代替相应的同类、同阶总体矩，则可得到未知参数的矩估计量，即

$$\hat{\theta_i} = f^{-1}(\hat{\alpha_1}, \hat{\alpha_2}, \cdots, \hat{\alpha_k}), i = 1, 2, \cdots, k \tag{2.35}$$

例 2 - 5：假设某地区水稻年总产量服从正态分布 $N(\mu, \sigma^2)$，现收集到 n 年的水稻

产量数据分别为 $x_1, x_2, \cdots, x_n$，求未知参数 μ 和 σ^2 的矩估计。

解：

我们知道正态分布的参数 μ 和 σ^2 分别为正态分布的均值和方差，而均值是一阶原点矩，方差为二阶中心矩，所以我们先用未知参数表示相应的矩。

$$\alpha_1 = \mu$$
$$\mu_2 = E[(X - \alpha_1)^2] = \sigma^2$$

然后我们对上式进行联立方程，分别解出未知参数关于矩的表达式：

$$\mu = \alpha_1$$
$$\sigma^2 = E[(X - \alpha_1)^2]$$

接着我们使用样本矩代替总体矩：使用样本均值 $\bar{X}$ 代替总体一阶原点矩，样本方差 S^2 代替总体二阶中心矩可得：

$$\hat{\mu} = \bar{X} = \frac{1}{n}\sum_{i=1}^{n} x_i$$

$$\hat{\sigma^2} = S^2 = \frac{1}{n-1}\sum_{i=1}^{n}(x_i - \bar{X})^2$$

其中样本方差等于 $\frac{1}{n-1}$ 的离差平方和而非 $\frac{1}{n}$ 的离差平方和的原因在于无偏性，$\frac{1}{n-1}$ 的离差平方和是总体方差的无偏估计，可以证明：

要证明样本方差为总体方差的无偏估计，即证明

$$E(S^2) = E\left[\frac{1}{n-1}\sum_{i=1}^{n}(x_i - \bar{X})^2\right] = \frac{1}{n-1}E\left[\sum_{i=1}^{n}(x_i - \bar{X})^2\right] = \sigma^2$$

其中

$$\sum_{i=1}^{n}(x_i - \bar{X})^2 \bigg| = \sum_{i=1}^{n}[(x_i - \mu) - (\bar{X} - \mu)]^2$$
$$\bigg| = \sum_{i=1}^{n}(x_i - \mu)^2 - 2(\bar{X} - \mu)\sum_{i=1}^{n}(x_i - \mu) + n(\bar{X} - \mu)^2$$
$$\bigg| = \sum_{i=1}^{n}(x_i - \mu)^2 - 2(\bar{X} - \mu) \times n(\bar{X} - \mu) + n(\bar{X} - \mu)^2$$
$$\bigg| = \sum_{i=1}^{n}(x_i - \mu)^2 - n(\bar{X} - \mu)^2$$

所以要求样本方差的均值即求

$$\frac{1}{n-1}E\left[\sum_{i=1}^{n}(x_i - \bar{X})^2\right]\bigg| = \frac{1}{n-1}E\left[\sum_{i=1}^{n}(x_i - \mu)^2 - n(\bar{X} - \mu)^2\right]$$
$$\bigg| = \frac{1}{n-1}\left\{\sum_{i=1}^{n}E[(x_i - \mu)^2] - nE[(\bar{X} - \mu)^2]\right\}$$

$$\left| = \frac{1}{n-1} \left\{ \sum_{i=1}^{n} Var(x_i) - nVar(\bar{X}) \right\} \right.$$

$$\left| = \frac{1}{n-1} \left\{ \sum_{i=1}^{n} Var(x_i) - nVar\left(\frac{1}{n} \sum_{i=1}^{n} x_i\right) \right\} \right.$$

$$\left| = \frac{1}{n-1} \left\{ \sum_{i=1}^{n} Var(x_i) - n \times \frac{1}{n^2} \sum_{i=1}^{n} Var(x_i) \right\} \right.$$

$$\left| = \frac{1}{n-1} \times \left(1 - \frac{1}{n}\right) \sum_{i=1}^{n} Var(x_i) \right.$$

$$\left| = Var(x_i) = \sigma^2 \right.$$

这就证明了样本方差 $\frac{1}{n-1}$ 的离差平方和，为总体方差的无偏估计。

有时我们得到的样本数据过多时，为了方便计算可以将数据进行分组，或者在只有分组数据没有具体数据的情况下，我们也可以计算出样本矩。通常假设观测数据在各组组内呈均匀分布或对称分布，则可使用各组数据的组中值［即（各组上限＋各组下限）/2］作为各组观测值的代表值，记各组的组中值为 m_i，对应的频率为 f_i，那么样本的 k 阶矩可表示为：

$$\bar{\alpha_k} = \sum_{i=1}^{n} m_i^k f_i \qquad (2.36)$$

$$\bar{\mu_k} = \sum_{i=1}^{n} (m_i - \bar{\alpha_1})^k f_i \qquad (2.37)$$

例 2 - 6：假设例 2 - 5 的水稻年产量数据如表 2 - 3 所示，则求总体参数 μ 和 σ^2 的矩估计。

表 2 - 3　　　　　　　　　　水稻年产量分组数据

组别	600—700	700—800	800—900	900—1000
频数	50	180	240	100

解：

从表 2 - 3 可以看到，一共四组水稻年产量数据，可根据表格分别求出各组数据的组中值和对应的频率：

$$m_1 = \frac{600+700}{2} = 650, f_1 = \frac{50}{50+180+240+100} \approx 0.088$$

$$m_2 = \frac{700+800}{2} = 750, f_2 = \frac{180}{50+180+240+100} \approx 0.316$$

$$m_3 = \frac{800+900}{2} = 850, f_3 = \frac{240}{50+180+240+100} \approx 0.421$$

$$m_4 = \frac{900 + 1000}{2} = 950, f_3 = \frac{100}{50 + 180 + 240 + 100} \approx 0.175$$

根据式（2.40）和式（2.41）可以计算相应的样本矩以代替总体矩：

$$\hat{\mu} = \sum_{i=1}^{4} m_i f_i = 818.3$$

$$\hat{\sigma^2} = \sum_{i=1}^{4} (m_i - \bar{X})^2 f_i = 7425.11$$

矩估计法具有简便易行的优点，对许多问题能给出简单的效果，而当样本容量较大时，矩估计量有较高的精度。但是它也存在一定的缺点，就是在具体应用矩估计方法时有时会形成超越方程[①]组，无法给出参数的显示解。因为矩估计是通过反解出总体矩关于未知参数的方程组，在方程组的形式比较复杂的时候会含有未知参数的指数或对数等形式，难以求解。因此为避免矩估计的缺点，有时会使用变换的矩估计法和分位数估计法。

（2）最小二乘法

最小二乘法常用于曲线拟合的问题中，通过最小化误差的平方和来寻找数据的最佳函数匹配。我们知道在处理曲线拟合问题时，为反映实际数据点的变化规律，达到最好的拟合效果，必然要求在每个离散点上由拟合函数得到的计算值与实际值的差别都非常小。其中计算值与实际值之间的差通常被称为误差，而要确保绝对误差最小，通常使用误差的绝对值或者误差的平方体现绝对误差。为方便计算，最小二乘法使用的是误差的平方，即最小二乘法是通过使误差的平方和达到最小来确定数学模型表达式的方法。

对给定的一组数据 $(x_i, y_i), i = 1, 2, \cdots, m$，假设使用一般的最小二乘法对其进行拟合，得到一条拟合曲线，拟合曲线的一般表达式为：

$$S(x) = a_0 \varphi_0(x) + a_1 \varphi_1(x) + \cdots + a_n \varphi_n(x) \tag{2.38}$$

式中 n 为拟合多项式的次数，并且有 $n < m$。$a_k, k = 0, 1, \cdots, n$ 为拟合系数，$\varphi_k(x)$，$k = 0, 1, \cdots, n$ 为自变量 x 的 k 次多项式。

根据最小二乘法的原理，将数据 $(x_i, y_i), i = 1, 2, \cdots, m$ 代入上式，要使误差平方和最小，即：

$$I = \sum_{i=1}^{m} [S(x_i) - y_i]^2 = I_{\min} \tag{2.39}$$

为了使上式成立，可根据求多元函数极值的必要条件，可知在极值点处存在多元函数的偏导数为 0，即有

---

① 包含超越函数的方程，即方程中有无法用自变量多项式表示的函数，大部分超越方程求解没有一般公式，难以求得解析解。

$$\frac{\partial I}{\partial a_k} = 2 \sum_{i=1}^{m} \left\{ \sum_{j=0}^{n} \left[a_j \varphi_j(x_j) - y_j \right] \right\} \varphi_k(x_i), k = 0, 1, \cdots, n \tag{2.40}$$

此方程存在唯一解 $a_k = a_k^*$, $k = 0, 1, \cdots, n$。由此可以得到拟合曲线的最小二乘解:

$$\hat{y} = S^*(x) = a_0^* \varphi_0(x) + a_1^* \varphi_1(x) + \cdots + a_n^* \varphi_n(x) \tag{2.41}$$

我们接下来将以简单的一元线性方程为例。

例 2 - 7: 假设某地区的蜜橘年总产量与年均气温之间的关系为一元线性方程, 现有该地区蜜橘 n 年的年总产量数据 $y_1, y_2, \cdots, y_n$, 相应的年均气温数据为 $c_1, c_2, \cdots, c_n$, 求最小二乘估计法下的蜜橘年总产量与年均气温之间的一元线性方程。

解:

假设蜜橘年总产量与年均气温之间的一元线性方程表达式为:

$$y = \beta_0 + \beta_1 c$$

其中 β_0 为一元线性方程的常数项, β_1 为一元线性方程的系数。根据最小二乘法的基本原理, 要使得估计方程的误差最小化, 即需满足

$$I = \sum_{i=1}^{n} \left[\hat{y} - y_i \right]^2 = I_{\min} = \sum_{i=1}^{n} \left[\hat{\beta}_0 + \hat{\beta}_1 c_i - y_i \right]^2$$

要解出误差平方和最小时, 一元线性方程的未知参数, 可根据多元函数求极值的必要条件来进行, 即:

$$\begin{cases} \dfrac{\partial I}{\partial \hat{\beta}_0} = 2 \displaystyle\sum_{i=1}^{n} \hat{\beta}_0 + \hat{\beta}_1 c_i - y_i = 0 & (1) \\[3mm] \dfrac{\partial I}{\partial \hat{\beta}_1} = 2 \displaystyle\sum_{i=1}^{n} (\hat{\beta}_0 + \hat{\beta}_1 c_i - y_i) c_i = 0 & (2) \end{cases}$$

通过对 (1) 式乘以 $\sum_{i=1}^{n} c_i$, 对 (2) 式乘以 n, 然后两式相减可解出 $\hat{\beta}_1$:

$$\hat{\beta}_1 = \frac{\displaystyle\sum_{i=1}^{n} y_i \sum_{i=1}^{n} c_i - n \sum_{i=1}^{n} y_i c_i}{\left(\displaystyle\sum_{i=1}^{n} c_i \right)^2 - n \sum_{i=1}^{n} c_i^2}$$

再将 $\hat{\beta}_1$ 代入式 (1) 或式 (2) 可得 $\hat{\beta}_0$:

$$\hat{\beta}_0 = \frac{n \displaystyle\sum_{i=1}^{n} y_i c_i \sum_{i=1}^{n} c_i - n \sum_{i=1}^{n} y_i \sum_{i=1}^{n} c_i^2}{\left(\displaystyle\sum_{i=1}^{n} c_i \right)^2 - n \sum_{i=1}^{n} c_i^2}$$

因此最小二乘估计法下的蜜橘年总产量与年均气温之间的一元线性方程可表示为:

$$\hat{y} = \hat{\beta}_0 + \hat{\beta}_1 c$$

(3) 极大似然法

极大似然法是参数估计中最重要的方法之一, 损失分布模型分析也广泛应用极大

似然估计法。极大似然估计法的基本思想是：使样本获得最大概率的参数值作为未知参数的估计值。极大似然法的一般估计步骤如下：

设随机变量 X 的概率密度函数为 $f(x;\theta)$，其中 θ 是未知的总体参数，样本数据 x_1, $x_2,\cdots,x_n$ 都服从总体分布，且相互独立。

首先，我们需要通过总体分布，构建样本的似然函数：

$$L(x_1,x_2,\cdots,x_n;\theta) = \prod_{i=1}^{n} f(x_i;\theta) \tag{2.42}$$

对于给定的样本数据 $x_1,x_2,\cdots,x_n$，似然函数的值随参数 θ 的变化而变化，所以似然函数是关于参数 θ 的函数。而极大似然估计法就是求出使似然函数达最大值的参数值 $\hat{\theta}$ 作为真实参数的估计值：

$$L(x_1,x_2,\cdots,x_n;\hat{\theta}) = \text{Max}\{L(x_1,x_2,\cdots,x_n;\theta)\} \tag{2.43}$$

所以求解极大似然估计量的问题就转化为似然函数求极值的问题，可以用各种适当的方法求解。当似然函数可微，且似然函数的最大值点能在参数空间内取得时，则可对似然函数求参数 θ 的偏导数，并使其为 0，即：

$$\frac{\partial L(x_1,x_2,\cdots,x_n;\theta)}{\partial \theta} = 0$$

有时似然函数存在高阶项，直接对似然函数求参数 θ 的偏导数比较复杂，此时可以将似然函数转化为对数形式，将高阶项线性化，这样求导后解对数似然方程会比较简单，即求

$$\frac{\partial \ln L(x_1,x_2,\cdots,x_n;\theta)}{\partial \theta} = \sum_{i=1}^{n} \frac{\partial \ln f(x_i;\theta)}{\partial \theta} = 0$$

在得到似然方程或对数似然方程后，对其进行求解，即可得到 $\hat{\theta}$，$\hat{\theta}$ 为参数 θ 的极大似然估计量。

例 2 - 8：某地区水稻种植保险的索赔次数服从参数为 λ 的泊松分布，在该地区共承保了 n 张保单，其索赔次数分别为 $x_1,x_2,\cdots,x_n$，使用极大似然法估计参数 λ 的值。

解：

已知索赔次数服从参数为 λ 的泊松分布，即有

$$P(x;\lambda) = \frac{e^{-\lambda} \lambda^{x}}{x!}, x = 0,1,2,\cdots$$

因此我们可以根据样本数据和总体分布构建似然函数：

$$L(x_1,x_2,\cdots,x_n;\lambda) = \prod_{i=1}^{n} P(x_i;\lambda) = \prod_{i=1}^{n} \frac{e^{-\lambda} \lambda^{x_i}}{x_i!}$$

由于这里的似然函数存在高阶项，所以我们将其转化为对数形式，即：

$$\ln L(x_1,x_2,\cdots,x_n;\lambda) \Bigg| = \ln \prod_{i=1}^{n} \frac{e^{-\lambda} \lambda^{x_i}}{x_i!} = \sum_{i=1}^{n} \ln \frac{e^{-\lambda} \lambda^{x_i}}{x_i!}$$

$$\Big| = \sum_{i=1}^{n} (-\lambda + x_i \ln\lambda - \ln(x_i!))$$

$$\Big| = -n\lambda + \sum_{i=1}^{n} x_i \ln\lambda - \sum_{i=1}^{n} \ln(x_i!)$$

最后使对数似然函数关于参数 λ 的偏导数为0，从而求解出参数 λ 的估计值，即求

$$\frac{\partial \ln L(x_1, x_2, \cdots, x_n; \lambda)}{\partial \lambda} = -n + \frac{\sum_{i=1}^{n} x_i}{\lambda} = 0$$

可以解得：

$$\hat{\lambda} = \frac{\sum_{i=1}^{n} x_i}{n} = \bar{X}$$

极大似然估计法利用样本和总体分布的函数表达形式所提供的信息建立似然函数，并求出未知参数的估计量，它不要求总体原点矩存在，克服了矩估计法的缺点。另外极大似然估计法求出的估计量具有良好的性质，比矩估计法求出的估计量更加有效。

2. 点估计的优良性质

正由于存在这么多种参数估计的方法，在有些情况下，不同方法得出的结果是不一样的，为了判断哪种方法产生的结果具有合理性，所以需要能够判断参数估计好坏的性质或标准。我们往往会使用参数估计的三大性质来决定究竟使用哪个估计量：

（1）无偏性

所谓无偏性是指参数估计量的均值要等于总体参数的值。正如前面所提到的，参数估计是以变量形式表示的估计，因此参数估计量也是个随机变量，随着经验数据的不同，由估计量算出的估计值也会有所不同，因此要求参数估计量的均值等于总体参数的真值。在平均意义下，参数估计的无偏性表示没有系统误差。

假设 $\hat{\theta}$ 是参数 θ 的估计量，若满足

$$E(\hat{\theta}) = \theta \tag{2.44}$$

则称 $\hat{\theta}$ 是参数 θ 的无偏估计。

（2）有效性

有效性是在无偏的基础上，估计量与总体参数的离散程度。如果两个估计量都是无偏估计量，那么离散程度越小的估计量越有效。离散程度一般用方差或标准差来度量，即在无偏估计量中，方差或标准差越小越有效，拥有最小方差或标准差的估计量称为最优无偏估计量。

假设 $\hat{\theta_1}$ 和 $\hat{\theta_2}$ 都是总体参数 θ 的无偏估计量，若有

$$Var(\hat{\theta_1}) < Var(\hat{\theta_2}) \tag{2.45}$$

则称估计量 $\hat{\theta_1}$ 比 $\hat{\theta_2}$ 更有效。

（3）一致性

一致性，又称相合性，是指随着样本容量①的增大，估计量逐渐逼近总体参数的真值。

如果对于任意 $\varepsilon > 0$，即对于任何 ε，只要它大于 0，即使非常小，都有

$$\lim_{n \to \infty} Pr(\mid \hat{\theta} - \theta \mid \geqslant \varepsilon) = 0 \tag{2.46}$$

则称 $\hat{\theta}$ 是参数 θ 的一致估计量。其中 n 是指样本容量，根据式（2.46）可以理解一致性的直观意义，即当样本容量充分大时，参数的估计量与总体参数的真实值的偏差不接近于零的概率为 0，即参数估计量无限接近于总体参数值。

无偏性、有效性和一致性都是对参数估计结果合理性的控制指标，无偏性是在给定样本容量的情况下，说明参数估计量是在真实值附近波动的，有效性则是判断估计量是否更加集中于真实值附近，而一致性描述的则是在样本容量变大的情况下，参数估计量是否更加接近真实值。

（二）区间估计

点估计是用一个统计量作为某个参数的估计，对一次观测来说，就是用一个数去估计某一个参数，所以点估计只能得到某个具体的估计值，而无法得到这个估计值的误差值和可信度。我们都知道参数估计是在一定概率基础上的，并不是一个确定的值，因此我们需要在了解参数估计值的同时，掌握这个估计值的可信度和误差范围。

区间估计弥补了点估计的不足，区间估计是在一定概率下，基于点估计值和标准误差建立包含待估参数的区间，从而使用这个区间来估计参数。假设 $x_1, x_2, \cdots, x_n$ 是损失经验数据，而对损失的均值 μ 进行区间估计，就是要计算两个端点统计量 $\hat{\mu}_1(x_1, x_2, \cdots, x_n)$ 和 $\hat{\mu}_2(x_1, x_2, \cdots, x_n)$，使得均值 μ 在一定概率下是在区间 $[\hat{\mu}_1(x_1, x_2, \cdots, x_n), \hat{\mu}_2(x_1, x_2, \cdots, x_n)]$ 内，这一区间被称为置信区间，是指在给定置信水平下，样本统计值与总体参数值之间的误差范围，置信区间中的最小值 $\hat{\mu}_1(x_1, x_2, \cdots, x_n)$ 为置信下限，最大值 $\hat{\mu}_2(x_1, x_2, \cdots, x_n)$ 为置信上限。对于区间估计，需要满足两个要求：

（1）均值 μ 进入区间 $[\hat{\mu}_1(x_1, x_2, \cdots, x_n), \hat{\mu}_2(x_1, x_2, \cdots, x_n)]$ 的概率要尽可能大，这个进入的概率 $Pr[(\hat{\mu}_1(x_1, x_2, \cdots, x_n) \leqslant \mu \leqslant \hat{\mu}_2(x_1, x_2, \cdots, x_n)]$ 被称为置信度或置信水平，通常记为 $1 - \alpha$，其中 α 的取值一般为 0.01、0.05、0.1 等，视情况而定。

（2）估计的精度要尽可能高，如区间的长度 $\hat{\mu}_2(x_1, x_2, \cdots, x_n) - \hat{\mu}_1(x_1, x_2, \cdots, x_n)$ 要尽可能地小。

例如，要估计某地区农作物的损失率，现估计损失率在 [10%，20%]，我们要求这个损失率的区间尽可能可靠，有 95% 的可能性损失率落入 [10%，20%] 比有 90%

---

① 样本容量是指一个样本中所包含的单位数，即经验数据的个数。

的可能性损失率落入［10%，20%］更可靠，这意味着置信水平越高，区间估计越可靠。另外，如果估计损失率在［0，100%］，这个固然可靠，但是区间长度过长、精度太低。

例 2 - 9：假设某地区农作物损失率服从的概率分布未知，现有该地区 n 年的损失率数据，求平均损失率的区间估计。

解：

记损失率为随机变量 X，则平均损失率为总体均值，记为 μ，样本容量为 n，样本均值记为 $\bar{X}$，样本标准差记为 S。根据中心极限定律和抽样分布理论可知，当 n 相当大（一般大于 30）时，

$$\frac{\bar{X} - \mu}{S/\sqrt{n}}$$

近似地服从标准正态分布，即有：

$$Pr\left(\left|\frac{\bar{X} - \mu}{S/\sqrt{n}}\right| < z_{\frac{\alpha}{2}}\right) = 1 - \alpha \qquad (2.47)$$

其中 $z_{\frac{\alpha}{2}}$ 是标准正态分布的分位数，如果标准正态分布的累积分布函数记为 $\varphi(x)$，则分位数满足 $\varphi(z_{\frac{\alpha}{2}}) = 1 - \frac{\alpha}{2}$，$z_{\frac{\alpha}{2}}$ 的大小可以通过查标准正态分布表得到。

式（2.47）可以等价写成：

$$Pr\left(\bar{X} - z_{\frac{\alpha}{2}}\frac{S}{\sqrt{n}} < \mu < \bar{X} + z_{\frac{\alpha}{2}}\frac{S}{\sqrt{n}}\right) = 1 - \alpha \qquad (2.48)$$

这里 $1 - \alpha$ 就是置信区间，区间 $\left(\bar{X} - z_{\frac{\alpha}{2}}\frac{S}{\sqrt{n}}, \bar{X} + z_{\frac{\alpha}{2}}\frac{S}{\sqrt{n}}\right)$ 就是参数 μ 的置信水平 $1 - \alpha$ 下的置信区间，$\bar{X} - z_{\frac{\alpha}{2}}\frac{S}{\sqrt{n}}$ 为置信下限，$\bar{X} + z_{\frac{\alpha}{2}}\frac{S}{\sqrt{n}}$ 为置信上限。

置信区间二分之一长度常被称为抽样允许误差，也叫作抽样极限误差，即例 2 - 9 中，$z_{\frac{\alpha}{2}}\frac{S}{\sqrt{n}}$ 为平均损失率的抽样允许误差。抽样允许误差反映了区间估计的精度，其大小受到样本容量 n、置信水平 $1 - \alpha$ 以及总体方差的影响。显然抽样允许误差越大，区间估计的精度越小，区间估计的置信水平越高。因此区间估计的两个要求实际上是相互矛盾的，置信水平的增加必然会减小区间估计的精度，相反地，精度的增加也会降低置信水平。而如何平衡这两者之间的关系呢，目前广泛使用的原则就是在保证置信水平的同时，尽可能地提高精度。

三　参数的假设检验

假设检验是统计中根据一定假设条件由样本推断总体的一种方法，例如某农户想

检验本年度种植大豆的质量情况，他可对收获的大豆进行抽样检查，如果发现完整粒的大豆比例低于75%，则认为本年度种植大豆质量不过关，如果完整粒的大豆比例高于75%，则认为本年度种植大豆质量合格。

（一）基本思想

参数的假设检验，简称为参数检验，是指对参数平均值、方差等数字特征进行的统计检验，参数检验的基本思想是小概率反证法思想。小概率思想认为小概率事件（该事件的发生概率小于0.01、0.05或其他比较小的概率值）在一次试验中基本上不会发生。反证法思想是先提出一个假设，为检验这个假设的正确性，在假定这个假设正确的前提下，构造一个小概率事件，然后根据抽取的样本去检验这个小概率事件是否发生，如果小概率事件发生了，那么可以怀疑这个假设的正确性，从而拒绝它；如果小概率事件没发生，则不拒绝这个假设。

因此在对想检验的问题建立假设后，需要制定一个规则，根据这个规则来决定是否接受原假设。这样，样本空间被分为两个部分，包括接受域和拒绝域，其中那些使原假设被接受的样本所在的区域被称为接受域，而那些使原假设被否定的样本所在的区域被称为拒绝域。根据参数检验的反证法思想，要选定一个检验方法，就是选定一个拒绝域。假设检验的一般步骤如下：

（1）提出检验假设，包括原假设和备择假设。原假设是有关待检验的总体分布的一个命题，记作 H_0；备择假设是在拒绝原假设后可供选择的假设，是原假设的对立假设，是使原假设不成立的一切命题，用符号 H_1 表示。

（2）选定统计方法，由样本观察值按相应的公式计算出统计量的大小，如 χ^2 值、t 值等。根据资料的类型和特点，可分别选用 Z 检验、t 检验、秩和检验和卡方检验等。

（3）设定检验水准，即置信水平 α，置信水平表示的是当检验的原假设为真时，错误地拒绝原假设的概率，也是小概率事件发生的概率，通常取0.05、0.01等。在确定置信水平后，通常也能确定出检验的接受域和拒绝域。

根据统计量的大小判断是否接受原假设，当统计量的样本值落入接受域时，接受原假设 H_0；而如果落入拒绝域，则拒绝 H_0。或者还可以根据统计量及其分布确定检验假设成立的可能性 P 的大小并判断结果。若 $P > \alpha$，则说明样本观测值计算出的统计量落入了接受域，因此不拒绝 H_0；若 $P \leqslant \alpha$，则说明样本观测值计算出的统计量落入了拒绝域，因此拒绝 H_0，接受 H_1。P 值的大小一般可以通过查阅相应概率分布的分布表得到。

例2-10：假设某农户收获的大豆中不完整粒的个数服从二项分布，该农户想检验大豆的生产质量，如果不完整粒的比例超过5%，则说明大豆质量不好。农户对大豆进行抽样检验，并制订了抽样方案：随机抽取24个大豆，检查其中不完整粒的个数，如果检查到有2个不完整粒，求置信水平 $\alpha = 0.05$ 下的大豆的质量如何。

解：

首先可以建立假设：

H_0：不完整粒的比例超过 5% ；

H_1：不完整粒的比例等于或低于 5% 。

已知置信水平为 0.05，结合二项分布可以找到检验的接受域和拒绝域，查二项分布的分布表可知：

$$Q = \sum_{k=0}^{2} C_{24}^{k} 0.05^{k} 0.95^{n-k} = 0.84$$

$$Q = \sum_{k=0}^{3} C_{24}^{k} 0.05^{k} 0.95^{n-k} = 0.97$$

所以可以知道，本题的拒绝域为 $\{n \geqslant 3\}$，接受域为 $\{n \leqslant 2\}$，即当抽查到不完整粒的个数大于 3 的时候，需拒绝原假设；当抽查到的不完整粒的个数小于 2 时，接受原假设。而题中抽查到的不完整粒的个数为 2，所以应该接受原假设。

（二）两类错误

假设检验是根据从总体抽取的样本资料来对总体的某种特征作出判断的，而样本只能代表总体的一部分特征，由它来推断总体特征就绝不可能有百分之百的把握，因而可能做出错误的判断，如表 2 - 4 所示。判断错误包括两种可能性。

表 2 - 4　　　　　　　　　　　　　　　两类错误

决策	情形	
	原假设为真	原假设为假
不拒绝原假设	正确	第二类错误
拒绝原假设	第一类错误	正确

（1）原假设 H_0 本来是正确的，但判断 H_0 为不正确而产生错误，这类错误在统计学中称为第一类错误。第一类错误是抛弃正确的原假设而产生的，因此也被称为弃真错误。

（2）原假设 H_0 本来是不正确的，但判断 H_0 为正确而产生错误，这类错误在统计学中称为第二类错误。第二类错误是接受错误的原假设而产生的，因此也被称为纳伪错误。

它们统称为假设检验中的两类错误，这两类错误严重程度常用它们出现的概率来度量：犯第一类错误的概率是该检验的置信水平 α，犯第二类错误的概率常用 β 表示。这两个概率常常是不相等的，在检验一个原假设是否正确的时候，我们希望犯这两种错误的概率都尽可能地小，这就要求统计量在原假设上尽可能地小，而在备择假设上尽可能地大，这是相互矛盾的。

　　如何避免这两类错误是假设检验中的困难问题，因为第一类错误和第二类错误总是此消彼长的，如选择较大的数值作为显著性水平（如令 α 等于 0.1 或 0.15，甚至更高），这样可以减少原假设 H_0 被接受的机会，但同时也增加了备择假设 H_1 被摒弃的机会，相应地接受域变小了，因而犯第二类错误 β 的概率也就变大，反之亦然。要同时减少这两类错误尚无万全之策，类似于区间估计，我们通常采用"保一望二"的原则，即在保证第一类错误的概率不超过某一指定值的前提下，使得犯第二类错误的概率尽可能地小。在实际应用中人们也常采用适中的显著性水平（如 0.05 或 0.01 等），以使两类错误相对减少，还可根据问题的性质或具体情况确定适当的显著性水平。

四　拟合优度检验

　　损失分布的拟合方法都是对未知总体分布的情况下，根据统计数据所提供的信息选择性质特征最接近的理论分布，但是选取的理论分布和总体真实分布究竟是否吻合，其吻合程度均需要进行进一步的检验。拟合优度检验就为检验分布拟合程度提供了方法，通过运用统计检验的方式对经验分布和所选理论分布进行比较，以判断所选理论分布对总体的描述是否吻合。拟合优度检验的常用方法有卡方拟合优度检验和 K－S 拟合优度检验。

（一）卡方拟合优度检验

　　卡方拟合优度检验是利用卡方统计量进行统计显著性检验。卡方统计量是度量数据分布与所选择的期望分布之间差异的，卡方统计量是 1900 年由英国统计学家 K. Pearson 构造的，见式（2.49），用于检验实际分布与理论分布的拟合程度。

$$\chi^2 = \sum_{i=1}^{k} \frac{(f_0 - f_e)^2}{f_e} \qquad (2.49)$$

　　其中 f_0 表示实际观测的次数（或频率），f_e 表示理论分布下的次数（或概率），χ^2 统计量被称作 K. Pearson 统计量。χ^2 统计量通过计算频率和概率之间的差异，来确定某个统计模型是否能够充分拟合经验数据，在一定的样本下，若统计量 χ^2 过大，则说明样本实际频率与所选的理论分布的概率之间的差距很大，说明所选的理论分布与经验分布不吻合。

　　通过卡方统计量的计算公式，可以窥探出卡方拟合优度检验的基本思想：通过对样本数据进行等距或不等距的分组，计算出样本观测值落入各组的频数和频率，另外根据所选取的理论分布计算样本观测值落入各组的概率，可通过观察频率与理论概率之间的对比分析，判断选取的理论分布对样本数据的拟合程度。在各组之中，样本观测值的频率与理论分布的概率差距越小，说明选取的理论分布对样本数据的拟合程度越好。

根据卡方拟合优度检验的基本思想和 K. Pearson 统计量可以推断出 χ^2 检验需要进行的几个基本步骤：

（1）建立假设检验，构建原假设和备择假设，判断经验分布是否符合所选理论分布，记 $F(x)$ 为经验分布的累积分布函数，$F_0(x)$ 为所选理论分布的累积分布函数，则原假设和备择假设可以写为：

$$H_0 : F(x) = F_0(x); H_1 : F(x) \neq F_0(x)$$

（2）对所选理论分布的所有未知参数 $(\theta_1, \theta_2, \cdots, \theta_r)$ 进行参数估计，得到 $(\hat{\theta}_1, \hat{\theta}_2, \cdots, \hat{\theta}_r)$，从而得到选取的理论分布的累积分布函数表达式。

（3）根据经验数据的值域，将其划分为 k 个互不相交的左闭右开的区间，记区间为 $[a_{i-1}, a_i), i = 2, 3, \cdots, k+1$，其中 a_1 和 a_{k+1} 分别为最小值和最大值。

分组数 k 的大小一般来说介于 $[5, 16]$，不能太大也不能太小，因为 k 值太小，意味着经验分布的频率与理论分布的概率比较次数过少，这会使得检验过于粗糙，没有太大的可信性[1]，但是 k 值太大也会增加随机误差。因此 k 值可视样本容量的大小而适度变化，一般样本容量越大，k 值也可适当增加。

另外也应该保证每个区间中的观测数据或理论数据足够多，不应小于 5 个，一旦小于 5 个可以将该区间与相邻区间进行合并。

（4）计算样本观测值 $x_1, x_2, \cdots, x_n$ 分别落入区间 $[a_{i-1}, a_i), i = 2, 3, \cdots, k+1$ 中的实际频数 $v_i, i = 1, 2, \cdots, k$ 或频率 $f_i, i = 1, 2, \cdots, k$。

（5）在假设原假设 H_0（在置信水平 α 下，样本经验分布与所选理论分布吻合）成立的前提下，计算在各区间上的理论概率 $\hat{p}_i$ 或结合样本容量计算理论频数 $n\hat{p}_i$，其中：

$$\hat{p}_i = P(a_{i-1} \leqslant X \leqslant a_i) = F_0(a_i; \theta_1, \theta_2, \cdots, \theta_r) - F_0(a_{i-1}; \theta_1, \theta_2, \cdots, \theta_r) \quad (2.50)$$

（6）根据第 3 步和第 4 步计算得到的实际频数和理论频数，计算得到统计量 χ^2 的观测值：

$$\chi^2 = \sum_{i=1}^{k} \left[\frac{(v_i - n\hat{p}_i)^2}{n\hat{p}_i} \right] = \sum_{i=1}^{k} \left[\left(\frac{v_i}{n} - \hat{p}_i \right)^2 \frac{n}{\hat{p}_i} \right] = \sum_{i=1}^{k} \frac{v_i^2}{n\hat{p}_i} - n \quad (2.51)$$

（7）根据所给的置信水平 α，查 χ^2 分布表，可得到临界值 $\chi^2_{\alpha, k-r-1}$，其中 k 为分组数，r 为未知参数的个数。

（8）比较统计量 χ^2 与 $\chi^2_{\alpha, k-r-1}$ 之间的大小，若 $\chi^2 \geqslant \chi^2_{\alpha, k-r-1}$，则拒绝 H_0，即所选理论分布与实际分布不吻合；若 $\chi^2 < \chi^2_{\alpha, k-r-1}$，则接受 H_0。

例 2 - 11：假设某森林火灾保险的历史索赔情况如表 2 - 5 所示。

---

[1] 注意本文的例题为了简化计算，一般 k 值不会超过 5，希望不要被例题误导。

表 2 - 5   森林火灾历史索赔情况

索赔次数	0	1	2	3	4
保单数	1128	518	79	10	2

在 95% 的置信水平下，请用矩估计法和卡方拟合优度检验该险种的理赔次数是否能用泊松分布拟合。

解：

首先，建立假设：

H_0：索赔次数服从参数为 $\hat{\lambda}$ 的泊松分布；

H_1：索赔次数不服从参数为 $\hat{\lambda}$ 的泊松分布。

然后我们需要使用矩估计法对参数 λ 进行估计，在对泊松分布进行介绍的时候，我们就知道泊松分布的参数 λ 即泊松分布的均值，所以根据矩估计法的思想，我们可以用样本均值代替总体均值，则可得：

$$\hat{\lambda} = \bar{X} = \frac{\sum x_i n_i}{n}$$

由题可计算：

$$n = 1128 + 518 + 79 + 10 + 2 = 1737$$

$$\sum x_i n_i = 1128 \times 0 + 518 \times 1 + 79 \times 2 + 10 \times 3 + 4 \times 2 = 714$$

所以可以得到参数 λ 的估计值：

$$\hat{\lambda} = \frac{\sum x_i n_i}{n} = \frac{714}{1737} = 0.411$$

接下来我们需要根据经验数据的分布情况，将数据进行划分，由于索赔次数是离散数据，且每个值对应的数据量足够多，所以可直接按索赔次数进行分组，但是可以看到索赔次数为 4 的保单个数只有 2 个，所以我们需要将索赔次数为 4 这个区间和相邻区间"索赔次数为 3"进行合并，重新分组后，得到表 2 - 6。

表 2 - 6   分组后

索赔次数	0	1	2	3 +
保单数	1128	518	79	12

根据表 2 - 6 我们可以直接得到每组样本数据的频数，因此我们现在按这个分组来计算参数为 $\hat{\lambda}$ 的泊松分布落入每组的理论概率：

$$\hat{p}_1 = \frac{e^{-\hat{\lambda}} \hat{\lambda}^0}{0!} = 0.663$$

$$\hat{p}_2 = \frac{e^{-\hat{\lambda}} \hat{\lambda}^1}{1!} = 0.272$$

$$\hat{p}_3 = \frac{e^{-\hat{\lambda}} \hat{\lambda}^2}{2!} = 0.056$$

$$\hat{p}_4 = \sum_{x=3}^{n} \frac{e^{-\hat{\lambda}} \hat{\lambda}^x}{x!} = 0.009$$

根据计算得到各组的理论概率，分别乘以总保单数，则可得到每组的理论频数，根据理论频数与实际频数的比较，可以计算得到卡方统计量的值，其计算过程见表 2 –7。

表 2 –7 卡方拟合优度检验

索赔次数	保单数	$\hat{p}_i$	$n\hat{p}_i$	$\frac{(v_i - n\hat{p}_i)^2}{n\hat{p}_i}$
0	1128	0.663	1151.608	0.484
1	518	0.272	473.311	4.219
2	79	0.056	97.265	3.430
3 +	12	0.009	14.815	0.535
合计	1737	1	1737	8.668

根据表 2 –7 可以看到，计算得到的卡方统计量 $\chi^2 = \sum_{i=1}^{k} \left[\frac{(v_i - n\hat{p}_i)^2}{n\hat{p}_i} \right] = 8.668$。另外本题将索赔次数一共分了 4 组，并且泊松分布只有一个总体参数，所以可以得到卡方统计量的自由度为 $4 - 1 - 1 = 2$，查卡方分布的临界值表可得 $\chi^2_{\alpha, k-r-1} = 5.991$。

比较卡方统计量的临界值与计算得到的值，可知 $\chi^2 > \chi^2_{\alpha, k-r-1}$，所以拒绝原假设，接受备择假设，即索赔次数不服从参数为 $\hat{\lambda}$ 的泊松分布。

例 2 –12：某农业保险公司经营某种水产养殖保险，将过去的索赔数据进行整理，得到表 2 –8。

表 2 –8 水产养殖保险赔偿金额分布表

索赔金额（元）	0—400	400—800	800—1200	1200—1500	1500—2000	≥2000
次数	1518	726	328	120	148	0

试用极大似然估计和卡方检验判断，在 95% 的置信水平下，能否用指数分布拟合上述索赔金额数据。

解:

首先, 建立假设:

H_0: 索赔金额服从参数为 $\hat{\beta}$ 的指数分布;

H_1: 索赔金额不服从参数为 $\hat{\beta}$ 的指数分布。

然后我们需要使用极大似然估计法对参数 β 进行估计, 在对伽马分布进行介绍的时候, 我们就知道当伽马分布的参数 $\alpha = 1$ 时, 伽马分布即指数分布。所以我们可以知道指数分布的概率密度函数为:

$$f(x;\beta) = \beta e^{-\beta x}$$

根据极大似然估计的求解方法, 我们可以计算出似然函数:

$$L(x_1, x_2, \cdots, x_n; \beta) = \prod_{i=1}^{n} f(x_i; \beta) = \prod_{i=1}^{n} (\beta e^{-\beta x_i}) = \beta^n e^{-\beta \sum_{i=1}^{n} x_i}$$

由于似然函数中存在高阶项, 所以我们将其转化为对数形式, 将问题转化为求解最大的对数似然函数:

$$\ln L(x_1, x_2, \cdots, x_n; \beta) \Big| = \ln(\beta^n e^{-\beta \sum_{i=1}^{n} x_i})$$

$$\Big| = n\ln(\beta) - \beta \sum_{i=1}^{n} x_i$$

最后使对数似然函数关于参数 β 的偏导数为 0, 从而求解出参数 β 的估计值, 即

$$\frac{\partial \ln L(x_1, x_2, \cdots, x_n; \beta)}{\partial \beta} = \frac{n}{\beta} - \sum_{i=1}^{n} x_i = 0$$

解得, 指数分布的参数估计值:

$$\hat{\beta} = \frac{n}{\sum_{i=1}^{n} x_i} = \frac{1}{\bar{X}}$$

由于本题的数据是分组数据, 所以在计算均值时, 可用组中值进行计算:

$$n = 1518 + 726 + 328 + 120 + 148 = 2840$$

$$\bar{X} = \frac{\dfrac{0+400}{2} \times 1518 + \cdots + \dfrac{1500+2000}{2} \times 148}{2840} = 524.014$$

所以可以得到参数 β 的估计值:

$$\hat{\beta} = \frac{1}{\bar{X}} = \frac{1}{524.014} = 0.002$$

接下来我们需要根据经验数据的分布情况, 将数据进行划分, 由于索赔金额大于 2000 的次数为 0, 所以我们需要将这个区间和相邻区间"索赔金额在 1500—2000 元"进行区间合并, 重新分组后, 得到表 2-9。

表 2 – 9　　　　　　　　　　　　重新分组后索赔金额分布

索赔金额（元）	0—400	400—800	800—1200	1200—1500	≥1500
次数	1518	726	328	120	148

根据上表我们可以直接得到每组样本数据的频数，因此我们现在按这个分组来计算参数为 $\hat{\beta}$ 的指数分布落入每组的理论概率：

$$\hat{p}_1 = P(0 \leq X \leq 400) = F_0(400;\hat{\beta}) - F_0(0;\hat{\beta}) = 0.534$$

$$\hat{p}_2 = P(400 \leq X \leq 800) = F_0(800;\hat{\beta}) - F_0(400;\hat{\beta}) = 0.249$$

$$\hat{p}_3 = P(800 \leq X \leq 1200) = F_0(1200;\hat{\beta}) - F_0(800;\hat{\beta}) = 0.116$$

$$\hat{p}_4 = P(1200 \leq X \leq 1500) = F_0(1500;\hat{\beta}) - F_0(1200;\hat{\beta}) = 0.044$$

$$\hat{p}_5 = P(X \geq 1500) = 1 - F_0(1500;\hat{\beta}) = 0.057$$

根据计算得到各组的理论概率，分别乘以总保单数，则可得到每组的理论频数，根据理论频数与实际频数的比较，可以计算得到卡方统计量的值，其计算过程见表 2 – 10。

表 2 – 10　　　　　　　　　　　　卡方拟合优度检验

索赔金额（元）	保单数	$\hat{p}_i$	$n\hat{p}_i$	$\dfrac{(v_i - n\hat{p}_i)^2}{n\hat{p}_i}$
0—400	1518	0.534	1516.254	0.002
400—800	726	0.249	706.738	0.525
800—1200	328	0.116	329.416	0.006
1200—1500	120	0.044	125.358	0.229
≥1500	148	0.057	162.234	1.249
合计	1737	1	2840	2.011

根据表 2 – 10 可以看到，计算得到的卡方统计量 $\chi^2 = \sum_{i=1}^{k} \left[\dfrac{(v_i - n\hat{p}_i)^2}{n\hat{p}_i} \right] = 2.011$。另外本题将索赔金额一共分了 5 组，并且指数分布只有一个总体参数，所以可以得到卡方统计量的自由度为 $5 - 1 - 1 = 3$，查卡方分布的临界值表可得 $\chi^2_{\alpha,k-r-1} = 7.815$。

比较卡方统计量的临界值与计算得到的值，可知 $\chi^2 \leq \chi^2_{\alpha,k-r-1}$，所以接受原假设，即索赔金额服从参数为 $\hat{\beta}$ 的指数分布。

卡方拟合优度检验的应用比较广泛，既可以检验连续型的概率分布又能检验离散型的概率分布，但是这种检验方法对样本容量的大小和分组也有要求，以保证检验的准确性，即要求 $n \geqslant 50$，组内样本数或理论频数不得小于 5 个。

（二）K-S 拟合优度检验

卡方拟合优度检验虽然都适用于连续和离散分布的检验，但是它依赖分组，它实际上仅仅检验了各组发生的频率与概率之间是否相等，以实际频率与理论概率之间的关系表示经验分布和理论分布的关系，并未真正检验总体分布与所选理论分布是否相等。这其实是不完全正确的，因为在这种情况下，可能存在即使各组发生的频率与概率相等，但是总体分布与所选理论分布仍然不相等的情况，毕竟组内的具体情形是未知的。因此卡方拟合优度检验的过程中，可能会犯第二类错误，即接受不真的假设。

而柯尔莫哥洛夫—斯米尔若夫检验（Kolmogorov-Smirnov 检验），简记为 K-S 拟合优度检验，弥补了卡方拟合优度检验的不足，它既可以检验经验分布与理论分布的吻合程度，又可以检验两个样本是否来自同一个总体。K-S 拟合优度检验是以格列文科（Gelivenko）定理为理论基础，直接通过样本数据检验样本经验分布与理论分布是否相等，从而检验这两者之间的吻合程度。

设随机变量 X 的分布函数为 $F(x)$，并且 $F(x)$ 是一个连续分布函数。随机变量 X 拥有 n 个样本观测值 $x_1, x_2, \cdots, x_n$，根据该样本观测值我们可以得到经验分布函数 $F_n(x)$。格列文科定理认为，随着样本的增加，经验分布函数会逐渐收敛于真实的分布函数，即

$$Pr\left\{\limsup_{n \to \infty} |F(x) - F_n(x)| = 0\right\} = 1 \tag{2.52}$$

通俗地对上式作出解释，就是在样本容量 n 无限大的时候，经验分布与真实分布相等的概率为 1，即只要样本容量足够大，可以认为此时经验分布与真实分布相等。

基于格列文科定理，K-S 拟合优度检验就是通过计算经验分布，比较经验分布与理论分布之间的差值，然后通过一定的检验标准，判断经验分布与理论分布之间是否相等。K-S 检验的基本步骤如下：

（1）建立检验假设，判断经验分布与所选理论分布是否相等：

$$H_0: F(x) = F_n(x); H_1: F(x) \neq F_n(x)$$

（2）使用样本数据对所选理论分布的所有未知参数 $(\theta_1, \theta_2, \cdots, \theta_r)$ 进行参数估计，得到 $(\hat{\theta}_1, \hat{\theta}_2, \cdots, \hat{\theta}_r)$，从而得到期望理论分布的累积分布函数表达式。

（3）将样本观测值按从小到大的顺序进行排序，得到 $x_{(1)}, x_{(2)}, \cdots, x_{(i)}, x_{(i+1)}, \cdots, x_{(n)}$，顺序数据有 $x_{(1)} < x_{(2)} < \cdots < x_{(i)} < x_{(i+1)} < \cdots < x_{(n)}$，以 v_i 表示样本中 $x_{(i)}$ 出现的频数，可以写出经验分布的表达式：

$$F_n(x) = \begin{cases} 0, & x < x_{(1)} \\ \dfrac{v_1}{n}, & x_{(1)} \leqslant x < x_{(2)} \\ \vdots & \\ \dfrac{v_1 + v_2 + \cdots + v_i}{n}, & x_{(i)} \leqslant x < x_{(i+1)} \\ \vdots & \\ 1, & x_{(k)} \leqslant x \end{cases}$$

（4）根据所得的经验分布和估计的理论分布，可以计算 K-S 检验的统计量的值，下式 $i = 1, 2, \cdots, n$：

$$D_n = \sup |F(x) - F_n(x)| = \max\{|F(x_{(i)}) - F_n(x_{(i)})|, |F(x_{(i)}) - F_n(x_{(i+1)})|\} \tag{2.53}$$

（5）对于给定的置信水平 α，查柯尔莫哥洛夫检验临界表可以得到临界值 $D_{n,\alpha}$，如果根据样本观测值 $x_1, x_2, \cdots, x_n$ 计算得到的统计量 $D_n > D_{n,\alpha}$，则说明，在给定的置信水平下，不认为经验分布与理论分布的差值可以接受，即在经验分布与理论分布的差值大于可接受的范围，此时拒绝 H_0，接受 H_1，即经验分布与理论分布不相等；如果 $D_n \leqslant D_{n,\alpha}$，则说明在给定的置信水平下，经验分布与理论分布之间的差值足够小，可视为经验分布与理论分布相等，接受 H_0。

例 2-13：现在有一组森林火灾的损失数据如下：

618，76，108，380，1128，814，40，411，827，40，200，299，380，1128，68，108，111，254，380，926，1210，1314，1128，1128，2524，3232

请用指数分布对上述数据进行拟合，并用 K-S 检验说明指数分布是否能够比较好地拟合上述数据。

解：

我们使用指数分布对火灾数据进行拟合，从例 2-13 我们可以知道指数分布的概率密度函数，指数分布有一个参数 β，其极大似然估计值为样本均值的倒数。根据样本数据，我们可以计算得到样本均值 $\bar{X} = 724.3$，因此可以得到参数 β 的估计值，从而得到指数分布的累积分布函数：

$$\hat{\beta} = \frac{1}{\bar{X}} = 0.00138$$

$$F(x) = 1 - e^{-0.00138x}$$

接着，我们需要对指数分布的拟合程度进行 K-S 检验。首先，建立检验假设：

H_0：火灾损失数据服从参数为 $\hat{\beta}$ 的指数分布；

H_1：火灾损失数据不服从参数为 $\hat{\beta}$ 的指数分布。

然后，我们将上述的火灾损失数据按从小到大的顺序进行排列，可将重复数据进行合并，并分别计算出各个样本点的经验分布和理论分布的累积概率函数值，计算过程可用表 2-11 表示。

表 2-11 K-S 检验

i	火灾损失数据	$F(x)$	$F(x_{(i)})$	$F(x_{(i+1)})$	$\max\{|F(x)-F_n(x)|\}$
1	40	0.053728	0	0.076923	0.053727928
2	68	0.089611	0.076923	0.115385	0.025774112
3	76	0.09961	0.115385	0.153846	0.054235698
4	108	0.138524	0.153846	0.230769	0.092245386
5	111	0.142085	0.230769	0.269231	0.127146168
6	200	0.241282	0.269231	0.307692	0.066409829
7	254	0.295791	0.307692	0.346154	0.050363126
8	299	0.338211	0.346154	0.384615	0.046404728
9	380	0.408231	0.384615	0.5	0.091769006
10	411	0.433024	0.5	0.538462	0.105437483
11	618	0.573963	0.538462	0.576923	0.035501234
12	814	0.674968	0.576923	0.615385	0.098044967
13	827	0.68075	0.615385	0.653846	0.065365118
14	926	0.721535	0.653846	0.692308	0.067688649
15	1128	0.789306	0.692308	0.846154	0.096998467
16	1210	0.811858	0.846154	0.884615	0.072756921
17	1314	0.837023	0.884615	0.923077	0.086053933
18	2524	0.969337	0.923077	0.961538	0.046260332
19	3232	0.988463	0.961538	1	0.026924492
				D_n	0.127146168

表中 $F(x)$ 为各个样本的理论分布的累积分布函数值，直接将损失数据代入参数为 $\hat{\beta}$ 的指数分布的累积分布函数即可得到。$F(x_{(i)})$ 和 $F(x_{(i+1)})$ 都是相应的样本值的经验累积分布函数值。由于例 2-13 为点数据，经验分布函数在每个样本数据点处都产生增长，所以在进行 K-S 检验时，必须比较增长前的 $F(x_{(i)})$ 和增长后的 $F(x_{(i+1)})$。

经过对所有样本点的理论分布和经验分布的累积分布函数值做差比较，从中选取最大的差值，即可得到 K – S 检验的统计量的值，$D_n = 0.127$。

最后，我们查表得到临界值，由于本例题中样本大小为 26，所以在 95% 的置信水平下，可查得临界值 $D_{n,\alpha} = 0.259$。因为计算得到的统计量的值小于临界值，$D_n < D_{n,\alpha}$，所以不拒绝原假设，即可认为所选的指数分布对火灾损失数据拟合得较好。

通过例 2 – 12 和例 2 – 13 可以看出，χ^2 检验需要将数据进行分组，以获取实际的观测频数，而 K – S 检验可以直接对原始数据的 n 个观测值进行检验，所以 K – S 检验对于数据的利用更加完整，相较于 χ^2 检验而言，K – S 检验更加准确。

第三节　贝叶斯拟合方法

一　贝叶斯方法

上一节介绍的统计推断方法是利用总体信息和样本信息对损失分布进行拟合，而贝叶斯的损失拟合法，不仅仅只依赖样本信息，还使用自身经验、知识等积累得到的先验信息。贝叶斯方法是基于贝叶斯公式的，之前我们在介绍贝叶斯公式的时候提到过，贝叶斯公式可以解读为在对某一事件的发生有经验认识的情况下，另一个事件发生后，出现新的信息，我们根据新的信息对经验认识进行修正。贝叶斯损失拟合方法同样，首先对总体分布有一个事先的认识，然后根据新的样本信息，对事先认识进行修正，以得到最佳拟合的分布。通过建立先验信息，再使用样本信息对先验信息进行不断地修改，从而更好地对未知参数进行估计。

通过对损失变量 X 进行数理特征分析之后，可以大概得到损失变量 X 的概率密度函数为 $f(x;\theta)$，这就是对总体分布的事先认识，其中 θ 为未知参数。对于频率学派的方法来说，θ 是一个需要估计的总体参数，然而在贝叶斯的损失拟合方法下，未知参数 θ 是一个随机变量。贝叶斯方法通过事先的认识对未知参数的分布作出判断，再利用样本信息对事先认识作出调整，从而得到理论分布。使用贝叶斯方法进行损失拟合需遵循以下几个步骤。

（一）选择先验分布

在获取样本观测值之前，我们对样本总体分布和总体参数 θ 可能会有一个初步的看法或认识，这种看法或认识即为先验信息。先验信息大多来源于我们以往的工作经验和知识储备，也有可能是一些的主观判断。通过先验信息，我们知道总体分布 $f(x \mid \theta)$，并且可以确定最符合未知参数 θ 的概率分布，即先验分布 $\pi(\theta)$，记 $\Theta \sim \pi(\theta)$，其中 θ 是 Θ 的实现值。

（二） 确定联合分布

先验分布的确定，是在我们对现有的样本数据进行分析之前。在得到样本数据 x_1，$x_2, \cdots, x_n$ 之后，我们假设 $\Theta = \theta$，根据样本总体分布和样本数据，可以构造样本 x_1，$x_2, \cdots, x_n$ 的联合条件概率函数。

$$f(x \mid \theta) = f(x_1, x_2, \cdots, x_n \mid \theta) = \prod_{i=1}^{n} f(x_i \mid \theta) \tag{2.54}$$

根据条件概率的计算公式，可以得到样本与参数的联合分布：

$$f(x_1, x_2, \cdots, x_n, \theta) = f(x_1, x_2, \cdots, x_n \mid \theta) \pi(\theta) \tag{2.55}$$

（三） 确定后验分布

因为贝叶斯拟合方法是基于贝叶斯公式的，贝叶斯公式提供了根据新信息对先验分布进行修改的方法，我们可将先验分布视为某一事件的经验认识，而根据样本数据得到的联合条件概率函数为另一事件的发生，即新信息的出现，因此根据条件概率和贝叶斯公式，可以得到调整后的参数 Θ 的分布函数，也被称为后验分布，其概率密度函数的计算方式可以表示为：

$$\pi(\theta \mid x) = \frac{f(x \mid \theta) \pi(\theta)}{\int f(x \mid \theta) \pi(\theta) \mathrm{d}\theta} \tag{2.56}$$

（四） 选择损失函数

在确定参数 Θ 的后验分布之后，可以选择一个函数来刻画参数 Θ 的真实值与估计值之间差异的严重程度，我们称这个函数为"损失函数"，记估计值为 a，则损失函数可记为 $L(\theta, a)$。损失函数的选取也是一个主观的过程，目的是确定一个参数 Θ 的估计值，使得估计值与真实值差距达到最小，所以只要是能刻画两个值差距的函数都可作为损失函数。关于损失函数会在本节的第三部分进行更加详细的介绍。

（五） 估计参数

选定损失函数之后，可以通过求损失函数期望值的最小值的解来得到贝叶斯的估计值，记 $\hat{\theta}$ 为使得估计值与真实值最小的贝叶斯估计量，则有

$$E(L(\theta, \hat{\theta}) \mid x) = \min_{\theta} E(L(\theta, a) \mid x) = \min_{\theta} \int_{-\infty}^{+\infty} L(\theta, a) \pi(\theta \mid x) \mathrm{d}\theta \tag{2.57}$$

例 2 – 14：假设某农业保险公司的某保单的索赔次数 X 服从参数为 λ 的泊松分布，经过评估人员的经验判断，确定 λ 服从参数为 β 指数分布，即参数 λ 的先验分布为：

$$f(\lambda) = \beta \mathrm{e}^{-\beta\lambda}$$

现在有一组索赔次数 X 的样本数据 $x_1, x_2, \cdots, x_n$，求参数 λ 的后验分布。

解：

已知索赔次数 X 的总体分布为：

$$P(x \mid \lambda) = \frac{e^{-\lambda} \lambda^x}{x!}$$

根据总体分布，可以得到联合条件概率函数：

$$
\begin{aligned}
f(x \mid \lambda) &= f(x_1, x_2, \cdots, x_n \mid \lambda) \\
&= \prod_{i=1}^{n} p(x_i \mid \lambda) = \prod_{i=1}^{n} \frac{e^{-\lambda} \lambda^{x_i}}{x_i!} \\
&= \frac{e^{-n\lambda} \lambda^{\sum_{i=1}^{n} x_i}}{\prod_{i=1}^{n} x_i!}
\end{aligned}
$$

另外已知参数 λ 的先验分布为：

$$\pi(\lambda) = \beta e^{-\beta \lambda}$$

根据条件概率公式可以得到样本和参数的联合分布：

$$
\begin{aligned}
f(x_1, x_2, \cdots, x_n, \lambda) &= f(x_1, x_2, \cdots, x_n \mid \lambda) \pi(\lambda) \\
&= \frac{e^{-n\lambda} \lambda^{\sum_{i=1}^{n} x_i}}{\prod_{i=1}^{n} x_i!} \beta e^{-\beta \lambda} \\
&= \frac{\beta e^{-(n+\beta)\lambda} \lambda^{\sum_{i=1}^{n} x_i}}{\prod_{i=1}^{n} x_i!}
\end{aligned}
$$

根据贝叶斯公式可以计算参数 λ 的后验分布：

$$
\begin{aligned}
\pi(\lambda \mid x) &= \frac{f(x \mid \lambda) \pi(\lambda)}{\int f(x \mid \lambda) \pi(\lambda) \mathrm{d}\lambda} \\
&= \frac{\dfrac{\beta e^{-(n+\beta)\lambda} \lambda^{\sum_{i=1}^{n} x_i}}{\prod_{i=1}^{n} x_i!}}{\int \dfrac{\beta e^{-(n+\beta)\lambda} \lambda^{\sum_{i=1}^{n} x_i}}{\prod_{i=1}^{n} x_i!} \mathrm{d}\lambda}
\end{aligned}
$$

因为求的是参数 λ 的后验分布，所以我们只需要知道跟参数 λ 有关的部分，不需要知道与参数 λ 无关的部分（即系数部分），因此我们可使用数学符号"$\propto$"（读作"正比例于"）进行计算，表示与包含参数 λ 的项成比例，所以可对上式进行化简计算，得：

$$\pi(\lambda \mid x) \propto e^{-(n+\beta)\lambda} \lambda^{\sum_{i=1}^{n} x_i}$$

对比伽马分布的概率密度函数 $f(x) = \dfrac{\beta^{\alpha}}{\Gamma(\alpha)} \mathrm{e}^{-\beta x} x^{\alpha-1}$，可以看出，$\lambda$ 服从参数为 $\sum\limits_{i=1}^{n} x_i + 1$ 和 $n + \beta$ 的伽马分布，即：

$$\pi(\lambda \mid x) = \frac{(n+\beta)^{\sum\limits_{i=1}^{n} x_i + 1}}{\Gamma\left(\sum\limits_{i=1}^{n} x_i + 1\right)} \mathrm{e}^{-(n+\beta)x} x^{\sum\limits_{i=1}^{n} x_i}$$

例 2 – 15：如果例 2 – 14 中，对于给定的损失函数为 $L(\lambda, \hat{\lambda}) = (\lambda - \hat{\lambda})^2$，求参数 λ 的贝叶斯估计量。

解：

对于给定的损失函数，要求贝叶斯估计量，即求使损失函数最小的估计量，即：

$$E(L(\lambda, \hat{\lambda}) \mid x) = \min_{\hat{\lambda}} \int_{-\infty}^{+\infty} (\lambda - \hat{\lambda})^2 \pi(\lambda \mid x) \mathrm{d}\lambda$$

其中，

$$
\begin{aligned}
\int_{-\infty}^{+\infty} (\lambda - \hat{\lambda})^2 \pi(\lambda \mid x) \mathrm{d}\lambda \Big| &= \int_{-\infty}^{+\infty} [\lambda - E(\lambda \mid x) + E(\lambda \mid x) - \hat{\lambda}]^2 \pi(\lambda \mid x) \mathrm{d}\lambda \\
\Big| &= \int_{-\infty}^{+\infty} [\lambda - E(\lambda \mid x)]^2 \pi(\lambda \mid x) \mathrm{d}\lambda \\
&\quad + \int_{-\infty}^{+\infty} [E(\lambda \mid x) - \hat{\lambda}]^2 \pi(\lambda \mid x) \mathrm{d}\lambda \\
&\quad + 2\int_{-\infty}^{+\infty} [\lambda - E(\lambda \mid x)][E(\lambda \mid x) - \hat{\lambda}] \pi(\lambda \mid x) \mathrm{d}\lambda
\end{aligned}
$$

因为 $\int_{-\infty}^{+\infty} [\lambda - E(\lambda \mid x)][E(\lambda \mid x) - \hat{\lambda}] \pi(\lambda \mid x) \mathrm{d}\lambda = 0$，所以有

$$E(L(\lambda, \hat{\lambda}) \mid x) = \min_{\hat{\lambda}} \int_{-\infty}^{+\infty} [\lambda - E(\lambda \mid x)]^2 \pi(\lambda \mid x) \mathrm{d}\lambda + \int_{-\infty}^{+\infty} [E(\lambda \mid x) - \hat{\lambda}]^2 \pi(\lambda \mid x) \mathrm{d}\lambda$$

由于上式第一项与 $\hat{\lambda}$ 无关，所以要使 $E(L(\lambda, \hat{\lambda}) \mid x)$ 达到最小，即应使第二项最小，又因为上式两项都为非负的实数，所以显然只有 $\hat{\lambda} = E(\lambda \mid x)$ 时，$E(L(\lambda, \hat{\lambda}) \mid x)$ 最小，即在给定的样本下，参数 λ 后验分布的数学期望。

由例 2 – 14 知，参数 λ 服从参数为 $\sum\limits_{i=1}^{n} x_i + 1$ 和 $n + \beta$ 的伽马分布，根据伽马分布的数学期望计算公式可知：

$$\hat{\lambda} = E(\lambda \mid x) = \frac{\sum\limits_{i=1}^{n} x_i + 1}{n + \beta}$$

二　先验分布与后验分布

（一）先验信息

样本频率学派方法在理论上是指直接通过从统计实验中得到的样本信息来估计概率分布或密度，而贝叶斯方法则既接受先验信息又接受样本信息等任何可以利用的新证据，因而具有更多的灵活性。贝叶斯方法主要用于数据量较少或者比较稀疏的情况下，通过先验信息来提升估计的准确率。虽然贝叶斯方法选择先验分布和损失函数具有一定的主观性，但是这也不意味着贝叶斯估计的不合理性。先验分布只是评估者在缺乏足够样本信息的条件下不得不做出的估计。

在实际生活中，对于一个不确定事件来说，评估者根据过去的经验和知识，或多或少地对该事件有些了解，所有这些有关的信息就称为先验信息。在先验信息基础上所做出的概率估计就是先验概率，相应地，概率分布和概率密度分别称为先验分布和先验密度，可以简单地称为主观概率。

（二）先验分布

贝叶斯方法是在先验分布的基础上，通过新的数据对先验分布进行调整，因此先验分布的选取对贝叶斯方法最后的准确性具有重要的影响，先验分布的确定通常有两种方法。

1. 广义贝叶斯假设

这种方法适用于没有任何经验信息的情况下，没有经验信息就无法确定参数的先验分布，这时我们可以直接假设先验分布为均匀分布，即：

$$\pi(\theta) = \{c, \theta \in D$$

$$0, \theta \notin D$$

其中 c 为正常数，区间 D 为参数 θ 的取值区间。

2. 共轭先验分布

在我们拥有先验信息的时候，我们对参数的先验分布有一个判断，之后根据新获取的样本信息对先验分布进行调整，但是先验分布的分布类型并没有因此而改变。此时，我们可以使用共轭先验分布，对于共轭分布来说，其先验分布与后验分布属于同一分布类型，其定义如下：

设样本的分布类型为 $\{f(x;\theta), \theta \in \Theta\}$，经过判断，$\theta$ 的先验分布为 $\pi(\theta)$，如果在样本信息或新信息的调整下，得到的后验分布 $\pi(\theta|x)$ 与其属于同一分布类型，则先验分布 $\pi(\theta)$ 称为 $f(x;\theta)$ 的共轭先验分布。

例 2 - 16：假设某农业保险公司开发的一项新的保单业务的索赔金额服从正态分布 $N(\mu, \sigma^2)$，其中参数 μ 未知，求在给定损失函数 $L(\mu, \hat{\mu}) = (\mu - \hat{\mu})^2$ 的情况下，参数 μ 的贝叶斯估计量。

解：

记索赔金额为 X，现已知索赔金额 X 的概率分布为：

$$f(x \mid \mu) = \frac{1}{\sqrt{2\pi}\sigma} e^{-\frac{(x-\mu)^2}{2\sigma^2}}$$

根据总体分布，可以得到联合条件概率函数：

$$f(x \mid \mu) \mid = f(x_1, x_2, \cdots, x_n \mid \mu) = \prod_{i=1}^{n} f(x_i \mid \mu)$$

$$\mid = \prod_{i=1}^{n} \frac{1}{\sqrt{2\pi}\sigma} e^{-\frac{(x_i-\mu)^2}{2\sigma^2}}$$

$$\mid = \frac{1}{(\sqrt{2\pi}\sigma)^n} e^{-\frac{\sum_{i=1}^{n}(x_i-\mu)^2}{2\sigma^2}}$$

由于本题是求一个新业务的索赔金额，对于新业务，保险公司没有太多经验数据和信息作为判断的依据，所以无法确定先验分布，此时可以使用广义贝叶斯假设，认为参数 μ 服从均匀分布，即有

$$\pi(\mu) = c$$

其中 c 为实数空间内的常数。

根据联合条件概率分布和先验分布，我们可计算得到后验分布：

$$\pi(\mu \mid x) \mid = \frac{f(x \mid \mu)\pi(\mu)}{\int f(x \mid \mu)\pi(\mu)\mathrm{d}\mu}$$

$$\mid = \frac{\dfrac{c}{(\sqrt{2\pi}\sigma)^n} e^{-\frac{\sum_{i=1}^{n}(x_i-\mu)^2}{2\sigma^2}}}{\int \dfrac{c}{(\sqrt{2\pi}\sigma)^n} e^{-\frac{\sum_{i=1}^{n}(x_i-\mu)^2}{2\sigma^2}}\mathrm{d}\mu}$$

$$\mid \propto e^{-\frac{\sum_{i=1}^{n}(x_i-\mu)^2}{2\sigma^2}}$$

$$\mid \propto e^{-\frac{n\mu^2-2\mu\sum x_i}{2\sigma^2}}$$

比较正态分布的概率密度函数可以看出，后验分布同样为正态分布，且后验分布的参数有：

$$\mu' = \frac{\sum x_i}{n}$$

$$\sigma'^2 = \frac{\sigma^2}{n}$$

根据例 2 - 15，我们知道，在平方损失函数下，参数的贝叶斯估计量为后验分布的

数学期望，所以本题的参数 μ 的贝叶斯估计量应为：

$$\hat{\mu} = E(\mu \mid x) = \mu' = \frac{\sum x_i}{n}$$

例 2 - 17：假设某农业保险公司的某一险种索赔金额服从参数为 α 和 λ 的伽马分布，其中参数 λ 未知，但是根据经验可以判断参数 λ 也服从伽马分布，则其概率密度函数为：

$$\pi(\lambda) = \frac{\beta^{\alpha'}}{\Gamma(\alpha')} e^{-\beta\lambda} \lambda^{\alpha'-1}$$

（1）求参数 λ 的后验分布；

（2）在给定平方损失函数的情况下，求参数 λ 的贝叶斯估计量。

解：

（1）已知索赔金额服从参数为 α 和 λ 的伽马分布，据此可以求出联合条件概率分布：

$$f(x \mid \lambda) = f(x_1, x_2, \cdots, x_n \mid \lambda) = \prod_{i=1}^{n} f(x_i \mid \lambda)$$

$$= \prod_{i=1}^{n} \frac{\lambda^{\alpha}}{\Gamma(\alpha)} e^{-\lambda x_i} x_i^{\alpha-1}$$

$$= \frac{\lambda^{n\alpha}}{(\Gamma(\alpha))^n} e^{-\lambda \sum_{i=1}^{n} x_i} \prod_{i=1}^{n} x_i^{\alpha-1}$$

再结合参数的先验分布，可以计算出后验分布：

$$\pi(\lambda \mid x) = \frac{f(x \mid \lambda)\pi(\lambda)}{\int f(x \mid \lambda)\pi(\lambda)\mathrm{d}\lambda}$$

$$= \frac{\dfrac{\lambda^{n\alpha}}{(\Gamma(\alpha))^n} e^{-\lambda \sum_{i=1}^{n} x_i} \prod_{i=1}^{n} x_i^{\alpha-1} \dfrac{\beta^{\alpha'}}{\Gamma(\alpha')} e^{-\beta\lambda} \lambda^{\alpha'-1}}{\int f(x \mid \lambda)\pi(\lambda)\mathrm{d}\lambda}$$

$$\propto \lambda^{n\alpha+\alpha'-1} e^{-\lambda(\sum_{i=1}^{n} x_i+\beta)}$$

我们可以看到上式是个很典型的伽马分布的形式，并且可以知道这个伽马分布的参数分别为 $n\alpha + \alpha'$ 和 $\sum_{i=1}^{n} x_i + \beta$。

（2）由例 2 - 15，我们知道，在平方损失函数下，参数的贝叶斯估计量为后验分布的数学期望，由于在第一问我们就求出参数 λ 的后验分布为伽马分布 $\Gamma(n\alpha + \alpha', \sum_{i=1}^{n} x_i + \beta)$，所以本题的参数 λ 的贝叶斯估计量应为：

$$\hat{\lambda} = E(\lambda \mid x) = \frac{\sum_{i=1}^{n} x_i + \beta}{n\alpha + \alpha'}$$

表 2-12 为几个常见的先验分布和后验分布的对应关系，其中先验分布和后验分布属于同一分布类型的为共轭分布。

表 2-12　　　　　　　　　　　　先验与后验分布对应表

总体分布	未知参数	参数分布	
		先验分布	后验分布
泊松 P（λ）			$Gamma(\sum x+1, n+\lambda')$
指数 Exp（λ）	$\lambda>0$	Exp（λ'）	$Gamma(n+1, \sum x+\lambda')$
伽马 $Gamma$（α, λ）			$Gamma(n\alpha+1, \sum x+\lambda')$
指数 Exp（λ）	$\lambda>0$	$Gamma$（α', β'）	$Gamma(n+\alpha', \sum x+\beta')$
伽马 $Gamma$（α, λ）			$Gamma(n\alpha+\alpha', \sum x+\beta')$
二项 B（m, p）	$0<p<1$	$Beta$（α', β'）	$Beta(\sum x+\alpha', nm-\sum x+\beta')$
几何 Geo（p）			$Beta(\sum x+\alpha', \sum x+\beta')$
正态 N（μ, σ^2）	$-\infty<\mu<+\infty$	N（μ', σ'^2）	$N(\dfrac{\frac{\sum x}{\sigma^2}+\frac{\mu'}{\sigma'^2}}{\frac{n}{\sigma^2}+\frac{1}{\sigma'^2}}, \dfrac{1}{\frac{n}{\sigma^2}+\frac{1}{\sigma'^2}})$
对数正态 $\ln$（μ, σ^2）	$-\infty<\mu<+\infty$	U（$-\infty, +\infty$）	$N(\dfrac{\sum \ln x}{n}, \dfrac{\sigma^2}{n})$
正态 N（μ, σ^2）			$N(\dfrac{\sum x}{n}, \dfrac{\sigma^2}{n})$
指数 Exp（λ）	$\lambda>0$	U（$0, +\infty$）	$Gamma(n+1, \sum x)$
伽马 $Gamma$（α, λ）			
几何 Geo（p）			$Beta(n+1, \sum x+1)$
二项 B（m, p）	$0<p<1$	U（$0, 1$）	$Beta(\sum x+1, nm-\sum x+1)$
负二项 NB（k, p）			$Beta(nk+1, \sum x+1)$

三　损失函数与贝叶斯估计

这里所谓的损失函数并非是指表面金额上的损失，而是指效用的损失，是未知参数估计值与真实值之间误差的严重程度。由于这种损失是非负的，因此我们用一个非负的函数来描述它，记作 $L(\theta, \hat{\theta})$。贝叶斯估计达到最好的效果，其估计值应该使得损失函数的取值越小，但是由于 θ 是一个随机变量，因此要使得损失函数最小，即使得 $L(\theta, \hat{\theta})$ 的期望损失最小，即：

$$E(L(\theta, \hat{\theta})\mid x) = \min_{\theta}\int_{-\infty}^{+\infty}L(\theta, a)\pi(\theta\mid x)\mathrm{d}\theta \tag{2.58}$$

表 2 - 13　　　　　　　　　常用的损失函数及其对应的贝叶斯估计量

损失函数		贝叶斯估计量
平方损失函数	$(\theta - \hat{\theta})^2$	后验分布的均值
绝对值损失函数	$\mid \theta - \hat{\theta} \mid$	后验分布的中位数
0—1 误差函数	$I(\theta \neq \hat{\theta})$	后验分布的众数

　　损失函数只要能描述参数估计值与其真实值之间的误差即可，所以损失函数没有固定的形式，表 2 - 13 是损失函数的几种常见形式和对应的贝叶斯估计量，其中，在例 2 - 15 中已经证明了平方损失函数得到的贝叶斯估计量为后验分布的数学期望，而关于绝对值误差函数和 0—1 误差函数对应的贝叶斯估计量的证明如下：

（一）绝对值误差函数

　　绝对值误差函数的表达为 $L(\theta, \hat{\theta}) = \mid \theta - \hat{\theta} \mid$，根据贝叶斯估计量的计算公式和损失函数的定义可以知道，要使损失函数最小，即使损失函数的期望值最小，可以首先算出损失函数的期望值：

$$
\begin{aligned}
E(L(\theta, \hat{\theta}) \mid x) \mid \ &= \int_{-\infty}^{+\infty} L(\theta, \hat{\theta}) \pi(\theta \mid x) \mathrm{d}\theta \\
\mid \ &= \int_{-\infty}^{+\infty} \mid \theta - \hat{\theta} \mid \pi(\theta \mid x) \mathrm{d}\theta \\
\mid \ &= \int_{-\infty}^{\hat{\theta}} (\hat{\theta} - \theta) \pi(\theta \mid x) \mathrm{d}\theta + \int_{\hat{\theta}}^{+\infty} (\theta - \hat{\theta}) \pi(\theta \mid x) \mathrm{d}\theta \\
\mid \ &= \left[\int_{-\infty}^{\hat{\theta}} \hat{\theta} \pi(\theta \mid x) \mathrm{d}\theta - \int_{\hat{\theta}}^{+\infty} \hat{\theta} \pi(\theta \mid x) \mathrm{d}\theta \right] - \int_{-\infty}^{\hat{\theta}} \theta \pi(\theta \mid x) \mathrm{d}\theta \\
&\quad + \int_{\hat{\theta}}^{+\infty} \theta \pi(\theta \mid x) \mathrm{d}\theta
\end{aligned}
$$

　　由上式可以看出，等式右边只有中括号内的与估计值有关，中括号外的与估计值无关，所以估计值的大小无法影响它们的结果，因此我们需要控制的只有中括号内的结果，从而达到控制最终期望损失的大小的目的。当中括号内的两项相减达到最小值，即 $\int_{-\infty}^{\hat{\theta}} \hat{\theta} \pi(\theta \mid x) \mathrm{d}\theta = \int_{\hat{\theta}}^{+\infty} \hat{\theta} \pi(\theta \mid x) \mathrm{d}\theta$ 时，整个式子达到最小值。此时 $\hat{\theta}$ 作为分界点，后验分布两边的概率和相等，这正是中位数的概念，所以，当 $\hat{\theta}$ 是后验分布的中位数时，损失函数的期望损失能够达到最小值。

（二）0—1 误差函数

　　0—1 误差函数的表达式为

$$L(\theta,\hat{\theta}) = \begin{cases} 1, \theta \neq \hat{\theta} \\ 0, \theta = \hat{\theta} \end{cases}$$

同样可以计算损失函数的期望损失：

$$
\begin{aligned}
E(L(\theta,\hat{\theta}) \mid x) \mid &= \int_{-\infty}^{+\infty} L(\theta,\hat{\theta}) \pi(\theta \mid x) \mathrm{d}\theta \\
\mid &= \int_{\theta \neq \hat{\theta}} \pi(\theta \mid x) \mathrm{d}\theta \\
\mid &= 1 - \int_{\theta = \hat{\theta}} \pi(\theta \mid x) \mathrm{d}\theta \\
\mid &= 1 - Pr(\hat{\theta})
\end{aligned}
$$

要使等式右边最小，即要使后验分布在 $\hat{\theta}$ 处的概率达到最大值，所以 $\hat{\theta}$ 是后验分布的众数。

例 2 − 18：假设例 2 − 16 中的损失函数并非平方损失函数，而是

（1）绝对值损失函数；

（2）0—1 误差函数。

求参数 μ 的贝叶斯估计量。

解：

（1）绝对值损失函数的贝叶斯估计量为参数后验分布的中位数。由例 2 − 16 可知，参数 μ 的后验分布为正态分布，因为正态分布是一个以 $x = \mu'$ 为对称轴的对称分布，所以正态分布的中位数就在对称轴上，因此在绝对值损失函数下，参数 μ 的贝叶斯估计量为：

$$\hat{\mu} = \mu' = \frac{\sum x_i}{n}$$

（2）0—1 误差函数的贝叶斯估计量为参数后验分布的众数。而我们在对正态分布进行介绍的时候就提到，正态分布在对称轴上达到最大值，所以正态分布的众数为对称轴上的一点，因此在 0—1 误差函数下，参数 μ 的贝叶斯估计量为：

$$\hat{\mu} = \mu' = \frac{\sum x_i}{n}$$

第四节　随机模拟方法

一　随机模拟概述

模拟是指把现实或抽象的某种系统的某些状态或特征，用另一个系统进行模拟替

代。在实际生活中，大量问题都具有随机性，包含一定的随机因素，很难用数学模型来表示，或者在用数学模型的过程中随机性因素难以处理，这时使用计算机进行随机模拟就能够解决这种传统的解析方法难以处理的烦琐问题。

随机模拟是基于大数法则和中心极限定理，其基本思想是通过进行大量的随机统计试验，以试验得到的频率来估算概率，并以此计算某些问题。随机模拟在精算中的运用就是通过构造一个合适的概率模型，产生随机数，然后将其代入模型进行统计试验，获取模拟值，然后进行统计特征分析。应用随机模拟方法求解问题时，一般步骤如下：

（1）针对问题建立适当的概率模型（随机事件、随机变量、随机系统等），使得所求问题的解正好是该模型的参数或有关变量；

（2）生成随机数，进行模拟，得到模拟值；

（3）对模拟的结果进行统计处理（如计算频率、平均值等），给出所求问题的解，并对解的精度进行估计。

例如，现在假设我们要用随机模拟的方法计算某个量 x 的值，可以通过找到某一随机事件 A，或一个随机变量 X，使得 x 与随机事件 A 或随机变量 X 之间具有一定的关系，如使得 $x = P(A)$ 或 $x = E(X)$。然后对随机事件 A 或随机变量 X 进行若干次模拟，并由此计算出随机事件 A 出现的频率 $\dfrac{m}{n}$（即在 n 次模拟试验中出现该事件 m 次），或随机变量 X 的平均值 $\bar{X} = \dfrac{X_1 + X_2 + \cdots + X_n}{n}$。根据大数法则和中心极限定理，当 n 充分大时，$\dfrac{m}{n}$ 或 $\bar{X}$ 即可作为所求量 x 的近似值。

目前，建立概率模型并没有一般的方法，而且对于同一问题也可以建立不同的概率模型，因此如何进行模拟才是本节的重点内容。

随机模拟方法的优点是观念上比较简单，可以化繁为简，求解复杂问题比较方便，并且随机模拟不受连续性、可微性等限制，所以它是一种比较有用的方法。其缺点是计算量大，计算精度一般不高，且是在概率意义下的精度，其应用也有一定的限制。所以一般来说，如果传统数学方法难以处理或计算十分困难的时候，可以考虑使用随机模拟方法求解问题。

二 随机模拟方法

在用随机模拟方法解决实际问题的时候，首先要解决的是随机问题，即如何生成随机数，或如何对随机变量进行随机抽样。随机数的产生最早为手工方法，如抽签、投骰子、抽牌等，但是随着随机模拟方法的出现，随机模拟过程中需要大量的随机数，手工方法并不能满足人们的需求。在计算机产生以后，人们开始使用数学方法在计算机上产生随机数。

利用数学方法在计算机上产生的随机数是按照一定的计算方法产生的，它们具有类似于均匀随机变量独立抽样值序列的性质。但是计算机生成的随机数是按照一定算法实现的，所以具有一定的周期性，并不能称为完全意义上的随机数，所以为了区分开，我们也称其为伪随机数。在 C 语言、C++、Java、Matlab、Excel 等语言程序和软件中都有对应的产生（0，1）区间上的均匀随机数的函数或命令，所以本节主要介绍以（0，1）区间均匀随机数为基础产生的其他随机数的方法。

（一）反函数法

要求一个函数 $y = f(x)$ 的反函数，即求函数 $x = g(y)$，使得函数 $g(y)$ 上的每一个点对应的横纵坐标都分别等于函数 $f(x)$ 上的纵坐标和横坐标，函数 $x = g(y)$ 也可记为 $y = f^{-1}(x)$，函数 $y = f(x)$ 也被称为原函数。而反函数法则是利用累积分布函数的反函数得到随机抽样值，反函数法对于离散和连续型的随机分布都适用。

1. 离散型随机数的产生

离散型随机数的产生可为索赔次数的模拟估计的途径。设 N 是某离散型随机变量，并且已知随机变量 N 的概率分布为 $P(N = k_i) = p_i$，其中 $p_i \geq 0, \sum_i p_i = 1$。如果要产生 N 的随机样本，首先我们使用计算机直接得到（0，1）区间上的均匀随机数 $U_1, U_2, \cdots, U_n$，然后根据反函数的计算原理，可以求出随机变量 N 的累积分布函数的反函数，所以有：

$$N_j = \begin{cases} k_1, 0 \leq U_j < p_1 \\ k_2, p_1 \leq U_j < p_1 + p_2 \\ \quad \vdots \\ k_i, p_1 + \cdots + p_{i-1} \leq U_j < p_1 + \cdots + p_i \\ \quad \vdots \end{cases}, j = 1, 2, \cdots, n \qquad (2.59)$$

根据上式可以将（0，1）区间上的均匀随机数 $U_1, U_2, \cdots, U_n$ 分别转化为随机变量 N 的随机抽样值。可以看到，由于离散型随机变量的累积分布函数是一个分段的函数，所以其反函数也是一个分段函数，并且在反函数每一段对应的函数值都为原函数的自变量值：

$$P(N = k_i) \mid = P(p_1 + \cdots + p_{i-1} \leq U_j < p_1 + \cdots + p_i)$$
$$\mid = (p_1 + \cdots + p_i) - (p_1 + \cdots + p_{i-1}) = p_i$$

例 2 - 19：请使用反函数法产生 10 个参数为 2 的泊松分布的随机数。

解：

首先我们根据泊松分布的分布列 $P(N = k) = \dfrac{e^{-\lambda} \lambda^k}{k!}, k = 0, 1, 2 \cdots$ 计算出不同的取值下的概率和累计概率，见下表：

N	概率 p_i	累计概率 $\sum_i p_i$
0	0.1353	0.1353
1	0.2707	0.4060
2	0.2707	0.6767
3	0.1804	0.8571
4	0.0902	0.9473
5	0.0361	0.9834
6	0.0120	0.9955
7	0.0034	0.9989
8	0.0009	0.9998
…	…	…

　　然后我们可以使用 Excel 的 rand（）函数随机生成 10 个（0，1）区间上的均匀随机数 $U_j, j = 1, \cdots, 10$，根据式（2.59）可以计算出每个随机数对应的 N 的抽样值 $N_j, j = 1, \cdots, 10$，如下表所示：

U_j	N_j
0.0607	0
0.5788	1
0.9739	4
0.6094	1
0.5615	1
0.0198	0
0.8302	2
0.5163	1
0.9564	4
0.2517	0

2. 连续型随机数的产生

对于连续型随机变量 X，其分布函数为 $F(x)$，即有 $F(x) = P(X < x)$，只要 $F(x)$ 连续且单调上升，则其反函数 $F^{-1}(x)$ 存在。现在有随机变量 U 在（0，1）区间上服从均匀分布，令 $U = F(x)$，则根据反函数的计算原理，可以得到随机变量 X 的抽样值 $F^{-1}(U)$。连续型随机数的产生可以为索赔金额的模拟估计提供方便。

例 2-20：请使用反函数法产生 10 个参数为 3 的指数分布的随机抽样值。

解：

我们知道指数分布的累积分布函数为 $F(x) = 1 - e^{-\beta x}, x \geqslant 0$，根据反函数的计算原理我们知道，反函数的函数值对应原函数的自变量，反函数的自变量则是原函数的函数值，则对于指数分布的累积分布函数，可以求其反函数：

$$x = -\frac{1}{\beta}\ln(1 - F(x))$$

令（0，1）区间上的均匀随机数 U 等于 $F(x)$，则可得到指数分布的随机抽样值。同样可以使用 Excel 中的 rand（）函数随机生成 10 个随机数 $U_j, j = 1, \cdots, 10$，然后根据指数分布的反函数计算出每个随机数对应的 X 的抽样值 $X_j, j = 1, \cdots, 10$，如下表所示：

U_j	X_j
0.1052	0.0371
0.3557	0.1465
0.3314	0.1342
0.4708	0.2121
0.4052	0.1732
0.1258	0.0448
0.3765	0.1574
0.8646	0.6666
0.9057	0.7872
0.7410	0.4503

3. 复合分布随机数的生成

在农业保险精算中，总损失额往往是复合分布，因为在一个保险期间内，往往不止一次索赔，所以总损失额是索赔次数和索赔金额的复合分布，如本章第二节讲到的负二项分布就是伽马分布与泊松分布的复合分布。要想模拟总损失额这样的复合分布的随机数，可以先模拟得到索赔次数的随机数 n，然后再生成 n 个索赔金额的随机数，将生成的 n 个索赔金额随机数相加就可得到总损失额的随机数，重复此过程即可得到若干个总损失额的随机数。

例 2-21：某农业保险承保了 10 个危险单位，公司打算为这笔业务单独建立一个赔款基金，用于下一年度的保险金赔偿。根据统计，同一风险类型的保单在一年内的索赔次数服从参数为 2 的泊松分布，每次的索赔金额服从参数为 1 和 3 的伽马分布，试求：

（1）模拟出总索赔金额的 10 个随机数；

（2）模拟出总索赔金额的 100 个随机数，并确定一个定值 C，使得这笔业务在下一年度总索赔额超过 C 的概率小于 5%。

解：

（1）由题意可知，该类风险保单的索赔次数服从泊松分布，单次索赔金额服从伽马分布，所以我们可以首先对索赔次数进行 10 次随机模拟，得到服从泊松分布的随机数，可以使用 R 软件进行随机模拟，得到 10 个参数为 2 的泊松分布随机数：1，3，1，1，2，4，2，4，1，4。

然后分别按对应的索赔次数随机数生成相应的伽马分布随机数，同样使用 R 软件对参数分别为 1 和 3 的伽马分布随机数进行生成，然后将相应的单次索赔金额相加，即可得到总索赔金额，如下表所示：

索赔次数	索赔金额	总索赔金额
1	0.0666	0.0666
3	0.1066，1.1946，0.408	1.7092
1	0.1019	0.1019
1	0.2697	0.2697
2	0.0628，0.2505	0.3133
4	0.1815，0.0301，0.5273，0.0599	0.7988
2	0.1338，0.7245	0.8583
4	0.1414，0.2573，0.3664，0.014	0.7792
1	0.1865	0.1865
4	0.1379，0.0169，0.1034，0.1315	0.3897

（2）要模拟出 100 个总理赔金额的随机数，如果采取第（1）问的分步法可能过于复杂，因此我们可以直接使用总理赔金额的分布函数，进行随机模拟。在例 3-1 我们也证明过，泊松分布和伽马分布的复合分布为负二项分布，且负二项分布的参数是伽马分布参数的表达式：

$$r = \alpha = 1$$

$$p = \frac{\beta}{\beta + 1} = 0.75$$

同样使用 R 软件产生 100 个参数为 1 和 0.75 的负二项分布随机数，得到如下所示 100 个数：

1，0，0，2，0，0，0，1，0，0，0，0，0，0，0，0，1，1，0，0，2，0，0，1，0，0，0，0，2，0，1，0，0，1，1，1，0，0，1，0，0，0，1，0，0，0，0，0，0，0，1，0，0，1，0，0，0，0，1，0，0，0，0，1，0，1，0，0，0，0，0，0，0，0，1，0，0，0，0，1，0，0，0，0，0，0，2，0，0，2，0，0，0，0，1，0，0，0，1

我们将这 100 个数按从小到大的顺序进行排列，可以得到如下表所示的总理赔额随机数分布表：

总理赔额	频数
0	76
1	19
2	5

要确定一个 C 值使得下一年度总索赔额超过 C 的概率小于 5%，即 C 应该在总理赔额的 95% 分位数上，现有 100 个随机模拟数，其 95% 分位数即为第 95 大的数，由上表可以看出，0 和 1 的频数之和为 94，所以第 95 大的数为 2，所以 C 的值为 2，即下一年度总理赔额超过 2 的概率小于 5%。

（二）正态近似法

正态分布是最常见的连续型分布，许多分布都可以在一定程度上转化为正态分布：对数正态分布作为农业保险精算中常用的分布，可通过对随机变量取对数的形式转化为正态分布，即如果随机变量 X 服从对数正态分布，则 $\ln X$ 服从正态分布；对于参数比较大的泊松分布和负二项分布，根据中心极限定理可用正态近似；另外根据大数法则和中心极限定理可知，许多分布到达极限值的时候，会渐近服从正态分布。因此正态分布可以近似描述许多其他分布的特征，所以正态分布的随机模拟也显得十分重要。

因为任意的正态分布 $N(\mu, \sigma^2)$ 均可通过线性变换 $Z = \dfrac{X - \mu}{\sigma}$ 得到标准正态分布 $N(0, 1)$，所以我们只需要对标准正态分布的随机模拟进行讨论即可。

1. 变换法

假设 U_1 和 U_2 是（0，1）区间上的相互独立的均匀随机变量，可令

$$\begin{cases} Z_1 = \sqrt{-2\ln U_1} \cos(2\pi U_2) \\ Z_2 = \sqrt{-2\ln U_1} \sin(2\pi U_2) \end{cases} \tag{2.60}$$

则 Z_1 和 Z_2 也相互独立，且服从标准正态分布。

例 2-21：试生成 10 个自由度为 2 的 χ^2 分布的随机抽样值。

解：

在对正态分布进行介绍的时候，我们就提到过 n 个相互独立的标准正态随机变量的平方和服从自由度为 n 的 χ^2 分布，所以我们可以通过变换法生成两个标准正态随机数，然后计算这两个随机数的平方和得到 χ^2 分布的随机数，如下表所示：

U_1	U_2	Z_1	Z_2	χ^2
0.5780	0.4943	-1.0464	0.0376	1.0964
0.0498	0.5063	-2.4473	-0.0962	5.9987

续表

U_1	U_2	Z_1	Z_2	χ^2
0.3790	0.5242	−1.3771	−0.2107	1.9406
0.9270	0.4601	−0.3773	0.0966	0.1517
0.7347	0.6809	−0.3301	−0.7124	0.6165
0.5601	0.9786	1.0670	−0.1445	1.1593
0.5358	0.3855	−0.8402	0.7363	1.2481
0.0889	0.1374	1.4303	1.6718	4.8407
0.7017	0.8704	0.5777	−0.6121	0.7084
0.2199	0.6405	−1.1055	−1.3442	3.0291

2. 近似法

假设 $U_1, U_2, \cdots, U_n$ 是（0，1）区间上相互独立的均匀随机变量，根据均匀分布可知，其均值 $E(U_i) = 1/2$，方差 $Var(U_i) = 1/12$。根据中心极限定理可知，对于如下变量：

$$Z = \frac{1}{\sqrt{n \times (1/12)}} \sum_{i=1}^{n} (U_i - 1/2) \qquad (2.61)$$

当 n 充分大时，随机变量 Z 趋于标准正态分布。一般产生 12 个随机数来产生一个标准正态分布的随机抽样值，即取 $n = 12$，于是可得：

$$Z = \sum_{i=1}^{12} (U_i - 1/2) = U_1 + U_2 + \cdots + U_{12} - 6$$

比如我们使用 Excel 中的 rand（）函数随机生成了 12 个随机数，分别为 0.3114、0.4455、0.9646、0.2602、0.5242、0.5390、0.7383、0.9898、0.8189、0.3560、0.2443、0.5239，可以通过近似法求出标准正态分布的随机数：

$$Z = \sum_{i=1}^{12} (U_i - 1/2) = 0.3114 + 0.4455 + \cdots + 0.5239 - 6 = 0.7162$$

3. 查表法

假设 U 为（0，1）上均匀分布的随机变量，可查标准正态分布表，得到相应的随机抽样值 Z，查表法与反函数法的原理是一样的，标准正态分布表即为标准正态分布的累积分布函数的取值表，可根据概率找到所对应的标准正态分布变量的取值。例如，我们生成了一个（0，1）区间上的均匀随机数为 0.9505，可以在分布表上找到 0.9505 对应的标准正态随机变量的取值应为 1.6，所以 1.6 就是我们得到的标准正态分布的随机抽样值。

例 2 − 22：试模拟以 1 和 4 为参数的对数正态分布的随机数。

解：

我们首先产生出 10 个区间（0，1）上的均匀随机数，然后可查标准正态分布表得到相应的标准正态分布随机数。由于对数正态随机变量的对数服从正态分布，而正态分布通过线性变换可以得到标准正态分布，所以对数正态分布 $\ln(\mu, \sigma^2)$ 可以通过下列变换变为标准正态分布：

$$Z = \frac{\ln X - \mu}{\sigma}$$

同样可以通过标准正态分布得到对数正态分布，即：

$$X = e^{\mu + Z\sigma}$$

因此我们可以得到下表：

U	Z	X
0.2925	-0.5460	0.9121
0.0165	-2.1318	0.0383
0.0485	-1.6597	0.0983
0.7386	0.6391	9.7582
0.5302	0.0759	3.1637
0.3875	-0.2859	1.5346
0.4002	-0.2528	1.6396
0.1240	-1.1551	0.2698
0.0036	-2.6850	0.0127
0.5726	0.1830	3.9197

（三）分数乘积法

分数乘积法是泊松分布的一种随机模拟方法，对于泊松随机过程，当两个相继事件之间的时间间隔为指数分布时，则发生在某些有限时间段内的事件数服从泊松分布，其概率分布为：

$$f(y) = \frac{(qt)^y}{y!} e^{-qt} \tag{2.62}$$

其中 q 和 t 均为非负的常数，此分布的均值与方差均为 $\mu = \sigma^2 = qt$。可以看出，变量 y 必为非负的整数值，因它再现了在 t 时间内发生的事件的次数。注意到在 y 相继事件之间的总时间不会超过 t，即：

$$\sum_{i=1}^{y} t_i \leqslant t < \sum_{i=1}^{y+1} t_i$$

其中 t 是指定的，而 t_i 是指数分布随机变量且有：

$$t_i = -\frac{1}{q}\ln(1 - U_i) = -\frac{1}{q}\ln(U_i)$$

此处 U_i 为（0，1）区间上均匀分布的随机数。于是，适合下列不等式的最小 k 值将是泊松变量所要求的一个样本：

$$\sum_{i=1}^{k+1} -\frac{1}{q}\ln (U_i) > t$$

为了得到便于计算的公式，上式可改写为：

$$\sum_{i=1}^{k+1} \ln (U_i) < -qt$$

再由对数的计算可知，上式可写成如下的形式：

$$\ln (\prod_{i=1}^{k+1} U_i) < -qt$$

对上式两边分别取指数，并令 $t=1$，则得到：

$$\prod_{i=1}^{k+1} U_i < e^{-q}$$

如果满足上式，则可得到泊松变量的观察值 k。

三　随机模拟精度与次数

随机模拟的次数，由随机模拟的精度要求而决定，除此之外也受理论分布的不同而不同。随机模拟的精度比较差，要想提高随机模拟的精度，必须增加随机模拟的次数。我们可以通过例 2-23 来发现问题。

例 2-23：假设随机变量 X 的数学期望为 $E(X)$，方差为 $Var(X)$，现在要用 n 个随机数模拟随机变量 X，并且要求数学期望的估计值 $\bar{X}$ 的相对误差不超过 ε 的概率达到 $1-\alpha$，即使得 $P(|\frac{E(x)-\bar{X}}{E(x)}| \leqslant \varepsilon) = 1-\alpha$，求 n 的大小。

解：

我们可以将求解的问题转化为：

$$P\left(\left| \frac{\sum X - nE(X)}{\sqrt{nVar(X)}} \right| \leqslant \frac{n\varepsilon E(X)}{\sqrt{nVar(X)}} \right) = 1-\alpha$$

根据中心极限定理可知，$\dfrac{\sum X - nE(X)}{\sqrt{nVar(X)}}$ 近似地服从标准正态分布，所以有：

$$\frac{n\varepsilon E(X)}{\sqrt{nVar(X)}} = Z_{1-\frac{\alpha}{2}}$$

其中 $Z_{1-\frac{\alpha}{2}}$ 是指当概率为 $1-\dfrac{\alpha}{2}$ 时，对应的标准正态随机变量的取值。求解出 n 即可得：

$$n = Var(X) \left(\frac{Z_{1-\frac{\alpha}{2}}}{\varepsilon E(x)} \right)^2$$

对于上述模拟，如果随机变量 X 的数学期望 $E(X) = 1$，方差 $Var(X) = 1$，$\varepsilon = 0.01$，$\alpha = 0.05$，则可计算的 $n = 38416$。可见要想达到一定的精度，必须进行大量的模拟。

第五节　信度理论

在第一章我们比较过非寿险精算与寿险精算，对于寿险精算来说，非寿险精算风险具有多样性，且风险的随机性更强，所以非寿险中的风险事件更加难以估计和预测，另外在非寿险精算中经验数据相对难以获取，并且经验数据的可用性随着时间的变化会减弱。所以非寿险精算在费率厘定之后还需对厘定的费率进行调整，而信度理论就是费率调整的核心理论。

农业保险的损失与一般非寿险损失一样，同每个赔案的具体情况以及相应的法规情况密切相关，因而损失经验需要经常修正以适应不断变化的外部环境。厘定农业保险费率时，既要依据过去的经验（先验信息），也要根据风险情况的新变化加以调整。农业保险精算面临的困难比一般非寿险精算更严重，本书第一章对农业风险的多样性和复杂性进行了比较完整的介绍，也对农业保险的特殊性和农业风险的复杂性对农业保险精算的影响进行了简单的说明，另外还总结了农业保险精算的困难程度。总而言之，农业保险风险的复杂性、经验数据的不可获得性以及数据使用范围的有限性，使信度理论在农业保险精算中的运用显得更加重要。

信度理论在精算领域的应用可分为两种类型。第一类是横向应用，即在估计某个保险人、某风险类别或某个区域的索赔频率、索赔额或总损失时，若与之最相关的数据不充分，则可将该数据与从更为广泛的群体中得到的辅助性数据加以综合，这种辅助性数据可由其他风险类别、地区或其他保险人的经验得到。第二类是纵向应用，也就是将信度方法用于时间序列，将序列本身早期的数据作为辅助性数据，与最新的观察值作加权平均，得到我们所需要的估计值。

计算信度加权估计的基本公式如下：

$$\text{信度加权估计值} = Z \times \text{观察值} + (1-Z) \times \text{先验估计值} \tag{2.63}$$

其中，Z 称为信度或可信性因子，$0 \leqslant Z \leqslant 1$。当观察样本的数目足够多，且观测数据在一定时期内保持稳定，这说明由这些观察值提供的信息比较充分，Z 值接近于 1；反之，如果观察样本的数目不够多，那么说明由观察值提供的信息可靠度低，Z 值接近于 0。

信度理论的两种基本方法——有限波动和最大精度信度，前者旨在控制数据中随机波动对估计的影响，而后者则试图使估计误差尽可能小。我们接下来对这两种方法进行简单的介绍，作为后文费率调整的预备知识。

一　有限波动信度理论

从式（2.63）可以看出，信度因子 Z 的值决定了信度加权平均估计的值，如果 $Z=1$，那么说明观察数据具有完全的可信性，不需要通过先验估计值进行调整；如果 $0 < Z < 1$，表明观察数据并不能直接使用，而需要经过先验调整，这说明观察数据具有部分可信性。有限波动信度理论就是要确定观察数据应达到多大的容量才能具有完全可信性，而当观察数据容量达不到完全可信的程度时，如何确定其可信性，即信度因子 Z 如何确定。

（一）完全可信性

假设 X 是损失随机变量，$x_1, x_2, \cdots, x_n$ 是 X 的观测值。有限波动信度理论假设观测值 $x_1, x_2, \cdots, x_n$ 是来自总体 X 的独立同分布的样本，对于 X 的扰动（即误差）纯粹是由随机因素引起的。

在非寿险包括农业保险精算中，通常都是将 X 的数学期望 $E(x) = \mu$ 或者对将来损失的估计作为费率厘定的依据。一般来说，X 的数学期望是未知的。基于有限波动信度理论的完全可信性理论认为，观测值数据所提供信息要想厘定费率，观测值的数据就必须足够大。具体而言，n 必须满足下述可信性条件。

只有当 X 的样本均值与总体均值的相对误差比较小的概率比较大，n 才满足可信性条件，即

$$P\left(\left| \frac{\bar{X} - \mu}{\mu} \right| \leqslant \gamma \right) \geqslant 1 - \alpha \tag{2.64}$$

其中，α、γ 为任意比较小的正数。上式表明，样本均值与总体真实值的相对误差非常小的概率是一个任意大的值。我们可以对上式进行变换，结合中心极限定理即可求出 n 的值。

我们之前也计算过样本均值的数学期望和方差，分别为总体均值和总体方差的 $1/n$，所以可以将式（2.64）改写为：

$$P\left(\left| \frac{\bar{X} - \mu}{\sigma / \sqrt{n}} \right| \leqslant \frac{\gamma \mu}{\sigma / \sqrt{n}} \right) \geqslant 1 - \alpha \tag{2.65}$$

令 $y_u = \dfrac{\gamma \mu}{\sigma / \sqrt{n}}$，可以解得 n 的取值为：

$$n = \left(\frac{\sigma \, y_p}{\gamma \mu} \right)^2 \tag{2.66}$$

换一个角度，以 μ 为随机变量，根据中心极限定理，我们可以使用均值为 $\bar{X}$，标准差为 $\sigma / \sqrt{n}$ 的正态分布来近似，则有 $\dfrac{\mu - \bar{X}}{\sigma / \sqrt{n}} \sim N(0,1)$，所以 y_α 是标准正态分布的 α 水平双侧分位点。

例 2 - 24：假设我们经过统计分析知道某农业保险保单索赔次数的均值和方差，以及单次索赔金额的均值和方差，现在已知过去一年其中 n 份保单的总损失数据，要估计此类保单下一年的纯保费，求经验数据具有完全可信性时所需的风险单位数。

解：

记过去一年 n 份保单的总损失数额分别为 $X_1, X_2, \cdots, X_n$，并且令

$$X_j = Y_1 + Y_2 + \cdots + Y_N, j = 1, 2, \cdots, n$$

其中 N 表示第 j 份保单的索赔次数，$Y_1, Y_2, \cdots, Y_N$ 则分别表示第 j 份保单每一次索赔的金额，每次索赔相互独立。我们由题可知，索赔次数及单次索赔金额的均值和方差是已知的，所以有：

$$E(Y_1) = E(Y_2) = \cdots = \mu_s$$
$$Var(Y_1) = Var(Y_2) = \cdots = \sigma_s^2$$
$$E(N) = \mu_f, Var(N) = \sigma_f^2$$

根据上式，并且利用条件均值和条件方差的计算公式，我们可以算出每份保单过去一年的总损失额的均值 μ 和方差 σ^2，即：

$$\mu = E(X_j) = \mu_s \mu_f$$
$$\sigma^2 = Var(X_j) = \mu_f \sigma_s^2 + \mu_s^2 \sigma_f^2$$

根据公式（2.66）可计算完全可信性时所需的风险单位数 n 满足：

$$n \geqslant \left(\frac{y_p \sigma}{\gamma \mu} \right)^2 = \left(\frac{y_p}{\gamma} \right)^2 \left[\frac{\mu_f \sigma_s^2 + \mu_s^2 \sigma_f^2}{\mu_s^2 \mu_f^2} \right]$$

（二）部分可信性

有限扰动信度理论认为如果观测值的个数 n 不能满足完全可信性的条件，就不能单凭观测值数据中包含的信息来估计 μ 并由此来厘定费率，还需要利用其他信息（其他公司的信息或本公司其他险种的信息等，也可以是精算师根据时间经验做出的合理推测和判断）。如果用 M 表示根据其他信息得到的损失平均值，那么部分可信性理论认为损失随机变量 X 的数学期望的估计值

$$\hat{\mu} = (1 - Z)M + Z \bar{X} \tag{2.67}$$

信度因子 Z 是样本均值（即观测值所带来的信息）在计算总体均值估计量的权重。Z 的值介于 0 到 1 之间，Z 的大小表示样本均值在估计总体均值时的可信度，即历史可观测数据的可依赖度。

对于没有达到完全可信条件的 n，部分可信性理论要求对取定的 α、γ 满足：

$$P\left(Z \left| \frac{\bar{X} - \mu}{\mu} \right| \leqslant \gamma \right) \geqslant 1 - \alpha$$

同样我们可以对上式进行整理，可以得到：

$$P\left(\left|\frac{\bar{X} - \mu}{\sigma/\sqrt{n}}\right| \leqslant \frac{\gamma\mu}{Z\sigma/\sqrt{n}}\right) \geqslant 1 - \alpha$$

根据中心极限定理，我们可知，当 n 充分大时，仍可假设 $\frac{\mu - \bar{X}}{\sigma/\sqrt{n}} \sim N(0,1)$，即有

$$\frac{\gamma\mu}{Z\sigma/\sqrt{n}} = y_\alpha$$

通过上式可解出信度因子 Z，得

$$Z = \frac{\gamma\mu}{\sigma y_\alpha}\sqrt{n} = \sqrt{\frac{n}{n_0}} \tag{2.68}$$

其中，n_0 是满足完全可信性时所要求的最小数据容量。

例 2 - 25：在例 2 - 27 中，假设索赔次数服从参数为 2 的泊松分布，单次索赔金额服从参数为 0.002 的指数分布，确定风险单位数为 1000 时，部分可信因子的大小。（$\gamma = 0.05, \alpha = 0.03$）

解：

根据题意可知，对于索赔次数，它服从泊松分布，则有：

$$\mu_f = \sigma_f^2 = 2$$

对于单次索赔金额，它服从指数分布，则：

$$\mu_s = \frac{1}{0.002} = 500$$

$$\sigma_s^2 = \frac{1}{0.002^2} = 250000$$

因此，我们可以计算完全可信时，所需的最小风险单位数：

$$n_0 = \left(\frac{y_p}{\gamma}\right)^2 \left[\frac{\mu_f \sigma_s^2 + \mu_s^2 \sigma_f^2}{\mu_s^2 \mu_f^2}\right]$$

$$= \left(\frac{y_p}{\gamma}\right)^2 \left[\frac{\sigma_f^2}{\mu_f^2} + \frac{1}{\mu_f}\frac{\sigma_s^2}{\mu_s^2}\right]$$

$$= \left(\frac{2.17}{0.05}\right)^2 \left[\frac{2}{2^2} + \frac{1}{2}\frac{250000}{500^2}\right]$$

$$- 1883.56$$

再有部分可信因子的计算公式（2.68）可得：

$$Z = \min\left\{\sqrt{\frac{n}{n_0}}, 1\right\} = 0.73$$

二 最大精度信度理论

上一节我们介绍了有限波动信度理论，从式（2.64）可以看出，有限波动信度理

论的基本思想是控制样本均值与总体均值的相对误差很小的概率很大，即控制数据中随机波动对估计的影响。而本节介绍的最大精度信度理论则试图使样本均值与总体均值之间的绝对误差很小。

我们现在已有一组观察数据 $X_i, i = 1, 2, \cdots, n$，要想估计下一次试验的数据值，通常会使用观察数据的总体均值进行估计，而在观察数据已知的情况下，估计总体均值，我们可以使用观察数据的线性函数来近似，即：

在已知观察数据 $X_i, i = 1, 2, \cdots, n$ 的前提下，要估计下一年的索赔数据 $\hat{\mu}_{n+1}$，$\hat{\mu}_{n+1}$ 可用线性方程式（2.69）进行表示。

$$\hat{\mu}_{n+1} = \alpha_0 + \sum_{i=1}^{n} \alpha_i X_i \tag{2.69}$$

其中，$\alpha_i, i = 0, 1, 2, \cdots, n$ 均为待估参数，且待估参数的最终值应使均方误差 $Q = E\{ [\hat{\mu}_{n+1} - \alpha_0 - \sum_{i=1}^{n} \alpha_i X_i]^2 \}$ 最小。

在前文我们也曾对一个方程的极大值或极小值进行过求解，我们知道，要使 Q 达到最小值，需要分别对未知参数 $\alpha_i, i = 0, 1, 2, \cdots, n$ 取一阶偏导，并令所有未知参数的一阶偏导为零，最后联立方程组解出未知参数 $\alpha_i, i = 0, 1, 2, \cdots, n$ 的估计值 $\tilde{\alpha}_i$。因此我们首先对 α_0 求一阶偏导数，可得：

$$\frac{\partial Q}{\partial \alpha_0} = E\{ -2(\hat{\mu}_{n+1} - \alpha_0 - \sum_{i=1}^{n} \alpha_i X_i) \} = 0$$

对上式进行等式变换可得：

$$E(\hat{\mu}_{n+1}) = \tilde{\alpha}_0 + \sum_{i=1}^{n} \tilde{\alpha}_i E(X_i) \tag{2.70}$$

接着对 $\alpha_i, i = 1, 2, \cdots, n$ 分别求一阶偏导数，可得：

$$\frac{\partial Q}{\partial \alpha_i} = E\{ -2 X_i (\hat{\mu}_{n+1} - \alpha_0 - \sum_{j=1}^{n} \alpha_j X_j) \} = 0$$

同样可对上式进行等式变换，得：

$$E(X_i \hat{\mu}_{n+1}) = \tilde{\alpha}_0 E(X_i) + \sum_{j=1}^{n} \tilde{\alpha}_j E(X_i X_j) \tag{2.71}$$

通过我们对 $n + 1$ 个未知参数求一阶偏导，可以得到 $n + 1$ 个方程组，如式（2.72）所示。最后，我们求解这个方程组即可得到所有未知参数的估计值 $\alpha_i, i = 0, 1, 2, \cdots, n$，进而得到可信性保费 $\tilde{\alpha}_0 + \sum_{i=1}^{n} \tilde{\alpha}_i X_i$。

$$\begin{cases} E(\hat{\mu}_{n+1}) = \tilde{\alpha}_0 + \sum_{i=1}^{n} \tilde{\alpha}_i E(X_i) \\ E(X_i \hat{\mu}_{n+1}) = \tilde{\alpha}_0 E(X_i) + \sum_{j=1}^{n} \tilde{\alpha}_j E(X_i X_j) \end{cases} \tag{2.72}$$

例2-26：某保险公司承保了一个农业保险团体保单，其下有 m 家农户参与投保，经过保险公司 n 年的数据统计发现，投保农户的索赔次数服从参数为 λ 的泊松分布，且投保农户的索赔次数之间存在相关性，相关系数为 ρ，求下一年该保单下各投保农户的索赔次数。

解：

我们可以直接根据方程组（2.72）对上述问题进行求解，首先我们根据泊松分布的性质可知：

$$E(\hat{\mu}_{n+1}) = E(X_i) = Var(X_i) = \lambda$$

则方程组，可表示为：

$$
\begin{cases}
\lambda = \tilde{\alpha}_0 + \sum_{i=1}^{n} \tilde{\alpha}_i \lambda \\
\rho\lambda = \tilde{\alpha}_0 \lambda + \sum_{j=1}^{n} \tilde{\alpha}_j \rho\lambda
\end{cases}
$$

可以解得：

$$
\begin{cases}
\tilde{\alpha}_0 = \dfrac{(1-\rho)\lambda}{1-(1+n)\rho} \\
\tilde{\alpha}_i = \dfrac{(1-\rho)\rho}{1-(1+n)\rho}
\end{cases}
$$

则可以估计出下一年该保单下各投保农户的索赔次数应为：

$$\tilde{\alpha}_0 + \sum_{i=1}^{n} \tilde{\alpha}_i X_i = \frac{(1-\rho)\lambda}{1-(1+n)\rho} + \sum_{i=1}^{n} \frac{(1-\rho)\rho}{1-(1+n)\rho} X_i$$

本章小结

　　农业保险精算使用数学、统计学等方面的知识，对过去发生的损失数据进行分析、预测，从而实现产品定价、准备金评估等过程。本章着力于介绍农业保险精算会使用到的统计学的基本方法，首先介绍了损失次数和损失金额两大随机变量可能服从的理论分布，然后分别对损失拟合的三种方法——频率学派法、贝叶斯法和随机模拟法的基本思想和一般步骤进行了介绍，为本书后续精算定价和准备金评估的内容做了铺垫。最后本章对费率调整的理论——信度理论进行了简单的介绍，包括有限波动信度理论和最大精度信度理论的基本思想、使用方法进行了介绍，为本书后续对信度保费的计算方法提供理论基础。

重点概念

经验分布函数：对样本数据的累积分布的估计，因此 x 处的累积经验分布的函数值是所有小于或等于 x 的样本数量与总样本数的比值。

参数估计：作为统计推断的一种方法，是根据样本观测值来估计总体分布中未知参数的过程。

点估计：用样本观测值来估计总体参数的值，估计出来一个数值，即数轴上的某一个点值。点估计包括矩估计、最小二乘估计、极大似然估计等。

矩估计法就是利用矩的概念，以样本的矩来估计总体矩，以样本矩的表达式来作为总体矩的解析式。

最小二乘法常用于曲线拟合的问题中，通过最小化估计值与真实值的误差的平方和来寻找数据的最佳函数匹配。

极大似然估计法则是基于极大似然原理，使得样本获得最大概率的参数值作为未知参数的估计值。

区间估计：在一定概率下，基于点估计值和标准误差建立包含待估参数的区间，然后通过这个区间来估计参数。

两类错误：假设检验中的名词，第一类错误为弃真错误，即在原假设为真的情况下，做出拒绝原假设的决定；第二类错误为纳伪错误，即在原假设为假的情况下，做出接受原假设的决定。

拟合优度检验：通过运用统计检验的方式对经验分布和所选理论分布进行比较，以判断所选理论分布对总体的描述是否吻合。拟合优度检验的常用方法有卡方检验和 K–S 检验。

贝叶斯方法：将未知参数的先验信息与样本信息综合，再根据贝叶斯公式，得出后验信息，最后根据后验信息去推断未知参数的方法。先验信息是指在获取新信息之前，对样本参数的初步看法和认识，先验信息大多来源于我们以往的工作经验和知识储备，也有可能是一些主观判断。后验信息则是在获取新信息之后，对先验信息进行调整得到的新认识、新看法。

随机模拟法：通过进行大量的随机统计试验，以试验得到的频率来估算概率，并以此计算某些问题。随机模拟在精算中的运用就是通过构造一个合适的概率模型，产生随机数，然后将其代入模型进行统计试验，获取模拟值，然后进行统计特征分析。

信度理论：研究如何合理利用先验信息和个体索赔经验来进行估计、预测以及厘定后验保费的理论方法。

有限波动信度理论：信度理论的一种方法，是通过控制数据中随机波动对估计的影响，来对后验保费进行计算的方法。

最大精度信度理论：试图求解未知参数使得估计误差最小，从而求得后验保费的一种方法。

思考与练习

1. 已知某项农业保险业务的索赔次数服从：

（1）参数为 2 的泊松分布；

（2）参数为 6 和 0.01 的二项分布；

（3）参数为 3 和 0.9 的负二项分布。

分别求出在这三种情况下的索赔次数的数学期望和方差。

2. 某农户面临的风险长期投保某种农业保险，经统计发现，该农户的索赔次数服从二项分布 $B(2, 0.1)$，每次索赔金额服从均值为 600，方差为 45 的伽马分布，求该农户这段时间内总索赔额的均值和方差。

3. 假设某项农业保险业务的保单在保单有效期间内的索赔次数具有如下表所示的分布：

索赔次数（元）	保单数
0	7279
1	619
2	431
3	84
4	57

并且该项业务的单次索赔金额服从如下表所示的分布：

索赔金额（元）	索赔次数
0—500	459
500—1000	925
1000—1500	317
1500—2000	157
2000—4000	103

根据上述经验数据，估计在有效年度内 100 分该类保单总赔付金额的均值和标准差。

4. 设某投保人在保单有效期间内的索赔次数服从参数为 n 和 p 的二项分布，利用以下数据，求

（1）参数 p 的矩估计和极大似然估计；

（2）在 90% 的置信水平下，计算参数 p 的置信区间。

索赔次数	保单数
0	7279
1	619
2	431
3	84
4	57
5	0
合计	8470

5. 假设某农业保险公司承保某类保单的索赔次数服从二项分布 $B(n, p)$，但是对于不同的投保人其索赔概率 p 是不同的，根据经验数据显示，索赔概率 p 服从 beta 分布，即有

$$\pi(p) = \frac{\Gamma(\alpha + \beta)}{\Gamma(\alpha)\Gamma(\beta)} p^{\alpha-1}(1-p)^{\beta-1}$$

求参数 p 的后验分布。

6. 在平方损失函数下，求上题的贝叶斯估计量。

7. 在 0—1 误差函数下，求题 5 的贝叶斯估计量。

8. 对于例 3 - 12，使用 K - S 检验对其进行重新检验。

9. 某农业保险承保了一片农场，公司打算为这笔业务单独建立一个赔款基金。根据这片农场过去的索赔记录显示，该农场的索赔次数服从参数为 5 和 0.2 的二项分布，每次的索赔金额则服从参数为 6 和 1.5 的对数正态分布，试对总索赔金额进行 500 次随机模拟，并确定一个定值 C，使得这笔业务在下一年度总索赔额超过 C 的概率小于 1%。

10. 假设某农业保险保单的总理赔次数服从参数为 λ 的泊松分布，个别理赔额服从伽马分布，其中伽马分布可表示为：

$$f(x) = \frac{\beta^{\alpha}}{\Gamma(\alpha)} e^{-\beta x} x^{\alpha-1}$$

要想保证实际的总理赔额与期望总理赔额之间的误差在 5% 内的概率为 95%，需要进行 16000 次理赔，求个别理赔额的分布参数。

11. 假设某农业保险保单组合的总理赔额服从复合泊松分布，已知为保证个别理赔额数据的完全可信性，需要的最小理赔次数为 n，而为保证总理赔额数据的完全可信性，需要的最小理赔次数为 $n+2000$，计算为保证理赔频率的完全可信性，需要的最小理赔次数。（假设这三种情况下的完全可信性条件 α 和 γ 都相同）

12. 已知某农业保险保单下，单个投保农户前三年的索赔额分别为 X_1，X_2，已知：

$$E(X_1) = 300, E(X_2) = 250$$

$$Var(X_1) = 30, Var(X_2) = 20$$

$$Cov(X_1, X_2) = 3, Cov(X_1, X_3) = 10, Cov(X_2, X_3) = 5$$

试求这一保险年度，该农业保险保单的可信性保费。

13. 已知某农业保险保单的索赔频率服从对数正态分布，参数分别为 μ 和 σ^2，在给定索赔频率的情况下，每份保单的索赔次数服从参数为索赔频率的二点分布。现在假设在 1000 份该类保单中，一年一共发生了 58 次索赔，在最大精度信度下求下一年索赔频率的可信性估计值。

参考文献

［1］Kaas R. , Goovaerts M. , Dhaene J. , et al. , "Modern Actuarial Risk Theory", *Kluwer Academic Publishers*, 2001.

［2］李鹏:《我国非寿险精算存在的问题及对策》,《商场现代化》2006 年第 17 期。

［3］王晓军、孟生旺:《保险精算原理与实务》, 中国人民大学出版社 2014 年版。

［4］王静龙、汤鸣、韩天雄:《非寿险精算》, 中国人民大学出版社 2004 年版。

［5］谢志刚:《风险理论与非寿险精算》, 南开大学出版社 2000 年版。

［6］邹公明:《非寿险精算数学及实务》, 上海财经大学出版社 2003 年版。

［7］孙佳美:《非寿险精算理论与实验》, 中国财政经济出版社 2008 年版。

［8］陈希孺:《概率论与数理统计》, 中国科学技术大学出版社 2009 年版。

［9］姚海波:《精算学理论发展综述》,《上海保险》2006 年第 2 期。

［10］谢凤杰、王尔大、朱阳:《基于 Copula 方法的作物收入保险定价研究——以安徽省阜阳市为例》,《农业技术经济》2011 年第 4 期。

第三章　农业保险费率厘定的基础

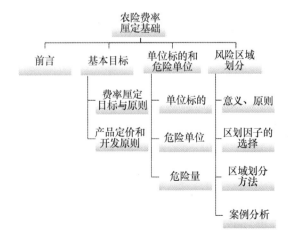

第一节　农业保险费率厘定前言

在开始本章之前，首先需要读者对费率厘定的概念有一定的认识。从字面意思理解，费率厘定就是费率确定或制定的意思，是保险公司在期望理赔金额和理赔次数的基础上确定充分费率的过程。所谓费率，就是指对于一个保险产品，能满足保险公司预期支出（包括赔付支出、固定运营费用等）与期望收益的收费。

对于保险费率，一般来说还有另一种解释：每一单位保险金额（保额）对应的应缴纳保费大小。这里，本书和中国精算师协会《非寿险精算学》一书保持一致，使用"满足保险公司预期支出（包括赔付支出、固定运营费用等）与期望收益的收费"这一概念。因此，本书中所指的费率，其准确意义应指保险公司为每一风险单位、每份保单或者多个风险单位提供一定保额的保障服务时，从精算角度考虑，为了满足保险公司预期支出和期望收入，保险公司应该向投保人收取的费用。

费率厘定是精算人员的重要职责之一，保险的定价离不开费率的厘定。值得注意的是，费率并不等于保险的销售价格，费率厘定与保险定价属于两个不同的概念。费率厘定是保险公司在估算出期望理赔金额和理赔次数的基础上确定充分费率的过程。也就是说，费率厘定确定了一个充分费率，它可以提供足够的资金去支付预期的损失和费用，并且给保险公司带来合理的回报。保险定价指的是在费率充分的基础上，考虑公司的市场份额目标与竞争环境等众多因素制定价格的过程。

以车险市场为例，由于车险市场产品差别非常小，顾客对价格具有相当高的敏感性。为了维持各公司的车险保费规模，各财险公司纷纷采取价格战的策略。现在部分财险公司在车险上的年年亏损，就是保险公司在保险定价中压低价格，导致收入无法匹配支出的情况（农业保险领域可以考虑这样一个例子：由于种植大户核保定损相对容易、更易于风险的控制，从而给大户一定保费折扣，通过降低收益的方式，吸引客户投保）。

由此可见，费率厘定属于技术层面，保险定价属于决策层面，它们之间有着相当大的区别。在另一方面，保险定价离不开费率厘定。费率厘定是保险定价的基础。无论保险公司为了扩大市场份额而降低保费，还是为了增加收益而提高保费，保险费率都是保费调整的基石和依据。只有知道了费率，保险公司才能更好地了解自己定价策略的结果，从而选择最适合的定价方式。

例 3 - 1：某保险公司新进入某省进行市场开拓。通过一系列市场调研，该公司发现以下几个风险点可以进行承保（各风险点的总费率、总预计赔付如表 3 - 1）：

（1）该省具有高度发达和完善的农业生产资料（包括大量农机设备、半机械化农具、农林牧副渔产品深度加工设备以及运输、储藏机械设备、电气设备与各种配件等），并且对这些涉农业务的承保是可控且有利可图的；

（2）该省具有发达的农林牧副渔业，其等风险较低，对这些农业保险业务的承保同样可以获得很好的收益；

（3）由于该省存在少数民族聚集地，为了保护当地文化原生态大力发展旅游业，少数民族聚集地以木质住宅为主。该省政府出于开展惠农政策和扶持少数民族的目的，希望能以较小的支付为当地的少数民族木质住宅提供足够的保障。由于少数民族住宅以村落聚集，单次火灾极易蔓延至整个村落，政府希望的价格（40 万元）下，承保公司必将承担远高于保费的风险。

经过进一步的调查，该保险公司发现，该省政府在涉农业务和农业保险业务上具有很大的影响力，同时对少数民族住宅的承保可以大大提高该公司的知名度，有助于该公司在涉农和农业保险业务上的拓展（假设对少数民族住宅承保费用下降到政府希望的价格，可以提高涉农业务和农业保险业务20%的业务量）。

如果该公司按照费率进行报价并承保，请问该公司的毛利润是多少？如果该公司以政府希望的价格承保少数民族住宅财险，该公司的毛利润会是多少？采取该报价会为该公司带来多大的额外收益？

表 3 - 1　　　　　　　　**各业务标准业务量下费率及赔付情况表**

险种	涉农保险	农业保险	少数民族住宅财险
总费率	400 万元	3000 万元	100 万元
总预期赔付	300 万元	2400 万元	75 万元

解：

如果少数民族住宅财险以总费率进行报价，该保险公司总的毛利润为（假设除了赔付，无其他支出项目）：

$$毛利润 = 400 + 3000 + 100 - 300 - 2400 - 75 = 725(万元)$$

如果按照政府期望价格对少数民族住宅财产险进行承保，该保险公司的总毛利润为（假设除了赔付，无其他支出项目）：

$$毛利润 = (1 + 20\%) \times (400 + 3000 - 300 - 2400) + 40 - 75 = 805(万元)$$

由此，可见少数民族住宅财产险保费价格的下降有利于保险公司总收益的提高，提高80 万元。

费率厘定虽然仅是看似简单的费用计算过程，但它的设计涉及许多知识。从费率厘定的过程讲，它有一定的目标和原则，从而能够对其行为进行限制；从其设计的基础来讲，费率厘定的目的是制定费率，它有一定的范围限制，是针对一定对象产生的，这就包括费率对应的标的（标的最小单位本书把它叫作单位标的。其设计有着特殊的要求，本书会在之后进行解释）；从设计的科学性来讲，为了满足保险公司的支出，精算师需要熟悉了解保险公司的支出，尤其是赔付支出（包括理赔金额、理赔次数等），这也就涉及了精算的损失率和净保费等的概念（对于这些赔付数据，需要对其的时间和标的范围进行划分，这需要危险单位的基础知识）。

　　除了上述的费率厘定常见知识，在农业保险上，由于作物、地域等差别造成的赔付数据的显著差别，不同地域和作物费率有着巨大差别，合理的费率厘定还需要精算师对农业保险区域和农业作物牧畜知识的了解（由于农业保险，尤其是种植险标的往往是土地上的作物，和土地的相关性非常大，农业种植险的危险单位具有其特殊的空间范围特性，而农业保险区域划分也是在空间范围上的划分。这就使危险单位和风险区划这两个概念具有较高的重叠性，容易使人疑惑，希望读者注意。具体差别本书会在农业保险区域划分上具体描述）。在合理的厘定费率之后，公司将根据市场实际情况和公司战略目标，参考厘定的费率，完成最终保费的制定。具体如图 3 - 1 所示。

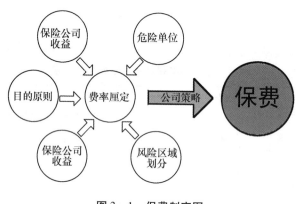

图 3 - 1　保费制定图

第二节　农业费率厘定的基本目标与原则

一　保险费率厘定的基本目标与原则

　　说到科学性，一般人就会想到先进的电子产品、深邃难知的宇宙变化、微不可见的量子世界等。其实，科学性的产生并不是因为结果的美好，而是因为过程的严谨以及过程与目标之间的合理联系。为了保证自身的科学性与合理性，费率厘定也需要具有设计过程的严谨性和保证过程目标之间的合理联系。要满足过程与目标之间的合理联系，精算师必须考虑费率设计可能要受到的限制，即目标和原则。

精算师在费率厘定的过程中需要满足以下几个基本目标：

（1）费率应该满足保险人支付预期赔付和费用的需求。虽然政府为农业保险提供了许多形式的财政补贴，但这并不是意味着保险公司得赔本经营。保险公司在经营农业保险时，仍然是以收支平衡为原则。农业保险公司自身财务的收支平衡，是其稳定经营的前提。具体来说，保险人的收入主要包括保费收入和投资收入，支出主要包括所有的赔付、与赔付相关的费用、保费税、销售费用以及各个部门的营运费用。

（2）为了应对农业保险经营中不可预期的事件发生（如重大自然灾害），农业保险费率中应包含风险附加部分，以防止过高的损失。在具体设计中，风险附加的额度要适中。费率厘定是保险定价的基础，过高和过低的农业保险费率最终都会以一定形式反映到农业保险定价上。如果过高的风险附加使得定价过高，这将降低农民投保的积极性和政府的认可度；但是过低的风险附加又不利于保险公司对不可预期事件的抵抗能力，容易遭受到重大损失。

（3）费率系统应鼓励被保险人进行损失控制。在实际操作中，无论是寿险、车险还是农业保险，保险公司在签署保单之后都会有一种担心——如果被保险人在有了保险公司的兜底之后，降低了自己对风险的控制该怎么办？[①] 在目前低赔付额的农业保险大环境下，或许这种情况尚不明显（或者不是农业保险的主要问题），但随着农业保险保障深度的提高，在保险公司与大农场、大农户的博弈逐步进行的过程中，这种情况必然会出现。在那个时候，费率系统、人员核保和理赔调查将构建成保险公司维持自身利益、保证客户公平的重要屏障。

在费率系统的具体操作中，这里简单介绍两种处理方法：①对于那些具有良好风险控制的保单，保险公司可以按较低费率收取保费或给予一定奖励，以鼓励风险控制，反过来，对于风险控制差的保单，保险公司也应该按较高费率收取保费或给予一定惩罚。这样既有助于保险人赔款支出的减少，也可以防止整个社会财富的减少。②通过免赔额、赔付上限、赔付比例和保险责任等多方面限制，使得损失与投保人自身利益相关联（而不是保险公司承担一切），促使投保人自我风控。

（4）费率水平应当稳定合理，也要有一定灵活性。一个保险无论在设计中用了多少专业技术，定价假设有多么的科学准确，它都是面向投保者的产品。销售在整个保险流程中永远是不可缺少的重要环节。频繁调整费率[②]，不但技术成本高昂，而且不利于销售人员的推销工作，极易在客户中产生不良影响，甚至导致监管部门干

---

① 这种投保人在投保后放松损失管理，而导致投保后风险相比投保前风险上升的情况，我们把它叫作道德风险。

② 这里的费率并不是上一条中因为保险人行为变化而产生的收费变化，一般在保险公司的保单和上报银保监会的资料中，会有由于不同风险下对应的保险费率表，所以根据保险人风险而从该表原则选择对应保费并不算是频繁调整费率。

涉。稳定合理并不意味着价格的不变，一定的灵活性也相当重要。随着风险情况、市场责任、市场需求等因素的变化，保险公司必然需要根据未来情况进行相应的费率水平调整。在现有的科技水平下，保险公司对费率的定价都是有局限的，是有适用时限的，一定的灵活性有助于保险公司策略的调整，使其更易在市场竞争中生存并盈利。

（5）费率要满足监管部门的要求。监管部门通过法律法规对保险费率加以限制。监管部门最基本的要求是费率必须充足且适合，不允许对被保险人不公正的区别对待。目前，农业保险由于其政策保险的特殊性，面临着格外严格的监管要求，知法守法可以说是农业保险公司费率厘定的首要环节。

（6）制定出来的费率要简单易懂。目前，农业保险面向对象依然为广大农民群体。出于减少民事纠纷，维护保险公司与政府名誉，提高农民群体接受程度和便于销售人员宣传普及的四大目的，厘定的费率应该便于农民、保险销售人员、当地政府相应工作人员和公司的高层理解，从而得到他们的支持，顺利开展业务。

在费率厘定原则上，根据保监会《财产保险公司产品费率厘定指引》，保险公司进行费率厘定需要遵循合理性、公平性和充足性三大原则。具体如下：

（1）保险公司进行费率厘定时应遵循合理性原则。不得因费率过高而获得与其承保风险不相称的超额利润，不得在费率结构中设置与其所提供服务不相符的高额费用水平，从而损害投保人、被保险人的合法利益。费率设定应与保险条款相匹配，并有利于激励保单持有人主动进行风险控制。

（2）保险公司进行费率厘定时应遵循公平性原则。费率水平应与被保险人和保险标的的风险特征相匹配，不得根据风险特征以外的因素作出歧视性的费率安排。

（3）保险公司进行费率厘定时应遵循充足性原则。费率水平不得危及保险公司财务稳健和偿付能力或妨碍市场公平竞争，计入投资收益后的费率水平原则上不得低于其所对应的各项成本之和，费率结构中所设置的费率调整系数不得影响费率充足性。

二　农业保险费率定价和产品开发的原则与要求

在农业保险中，根据《中国保监会关于加强农业保险条款和费率管理的通知》，保险公司费率管理设计应该按照"公开、公平、合理"的原则，符合以下要求：

（1）依法合规、公平合理，不侵害农民合法权益；

（2）要素完备、文字准确、语句通俗、表述严谨；

（3）费率合理、保费充足率适当，不得损害保险公司偿付能力和妨碍市场公平竞争。

在农业保险设计和产品开发上，农业保险产品需要满足保障适度、定价科学和通俗易懂三点。

（一）保障适度

保险责任原则上应覆盖保险标的所在区域内的主要风险因素，属于财政给予保险费补贴的农业保险产品，保险责任应符合财政部有关规定。保险金额的设计应充分考虑参考农户的风险保障需求，并与公司风险承担能力相匹配。对于财政补贴型农业保险产品而言，根据财政部保费补贴管理办法的规定，对超出管理办法中的保险责任应严格控制风险，设计为附加险，并单独收费。

（二）定价科学

开发农业保险产品时，应遵循大数法则，充分考虑农业保险的风险特征以及巨灾风险等因素，并根据当地经济发展水平和农民承受能力，厘定科学合理的费率。费率应保证保费充足率，不得损害保险公司偿付能力和妨碍市场公平竞争。

（三）通俗易懂

针对广大农民群众的特点，农业保险条款在法律要素齐全的基础上，应当尽量文字准确，通俗易懂，表述严谨。产品保障范围和方式的设计应该便于宣传和理解。

第三节　单位标的和危险单位

一　单位标的

在明确费率厘定的目标和原则之后，需要对费率厘定的对象充分理解。只有明确了费率厘定的对象，才能针对性地收集数据，对相关的数据进行经验分析，使得费率厘定能够科学合理进行。以飞机的事故发生频率为例，至少可以列出以下四个不同的灾害发生率：每年每架飞机事故率、每架飞机在役期间事故率、每架飞机每公里航行事故率和每架飞机每吨耗油事故率。虽然这四个事故率同是飞机事故的不同表现方式，但它们意味着不同的费率基础：保障每架飞机每年事故所需费率、保障每架飞机在役期间事故所需费率、保障每架飞机每公里航行事故所需费率和保障每架飞机每吨耗油事故所需费率。这四个保障有着时间长度的差异（年或在役期间）和计量方式的差异（时间、耗油和航行距离），这也就导致了不同基础下费率的不同。

如果以农业保险为例，可以举例出全国玉米当年每亩受灾率，全省玉米五年每亩受灾率，全省玉米年每亩冰雹受灾率，全省小麦年每亩受灾率等。不同的事故率或发生率有不同的应用，但在特定的使用途径上，只能使用特定的事故率或发生率。对费率厘定而言，不同的对象对应着不同的费率与收费方式，对象选择的混乱将使得费率厘定失去其准确性与科学性。因此，在费率厘定过程中需要统一的收费方式和基础。通常，保险收费基础叫作保险标的。对于标的可以划分得到的最小单位，本书将它叫作单位标的。[①] 简单地说，单位标的就是保费收取中的最小单位。

现在，考虑如下五个种植业情景（这里的费率假设为每份保单所应该收取的符合精算要求的保费）：

（1）对同样的环境，保单一承保了五亩地的玉米一年，保单二承保了五亩地的玉米两年。即保障时间长度不一样时，是否可以对两份保单收取同样的费率？

（2）对同样的环境，保单一承保了五亩地的玉米一年，保单二承保了十亩地的玉米一年。即保障的标的具有不同的空间范围，是否可以对两份保单收取同样的费率？

（3）对同样的环境，保单一承保了五亩地的玉米一年，保单二承保了五亩地的油菜一年。即保障的标的不相同，是否可以对两份保单收取同样的费率？

（4）保单一和保单二各承保了五亩地的玉米一年，如果保单一承保地玉米种植主要面临的是冰雹风险，保单二承保地主要面临的是蝗虫风险，是否可以对两份保单收取同样的费率？

（5）对于同样的环境，保单一承保了五亩玉米一年，由于这五亩地玉米每亩之间距离较远，同一场气象灾害不会同时对两亩及以上玉米地造成损失，保单二承保了五亩玉米一年。值得注意的是，由于这五亩玉米地相邻，当面临气象灾害时，这五亩玉米地会同时受到相同的影响，请结合预备知识（绪论）中的概率论知识，考虑这保单一和保单二的全承保期内平均损失率、最高损失率和损失率方差之间关系，并考虑单次灾害发生时保单一和保单二的平均损失率、最高损失率和损失率方差之间的关系（假设全年可能有两次灾害，每次灾害发生概率是 0.2，每次灾害发生将会导致受灾地产生 0.5 的损失，即损失一半玉米）。

很明显，对于情景一、二，保险公司会将五亩地一年、五亩地两年和十亩地一年，在时间和空间上切分，比如以一亩地一年作为基础单位，从而分别收取五倍、十倍和十倍的费率；对于情景三，如果保险公司对玉米和油菜两种作物一视同仁，默认风险相同，是可以对这两份保单收取相同费率的，反之，则不行；对于情景四，如果保险公司同时承保蝗虫和冰雹两种风险，并不因风险不同收取额外费用，这两份保单费率是相同的，反之，则不相同；对于情景五，这里涉及了风险独立，并不属于单位标的，而是危险单位的思考，具体将在危险单位部分讲解。

前四种情景只是简单假设，在实际的保险公司经营中，精算从业人员面临的情景往往更加复杂，因此为了更加科学、合理和准确地制定费率，可以引入单位标的的概念，从而对费率进行限定。单位标的是这样一个单位，它通过空间（数量）、时间和标的三个基本方面和其他因素对费率进行限制，从而协助确定每张保单责任并计算对应

---

① 单位标的并不是精算里面的基础词汇，而是由于农业保险的特殊性，本书决定单独提出的一个概念，作为对危险单位在农业保险上使用受限的一种替代品。具体原因和用途将会在之后说明。

的保费。

与空间（数量）、时间两个基本方面不同，其他因素并不是对分母的变化，而是一种扩充性质的限制或者区分。比如说对生产技术条件的限制，对生产技术更高级的标的每亩每年征收更少的费率。由于我国这种差异化收费的例子较少，这里可以参考美国的差异化收费方式。

根据张玉环，在美国，保险单位[①]大致可以划分为四种：基本单位、选择单位、作物单位和农场单位。其一是基本单位，指在一个县域内农户自有的或以现金形式租种的全部耕地一起投保的保险单位。其二是选择单位，指农户根据生产条件和产量水平等情况按地块投保的保险单位。其三是作物单位，指农户为其种植在一个县域内所有地块上的同一种作物一起投保的保险单位。其四是农场单位，它专门为玉米主产区的农民开发，指农户将其种植的玉米和大豆两种作物一起投保的保险单位。农户选择以农场单位以外的 3 种保险单位投保时，可以享受保费优惠[②]。

在种植业上，由于种植业的标的和土地的位置与大小有着极大的联系，对种植业的单位标的的划分，有很大一部分就是对土地的划分，这和后续将介绍的危险单位、风险区域划分有着很大的重叠处，它们之间的异同点会在风险区域划分一节中详细介绍。在畜牧业上，由于标的和土地的联系大大减少，这种重叠性相应地也大幅度下降，变得易于分割。但在另一方面，畜牧尤其是大型畜牧生产期限较长，不同岁数下健康程度、养殖风险都有很大不同，这又使得单位标的的变化增多。

例 3 - 2：考虑以下几种情况下的两份保单，分别讨论是否有理由对两份保单收取不同的费率：（这里希望能够从单位标的的角度进行考虑，这里的费率假设为每份保单所应该收取的符合精算要求的保费）

（1）在同样的环境下（包括生产条件），且奶牛年龄性别分布相差不大，保单一承保奶牛 300 头的生命一年，保单二承保奶牛 500 头的生命一年；

（2）在同样的环境下（包括生产条件），保单一承保奶牛 300 头的生命一年，保单二也承保奶牛 300 头的生命一年，但由于饲养时间的差别，保单二的奶牛平均剩余寿命远小于保单一（即还能活的平均时间更短）；

（3）在同样的环境下（不包括生产条件），保单一承保了养殖场 A 的奶牛 300 头的生命一年，保单二承保了同县 40 个散户农民的奶牛共 300 头的生命一年（年龄分布情况和保单一相差不大）；

（4）在同样的环境下（生产条件都是最适宜各自物种的），保单一承保了养殖场的

---

① 这里的保险单位就和单位标的是同种意思。不过其并不是按照单位面积进行划分，而是按照所有权进行划分的。

② 张玉环. 美国、日本和加拿大农业保险项目比较分析［J］. 中国农村经济，2016（11）：82 - 90.

奶牛 300 头的生命一年，保单二承保了同一养殖场的肉猪 300 头的生命一年（为了销售或其他非疾病意外原因致死不考虑）。

解：很明显，这里的答案都是肯定的。

在第一个情境下，由于生产条件、标的品种、年龄性别结构相差不大，这意味着每一保险标的的风险状况相同，所以，保险公司对每一保险标的收取的费率相同。从每个单位标的的角度（每头牛×年）考虑，虽然这里每头牛的费率相同，但是保单一、二承保的标的数量不同，所以两个保单收取的费率不同。

在第二个情景下，如果以每头牛×年作为单位标的，忽略之间的年龄差异，保单一和保单二各有奶牛三百头，承保一年，那么两个保单的费率应该是一样的。但由于两份保单奶牛的平均剩余寿命不同，导致了健康程度的差别。对此，在单位标的的设计中可以考虑不同年龄段的影响并分别收费，如每头 0—1 岁的牛×年，每头 2—5 岁的牛承保一年等。因此在考虑年龄影响的情况下，可以对保单二的每个单位标的可以增收更多的费率。

第三个情景与情景二类似，如果以每头牛×年作为单位标的，忽略散户之间的差别，那么两个保单费率相同。然而，一般来说，散户的养殖能力和养殖环境和规模化生产是有很大差别的，这里可以假设散户能力远远低于规模化生产。那么，单位标的的设计中可以考虑规模化水平并分别收费，如总畜牧数 1—20 头的投保人每头牛×年，总畜牧数 21—100 头的投保人每头牛×年等。因此可以对保单二的单位标的的增收更多费率。

在第四个情况下，猪和奶牛是不同的物种，属于标的差别，即保单一单位标的的为每头奶牛×年，保单二为每头肉猪×年。应该根据对应的标的收取各自的单位标的的费率，因此是不同的。

在实际处理中，以上差别请通过数据或者资料寻找支持，请勿直接划分。

在本小节的最后，简要总结单位标的的设计的要点。单位标的就是保费收取中的最小单位，就像飞机事故有多种发生率一样，单位标的有多种设计方法。1）按照土地所有权或者畜牧群进行划分；2）按照投保人进行划分；3）按照一定的基础单位进行划分，如每单位面积作物或每单位畜牧。无论是哪种设计方式，都需要注意以下四个问题：

第一，单位标的的设计首先要包括标的、基本面积（基本数量）和基本时间三个因素，在此基础上可以加上其余限制（或区分因素）进行进一步调整。

第二，单位标的的设计要保证各个单位标的之间的准确分离，不能够出现单位标的之间存在重叠的情况，也要便于核保人员的统计。

第三，单位标的的设计要利于费率的计算。

第四，单位标的的设计要简单易懂，容易理解和解释，有助于产品的宣传、推广和购买。

二　危险单位

由于单位标的是本书引入的，是作为危险单位的替代品而使用的，那么危险单位到底是什么概念呢？这里将结合上一小节的五个种植业情景，通过下面的问题来进行解答：

对于同样的环境，保单一承保了五亩玉米一年，由于这五亩地玉米每亩之间距离较远，同一场气象灾害不会同时对两亩及以上玉米地造成损失，保单二承保了五亩玉米一年。值得注意的是，由于这五亩玉米地相邻，当面临气象灾害时，这五亩玉米地会同时受到相同的影响。

（1）请读者结合预备知识中的概率论知识，考虑这保单一和保单二的全承保期内平均损失率、最高损失率和损失率方差之间关系，并考虑单次灾害发生时保单一和保单二的平均损失率、最高损失率和损失率方差之间的关系（假设全年可能有两次灾害，每次灾害发生的概率是 0.2，每次灾害发生将会导致受灾地产生 0.5 的损失，即损失一半玉米）。

仔细阅读该情景，可以发现保单一和保单二最大的差别在于承保的五亩玉米地每亩之间是否独立。为了使这个问题更加贴近现实，这里以一个更接近现实的假设进行分析。

假设某保险公司在山东、浙江、四川、辽宁和广东各承保了一百亩用于种植玉米的土地一年，已知这五个省份会对全省玉米造成损失的灾害在四月和六月各有一次发生的可能（各月灾害的发生概率均为 20%），每次灾害会造成出灾省的玉米损失一半（即 50%），由于这五个省范围大距离远，各省出灾概率和出灾损失独立（以山东和四川为例，山东出灾并不代表四川一定会出灾，且山东出灾不会导致四川玉米受到影响）。在这种情况下，根据已学习的预备知识和概率论知识，可以得到以下几个结果：

$$\text{每亩预期损失率} \Big| = \frac{5 \times [100 \times 0.5 \times 0.2 \times 0.8 \times 2 + 100 \times (1 - 0.5^2) \times 0.2^2]}{100 \times 5}$$

$$\Big| = 0.19$$

$$\text{单次灾害最高损失面积} = 50 \text{ 亩}$$

$$\text{单次灾害最高受灾面积} = 100 \text{ 亩}$$

$$\text{全年最高损失面积} = 75 \times 5 = 375 \text{ 亩}$$

$$\text{全年最高受灾面积} = 500 \text{ 亩}$$

$$\text{损失率方差} \Big| = \{[0.5^2 \times 0.8 \times 0.2 \times 2 + (1 - 0.5^2)^2 \times 0.2^2] - 0.19^2\} \times 5$$

$$\Big| = 0.332$$

$$\text{损失面积方差} \Big| = \{[0.5^2 \times 0.8 \times 0.2 \times 2 \times 100^2 + (1 - 0.5^2)^2 \times 0.2^2 \times 100^2]$$

$$\left. \right| - (0.19 \times 100)^2 \right\} \times 5 = 3320$$

（2）接下来请考虑另一种情况：如果假设不变的情况下，五百亩被保地全部在同一省份（比如说四川省）会发生什么。根据已学习的预备知识和概率论知识，可以得到以下几个结果：

$$每亩预期损失率 = \frac{500 \times 0.5 \times 0.2 \times 0.8 \times 2 + 500 \times (1 - 0.5^2) \times 0.2^2}{500} = 0.19$$

$$单次灾害最高损失面积 = 250\ 亩$$

$$单次灾害最高受灾面积 = 500\ 亩$$

$$全年最高损失面积 = 500 \times 0.75 = 375\ 亩$$

$$全年最高受灾面积 = 500\ 亩$$

$$损失率方差 = \left[0.5^2 \times 0.8 \times 0.2 \times 2 + (1 - 0.5^2)^2 \times 0.2^2 \right] - 0.19^2 = 0.0664$$

$$损失面积方差 = \left[0.5^2 \times 500^2 \times 0.8 \times 0.2 \times 2 + (1 - 0.5^2)^2 \times 500^2 \times 0.2^2 \right]$$
$$- (0.19 \times 500)^2 = 3320 \times 5$$

简单对比上面参数，可以发现以下几点：1）风险是否独立（承保土地是否处于同一省份）对每亩预期损失率没有影响；2）所有承保地都在四川的情况下，单次灾害最高损失面积和单次灾害最高受灾面积是承保地分散情况的五倍；3）全年最高受灾面积和最高损失面积不受承保地分散或集中的影响；4）从损失率上考虑，损失率方差随着土地的集中变小了，但是更该注意的是损失面积方差由于土地的集中上升了五倍[①]。参考方差的定义，这说明承保地集中的情况下，损失面积更容易偏离损失面积的均值，且更容易产生更大的波动。

同样大小的单位标的，由于其内在相关性的不同（集中于同一省份，或者分散于五个省份），其损失面积的波动性、单次最高损失率等系数都大大上升。表现在保险公司的营业上，即说明承担单位标的相关性更高（在这里表现为更集中）的公司赔付波动更大。出于公司稳健经营的目的，这种赔付波动过大的行为是应该需要相当谨慎的（考虑这样一个情景，一个公司自有财产100万元，每年收入20万元，赔付10万元，持续10年，这样的公司可以持续稳健地经营；如果一个公司自有财产100万元，每年收入20万元，但第一年他要赔付100万元，根据现有的法律监管要求，这样的公司将会在第一年受到监管甚至破产）。

进一步对该例进行分析，可以发现单位标的虽然有助于费用的合理收取，有助于考虑风险大小和费用的关系，有助于反应保险标的自身和风险的独特性，但它并不能表现保险标的之间的内在联系，不能帮助保险公司合理地控制自身的风险。因此，在精算工作中需要考虑一个新的单位在满足单位标的原有功能上对该内在联系进行反映，

---

① 请思考为什么损失面积方差比损失率方差更重要。

而这种单位就是危险单位。

费率危险单位，又称作风险单位，是单位时间内保险标的发生单次灾害事故可能造成的最大损失范围。它是费率厘定的基本单位，所谓费率指的就是每个危险单位所需缴纳的金额。一般来说，危险单位的划分应该本着科学、谨慎和合理的原则进行。由于要考虑单次灾害事故可能造成的最大损失范围，参考上面的例子，根据精算独立假设，危险单位的划分标准应该使得各危险单位风险独立。从空间的角度上说，即对于坐落于同一地区的两（多）项保险财产，发生于其中一项财产的保险事故不会同时影响到另一项保险财产。从时间的角度考虑，即前一期的保险事故不会影响后一期的保险财产。

对于种植业，危险单位的划分可以简单理解为一块土地上作物的损失和另一块土地上作物损失联系较小（比如不会受同一场冰雹的影响或者同一场暴雨影响）或者前一年的损失不会与第二年的收成相关。需要注意的是，由于种植业和土地关系极为密切，而土地的位置又与巨灾十分密切。这就造成了在巨灾环境下，往往大面积的土地损失具有关联。如果直接通过相关性考虑，就会导致危险单位的地理范围过大，不利于危险单位的缩小，不利于更加细致地分析和思考。

因此在进行农业保险危险单位划分的时候，应该考虑是否有需要或者能力将大范围的风险单独分类的能力，从而使在不考虑巨灾下的危险单位划分可以更加细致（即把巨灾单独作为巨灾险考虑，分别计算）。

单位标的出于费率计算的简便，会希望单位标的在保险期间和计量单位（如面积大小）上具有一致性，而危险单位的划分并不要求每个危险单位的面积或者保险期间相等。但不同面积或保险期间基础的同种危险单位由于其差别，在统一分析的时候具有很大的不便性，所以一般尽量保持一致。

总而言之，对于种植业危险单位的划分，应该遵循如下几点：

首先，种植业危险单位的划分应该本着科学、谨慎、合理的原则进行，根据精算独立假设，使各个危险单位风险独立。

其次，应该在基础风险和巨灾风险上均衡考虑，在不增加过高风险的角度下，将危险单位尽可能地细化。

最后，对于种植业，不同作物之间的风险并不一定独立，应该考虑不同作物的特性，考虑同段时间内不同作物受损的关联性，以防止不同作物损失的高相关性。

在畜牧保险上，畜牧保险由于其标的为畜牧，不像种植保险受地理位置的影响，其危险单位划分和地域的关联度相比种植业大大下降（不会出现对一亩地的畜牧进行承保的情况）。因此除了特殊情况，不需要将一个地理范围内的畜牧归为一个危险单位（特殊情况往往是针对特殊气候造成的风险进行的承保，如由于寒冷造成的畜牧死亡情况，因为寒流属于大范围的气象风险，因此需要通过大范围进行考虑，参见拓展阅读蒙古国畜牧极寒天气）。这就和种植业的危险单位划分有了很大的不同。

对于畜牧业危险单位的划分，应该遵循如下几点：

首先，畜牧业的危险单位划分应该同种植业危险单位划分，本着科学、谨慎、合理的原则进行，根据精算独立假设，使各个危险单位风险独立。

其次，由于畜牧业的畜牧损失大小和土地面积大小不会有明显关系，并不存在所谓针对一亩地上的畜牧损失的保险，可以参考个险或团险的概念进行危险单位的划分（个险是指保单的基本单位为个人，即危险单位是个人，团险的意思是保单针对一个团体进行承保，即危险单位是团体）。

再次，从时间上考虑，由于部分畜牧生产期限较长，不同的年龄有不同的风险，如果有需要还应从其年龄分布和性别分布进行考虑。

最后，畜牧业同样面临着巨灾影响，同样需要考虑是否要将巨灾单独提取考虑，从而使在不考虑巨灾范围下的危险单位划分更细。

拓展阅读

蒙古国畜牧极寒天气

蒙古的传统经济支柱产业为农业和畜牧业。2002 年，约有 30% 的蒙古家庭从事畜牧业。2008 年农业相关产业占蒙古 GDP 的三分之一，其中畜牧业占农业 GDP 的 87%。畜牧为蒙古国大量人口提供了生计、收入及财富，对畜牧的不利冲击将对农村贫困人口及整个经济产生破坏性影响。在严寒季节，较大的冲击较为常见。从 1999 年到 2002 年，持续的干旱和严冬造成了三分之一的牲畜死亡，81000 家庭失去一半牲畜，12100 家庭失去全部牲畜，GDP 下降 1.1%。其中，2000 年冬季的雪灾造成 330 万头畜牧损失，7364 户牧户变成无牲畜户，占总牧户的 9.6%；2001 年的雪灾，造成约 420 万头畜牧死亡，损失达到 1400 亿图格里克（蒙古国货币单位），约占 GDP 的 10%，仅库苏古尔省就损失了牛羊总数的 80%；2002 年又发生雪灾，损失畜牧达 150 万头。而没过几年，由于 2009—2010 的严冬，蒙古全国又损失了 970 万头牲畜，占全部牲畜的 22%，导致 2009 年 GDP 下降了 1.6%。

三　危险单位的作用

为什么需要危险单位？首先，由于单位标的无法分清保险标的的相关性，不利于保险公司的风险控制，精算人员需要更加特殊准确科学合理的基础分析单位。危险单位具有单位标的原有的性质，可以区分、统计和计算，是保险公司费率厘定和经验分析的基础，危险单位的准确划分有助于更好地对事物的特性深入了解。以上一小节的例子来讲，危险单位确定了费率厘定和风险控制的范围。就像真理的验证需要在特定环境中进行一样，费率的厘定和风险的控制也需要范围的限制。除了费率厘定外，在得知危险单位后，保险公司可以对该危险单位的损失程度进行估计，从而可以确定自身在该项危险单位上面临的风险，有针对性地对该风险进行准备。

其次，危险单位的划分可以让精算师在更细化更准确的范围内对标的赔付规律进行分析。在之前的内容中，本书有用到"同组单位标的"的说法。由于危险单位和单位标的同样有区分、统计和计算的作用，危险单位也有组别的划分。有同组的危险单位，自然也有非同组的危险单位。所谓的同组危险单位，用第二章的知识来解释就是风险独立且具有相同风险分布的危险单位（风险独立意味着单个危险单位受灾不会对另一个危险单位产生影响，风险分布相同说明每个危险单位受灾的可能性、受灾的大小和受灾的类型大致相同）。

如果举寿险的例子，两个同龄的健康男性就可以归为同组危险单位，一个健康男性连续两年的身体状况（两年都为健康状态）也可以归为同组危险单位。以种植险为例，可以考虑两块风险独立土地上的作物。

在对同组危险单位的寻找中，同组危险单位一般有两个来源。第一个是时间来源，即不同时间同一对象可以看作两个不同的同组危险单位。例如一个健康男性的两个生存年和种植险中一块地的两个耕作年。第二个是分类，将风险相近的不同对象看作两个不同的同组危险单位。[①]

最后，在危险单位特殊性很高、缺少足够同组危险单位数量的情况下，危险单位的划分也是具有意义的。第一，通过危险单位的划分，精算师能够搜寻出需要单独考虑的特殊危险单位，从而判断对其单独进行分析是否具有经济价值，是需要继续分析还是对该危险单位拒绝承保；第二，通过危险单位的划分，可以让精算师寻找与该危险单位有着一定相关性的危险单位组，通过具有相关性的危险单位组的数据对该特殊危险单位进行预估（后文的经验分析法即该类方法）；第三，农业保险中的巨灾风险，往往就是导致这种农业保险中的特殊危险单位的重要因素之一，对其的保障是农业保险的重要使命之一。因此对特殊危险单位的研究在农业保险上具有很现实的意义。

前段介绍了危险单位的作用，接下来将要思考为什么需要危险单位足够的小，即为什么不能将不同组或者同组的危险单位合并成一个进行考虑。本书认为，将同种或者不同种的危险单位合为一个危险单位主要有以下坏处：

第一，导致有用信息的丢失或者未使用。危险单位是进行费率厘定和风险控制的基础。为了更好地进行费率厘定和风险控制，应该对足够多的原因进行了解和分析。过于庞大的危险单位，会使精算工作者忽略更小的危险单位的独特性质，使其缺少对

---

① 需要注意对于时间来源，需要保证时间变化不会对危险单位的风险或者特性造成明显改变。

风险的准确了解。

第二，这会使危险单位之间的差别上升但总数下降。假设一个篮子里有分别写着1、1、2、2、2、1六个球。从球的种类来说，篮子中有1号球3个，2号球3个，共两种型号，六个球。如果将任意两个球合并为一对球进行考虑，可以得到3个组合，两个1号球，两个2号球，一个1号一个2号球。两两组合一方面导致同一个篮子内的基本单位从两种型号变成了三种组合，复杂度上升；另一方面使得每种基础单位内的数量下降，从3变成1。这样虽然利于数量统计却不利于数学分析。

四　农业保险中危险单位使用的现状

在种植业保险中，由于其特有的地域性与季节性，常见农业险种在地域范围和时间范围上都表现出严重的非独立性。

在地域范围上，保险标的存在着严重的系统性风险问题，并且这种相关性往往在很大范围上依然明显（主要针对巨灾，以强降雨为例，2016年6月18日以来，南方地区出现入汛以来第19次降雨过程，雨带主要位于西南地区东部至江汉、江淮一带。截至6月21日9时统计，此次强降雨导致浙江、安徽、江西、湖北、湖南、广西、重庆、四川、贵州、云南10省/自治区/直辖市的39市/自治州以及147个县/市/区768万人受灾，35人死亡，24人失踪，38.8万人紧急转移安置，29.8万人需紧急生活救助；5600余间房屋倒塌，3.1万间不同程度损坏；农作物受灾面积439.9千公顷，其中绝收34.1千公顷；直接经济损失62.9亿元。[①]）；在时间范围上，由于部分地区农业风险的周期性，前一年的农业灾害有很大可能会对第二年造成影响。因此种植业保险危险单位的划分在目前理论和实务中都是一个相当大的难点。

在国内，我国以政策性补贴型农业保险为主，其中主要险种实行的是一省一费的方式。虽然收费时是对每亩地的作物进行收费，但由于采用相同费率，费率计算只需要通过全省的总数据进行计算。这样似乎简单便捷，但实际上这是把相当大一个地理范围作为了一个危险单位，这样有诸多不足。

第一，它忽略了更小范围内不同地域作物风险分布的差异性，导致数据只能通过时间序列进行分析，浪费了不少有用的数据；第二，一省一费的设计将不同风险等级的土地强行揉捏在了一起，不符合精算公平的思想；第三，如果以一省作为一个危险单位，那么就应该有足够多的同类危险单位进行统计、分析和计算，但由于中国仅有34个省份，且不同省份之间的作物组成和风险存在着不少差别，无法提供足够的危险单位进行研究；第四，目前，大多数农业保险公司经营范围具有地域局限性，主营区

---

① 网易新闻，"强降雨已致南方10省份768万人受灾59人死亡失踪"，http://news.163.com/16/0621/14-/BQ3FCKAP0001124J.html。

域往往局限于本省或周围，过大的危险单位将使得无法根据危险单位知识进行细致分析，将使保险公司面临更大的风险；第五，由于不同地区风险的不同，当一省具有多家保险公司时，各家保险公司会竞争低风险的地区，承保高风险地区的保险公司显然承担了更大的责任，可能产生更高的损失，这和保险精神、国家政策不相符。

虽然从科学的角度看，过大的危险单位或不进行危险单位的划分存在着相当多的问题，但是由于现行农业保险多为政策性补贴型保险，在低保障、高覆盖的要求下，这种方法也有多种好处。

第一，有助于政府扶贫扶农的目标达成。由于我国目前的政策性补贴型农业保险是一种基础保险，是服务民生的保险，政策性保险最重要的一点在于扶持需要扶持的，收支上的公平在第二位。在这种情况下，就算是风险低的地方，由于政府补助占了大头，农民大多数时候的支出都是低于其面临的风险，得到了实利。

第二，不损害保险公司的稳定经营。从目前农业保险公司的经营情况考虑，农业保险公司都是以营利为主，这说明现行的政府支持价格可以维持保险公司的持续经营，这样不违背保险公司的持续经营和风险控制两个目标，对保险公司是没有损害的。

第三，简单易施行。对于政策保险，相比其目的性，其技术性并不是首要考虑。一省一费的制度简单易于施行，便于政府理解和财政拨款，符合政府财政流程的要求，便于政府监管。如果各地分别实施，必然需要更复杂的拨款申请、费用监督、行政申请和结果汇报等流程。这将可能导致效率的低下和更多的人力使用。

第四，易于和政策配合使用。由于政策性补贴型农业保险本身具有其政策性，且简单易于实施，它可以轻松地和政策相配合，从政府的角度考虑具有更好的操作性。如赔付达到一定程度后，政府为保险公司兜底；又或者将更多的种植者纳入保障范围等。

虽然政策性农业保险在目前来说具有诸多好处，但随着我国新型农场的发展，我国农业中商业保险部分（或者半商业半补贴）必将得到发展，覆盖与保障并重的时代必将来临（如收入保险、产量保险和天气指数保险等），届时农业保险中的逆向选择风险必将成为政府、科研人员和保险公司不可忽略的重大问题。而一省一费的方法由于其不公平的收费方式，很容易导致逆选择的上升，白白消耗国家资源[①]。同时，随着农业保险竞争的放开，不同风险同一费率将会使承接不同地区业务的保险公司面临着不一样的风险，不利于市场的和谐稳定发展。因此随着时间推移，本书认为农业保险的收费制度需要进一步改革。

---

① 这里的逆选择有以下几种：（1）在对新作物种植前期研究不足的情况下盲目种植，将风险转嫁给保险公司；（2）种植者明知当地风险大，却通过收入保险的保障作用，在不适宜土地上进行种植并投保；（3）有能力提高特定生产资料却不补充，靠着保险来平衡自己的收支。

五　危险单位的设计

在进行危险单位的划分和设计时，以种植业保险为例，需要记住以下几点：

（1）对于标的不同的保险项目而言，其危险单位的划分需要尽量和标的一致，尽量不要把不相关的标的合并为同一个危险单位。虽然在涉贫涉农保险里（尤其是作物种类较多无法大面积单作物种植的山区）确实存在着同保费、低保额、承保一切风险和一切标的的险种，并且从政策上考虑这是一种很好的扶贫方式，但这并不是一种合理控制风险的模式。为了建立适应更高生产水平、更高规模水平农业生产的保险模式，保险公司需要合理地对不同标的的危险单位进行划分。当然，如果作物之间确实存在着强烈的联系，将其划分在一组也是个不错的选择。

（2）对于给定险种的危险单位，考虑是否需要根据其面临的风险对危险单位或生产要素进一步细分。风险的存在是保险得以设计成功的基础，而保单的存在限制了所保障的风险的范围。虽然保险似乎只是买卖与赔付的事，但为什么同样一个死亡险可以产生出各种产品？难道仅仅是因为销售人员的宣传水平使它们产生差别的么？答案是否定的，不同的人有不同的风险偏好，也面临着不同大小的风险，这些造成保险同种不同质。反过来说，如果一个标的的风险远远大于其他标的，那么它也有很大可能并不适合当前的分类，需要进行单独考虑。生产要素是农业保险上使风险大小发生变化的重要因素。具有不同生产要素水平的农业作物或畜牧面对着不同的风险，如一块靠河的土地和离水源很远的土地在对抗旱能力上就有着很大差别，从细分的角度考虑，在设计干旱保险时，就不能简单地把它们合为一个危险单位或者归为同一类危险单位。

（3）危险单位的划分应该具有一致性和长久性。危险单位是保险公司进行数据分析的基础，危险单位划分的一致性和长久性保证了数据口径的一致，有助于保险公司的分析人员对历史经验的准确分析，从而更好地对过去进行反思，对未来进行估计。

在畜牧业里，危险单位的划分相比种植业简单了许多，既可以考虑不同畜牧农场能力和产出质量等因素，以畜牧农场的所有同种或不同种畜牧作为一个危险单位（类似于团险），也可以为每个畜牧单独建档，将其单独作为一个危险单位，但这样做需要相应畜牧识别的技术支持。

从简单到复杂对种植业危险单位的划分进行学习和理解，可以分为三步。首先以河北省玉米冰雹险为例，具体考虑一下简单的种植业危险单位划分。假设河北省所有投保玉米的同一个生长周期①归为一个危险单位，从时间、空间和标的三个方面

---

①　生长周期：指播种到收获，同一生长周期，指的是当年同批次投保的玉米。

对这个例子进行思考：从时间上考虑，一份对河北省所有投保玉米的两个生长周期（比如一次投保 2016 年和 2017 年的玉米冰雹险）的保单有两个危险单位；从空间上考虑，河北省和河南省两个省所有投保玉米的同一个生长期包含着两个危险单位；从标的上考虑，一份对河北省所有玉米和小麦的一个生长周期进行投保的保单有两个危险单位。在实际处理中，希望从业者能细分危险单位，更科学地进行保险标的的选择。

例 3 - 3：以某省某市为例，该市治下一共有甲乙丙丁戊五个县，甲县和乙县以冬小麦种植为主，丙县以苹果种植为主，丁县以大蒜和菠菜进行套种，戊县以大蒜和马铃薯套种。现在，该市想把这五个县的主要作物的农业保险（套种以经济效益最好的大蒜为主要作物，但也对菠菜和马铃薯提供附加保障）以打包的形式交给该省某家农业保险公司，请为该保险公司从不同的角度设计危险单位（至少包含四种划分方式）。

已知：

（1）在冬小麦、大蒜和菠菜、大蒜和马铃薯都是越冬作物；

（2）由于大蒜为经济作物，且其具有畏寒的特性，丁县和戊县对其大蒜进行了地膜覆盖增温保墒；

（3）对于冬小麦其早春抗寒能力大幅下降，而该市早春气候多变，冻灾频繁，影响小麦生长，为了应对该种风险，甲县采用了新型冬小麦，其对倒春寒的抗性大幅度提高，反观乙县并无应对方法；

（4）大蒜、冬小麦都在 5—6 月收获，同期为苹果花期，在该时间该市有冰雹风险，会对大蒜、冬小麦和苹果造成重大影响。

解：（1）从最简单的划分方式，由于该市农业风险为打包形式转交给保险公司，即属于同一个保险项目，可以忽略标的的差别，将该市所有被承保农业从第一年 10 月初开始（大蒜、小麦播种）到第二年 9 月末（苹果收获结束）的保障归为一个危险单位。

（2）考虑该市有三种主要作物（套种的把大蒜考虑为主要作物），可以按照标的进行划分，根据其特定的生长周期（标的的播种—生长—收获周期），划分出三个危险单位，如果以地域来说明，那就是甲乙为一组，丙为一组，丁戊为一组。

（3）以行政区域划分，按照五个县的行政区域范围划分，其至按照五个县中内部的行政区域进行细分，最细的情况还可以以土地所有者进行划分。时间范围上以标的生长周期（标的的播种—生长—收获周期）划分。

（4）以风险划分，在不考虑对春季寒流的应对措施的情况下，甲乙两县的冬小麦、丁县和戊县的大蒜套种都面临着春季寒流威胁，可以以倒春寒作为风险，将这四个县作物的春季设计为一个以倒春寒为风险的危险单位。对于所有作物，都面临着 5—6 月的冰雹风险，可以将各县的 5—6 月以冰雹为风险，单独设计为一个危险单位。其他风险这里忽略。

（5）以生产要素进行划分，在考虑对春节寒流的应对措施后，乙县、丁县和戊县的作物春季倒春寒威胁大大下降，可以将其与甲县冬小麦进行分离，各设计为一个危险单位。

（6）以上为基础的划分方式，如果有细分打算，可以根据（2）、（3）、（4）、（5）四个基本划分组合，得到更细的危险单位划分方式。

例 3-3 只是从环境、标的、时间和地域等角度进行考虑，并没有通过数学进行分析。接下来，在例 3-4 里将引入简单的数学分析，从而确定是否可以划分为独立的危险单位。

例 3-4：假如某省有甲、乙、丙、丁四个两两相邻的县，这四个县都以小麦种植为主要农作物，且都主要面临风灾的危险。根据当地农业部门的统计，从 2010—2015 年，各县小麦因风灾受损率分别如下表。现在，为了更好地衡量保险公司风险并进行管理，当地保监局希望你能对这四个县的受灾相关性进行研究，并进行危险单位的合理划分。请根据已给信息进行分析并解答。

表 3-2　　　　　　　　　　　　　　风灾损失率表

时间	甲	乙	丙	丁
2010	32%	21%	53%	64%
2011	24%	32%	10%	14%
2012	7%	12%	39%	31%
2013	4%	1%	17%	15%
2014	15%	6%	2%	5%
2015	21%	22%	16%	12%

解：由于已知 2010 年到 2015 年各县风灾损失率，可以通过数理方法对相关性进行分析。这里需要的数学基础为相关性系数，公式如下：

$$\rho_{x,y} = \frac{cov(x,y)}{\sigma_x \times \sigma_y}$$

考虑到这里为样本分析，使用样本相关系数：

$$r_{x,y} = \frac{\sum_{i=1}^{n}(X_i - \bar{X})(Y_i - \bar{Y})}{\sqrt{\sum_{i=1}^{n}(X_i - \bar{X})^2} \times \sqrt{\sum_{i=1}^{n}(Y_i - \bar{Y})^2}}$$

通过数学计算，可以得到如下相关系数矩阵：

表 3 - 3　　　　　　　　　　　　　相关系数矩阵

县	甲	乙	丙	丁
甲	100%	77%	29%	50%
乙	77%	100%	12%	21%
丙	29%	12%	100%	95%
丁	50%	21%	95%	100%

由相关系数矩阵，可以发现，甲和乙之间相关系数为77%，大于70%；丙和丁相关系数为95%，大于70%；甲和丁相关系数为50%；甲和丁、乙和丙、乙和丁之间的相关系数均小于30%。为了更好地进行分析，假设相关系数大于70%为强相关，处于30%—70%为中相关，低于30%为弱相关，可以得到表3-4所示的相关强度表：

表 3 - 4　　　　　　　　　　　　　相关强度矩阵

县	甲	乙	丙	丁
甲	—	强	弱	中
乙	强	—	弱	弱
丙	弱	弱	—	强
丁	中	弱	强	—

由表3-4可见，甲与乙、丙与丁相关性强度都为高，表现出很强烈的相关性，但是由于丁与甲的相关性强度为中，如果将甲与乙、丙与丁各合为一个危险单位，丁将造成这两个危险单位之间存在联系。而这可能与独立性原则不符合，因此需要进一步进行检验。假设这四个县的小麦种植面积一致，将甲和乙合并为危险单位 A，丙和丁合并为危险单位 B。可以简单取损失均值作为危险单位 A、B 的损失率，如表3-5所示。

表 3 - 5　　　　　　　　　　　　　危险单位损失率

时间	A	B
2010	27%	59%
2011	28%	12%
2012	10%	35%
2013	3%	16%
2014	11%	4%
2015	22%	14%

再次通过样本相关系数公式，可以得到 A、B 两个危险单位的相关系数为 30%，根据之前的假设该结果为弱相关。这说明这种划分方式是可行的。因此，对于损失率如上的四个相邻县，可以根据样本相关系数公式将其分为 A（甲和乙）、B（丙和丁）两个危险单位，危险单位之间的相关系数为 30%。

在例 3-4 中，虽然通过简单的分组和测试方法，成功地将甲乙丙丁四组根据相关性分为了低相关性的两组，在这里仅针对的是原有待分组组数较少的情况，且并没有完整流程。这里在该流程的基础上，整理一个简单的危险单位划分流程仅供参考。

（1）根据现有的数据按照序号分为 n 组，构建 n 个序号之间的相关系数矩阵。

（2）选择适合的相关性评级机制，将不同相关系数以不同等级表示，构建相关强度矩阵（该步骤并不是必需步骤，只要有了相关性评级机制，是否制出相关强度矩阵没有影响。但为了方便检查，并对相关性有更直观简洁的了解，建议读者构建该相关强度矩阵）。

（3）首先从序号一开始，选择与该序号相关强度为高的序列号，归为危险单位组 1（如果没有，则单独一组）。然后将剩下的序列号合为一组，重新构建相关系数矩阵和相关强度矩阵。

（4）在新的相关强度表中，从新表第一个序号开始（因为序号一已被选择，所以是剩下序列号中最小的一个），选择与该序号相关强度为高的序列号（如果没有，则单独归为一组；如果该矩阵中不存在相关强度为高的序列号，则将相关强度为中或者次一等的归为一组）。然后将剩下的序列号合为一组，重新构建相关系数矩阵和相关强度矩阵。

（5）重复步骤（4），直到剩下的序列号相关强度矩阵所有相关强度满足相互独立的要求。并将剩下的序列号，各分为一组。

（6）根据各个序列号的权重（可以从总承保的大小的比例进行考虑），将各个危险单位组分别合成一个危险单位。

（7）对各个危险单位构建相关系数矩阵，并构建相关强度矩阵。检测各危险单位相关性是否满足要求。该危险单位分组即为最终分组。

（8）如果不满足，回归步骤（3），初始选择序列由序列一改为序列二，重新进行分析。重复步骤（4）至（7），直到各危险单位相关性满足要求。该危险单位组即为最终分组。

备注：

A. 步骤（7）如果不满足，还有步骤（8）；还有一种做法是：看是否可以把不满足的危险单位合并为一个危险单位，如果合并后可以满足则可以采用该分组方式。

B. 在该分组方法中，出于简单的目的，只选择了该方法下得出的第一个危险单位分组。在实际中，往往不同的初始序列号选择会有多种风险单位的分组方法。对此，可以根据危险单位的分组数和危险单位之间的相关性进行分组方法的选择。

例 3 - 5：已知序列表如下，请根据以上步骤进行危险单位划分。

表 3 - 6　　　　　　　　　　　　　序列表

序列	1#	2#	3#	4#	5#	6#
参数 1	59.4	53.2	75.3	52.3	65.7	58.2
参数 2	59.2	57.7	76.1	50.8	63.7	52.0
参数 3	58.5	56.4	72.2	52.6	64.5	50.8
参数 4	53.6	57.7	73.2	51.3	61.2	50.3
参数 5	58.1	55.4	70.9	50.2	68.4	54.1

解：步骤一，相关系数矩阵如下。

表 3 - 7　　　　　　　　　　　　相关系数矩阵

序列	1#	2#	3#	4#	5#	6#
1#	100%	−51%	31%	17%	62%	55%
2#	−51%	100%	−1%	−34%	−65%	−93%
3#	31%	−1%	100%	19%	−39%	29%
4#	17%	−34%	19%	100%	−26%	13%
5#	62%	−65%	−39%	−26%	100%	58%
6#	55%	−93%	29%	13%	58%	100%

步骤二，考虑到负相关对整体风险是改善效果，这里将负相关归类近相关强度低，具体划分为关系数大于 60% 为强相关，处于 30%—60% 为中相关，低于 30% 为弱相关。

表 3 - 8　　　　　　　　　　　相关系数矩阵（1）

序列	1#	2#	3#	4#	5#	6#
1#	—	低	中	低	强	中
2#	低	—	低	低	低	低
3#	中	低	—	低	低	低
4#	低	低	低	—	低	低
5#	强	低	低	低	—	中
6#	中	低	低	低	中	—

步骤三，从 $1^{\#}$ 开始，$1^{\#}$ 和 $5^{\#}$ 为强相关，分为一组，其余四个序列（$2^{\#}$，$3^{\#}$，$4^{\#}$，$6^{\#}$）分为一组。

步骤四，剩下序列的相关强度矩阵为：（见表 3 - 9）

表 3 - 9　　　　　　　　　　相关系数矩阵（2）

序列	$2^{\#}$	$3^{\#}$	$4^{\#}$	$6^{\#}$
$2^{\#}$	—	低	低	低
$3^{\#}$	低	低	低	低
$4^{\#}$	低	低	低	低
$6^{\#}$	低	低	低	低

由于剩下的序列相关强度皆为低，可以跳过步骤四的重复，直接完成步骤五，即各个序列单独分为一组。

步骤六，假设序列 $1^{\#}$ 和序列 $5^{\#}$ 的权重各为 50%，那么危险单位的相关强度矩阵为：（见表 3 - 10）

表 3 - 10　　　　　　　危险单位分组相关强度矩阵（1）

分组	$1^{\#} + 5^{\#}$	$2^{\#}$	$3^{\#}$	$4^{\#}$	$6^{\#}$
$1^{\#} + 5^{\#}$	—	低	低	低	高
$2^{\#}$	低	—	低	低	低
$3^{\#}$	低	低	—	低	低
$4^{\#}$	低	低	低	—	低
$6^{\#}$	高	低	低	低	—

这里由于高相关性仅存在于 $1^{\#} + 5^{\#}$ 和 $6^{\#}$，且它们与其他危险单位相关性强度都为低。参考备注 A，可以直接将 $1^{\#} + 5^{\#}$ 和 $6^{\#}$ 合并为一个危险单位。因此最终危险单位分组相关强度矩阵为：（见表 3 - 11）

表 3 - 11　　　　　　　最终危险单位分组相关强度矩阵

分组	$1^{\#} + 5^{\#} + 6^{\#}$	$2^{\#}$	$3^{\#}$	$4^{\#}$
$1^{\#} + 5^{\#} + 6^{\#}$	—	低	低	低
$2^{\#}$	低	—	低	低
$3^{\#}$	低	低	—	低
$4^{\#}$	低	低	低	—

因此，最终的危险单位划分为 $1^{\#}$，$5^{\#}$，$6^{\#}$ 为一个危险单位，其余各序列单独作为一个独立危险单位。

六　危险量

介绍完危险单位，本书将引入危险量的概念。首先，让我们再次确认一下保险公司为什么需要危险单位的概念和设计，而不是直接使用单位标的？如果仅从销售保单和赔付损失的角度考虑，危险单位的划分没有任何意义。但是要记住，一个合格的农业保险公司需要考虑的并不仅仅是收钱和赔钱，还应该考虑经营稳定、收支平衡、社会责任和未来发展等。危险单位为保险公司更好地分析数据提供了基础。在这个基础上，精算界又引入了危险量的概念，进行进一步分析。每张保单的危险单位总数被称为此保单的危险量。虽然危险量的概念似乎很简单，但却存在着很多潜在的复杂点。在农业保险上危险量制造的麻烦相比其他险种格外的多。

（一）财产保险和畜牧业农业保险的危险量

对于普通的财产保险，最大且最常见的复杂点就来自危险单位中的时间因素。简单地以车险为例子①，通常在车险上一辆车保一年时间算作一个危险单位。对于一个在 2017 年 1 月 1 日，对一辆车卖出的保期为一年的保单，从不同的时间角度考虑，其具有不同的危险量。试考虑：

（1）在 2017 年 1 月 1 日，保险公司该保单承保了多少危险单位？

（2）在 2017 年 4 月 1 日，该保单还剩下多少危险单位？

（3）在 2017 年 1 月 1 日到 2017 年 4 月 1 日之间，该保单为多少危险单位提供了保障？

这些因素与保险公司保费的分配，未来责任和准备金提取等因素息息相关。针对这三个问题，精算人员提出了最常用的三个危险量：已签单危险量，有效危险量和已承担危险量。已签单危险量指的是该份保单在签单时约定的危险量，即卖出保单单位的总和；有效危险量指的是该份保单在未来仍然存在的危险单位数量；已承保危险量指的是该份保单中已经获得保障的危险单位数量。从刚才的定义，可以很明显地发现　份保单的已签单危险量等于有效危险量和已签危险量的和。通过这三个定义，对于上段的三个问题，就可以分别给出解答：

（1）在 2017 年 1 月 1 日，保险公司该保单承保了一个危险单位，即 2017 年 1 月 1 日已签危险量是 1，如果该保单在当年没有增加危险单位，也可以说在 2017 年内，该保单危险量为 1；

---

① 相比农业保险，车险的危险单位划分更加简单且直接。

（2）在 2017 年 4 月 1 日，该保单的保障期还剩下 0.75 年，考虑危险单位为一辆车保一年时间，剩下 0.75 年就说明该保单还剩下 0.75 的危险单位，那么在 2017 年剩下的日子里，该保单的有效危险量为 0.75；

（3）在 2017 年 1 月 1 日到 2017 年 4 月 1 日里，该保险为一辆车辆提供了 0.25 年的保障，即在 2017 年 4 月 1 日一个 2017 年 1 月 1 日签发的保单已承保危险量为 0.25。

在对危险量这三个定义的理解中，读者必须牢牢抓住危险单位的定义，以及承保时间点（2017 年 1 月 1 日）和当前时间点（2017 年 4 月 1 日），从而准确判断。[①]

例 3 - 6：假设在 2017 年四个季度初，某保险公司分别承保了一头牛（为期一年），那么请读者考虑在 2017 年内和 2018 年内，该保险公司的已签危险量和已承担危险量分别是多少？在 2018 年 1 月 1 日，该保险公司的有效危险量是多少？

解：

其已签危险量，已承担危险量和有效危险量分别如下。

表 3 - 12 危险量表

签单日期	危险量	已签危险量		已承担危险量		有效危险量
	时间段/点	2017 内	2018 内	2017 内	2018 内	1/1/2018
1/1/2017		1	0	1	0	0
4/1/2017		1	0	0.75	0.25	1
7/1/2017		1	0	0.5	0.5	1
10/1/2017		1	0	0.25	0.75	1
合计		4	0	2.5	1.5	3

危险量定义的提出，有助于保险公司更好地对保险情况进行分析，如对灾害发生率进行分析、对危险单位损失率进行分析、对危险量变化情况进行分析等，从而更好地对保险公司业务量、业务质量、历史情况和未来发展做出评估。根据这三个危险单位的定义，可以引出已签保费，已承担保费和有效保费三个概念。具体在后文解释。

（二）种植业的危险量

相比财产保险和畜牧业保险的危险量，种植业农业保险的危险量设计格外的麻烦，其中最大的问题在于由于相关性的问题，每一个危险单位内可能包含着不同的承保面积。值得庆幸的是，在已签单、已承担和有效危险量三个概念以及之后衍生出的概念与处理方法中，大多数时候不需要对相关性进行了解和计算。因此对于同种的危险量，

---

① 为什么会有这种差别，是因为在考虑已签危险量和有效危险量中没有考虑危险单位的时间因素，以车辆作为危险单位，而在已承担危险量中对这种时间因素进行了考量。

可以用已签单单位标的量、已承担单位标的量和有效单位标的量三个概念进行替代，从而更好地进行分析。在接下来的例子中，希望读者能很好地理解到这两种设计方法的不同和用单位标的的好处。

例 3 - 7：假设在 2017 年四个季度初，某保险公司分别承保了风险独立的四个县甲、乙、丙、丁的部分小麦（为期一年）。已知，甲乙丙丁四县的小麦种植量分别为一万亩、两万亩、一万亩和十万亩，该保险公司在甲乙丙丁四县的小麦承保量分别为五千亩、五千亩、五千亩和一万亩。那么请问：

（1）在 2017 年内和 2018 年内，该保险公司的已签危险量和已承担危险量分别是多少？在 2018 年 1 月 1 日，该保险公司的有效危险量是多少？

（2）在 2017 年内和 2018 年内，该保险公司的已签单位标的量和已承担单位标的量分别是多少？在 2018 年 1 月 1 日，该保险公司的有效单位标的量是多少？

解：（1）根据已学知识，其已签危险量、已承担危险量和有效危险量分别如下：

表 3 - 13　　　　　　　　　　　　　**危险量表**

签单日期	危险量	已签危险量		已承担危险量		有效危险量
	时间段/点	2017 内	2018 内	2017 内	2018 内	1/1/2018
1/1/2017		0.5	0	0.5	0	0
4/1/2017		0.25	0	0.19	0.06	0.25
7/1/2017		0.5	0	0.25	0.25	0.5
10/1/2017		0.1	0	0.03	0.07	0.1
合计		1.35	0	0.97	0.38	0.85

（2）其已签单位标的量，已承担单位标的量和有效单位标的量分别如下：

表 3 - 14　　　　　　　　　　　**单位标的量表（单位：千亩）**

签单日期	单位标的量	已签单位标的量		已承担单位标的量		有效单位标的量
	时间段/点	2017 内	2018 内	2017 内	2018 内	1/1/2018
1/1/2017		5	0	5	0	0
4/1/2017		5	0	3.75	1.25	5
7/1/2017		5	0	2.5	2.5	5
10/1/2017		10	0	2.5	7.5	10
合计		25	0	13.75	11.25	20

由危险量表可见，种植业农业保险使用危险量将忽略危险单位本身的承保面积大

小（或者说是缺乏正确使用和设计的危险单位，其中的本质原因是上文提到的危险单位设计方法无法保证承保面积的相等或近似，导致了同种的危险单位存在巨大差别的问题）。从承保面积来说，相同的风险水平下，丁县由于承保面积远大于其他各县，应该占比更大，可反映在危险量上反而低于其他各县，这是不科学的。在单位标的量表中，这种面积上的差别被很好地表现了出来。因此在不考虑相关性的情况下，本书推荐通过单位标的量对种植业农业保险进行分析。

第四节 风险区域划分

一 风险区划

（一）风险区划的概念[①]

农业保险风险区域划分是指根据地区的风险状况和保险标的的历史损失情况，通过将风险性质与风险大小相同或近似的部分归为一组、将风险性质与风险大小差异较大的部分切分，从而把一定区域范围内的农业保险标的划分为若干不同风险类型和等级的区域。值得注意的是，在农业上有一个类似的名字叫作农业区划，这两个是不同的概念。农业区划主要研究的是一个地区农业生产条件和相关产业的适应性，是为了更好地进行农业生产布局，没有明确区域内外的农业风险水平。农业区划可以为农业保险风险区划提供参考，但是无法替代农业保险风险区划。

（二）风险区划和单位标的、危险单位的关系

由概念可知，农业保险风险区划针对两个方面进行划分：风险性质（什么类型的风险）和风险大小（造成多大的损失）。通过对风险和费率的认识，农业保险从业人员可以将一定区域范围内的农业保险标的进行划分。这与单位标的和危险单位的概念有相同之处也有不同之处（这里本书主要对种植业保险进行比较，畜牧业保险由于其本身的单位标的和危险单位中不与土地面积因素紧密相连，一般按个数进行承保，而不是按照每亩地进行承保，如奶牛保险是按奶牛的个数进行承保，而不是按每亩草地上的奶牛进行承保，所以畜牧业保险和种植业保险的风险区域划分、单位标的与危险单位有着明确且巨大的差别）。

首先对单位标的和危险单位进行对比。单位标的是进行保单费率厘定的最小单位。费率危险单位，又称作风险单位，是单位时间内保险标的发生单次灾害事故可能造成的最大损失范围。由危险量一节中种植业保险的危险量的特性可以得知，由于农业保险自身风险高度相关性、地域广泛的特点，各个危险单位就算是同种风险，也会因为

[①] 该小节参考了丁少群的《农业保险学》（中国金融出版社 2015 年版）。

面积的差别导致标准化的困难，不利于数据额直接分析。同时由于危险单位中各单位标的之间并不是完全相关，单纯从危险单位的角度考虑会导致大量有用信息的丧失。因此在不考虑相关性影响的时候，单位标的是比危险单位更好的数据分析起点。

接下来将风险区划与单位标的以及危险单位对比。

单位标的是进行保单费率厘定的最小单位。和风险区划一样，它同样需要通过考虑风险性质和风险大小，选择适合的保费。从这个角度看，风险区划就是单位标的的组合，即将所有风险性质和风险大小一致的单位标的归为一个整体。这是它们的相同点。

风险区划和单位标的也存在不同点。风险单位划分的地域范围远远大于单位标的。在同一地域中，生产能力差别（作物生长经验丰富与否等）、生产技术差别（自动化程度、监控能力、灌溉能力等）、小地域独特的差异（山谷和山峰，山阳和山阴等）等因素的差异会产生不同的单位标的，但对于风险区域划分来说，由于更关注整体风险（干旱、暴雨、飓风等大范围气象灾害等），农业保险从业人员会忽略小范围因素产生的差异。

费率危险单位，又称作风险单位，是单位时间内保险标的发生单次灾害事故可能造成的最大损失范围。这个概念相比于单位标的，除了风险性质和危险大小，它还考虑了各个危险单位之间的相关程度。由于种植业农业保险在较大的范围上往往有较大的相关性，危险单位的面积远远大于单位标的。对于风险区划而言，风险区划并不要求风险的独立性，只要求了风险性质和风险大小的近似，这将会把同组的危险单位归为一组，因此从一般的角度考虑，风险区域的划分应该是大于危险单位的。但在实际中，由于部分农业风险的相关性范围过大，会导致同一危险单位内有多个风险区域的情况。因此，危险单位和风险区划应该根据实际情况考虑，而不应该纠结于两者之间的从属关系。

根据以上对比，一般情况下可以得出下列式子。

$$风险区划 > 危险单位 \gg 单位标的$$

二　风险区划的意义

风险区域划分是个新课题也是个老课题。我国是世界上气象灾害最多的国家之一，干旱、洪涝、低温冷害、冰霜、冰雹、高温等气象灾害频繁发生，对国民经济特别是农业生产造成了严重的不利影响。同时，我国拥有复杂的地理条件、多样的气候环境，还有着众多的作物与畜牧种类。作物种类、气象环境、地理条件和灾害类型的不同使各地区的风险多种多样，也使得农业灾害的发生具有一定的区域性，让农业生产风险在一省、一市甚至一县、一乡范围有着明显差异性，让同种灾害对同种作物造成的损失也可能有显著不同。

风险区域划分，其目的就是通过科学的数理的方法，将具有不同风险灾害和损失大小的地域合理划分，从而更好地为保险设计、风险监控和政策反馈等项目进行服务〔当然在实际中，由于种植业保险受到的风险往往在相当大的范围内具有一致性，不可能出现过于小的风险区域；同时，由于过小的风险区域具有很大的不确定性，容易受到主观性因素（生产者的态度等）、生产能力差别（作物生长经验丰富与否等）、生产技术差别（自动化程度、监控能力、灌溉能力等）、小地域独特的差异（山谷和山峰，山阳和山阴等）等多种难以量化因素的影响，本书也并不建议将过小区域单独归为一个风险区域〕。

从风险的角度考虑，由于我国现在处于低保障、高覆盖、高补贴的基础农业保险保障时代，采用一省一费的定价基础，各地风险大小的差异对于政府、保险公司和农户来说没有太大的影响，风险区划并没有其迫切性，但随着新技术的发展，随着新型农业经营主体的建设，我国农业保险必将从普惠型的基础农业保险，向更加专业、保障更加完善、更有针对性的半政策性半商业性甚至补贴为辅商业为主的农业险种发展，农业经营主体的保费占比将逐步增大，这将使逆向选择①和道德风险②成为保险公司和学界不得不考虑的一个重要问题。同时，随着农业保险市场的进一步自由化，一省之地必将面临多家保险公司共同竞争的局面，由于各保险公司的经营范围不一致，同一费率必将导致各保险公司同样费用不同风险。这样既不利于对农业保险发展的激励，也不利于政府费用的制定。

除了传统农业保险变革对区域划分具有需要，新型保险产品对于区域划分和区域风险识别同样具有需要。指数保险这类新型农业保险，由于区域性和差异性，将面临很大的基差风险和需求差别。为了处理该问题，这需要对风险区域的合理识别与划分。

从危险单位的合理设定的角度考虑，风险区域的划分可以让精算师在一定程度上了解各地区的风险大小，有助于精算师对其相关性的了解，从而在设计危险单位时更好地减小或消除不同区域作物之间相关性，从而为有效地风险分散机制提供科学依据。

综上所述，根据风险特点和保险原则进行保险区域划分，按区域合理设计保险责任和计算费率，对农业保险的科学发展有着重要意义。本书认为，风险区域的必要性有如下五点：

第一，风险区划有助于农业风险管理。农业风险的区域性，受地理、气候和社会经

---

①　逆向选择：是指市场的某一方如果能够利用多于另一方的信息使自己受益而使另一方受损，倾向于与对方签订协议进行交易。例如，高风险农户通过隐藏自身风险（或者由于保险公司对此不关心），以低风险农户的价格购买同一款保障。

②　道德风险：道德风险是在信息不对称条件下，不确定或不完全合同使得负有责任的经济行为主体不承担其行动的全部后果，在最大化自身效用的同时，做出不利于他人行动的现象。例如，农户由于购买了保险，在发生损失后对减损不积极，让保险公司承担了更高风险与赔付。

济条件等因素的影响，不同地域或风险区域农业生产力和生产格局不同，风险状况也存在差异。风险区划能够更清楚地了解不同风险区域的真实风险状况，并对不同风险状况的区域进行针对性的风险管理，助力政府相关防灾部门对某些区域重点防灾防损。

第二，风险区划有助于保险责任和厘定费率。农业保险费率是依据中心极限定律等数理统计原理进行厘定的。由数理统计学的知识可以知道：一个总体之中各个体之间的差异越小，即方差越小，最后所估计出来的结果就越准确，反之即反。将农业风险进行区划就是一个缩小组内方差的过程，这样能使得同一区域内的风险水平相当，有利于区域内整体风险评估、危险单位的科学设计和保险费率的准确厘定。

第三，遵循对价交换原则，是公平保费厘定的基本需要。本书第一章第一节对农业保险的定义就是农业生产者以支付保险费为代价，向保险公司转移其在农业生产或生活中可能遭遇的风险，保险公司承担风险损失的赔偿责任。农业保险作为一种特殊的商品，也必须遵守所有商品经营的共同原则——对价交换，即买卖双方在交换过程中以货币价值衡量的权利与义务对等，其中农业保险的对价交换原则就是投保农户所负担的保费与转移给保险公司的风险责任一致。从保险人的角度来看，保险人收取的保费与未来可能的赔付金额之间保持均衡；从投保人的角度来看，投保人付出的保费要与损失后的保险金匹配。

进行农业保险风险区划，将不同风险水平的投保农户区分开来，有利于制定与其风险水平相当的保险费率，是保证保费公平性的需要，保险人和投保人承担对等的责任和权利，也体现了农业保险对价交换原则。

第四，防止逆向选择，是农业保险发展的客观规律。倘若针对新兴农业主体的农业保险实行统一费率，这势必造成高风险的投保人未完全尽到缴纳符合其风险水平的足额保费的义务，却享受到了足额的保险补偿，而低风险的投保人所承担的保险费率超过其所获补偿水平。投保农户转嫁风险的权利与支付保费的义务不对等，不仅会造成不公平的现象，而且会导致逆向选择，即风险高的农户会继续投保，而风险低的农户出于经济性考虑而放弃投保，最终使得保险公司承担过高的农业风险，威胁农业保险的长远发展。因此进行风险区划、实行区域保费既保证了农业保险的公平，又能防止逆向选择，保证农业保险健康长远的发展。

第五，减少保险公司的寻租行为、减少政府负担。对区域进行风险划分并实行与之匹配的保费，可以使承担不同风险的保险公司得到与之对应的保费收入，合理科学地促进保险公司控制并承担风险。如果不根据风险合理制定保费，这将会使保险公司更愿意承保低风险地区，可能会导致寻租行为、为高风险地区提供低质量服务、整体保费水平上涨等诸多问题，不利于市场的稳定有序发展。

对于传统农业保险，实务中可以采用多种区域划分因子选择、数据处理方法和划分方法，本节将会分别对其中一部分进行详细的介绍。对于指数农业保险，由于其种类繁多和基差风险，这些方法未必能应用于所有指数保险或存在其他问题，需要根据实际情况进行选择和使用。

三　农业保险风险区划的原则

通过前面对农业保险风险区划的概念和必要性介绍，读者可以初步认识到风险区划的目的与意义。要合理制定风险区划规则，正确认识风险区划需要遵循的主要原则也必不可少。

（一）综合性兼顾主导因子原则

在进行农业保险区划的过程中，应该全面充分地考虑区域内各种农业风险的影响，进行综合的风险评估。同时，也要着重关注发生频率高、影响大的主要风险类型，在综合评估的同时兼顾主要的致灾因子，更深刻地揭示各区域农业风险的时空分异规律。

（二）区域共轭性原则

区域共轭即不重复、不包含、不遗漏，区域共轭原则强调每个具体的区划单元是一个连续的地域单元，不能存在独立于区域之外而又从属于该区的单元；区域单元永远是个体的，不能存在某一区划单元的分离部分（区域共轭原则与区划单元的风险评级并不矛盾，区域单元可以永远是连续个体，但同一风险等级的区域单元并不需要连续）。

（三）保持行政区划的完整性原则

农业保险风险区划涉及多种来源的信息，包括自然单元（如地震点、洪水区等）、社会经济单元（如灾情经济损失、行政区）、信息单元（如遥感信息）等，区划的信息综合技术过程，实质上就是不同类型单元的信息匹配过程。多源信息数据库和 GIS 技术是风险区划的技术支撑，而农业保险风险区划的基本单元是省级，因此区划界线要求保持省域的完整性。①

（四）实用性原则

农业保险风险区划的目的是研究农业风险的区域分布、公平合理地制定保险费率和农业保险的稳定发展。因此风险区划的方法必须具有可操作性和应用性，另外必须坚持风险区划是动态可更新的。

四　区划因子的选择

在知道农业保险风险区划的原则后，需要在该原则的指导下进行风险区划。要对风险区域进行划分，首先需要考虑分类的依据，也就是区划因子的选择。从区划目的考虑，风险区划是为了使费率与损失相符合，从而减小基差风险和逆向选择，方便保险公司进行风险管控，产量变化是作物损失或者作物风险最直观也是最终的表现。这

---

①　随着时间的变化，区划范围可以在更小的范围内进行，这里的省级单元只是一个例子。

点在国内论文中可以得到相关的论证，如梁来存认为产量变化能够测度自然风险对粮食安全的影响。[①] 从简单快捷的角度考虑，通过产量变化进行区域划分或许是一个相当不错的捷径。

但在实务中，由于作物损失数据的缺失和不完善，以及我国农业数据可信度低等问题，单独依靠产量变化或许并不是一个很好的办法。在这种情况下，就需要保险公司在更大的数据种类范围内进行考虑并选择合适的风险区划因子。

参考《"全国种植业保险区划"研究报告》、区域灾害系统理论、精算定价原理和农业保险精算实务，本书认为区划因子可以划分出三个一级分类：环境因子、致灾因子和承保体因子，每个一级分类又可以划分出低级的分类。具体的种植业和畜牧业的区划因子如表 3 – 15。

表 3 – 15　　　　　　　　　　种植业区划因子表

一级分类	二级分类	三级分类	因子的数据化
承保体因子	暴露性	作物种植比率	某作物种植面积/农作物总播种面积
		作物种植面积	某种作物种植面积
		作物生长时间与周期划分	根据经验记录平均生长时间和划分周期
	易损性	平均单产	某作物一定时间范围内的平均单产量
		单产波动	某作物一定时间范围内的产量方差，或预计损失率方差等。
		损失特点	某作物一定时间范围内的产量偏度，预计损失率偏度或特定分位点产量等
致灾因子	致灾强度	致灾率	总致灾面积/农作物总播种面积
	致灾频率	频率	某灾害发生频率和不同等级灾害发生频率
	致灾比重	致灾面积比重	某种灾害致灾面积/所有险种致灾面积
		致灾频率比重	某种灾害发生次数/所有灾害发生次数
环境因子	气象因子	降水率	均值、方差等
		气温	均值、方差等
		风速	均值、方差等
		日照	生长周期各阶段总日照数等
	地形因子	特殊地形	山地或河流等地形面积/总面积
		水利设施	水利设施密度等
		行政划分	参考行政划分

注：预计损失率是指根据实际产量和估计无灾产量之间的差异率。（无灾产量的估计方式将在下一节中介绍）

[①] 梁来存：《我国粮食作物的保险风险区划及其 Probit 排序选择模型验证》，《经济经纬》2009 年第 6 期。

表 3 – 16   畜牧业区划因子表

一级分类	二级分类	三级分类	因子的数据化
承保体因子	暴露性	畜牧养殖量	某种畜牧养殖总量
		畜牧生长时间与周期划分	根据经验记录平均生长时间和划分周期
	易损性	平均死亡率	某畜牧一定时间范围内的平均死亡率
		死亡率波动	某畜牧一定时间范围内的死亡率方差
		损失特点	某畜牧一定时间范围内的死亡率偏度或特定分位点死亡率等
致灾因子	致灾强度	致灾期长	致灾时间/保障时间
		致灾率	致灾面积/牧区面积
	致灾频率	频率	灾害发生频率和不同等级灾害发生频率
	致灾比重	致灾面积比重	某种灾害致灾面积/所有险种致灾面积
		致灾频率比重	某种灾害发生次数/所有灾害发生次数
环境因子	气象因子	降水率	均值、方差等
		气温	均值、方差等
		风速	均值、方差等
		日照	生长周期各阶段总日照数等
	地形因子	特殊地形	草原面积/总面积
		行政划分	参考行政划分

    当然，在实际操作中，保险公司并不需要完全参照每一个大类因子或其中每一个小类，而是应该根据实际的要求和数据获得的难易度，合理地选择、简化并制定区划因子。实际选择的区划因子可以仅是其中某大类中被认为具有显著联系的几个小类。例如中国人民财产保险股份有限公司陈东辉等人发表的《中国农业保险精算风险研究与定价》一文中，在种植业上，他们选择了农作物承载体的易损性数据作为区划因子，通过对各地特定粮食作物过去六年的加权平均损失率，50%、75%分位点损失率和损失率标准差数据进行分析，简单快捷实现了区域划分。

    在区划因子选择后，对需要使用的数据进行选取。参考《中国农业保险精算风险研究与定价》，本文认为应该从地域、标的、灾因、时间和保障类型五个维度进行数据分类。

    地域指的是数据来源划分的最小单位，也就是区域划分的基础，可以根据实际需要选取省份、地市、县域或者更小区域作为单位。由于较小的区域容易受到主观性因素（生产者的态度等）、生产能力差别（作物生长经验丰富与否等）、生产技术差别（自动化程度、监控能力、灌溉能力等）、小地域独特的差异（山谷和山峰，山阳和山阴等）等多种难以量化因素的影响，在实际中本书并不建议使用过小区域的数据。

标的指公司承保或者打算承保的农作物或者牲畜，例如水稻、冬小麦、玉米、大豆、棉花、奶牛、绵羊和山羊等。

灾因指在确定作物或者畜牧基础上，针对承保标的历史上对其损害最大的几类灾因进行分析。根据实际灾害影响选择，常见灾因包括暴风、暴雨、风灾、干旱、冰雹、洪水、台风、冻灾、内涝等。

时间指数据的时间跨度，需要随着时间的变化进行更新。

保障类型是指对标的的保障方式，也可以说是损失的具体来源，如对生产成本的保障，对产量的保障和对止损成本的保障。

五　区域划分方法

在选取具体区划因子并取得相关数据后，由于因子的多样性，精算师往往需要一定的方法根据因子对各地区进行分类，从而达到区域划分的目的。本小节将会对一些简单的区域划分可用方法进行简单介绍。

（一）主观赋权法

主观赋权法是根据决策者主管信息进行赋权的一类方法。农业保险设计是一个经验与技术并重的过程，通过主观赋权法，可以更准确便捷地得到不同因子的权重，从而更好地进行区域划分。常见的主观赋权法有二项系数法、层次分析法和专家打分法。

专家打分法是指通过匿名方式征询有关专家的意见，对专家意见进行统计、处理、分析和归纳，客观地综合多数专家经验与主观判断，对大量难以采用技术方法进行定量分析的因素做出合理估算，经过多轮意见征询、反馈和调整后，对债权价值和价值可实现程度进行分析的方法。常常应用于招标过程的评标阶段。

（二）客观赋权法

客观赋权法是根据原始数据之间的关系，通过一定的数学方法来确定权重，其判断结果不依赖人的主观判断，有较强的数学理论依据。常见的客观赋权法通常包括主成分分析法、离差及均方差法、多目标规划法等。

在实际中精算师可能面临着多种区划因子，但区划因子之间并不一定独立，这样过多的区划因子就可能导致某些方面的权重比实际情况大得多，而人为主观的减少区划因子有可能使有用信息被忽略。因此，接下来将介绍客观赋权法中的主成分分析法，以简化区划因子并消除相对性。

主成分分析也称主分量分析，旨在利用降维的思想，把多指标转化为少数几个综合指标（即主成分），其中每个主成分都能够反映原始变量的大部分信息，且所含信息互不重复。这种方法在引进多方面变量的同时将复杂因素归结为几个主成分，使问题简单化，同时得到的结果更加科学有效的数据信息。算法流程如下：

（1）将原数据组成矩阵 X；

（2）对矩阵 X 进行数据标准化，使其均值变为 0；

（3）求 X 的协方差矩阵 C，反映标准化后数据之间相关关系密切程度的统计指标，值越大，说明越有必要进行主成分分析；

（4）求协方差矩阵 C 的特征根，按设定要求确定主成分个数，和相应的特征向量矩阵 P；

（5）通过特征向量矩阵，对原矩阵 X 进行降维，并解释主成分实际意义。

主成分分析法消除了区划因子之间的相关影响，减少了因子选择的工作量，可以用较少的因子保留较多的信息，评价客观合理，是一种很好的赋权方法。然而在另一方面，应该考虑到主成分分析法造成的主成分背景和解释的模糊，因此在实际操作中必须保障提取的主成分都能有符合实际的背景和解释。

（三）k-means 聚类法

k-means 是划分方法中较经典的聚类算法之一。由于该算法的效率高，所以在对大规模数据进行聚类时被广泛应用。目前，许多算法均围绕着该算法进行扩展和改进。

k-means 算法目标是，以 k 为参数，把 n 个对象分成 k 个簇，使簇内具有较高的相似度，而簇间的相似度较低。

k-means 算法的处理过程如下：首先，随机地选择 k 个对象，每个对象初始地代表了一个簇的平均值或中心；对剩余的每个对象，根据其与各簇中心的距离，将它赋给最近的簇。其次重新计算每个簇的平均值。这个过程不断重复，直到准则函数收敛。通常，采用平方误差准则，其定义如下：

$$E = \sum_{i=1}^{k} \sum_{P \subset C_i} (p - m_i)^2$$

这里 E 是数据库中所有对象的平方误差的总和，p 是空间中的点，m_i 是簇 C_i 的平均值。该目标函数使生成的簇尽可能紧凑独立，使用的距离度量是欧几里得距离，当然也可以用其他距离度量。k-means 聚类算法的算法流程如下：

（1）在 n 个输入数据中，择 k 个对象作为初始的簇中心；

（2）计算每个对象到各簇中心距离，将每个对象（重新）赋予最类似的簇；

（3）更新簇的平均值，即计算每个簇中对象的平均值；

（4）重复步骤（2）直到不再变化或到达预设要求。

k-means 算法逻辑和实现难度上都简单直接，易于理解，是一个很不错的算法。但在实际计算中也存在着一些缺点。一方面，它需要设计者预先设定希望得到的聚类数 k，这就需要对数据很好地理解或者正确地估计。另一方面，由于不同的因子对分组未必有着相同的权重或具有相关性，直接的聚类可能会造成分类的不正确，因此，在实际计算中需要对因子进行主观或客观的赋值，或者对因子进行进一步整理。

（四）层次聚类法

根据层次分解的顺序是自底向上和自上向下，层次聚类算法分为凝聚的层次聚类算法和分裂的层次聚类算法。

凝聚型层次聚类的策略是先将每个对象作为一个簇，然后合并这些原子簇为越来越大的簇，直到所有对象都在一个簇中，或者某个终结条件被满足。绝大多数层次聚类属于凝聚型层次聚类，它们只是在簇间相似度的定义上有所不同。四种广泛采用的簇间距离度量方法有最小距离、最大距离、平均值距离和平均距离。

这里给出采用最小距离的凝聚层次聚类算法流程：

（1）将每个对象看作一类，计算两两之间的最小距离；

（2）将距离最小的两个类合并成一个新类；

（3）重新计算新类与所有类之间的距离；

（4）重复步骤（2）（3），直到所有类最后合并成一类。

层次分析法距离和规则的相似度容易定义，限制少，不需要预设聚类数，可以发现类的层次关系，这使得区域划分具有层次，更加直观。但它也面临着各因子的重要度设置的问题。除此之外，它还面临着可能聚类成链状和哪一层次聚类作为最终分类的问题。

六　简单的区域划分案例分析

接下来，读者可以通过下面一个例子对风险区域划分进行更好地理解。

例 3 - 8：已知某市共有甲、乙、丙、丁、戊、己、庚、辛、壬、癸十个区县，各区县主要作物如下表 3 - 17，面临风险和风险发生率如下表 3 - 18，每种风险造成的受灾率同种内一致，如下表 3 - 19。请读者自行选取假设，做出至少三种不同的风险区划方式（忽略地理位置关系）。

表 3 - 17　　　　　　　　　　　　各县灾害发生率

县名	风灾	洪涝	干旱	暴雨	火灾	蝗虫	疾病
甲	35%	12%	9%	14%	3%	0%	6%
乙	43%	2%	19%	3%	7%	0%	7%
丙	15%	18%	15%	35%	4%	0%	5%
丁	30%	15%	12%	18%	6%	0%	6%
戊	49%	10%	17%	14%	9%	5%	8%
己	44%	11%	15%	21%	8%	10%	5%
庚	10%	5%	10%	6%	3%	0%	5%
辛	5%	12%	4%	17%	3%	11%	7%
壬	0%	0%	12%	0%	9%	5%	7%
癸	15%	0%	1%	0%	0%	7%	6%

表 3 - 18　　　　　　　　　　　　　　不同作物灾害损失表

灾害	风灾	洪涝	干旱	暴雨	火灾	蝗虫	疾病
小麦损失率	12%	16%	17%	5%	2%	19%	3%
玉米损失率	10%	43%	12%	7%	1%	13%	1%
大豆损失率	—	4%	9%	—	—	—	1%
水稻损失率	—	16%	9%	5%	4%	—	3%

表 3 - 19　　　　　　　　　　　　　不同地区主要作物分布表

县名	小麦	玉米	大豆	水稻
甲	√	√	√	√
乙	√	—	√	√
丙	—	√	√	—
丁	√	√	—	√
戊	√	—	√	—
己	—	√	√	—
庚	√	—	√	—
辛	—	—	√	√
壬	√	√	—	—
癸	√	√	—	√

解：

设计方法 1：（忽略灾害发生率和灾害损失率）

假设在实际处理中，保险公司由于新进入该省，缺少灾害发生率和不同作物灾害损失率的数据，难以根据这两点进行风险区划。保险公司员工在该省十县考察后，发现各县为了适应当地环境，都选择了最适合当地的作物，并且这些作物都在当地稳定种植了十年以上。保险公司员工考虑到农民会自主地根据风险选择适合的主要作物，从而规避损失。因此，该保险公司假设各地主要作物的风险与风险大小和作物关系紧密（此处为负相关，例如，风灾会造成小麦倒伏，该保险公司认为小麦种植的地方风灾一定不会特别严重。由于这里仅仅是假设，种植情况和风险情况或许会存在差别）。

这里出于简化的划分方式，假设每个作物权重相同，即通过作物种植种类的简单相加进行区域划分，最后结果见表 3 - 20。

表 3 - 20   各县作物种类表

县名	作物种类
甲	4
乙	3
丁	3
癸	3
丙	2
戊	2
己	2
庚	2
辛	2
壬	2

根据表 3 - 20，可以将该市各区县简单地分为三个等级。考虑到各地主要作物的风险与风险大小和作物关系紧密，为负相关的假设，可以认为作物越多的地区风险越小。因此甲地为低风险区域，乙、丁、癸三县为普通风险区域，其余六县为高风险区域。

设计方法 2：（考虑灾害发生率，忽略灾害损失率）

（接上个方法中的假设）该保险公司员工通过和当地政府合作，得到了该市各区县过去的灾害发生数据，从而做出了灾害发生率表。考虑到参考风险发生率可以更准确地对风险区域进行划分，该保险公司决定把灾害发生率纳入考虑的范畴，改善原有的风险区域划分方式。由于该保险公司知道了各地主要作物种类，为了准确了解各地的赔付率，该保险公司决定询问专家意见，对灾害类型和作物损失率的关系进行估计。

根据专家意见，保险公司得到了表 3 - 21。

表 3 - 21   专家意见损失率表

灾害	风灾	洪涝	干旱	暴雨	火灾	蝗虫	疾病
小麦	20%	50%	30%	10%	5%	24%	5%
玉米	20%	50%	30%	10%	5%	24%	5%
大豆	—	10%	30%	—	—	—	5%
水稻	—	10%	30%	10%	5%	—	5%

通过表 3 - 21，可以得到各区县各主要作物损失率。

表 3 – 22　　　　　　　　　　　各区县各主要作物损失率表

县名	小麦	玉米	大豆	水稻
甲	18%	18%	4%	6%
乙	16%	16%	6%	7%
丙	20%	20%	7%	10%
丁	20%	20%	5%	8%
戊	23%	23%	7%	8%
己	24%	24%	6%	8%
庚	9%	9%	4%	5%
辛	13%	13%	3%	5%
壬	6%	6%	4%	4%
癸	5%	5%	1%	1%

假设各县内各种主要作物之间承保面积相等，可以得到各县的总作物平均损失率表，见表 3 – 23。通过该表，可以把大于等于 14% 的归于高风险类，把 14% 到 8% 的归为中风险类，把低于 8% 的归为低风险类。因此，丁、戊、己为高风险类，甲、乙为中风险类，其余五县为低风险类。

表 3 – 23　　　　　　　　　　各县总损失率表（基于专家假设）

县名	总损失率
丁	16%
戊	15%
己	15%
丙	14%
甲	11%
乙	10%
庚	6%
壬	6%
癸	4%
辛	4%

设计方法 3：（考虑灾害发生率，灾害损失率）

（接上一个设计）在经营了三年后，保险公司通过积累自身数据，得到了实际的灾害损失率。考虑到实际灾害损失率和专家假设损失率之间的差别，为了准确进行风险区域划分，保险公司打算通过该数据重新进行风险区划。通过实际灾害发生率表，可以得到基于实际损失的各县总损失率表，见表 3 – 24。

表 3 - 24   基于实际损失的各县总损失率表

县名	总损失率
丁	9%
丙	8%
己	8%
戊	7%
甲	6%
乙	5%
壬	3%
庚	3%
辛	2%
癸	2%

可以看见，总损失率有了明显的下降，延续设计 2 中的风险区域归类方式，可以得到丁、丙、己归入中等风险类，其余 7 个县归入低风险类。

章节小结

本章重点对费率厘定的预备知识进行介绍，包括费率厘定的定义，目标与原则以及费率厘定的基本对象。危险单位划分与风险区域划分一直是国内农业保险从业与研究人员积极研究且努力推动的领域。随着我国农业保险的发展，这两点将成为农业保险规范经营和合理控制的重要基础。希望读者仔细阅读理解该章知识，并拓展实践。

重点概念

保险定价：在费率充分的基础上，考虑公司的市场份额目标与竞争环境等众多因素制定价格的过程。

费率厘定：确定了一个充分费率，它可以提供足够的资金去支付预期的损失和费用，并且给保险公司带来合理的回报。

单位标的：保费收取中的最小单位。

费率危险单位：又称作风险单位，是单位时间内保险标的发生单次灾害事故可能造成的最大损失范围。

危险量：每张保单的危险单位总数。

农业保险风险区域划分：根据地区的风险状况和保险标的的历史损失情况，通过将风险性质与风险大小相同或近似的部分归为一组、将风险性质与风险大小差异较大的部分切分，从而把一定区域范围内的农业保险标的划分为若干不同风险类型和等级的区域。

思考与练习

1. 请简述费率厘定的定义。

2. 具体说明费率厘定和保险定价的差别，并举例说明保险定价与费率厘定不同的原因。

3. 请简述费率厘定的基本目标和原保监会发布文件中农业保险费率厘定设计的基本原则。

4. 请简述单位标的的定义，并解释说明单位标的的设计要点。

5. 请简述单位标的、危险单位和风险区划的定义，并比较三者之间的共同点和差别。

6. 简述现阶段我国一省一费的保费制定策略是否符合危险单位划分的要求，并从危险单位的角度考虑，现行费率制度的优点或缺点，并指出我国为什么需要进行危险单位的规范化。

7. 简述危险单位划分的要点。

8. 简述风险区划的必要性。

9. 某保险公司在山东、浙江、四川、辽宁和广东各承保了一百亩用于种植玉米的土地一年，已知这五个省份会对全省玉米造成损失的灾害在四月和六月各有一次发生的可能（各月灾害的发生概率均为10%），每次灾害会造成出灾省的玉米损失30%，由于这五个省范围大距离远，各省出灾概率和出灾损失独立（以山东和四川为例，山东出灾并不代表四川一定会出灾，且山东出灾不会导致四川玉米受到影响）。请问该公司承保土地每亩预期损失率、单次灾害最高损失面积、单次灾害最高受灾面积、全年最高损失面积、全年最高受灾面积和损失率方差。如果该五百亩全部都在四川省，其余损失不变。请问以上数据会有什么变化，并解释原因。

10. 假设在 2017 年四个季度初，某保险公司分别承保了一头牛（为期一年），在 2018 年 1 月 1 日，该保险公司又新承保三头牛。那么请读者考虑在 2018 年内和 2018 年内，该保险公司的已签危险量和已承担危险量分别是多少？在 2018 年 1 月 1 日，该保险公司的有效危险量是多少？

11. 假设某省十个市近五年强降雨次数如下表，请读者根据该强降雨次数（忽略趋势变化），判断其相关性，将其分为至少 4 个独立的危险单位。

表 3-25   某省十市近五年强降雨次数

某市代号	1#	2#	3#	4#	5#	6#	7#	8#	9#	10#
2012	9	11	8	10	10	12	10	7	8	11
2013	7	8	8	11	8	9	10	9	10	12
2014	6	7	6	11	7	8	7	7	9	12
2015	9	11	8	13	10	12	10	9	9	14
2016	9	11	8	11	10	12	10	7	8	12

12. 假设单次强降雨损失为 4%（按乘积计算），请对上一题的十市进行风险区域划分，并检测与危险单位是否一致。如果不一致，请解释原因。

参考文献

[1] 韩天雄：《非寿险精算学》，中国财政经济出版社 2010 年版。

[2] J. B. 霍萨克、J. H. 波拉德、B. 第恩维茨：《非寿险精算基础》，王育宪、孟兴国、陈宪平等译，中国金融出版社 1992 年版。

［3］李恒琦：《非寿险精算》，西南财经大学出版社年版。

［4］丁少群：《农业保险学》，中国金融出版社 2015 年版。

［5］齐敏、李大健、郝重阳：《模式识别导论》，清华大学出版社 2009 年版。

［6］史培军、王静爱、叶涛、王俊等：《"全国种植业保险区划"研究报告》，中国保险监督管理委员会，2011 年。

［7］梁来存：《我国粮食作物的保险风险区划及其 Probit 排序选择模型验证》，《经济经纬》2009 年第 6 期。

［8］陈东辉、史翔、潘志恒：《中国农业保险精算风险研究与定价》，2013 中国保险与风险管理国际年会，2013 年。

［9］张玉环：《美国、日本和加拿大农业保险项目比较分析》，《中国农村经济》2016 年第 11 期。

［10］庹国柱、丁少群：《论农作物保险区划及其理论依据：农作物保险区划研究之一》，《当代经济科学》1994 年第 3 期。

［11］Greatrex H., Hansen J., Garvin S., et al., "Scaling up Index Insurance for Smallholder Farmers: Recent Evidence and Insights", *Climate Change Agriculture Food Security*, 2015.

第四章　农业保险费率厘定的方法

学习目标

1. 了解费率的组成，理解各个费率组成部分的意义。
2. 学习并掌握纯保费、最终损失、均衡已赚保费、损失率和风险附加的计算方法。
3. 学习并掌握纯保费法和损失率法。

知识结构图

```
                    费率厘定
                     方法
        ┌──────────┬──────────┬──────────┐
     费率的组成   纯保费与    利润和      费率厘定的
                  损失       风险附加     基本方法
                    │          │          │
                  基本概念   风险附加的    纯保费法
                           作用和特征
                    │          │          │
                 最终损失的   风险附加的    损失率法
                 预测方法     设计方法
                               │          │
                                          两者关系
```

第一节　费率的组成

通过对上一章的学习，读者可以理解费率厘定的相关概念。在接下来的一章里，将为读者介绍如何进行费率厘定。简单来说，费率厘定就是考虑承保标的危险单位的风险水平，按照其危险量（农业保险上更多的是单位标的量），确定出足以弥补承保预期损失、使保险公司得以正常经营并保证股东盈利的费率（这里不要忘记前面提到的费率厘定和保险定价的区别。费率厘定不涉及对保险公司战略的考虑）。

为了达到费率弥补损失、使保险公司得以正常经营且保证股东盈利的目标，根据《财产保险公司产品费率厘定指引》，在费率厘定中保险公司应综合考虑影响费率厘定过程的各种因素。考虑因素包括但不限于风险因素、产品特点、基础数据、数据组织形式、危险单位、风险细分、准备金充足性状况与损失进展、趋势、巨灾、再保险、资本成本、公司经营行为变化和外部因素。以上因素要求过于庞大，是通过在考虑保险设计、公司现状、风险变化、监管要求和市场情况等一系列因素情况下的一种设计和思考。

对于初学者，本书认为可以先专注于简单部分，即仅从收支平衡的角度（当然这里把公司运营和股东收益也当作一种合理性支出），去考虑费率厘定需要些什么，从而对简化且最核心的费率组成有所了解。简单来说，费率主要包括以下三个部分：

（1）用于支付赔款的部分，即通常所说的纯保费。

（2）用于支付费用的部分，如代理人佣金、管理费用、理赔费用、税金税费等。

（3）利润及风险附加部分。

接下来，本章将分别对这些内容进行具体介绍（用于支付费用的部分属于保险公司管理的内容，这里不进行具体介绍）。

第二节　纯保费与损失

一　纯保费和损失的基础介绍

纯保费和损失虽然是两个不同的词语，但它们实际是同一件事物的两种表现形式。纯保险费是指保险费中用于支付保险赔偿金的部分。根据保单的条款，保险公司的赔付应该对符合保险条款的损失进行赔付，这是来自保险公司与投保者签订合同后随之而来的义务。对保险赔付金的支出是保险公司费用支出的最大部分也是最重要的部分。赔付支出和保费收入的比值是衡量一家保险公司对公众提供保障程度最直观的参数之一。纯保费就是对该赔付支出的弥补收入。在另一方面，对于这种发生的赔付费用支出，我们也要对其进行命名。由于保险是个舶来品，我国的保险词汇来自国外，虽然赔付这个词在中文里更准确，但为了和保险专业用语符合，这个赔付金额我们把它叫作损失。

损失的概念包括已发生损失、已发生未赔付损失、最终损失，等等。已发生损失指的是在一个特定时期索赔人发生损失后保险公司已经赔付的部分；已发生未赔付损失是指在一个特定时期索赔人虽然已经发生损失，但由于当前并未进行理赔或者该损失还在进行中无法确定索赔人最终损失情况，导致保险公司无法针对该次损失赔付足够的金额，这笔该付未付的赔付就叫作已发生未赔付损失；最终损失指对在承保时间内索赔人一共发生的损失总量进行的所有赔付。

从定义上，可以很明显地发现已发生损失并不等于最终损失，但是随着时间的推移，新赔案的不断发生，损失信息的逐步上报，已发生损失将逐渐向最终损失靠拢并最终等于最终损失。在保险精算上，这三个损失数据都是精算从业人员常需要使用的数据。

在赔付过程中，保险公司除了要支付损失外，还要支付损失调整费用。损失调整费用是为了使赔付合理进行而支付的费用，即理赔费用。其中与索赔直接相联系的损失调整费用成为分摊损失调整费用，而不直接相联系的称为非分摊损失调整费用。分摊损失调整费用在厘定费率时通常和损失合在一起作为一个整体考虑。非分摊损失调整费用包括理赔部门的内部成本，它在各个公司之间是不同的。而分摊损失调整费用就是保险公司常备理赔部门之外的费用成本，如雇用外部人员进行损失评估的费用。

为了保证纯保险费可以弥补保险赔偿的支付金额，需要使纯保险费和它对应的损失相等。在这里，由于已发生损失和已发生未赔付损失都仅是保单总损失的一部分，如果单独使用该数据会导致精算从业人员对实际损失情况的错误估计，而分摊损失调整费用一般也默认为是损失的一部分。因此保险公司在实际处理中，认为纯保费等于最终损失与分摊损失调整费用的和（赔付必须发生在承保时间范围之内）。如下式：

$$纯保费 = 最终损失 + 分摊损失调整费用$$

值得注意的是，当单独谈论损失时，这是一个实际概念。就如已发生损失和已发生未赔付损失，它们是基于保单的当前状况或者过去状况产生的结果，都是现实存在的。或许已发生未赔付损失中有人为约定的因素，但已发生未赔付损失的存在这件事不会因为保险定价人员的意志而改变。同理也适用于最终损失、分摊损失调整费用、非分摊损失调整费用等。而对于纯保费而言，上式右边的最终损失和分摊损失调整费用却只是一个理论概念（也可以叫作预期），或许它们有其现实数据的支持，是对现实充分考虑后产生的合理假设，但保费和费率都是面向未来的东西，在未来，最终损失和分摊损失调整费用未必会发生或者等同于假设情况。因此，在实际纯保费收取中，应该符合下式。

$$纯保费 = 预期最终损失 + 预期分摊损失调整费用$$

例 4 - 1：某保险公司 2016 年初在某地新推出了一款为期一年的试验型天气指数保险，当年一共有三个农场主对该保险进行了购买。在当年末，各个农场主的已发生损失、已发生未赔付损失和分摊损失调整费用可见表 4 - 1。如果 2017 年该保险公司仍然打算为这三家农场主的同一地块进行与 2016 年完全一样的天气指数保险承保，请问该保险需要收取多少钱作为纯保费？如果存在专家经验的情况下，又该如何制定纯保费？

表 4 - 1 损失分布表 （单位：万元）

农场主编号	已发生损失	已发生未赔付损失	分摊损失调整费用
1#	10	2	5
2#	6	1	0
3#	3	6	0

解：

（1）通过损失分布表，可以得到对于 1#，最终损失等于 12 万元，对于 2#，最终损失 7 万元，对于 3#，最终损失 9 万元。因此对于三家农场主，2016 年该试验型天气指数保险的最终损失为 28 万元。对于三家农场主而言，2016 年该试验型天气指数保险的分摊损失调整费用为 5 万元。

因此，对于三家农场主而言，2016 年该试验型天气指数保险的总损失为 33 万元。

对过往经验有所了解后，接下来需要考虑 2017 年对这三家农场收取的总纯保费。

要知道总纯保费，需要对未来总损失情况有所预期。如果仅从 2016 年数据推断，假设这三家农场未来的赔付情况和 2016 年不会有太大的差别，可以认为 2017 年预期总损失为 33 万元。

因此，对于三家农场主而言，2017 年该试验型天气指数保险的总纯保费为 33 万元。

（2）假设某专家认为在 2017 年，这三家农场主的总损失将有所上升，达到 37 万元（该问题属于信度理论、经验费率等的问题，将会在后面章节具体讲解）。

精算从业人员认为专家意见和 2016 年经验都是可以部分信任的，认为各有 50% 的可能性正确。

因此新一年的预期总损失等于 50% × 37 + 50% × 33 = 35 万元，即新一年的总纯保费等于 35 万元。

二 最终损失的预测方法

虽然对于每一个保单，都可以通过销售人员、核保人员或者理赔人员去随时跟进保险标的的情况，从而对保单的已发生未赔付的风险有较为准确的估计。但在实际操作中，这种方式需要过多的人力资源和财力资源，也对保险从业人员的素质有着较高的要求，并不利于实施。同时，在农业保险中，单次出险并不意味着整个保单期间全部损失的大小的确定（即出险并不意味着保单责任的结束）。因此，保险精算工作者需要通过数理方法，寻找其中规律，建立出合适的最终损失预测方式。

这里有两个问题需要解决。第一个是如何通过保单现状预测当前已承保单位当前的最终损失；第二个是如果风险变化，对于同一个标的在不同时间段的最终损失会随着时间产生变化（如某地小麦保险2011年最终损失30%，每年最终损失减少1%），需对最终损失进行调整。

针对以上两个问题，本书将最终损失的计算和预测方式包括两个部分，为了对其进行区分，本书把第一部分叫作对最终损失的估计，第二部分叫作最终损失的趋势识别。第一个部分是通过已发生损失经验，通过已发生损失和时间的联系，对最终损失进行估计；第二个部分是通过对每个时间段最终损失的趋势进行预测，从而估计当前或者未来最终损失的情况。

（一）最终损失估计

就如本书之前所说，已赔付损失并不等于最终损失。对于一般财产保险，由于经验数据中不可避免地存在未决赔款保单的数据，最终损失的预测和对最终损失趋势的分析是费率厘定工作中最重要的组成部分，需要统计的专业技术和精算师的经验判断。在一般财产保险中常用的最终损失预测方法和赔付频率预测方法是损失进展法。即假设赔付发生之后，索赔以某种模式经历"未报告→已报告未赔付→赔付完毕"这一过程，且该过程平稳，和赔付时间没有任何关系。这个假设使得过去的经验可以用来预测将来的发展，得到变化趋势。这样就可以通过趋势预测或者损失进展法从而对赔付进行预测。

而对于农业保险而言，由于国家对农业保险赔付准确快速的要求，该"未报告→已报告未赔付→赔付完毕"模式并不会像一般财产保险一样具有很长的时间跨度，从这个角度来说，农业保险的已发生赔付可以直接作为最终赔付使用。

由于新的农业主体或许会存在新的形势，本书在这里也将会对最终损失的常见分析方式——损失进展法进行介绍。

简单来说，损失进展法就是把每个保单的"未报告—赔付完毕"情况按照同样时间段划分方式分为前后两期（或许会更多期，但是这里为了简便仅假设两期）。举个例子，对于同一组保单，将"未报告—赔付完毕"在三个月以内的归为快速赔付段，把"未报告—赔付完毕"在三个月以外的归为慢速赔付段。为了对最终损失进行预测，我们可以通过对慢速赔付段中赔付额和快速赔付段的关系进行研究，得出最终损失大小。为了简单处理，可以计算慢速赔付与快速赔付段之间的比例，从而得出最终损失。这就是损失进展法的基本思路。

由于目前农业保险上具有这种性质的保险并不多，这里以车险为例进行介绍。首先看如下通过损失进展法建立起的数据表格。（一般叫作流量三角形）

表 4 – 2　　　　　　　　某车险公司已发生损失流量三角形

事故发生时间	理赔时间（0 为当年，1 为第二年，以此类推）			
	0	1	2	3
2014	500	212	56	2
2015	1204	691	142	
2016	1381	731		
2017	1672			

由于保险公司在实际处理中一般采用赔付的积累值进行计算，这样对于理赔期更多的划分方式更加方便，并且易于观察理赔期较高的时间段（如表 4 – 3 的时期 3）的赔付情况是否有意义计算。这里也进行同样的调整，得到已发生损失的积累流量三角形。

表 4 – 3　　　　　　　某车险公司已发生损失的积累流量三角形

事故发生时间	理赔时间（0 为当年以内，1 为前两年，以此类推）			
	0	1	2	3
2014	500	712	768	770
2015	1204	1895	2037	
2016	1381	2112		
2017	1672			

根据积累模型，可以检查随着时间理赔时间的延长，同一事故发生时间保单的已发生损失的变化情况。如表 4 – 4。

表 4 – 4　　　　　　　　某车险公司已发生损失的变化情况

事故发生时间	理赔时间（0 为当年以内，1 为前两年，以此类推）		
	0—1	1—2	2—3
2014	142%	108%	100%
2015	157%	107%	
2016	153%		

为了使已发生损失的变化情况可信，简单的检查需要满足两个要求，第一个要求是同一理赔时间内的变化情况要尽量一致（这种变化系数一般叫作进展因子）；第二个

是要满足投保人不会推迟很久才进行理赔的假设（一般出灾投保人会尽快理赔），即高时间段的进展因子应该趋近于100%。

通过简单的比较，初步认为同一时间段内，各事故发生时间的进展因子是一致的，满足第一个要求，2—3累计已发生损失进展因子为100%，满足第二个要求。因此，该进展因子是可信的。

得到不同事故发生时间的进展因子表后，需要通过一定的方式整合出最终的进展因子表。这里采用算术平均法，即取同一时间段内的进展因子的平均值。得到最终的进展因子表。

表 4－5　　　　　　　　　　　　　　最终进展因子表

理赔时间	0—1	1—2	2—3
进展因子	151%	108%	100%

因此，对于事故发生时间在2017年的保单，其估计最终损失是：$1672 \times 151\% \times 108\% \times 100\% = 2724$。

（二）最终损失的趋势识别

市场是变化的，社会是变化的，环境也是会变化的。对过去经验的总结虽然可以让我们对事物过去的变化和发展方式有所了解，但是保险从本质上却是对未来的预估，需要的是从事物的过去经验得到对未来的预测与判断。因此，趋势识别在农业保险中具有重要意义。

趋势识别不仅是保险费率厘定中的一个重要部分，同时也是保险准备金评估、保险设计和市场分析的重要部分。在费率厘定上，对趋势的识别有助于精算师对风险的认识，从而更好地利用历史数据；在准备金评估上，对趋势的识别可以让公司合理地提取并释放准备金[①]；在保险设计和市场分析上，对趋势的识别可以让公司及时对保险产品进行设计与修正，从而更好地适应市场。

常见的需要进行趋势识别的保险索赔数据有索赔次数、最终索赔损失和损失强度。除了索赔数据外，保费收入，保单出单数，风险情况也是趋势识别需要考虑的内容。尤其在农业保险中，面临着全球气候变化、技术进步变化、农业政策变化等各种风险变化，这都考验着精算师制定公平合理保费的能力。同时，不同于一般的非寿险，农业保险还存在着强烈的周期性，如我国过去在粮食平衡上的"两丰两歉一平"规律，这考验着精算师如何在农业保险波动周期内制定合理稳定保费的能力。因此，趋势识别对费率厘定具有相当重要的作用。在趋势识别上，我们有多种预测方法可以使用，最简单的方法是最小二乘法。

---

① 准备金的含义请读者参考本书准备金相应章节。

　　最小二乘法是一种常见的数学分析方法。它通过最小化误差的平方和寻找数据的最佳匹配函数，通过该数据变化趋势从而对数据进行调整，对未来情况进行预测，见式（4.1）。在使用中，可以选择一条曲线对数据进行拟合，然后通过最小二乘法求出该曲线中的最佳参数，也可以通过最小二乘法决定最适合的曲线。绝大多数的非寿险精算师在厘定费率的过程中确定趋势变化的拟合函数时，一般会选用线性函数（4.2）和指数函数（4.3）。为了使实际数据趋势图和拟合图更加近似，在趋势预测中还可以使用一些手段使数据更加平滑。

$$Q = \min \sum_{i=1}^{n} (y_i - \hat{y}_i)^2 \tag{4.1}$$

$$y = ax + b \tag{4.2}$$

$$y = a\,\mathrm{e}^{bx} \tag{4.3}$$

$$y = \begin{cases} 1 & x > a \\ 0 & x \leqslant a \end{cases}$$

　　虽然最小二乘法理解简单，易于使用，但它忽略了数据之间各期的联系。这与农业生产情况并不相符。同时，过于依靠最小二乘法还会导致过度拟合的错误，不利于准确预测。由于农业保险数据的缺少，最小二乘法的使用或许会具有较大的误差。因此，在实际中，也要根据经验参考专业人士，从而得出合理的拟合结果。

　　具体的趋势识别方法因为在预备知识中有过介绍，这里不再过多重复。现在主要通过以下例子，让读者感受趋势识别对农业保险损失的重要性。

　　例 4 - 2：某保险公司在某地经营小麦保险十年，有着充足的小麦保险经验。考虑到农业保险赔付快速准确的要求，默认当年事故的赔付当年就赔付完成，即当年最终损失等于当年已发生损失。为了方便对比，保险公司对赔付数据进行了调整，得到了每年平均每亩小麦损失额（见表 4 - 6）。

表 4 - 6　　　　　　　　　　　　　　　　小麦年亩损失　　　　　　　　　　　　　　　　（单位：元）

投保年度	2007	2008	2009	2010	2011	2012	2013	2014	2015	2016
亩损失	23.1	24.5	26.8	28.0	27.4	28.5	30.1	31.6	31.2	32.4

　　由损失数据可见，小麦年亩损失有着很明显的上升趋势。如果使用过去数据，将有很大的可能性导致实际损失高于预期损失（纯保费），不满足收支平衡的原则和要求。因此，保险公司认为需要对趋势进行分析，从而得到合理的预期。请读者根据最小二乘法，预测 2017 年该地保险公司承保小麦年亩损失。

　　解：

　　由表 4 - 6，可以得图 4 - 1：

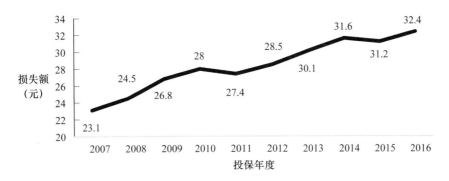

图 4 - 1　投保年度损失额图

该图近似于一个直线上升的趋势，通过该图和以下公式。

$$Q = \min \sum_{i=1}^{n} (y_i - \hat{y}_i)^2$$

$$y = ax + b$$

可以得到最小二乘法下结果

$$y = 0.9818x + 22.96$$

该式子中 x 取值为 1，2，3，…，1 代表 2007 年，以此类推。

通过该式子，可以预测 2017 年的小麦每亩损失等于 33.8 元。

例 4 - 2 只是单一趋势，不存在趋势起伏的情况。接下来请看例 4 - 3。

例 4 - 3：某保险公司在某地经营小麦保险十年，有着充足的小麦保险经验。考虑到农业保险赔付快速准确的要求，默认当年事故的赔付当年就赔付完成，即当年最终损失等于当年已发生损失。为了方便对比，保险公司对赔付数据进行了调整，得到了每年平均每亩小麦损失额（见表 4 - 7）。

表 4 - 7				小麦年亩损失					（单位：元）
投保年度	2007	2008	2009	2010	2011	2012	2013	2014	2015	2016
亩损失	21.8	18.5	22.6	17.9	22.2	17.9	22.5	18.2	22.3	18.4

由损失数据可见，小麦年亩损失有着很明显的起伏趋势。如果用过去的数据，将有很大的可能性导致实际损失高于或低于预期损失（纯保费）。不满足收支平衡的原则和要求。因此，保险公司认为需要对趋势进行分析，从而得到合理的预期。请根据最小二乘法，预测 2017 年该地保险公司承保小麦年亩损失。

解：

由表 4 - 7，可以得图 4 - 2：

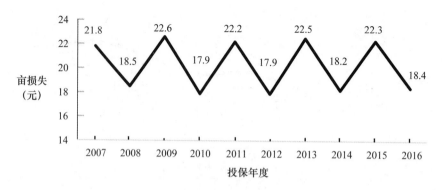

图 4 - 2　投保年度损失额图

该图近似于一个稳定起伏的趋势，通过该图和以下公式：

$$Q = \min \sum_{i=1}^{n} (y_i - \hat{y}_i)^2$$

$$y = \begin{cases} 1 & x > a \\ 0 & x \leqslant a \end{cases}$$

可以得到最小二乘法下结果

$$y = \pm 2.07x + 20.23$$

该式子中当投保年度为奇数时，2.07 为正，当投保年度为偶数时，2.07 为负。

通过该式子，可以预测 2017 年的小麦亩损失等于 22.3 元。

虽然在上面两个例子中都能根据过去趋势预测未来纯保费趋势，但在实际中，由于保监会费率稳定的要求，往往不能根据趋势每年改变纯保费。因此，在实际中应该考虑到未来费率变化的趋势，选择可以满足在未来较长时间范围内不需要调整的纯费率。

第三节　利润和风险附加

利润和风险附加是保险费率的重要组成部分。利润满足了保险公司盈利的要求。一般来说，对于单个保单，保险公司并不会直接对利润总额进行要求，而是通过利润率（即利润占保险费的比例）进行控制。这样的做法有助于费率的计算简化，使费率厘定更加直观。风险附加，又叫作安全附加费，是用来在重大风险事故发生时或者弥补统计误差时作为给付之用。纯保费加上风险附加也叫作毛保费。

一　风险附加的作用和特征

在制定费率时，精算师对未来的赔付概率和赔付大小的估计来自他的预期，而这个预期的基础来自过去的经验。在这过程中，精算师面临着两个方面的风险。第一，预测的准确性。对未来的预期来自过去的经验，这并不是反映了未来的实际规律，只是通过过去得到的猜测，尤其农业保险数据较小，很有可能会加大这种误差；第二，未来损失的波动性。制定的纯保费是固定的，仅仅是对未来赔付某种状况的估计（如均值，众数或某种发生率下的赔付值，一般来说，一般指的纯保费就是过去赔付经验的均值），而无法覆盖每种赔付情况。在前文中曾经提到过，实际赔付高于保费过多的情况不利于公司财务的稳定甚至会导致公司的破产，虽然可以通过再保险转移过高的赔付，但这种风险的转移同样是需要资金的。

费率的计算过程就是对上述描述的保险公司所承受的风险进行评估的过程。简单来说，风险的评价一般包括两个部分：一是风险的期望损失，二是损失的实际值超过风险的预期损失的程度。对于第一部分，可以通过纯保费的计算进行解决，对于第二部分，则需要引入风险附加的概念。风险附加是反映损失实际值超过风险预期（纯保费）程度的附加费用。纯保费加上风险附加，一般将其叫作毛保费。从理论上讲，在纯保费的基础上增加安全附加后的毛保费应该具备如下的基础特征：

（1）无欺性。毛保费不应该超过保险公司对随机风险的最大可能赔付额，否则这就是保险公司拿到了一份必然的利润，如果能够销售出去这就意味着欺诈（当然一般的结果是保单无法销售，并直接对公司的名誉造成巨大损害）。

（2）超均值性。毛保费不应该小于随机风险的期望损失，否则会使保险公司的经营出现必然的亏损。

（3）可加性。对于相互独立的随机风险，它们一起投保的毛保费应该等于各自分别投保时的毛保费之和。而根据之前在危险单位时介绍的知识，如果两个危险单位的随机风险相互相关，无论它们是不是共同投保，只要在保险公司同时接受了它们的投保，毛保费都应该考虑相关性带来的风险上升。即增加毛保费。

（4）平移不变性。如果随机风险增加一个固定的损失，则相应的毛保费也要增加相应的固定费用。这是因为固定损失的支出对保险公司是一个必然项目，必须通过毛保费来进行弥补（假如某家保险公司对某个投保的农民提供固定价格的土地咨询服务，这就是固定费用的增加）。

（5）齐次性。当风险按某一比例增加或减少时，毛保费也要同比例增加或减少。

二　风险附加的设计方法

风险附加具有多种方法，最简单的就是无视风险的特点，直接在纯保费的基础再加上一定比例的风险附加费用（例如20%的风险附加等）。除此之外，还可以加上一定比例的方差、标准差或者当前纯保费和某一百分比的损失赔付的差额等。

例4-3：某保险公司在某地经营小麦保险，有着充足的小麦保险经验。考虑到农业保险赔付快速准确的要求，默认当年事故的赔付当年就赔付完成，即当年最终损失等于当年已发生损失。假设该保险公司 2017 年共承保了十块土地，每块土地的亩赔付情况如下。忽略时间趋势影响。

表 4-8　　　　　　　　　　　2017 年小麦年亩损失　　　　　　　　　　（单位：元）

投保地块	1#	2#	3#	4#	5#	6#	7#	8#	9#	10#
亩损失	18.8	21.4	22.6	20.5	22.2	18.0	22.5	20.4	22.3	18.4

请以平均损失作为未来的纯保费，分别考虑不同设计方法下的风险附加费用大小。

解：

假设各块土地风险对立，可以做出如图 4-3 所示的直方图。

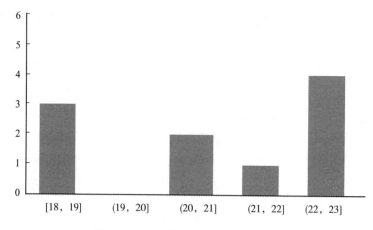

图 4-3　2017 年小麦年亩损失直方图

从直方图上简单对照，无法找出对应的常见概率分布图像，为了简化，这里直接通过频率对其进行分析。根据已知数据，可以得到亩损失分布的均值为 20.71 元，标准差为 1.78，方差为 3.16。

（1）如果直接按比例增加风险附加收费（这里按 20%），那么风险附加收费为 20.71×20% 等于 4.18 元；

（2）如果按照标准差的比例增加（这里假设比例为 1），那么风险附加收费为 1.78 元；

（3）如果按照方差的比例增加（这里假设比例为 0.5），那么风险附加收费为 1.58 元；

（4）如果按照当前纯保费和某一百分比的损失赔付的差额增加（这里假设使用 70% 百分比）。假设上述十种亩损失的发生概率相同，那么处于 70% 分布的为 22.2 元。那么风险附加收费为 1.49 元。

第四节　费率厘定的基本方法

知道费率的组成之后，接下来可以进入对费率厘定基本方法的学习。本节将介绍实务中确定费率的两种基本方法：纯保费法和损失率法。

一　纯保费法

纯保费法是指通过分析历史赔付数据及其变化趋势或者通过观察、分析、专家意见等（有的书籍会把通过观察、分析、专家意见等得到费率的方法记为观察法，但本书认为这种方法和纯保费法没有本质的区别，只是资料来源产生了变化，可以合并计入纯保费法当中），直接计算每一单位风险的保险赔偿金，并在此基础上计算附加费率。它是基于危险单位的计算方法[①]。纯保费法的基本公式如下：

$$R = \frac{P + F}{1 - V - Q} \tag{4.4}$$

其中，R 为每个危险单位的费率；P 为每个危险单位的纯保费，即保障被保险人风险所需要的净资金；F 为每个危险单位的固定费用，通常包括保险设计成本、员工薪资、非分摊损失调整费用等；V 为可变费用因子，包括业务宣传费用、防灾费、招待费、佣金等在费率中所占比例；Q 为利润和风险附加因子。

其中纯保费定义为每个危险单位的平均损失，有如下两种表现方式。

第一种为损失和危险单位数的商：

$$P = \frac{L}{E} \tag{4.5}$$

其中，L 为保险公司的最终损失加上分摊损失调整费用。如前文所说，最终损失是该危险单位直到保单结束的时间范围内所有赔付的金额。该金额可以是通过实际情况计算，也可以是通过推论得到。分摊损失调整费用是为了进行该次理赔所进行的费用支出，如 A 期小麦赔付为 3000 元，为了对该期小麦损失情况进行检查，理赔人员调动了无人机对小麦田进行了检查，花费 400 元，这 400 元就是该次的损失调整费用；E 为危险单位总数。

第二种为每危险单位的索赔频率和索赔强度的乘积：

$$P = \frac{C}{E} \times \frac{L}{C} = F_r \times D_\varepsilon \tag{4.6}$$

其中，C 是索赔总次数；F_r 是索赔频率（每危险单位的索赔次数）；D_e 为索赔强度

---

① 基于危险单位这点需要特别注意，在农业保险中由于危险单位大小随着投保年限的不同，土地面积可能会发生变化，在农业保险中推荐采用单位标的，而风险附加通过考虑面积大小等因素按一定比例分入保费中。

（每次索赔的平均损失）。

例 4 - 5：某公司在对某省玉米进行保障，纯保费为 100 万元，固定费用为 20 万元，可变费用因子为 10%，利润以及风险附加因子为 10%，共承保玉米 1 万亩，试计算该险种亩均保费。

解：

根据公式（4.4）可得，总保费为

$$R = \frac{100 + 20}{1 - 0.1 - 0.1} = 150 \ (\text{万元})$$

因为总共承保玉米 1 万亩，所以该省该险种亩均保费应为 150 元。

二 损失率法

（一）均衡已赚保费和损失率

在介绍损失率法前，首先要了解损失率是什么。这就引出了两个新的词汇，均衡已赚保费和损失率。

$$损失率 = 损失 / 均衡已赚保费$$

均衡已赚保费是在当前费率水平下计算得到的保费，其等于经验期里的已承担危险单位的数量 E 与当前费率 R_0 的乘积。这里的"均衡已赚保费"和过去收到的保费总和是不一样的。请注意"均衡"和"已赚"两个词。

先解释"已赚"，已赚并不是指保险公司收了多少保费，而是只赚了多少。保险和传统的交易不一样，保险公司和客户交易的是合同和保障，是一种对未来风险进行保障的预收款行为。在没有法律和行业的限制情况下，保险公司单次所收保费可以保障到一年后、五年后、十年后甚至一生。从会计的角度考虑，这些都是保险公司的进账，但是从精算的角度考虑，对未来的保障所收费用由于责任尚未到来，并不算"已赚"。只有从保单生效起到计算均衡已赚保费期间对应的保费才算得上"已赚"。这就是为什么要使用经验期内已承担危险单位的原因。

接下来解释"均衡"二字。"均衡"的意思在这里指的不是平衡，而是一种衡量标准，或者说一种时间限制。损失率是一个在特定时间点上的数据，而保险费率是会随着赔付情况发生一定改变的。如果采用过去已赚保费，这会使该赔付率与当期赔付率产生差别。所以，"均衡"二字要求精算师用要求的特定时间点上（通常是现在）的保险费率大小，替换各期费率，从而得到"均衡已赚保费"。常见的均衡已赚保费的计算方法有两种：危险扩展法和平行四边形法。

危险扩展法的思路是对每份保单考虑其在经验期内的已承担危险单位，使用当前费率重新计算，在计算机配置良好的情况下，这种计算是简单快捷的（值得注意的是无论是危险扩展法还是平行四边形法，精算师在使用的时候都有一个默认假设，那就是在保险期内每天的费率都是相同的，虽然在车险或者其余非寿险中，由于赔付数据相对较平稳，这种假设与现实很接近，但在农业保险，尤其是种植险中，由于农业种植风险往往集中在固定月份，该假设的正确与否是值得推敲的）。

当危险扩展法不适用时，可以使用平行四边形法进行估计。该方法假定危险单位在经验期内均匀分布。从代数上讲，以一年期保险为例，该保险某年的均衡已赚保费公式如下：

$$S = \sum_{i=1}^{n} a_i b_i \int_{t_i}^{t_{i+1}} (1 - x) \, \mathrm{d}x$$

其中 S 为总的均衡已赚保费；a_i 是等费率因子，即现保费和 t_i 时期保费的比值；b_i 是 t_i 时期实际保费收入；$t_i - t_{i+1}$ 是该段费率调整时间，t_{n+1} 等于 1 或者是该一年期保险在经验期内已承担的危险单位数量；n 是费率调整次数。

由假定可以看出，这种假定认为危险单位在经验期内均匀分布，而不是实际的承保变化，这就导致和实际情况可能会有较大的差距。又因为现在公司计算机配置和数据的良好管理，危险扩展法的使用并不存在障碍，这里不对平行四边形法进行过多介绍。

事实上在农业保险中，尤其是种植业一年期作物的农业保险，其具有鲜明的周期性。因此每次新设计保单费率时，都可以相同的费率，并不会出现一期保单还未结束，就有新保单进入的情况。同时由于赔付周期短，赔付结果易于计算，均衡已赚保费只需计算该险种当期保费即可。

请从下列两个例子理解车险和农业保险平行四边形法的不同。

例 4 - 6：某保险公司在某地有十年车险保险经营经验，其中为了维持收支平衡、满足公司的正常发展需要，保险公司曾多次提高费率（具体费率提高比率和时间点如下表 4 - 9）。现在假设在过去十年里，该公司的保费收入分别如下表 4 - 10，求在 2018 年 1 月 1 日，该保险公司的均衡已赚保费额。

表 4 - 9　　　　　　　　　　　　　　　**费率调整表**

费率增长比率	费率调整时间
20%	2010/7/1
30%	2014/1/1
10%	2016/1/1

表 4 - 10　　　　　　　　　　　　　　**保费收入表**

投保年度	2008	2009	2010	2011	2012	2013	2014	2015	2016	2017
保费收入（万元）	100	100	100	100	100	200	200	200	200	200

解：

根据费率可以制作平行四边形图如下：

在该图中，下横轴代表投保时间，上横轴代表保单结束时间。正方形代表每年的已赚保费收入（值得注意的是这里的单位并不是万元或者元，仅仅是一个概念或者说百分比，因为每个时间段流入的保费是不一致的，这里只是在图上表现为一致）。对于车险，全年各个时间段都会有保单流入，假设保单的流入在每年是均匀的。

回顾已承担危险量的概念，已承担危险量指的是该份保单中已经获得保障的危险单位数量。已赚保费即是对这部分危险单位的收费，因此也要考虑已赚保费就是已收保费在当期内已经提供保障部分的危险量的费用。

对于代表2008年已赚保费收入的正方形，它的费用其实来自两年的保费收入，第一部分在双斜线左边，代表着2007年保费收入有一半在2008年释放；第二部分在双斜线右边，代表着2008年保费收入有一半在当年释放。其余年份已赚保费收入同理。对于该图，要注意如下几点：

（1）2018年1月1日，2017年的已赚保费只有2017年的总保费收入一半（黑色分割线右边三角形），另一半将在2018年释放；

（2）点线代表第一次涨价；

（3）粗灰线代表第二次涨价；

（4）细灰线代表第三次涨价。

表4-11 各年已赚保费收入表

投保年度	2008	2009	2010	2011	2012	2013	2014	2015	2016	2017
保费收入（万元）	100	100	100	100	100	200	200	200	200	100

以2018年开始的费率作为基准费率，双线和点线之间为 $1/(1.2 \times 1.3 \times 1.1)$ 倍基准费率收费，点线和粗灰线之间为 $1/(1.3 \times 1.1)$ 倍基准费率收费，粗灰线和细灰线之间为 $1/1.1$ 倍基准费率收费，之后为基准费率收费。

因此，在2018年1月1日，均衡已赚保费如下

$$均衡已赚保费 = \frac{100 + 100 + 100/2}{1/(1.2 \times 1.3 \times 1.1)} + \frac{100/2 + 100 + 100 + 200}{1/(1.3 \times 1.1)} + \frac{200 + 200}{1/1.1}$$

$$+ \frac{200 + 200/2}{1/1} = 1812.5$$

接下来解释损失率。损失率是保险损失分析中使用最广泛的一个统计量。它既会指保险面临的损失率，也会被用于指标的损失大小。既可以是不包括各种损失调整费用的纯损失，也可以是包括分摊或非分摊的损失调整费用的损失率。损失率还可能根据时间范围选择的不同而产生变化。为了方便使用，在本书中，不特别说明的情况下，损失率指的是包括最终损失和分摊损失调整费的损失除以已承担保费产生的损失率。

值得注意的是，与车险赔付的分散性相比（一年内每天的赔付不会有特别大的差别），种植业农业保险的赔付具有很高的时间集中性（对于部分地区而言，农业种植灾害大多数时候发生在固定月份）。对此，在保险期内日均费率一致的假设就会导致高风险月份前后的损失率有巨大差别，这不利于损失率的稳定，从而降低了损失率的可信度。在这里，建议各公司将损失率的计算放在固定时期，最好统一在高风险月份后计算，或者通过一定计算方式，使日均费率和风险相等价，从而使损失率与实际情况更加贴近。

（二）损失率法

损失率法即赔付率调整法，是指以现行费率为基础，通过比较目标损失率和经验损失率，估计未来费率相对现行费率的调整幅度，从而计算得到新费率的方法。损失率法以现行费率和历史赔付记录为基础，不适用于新产品的费率厘定。它首先根据损失率计算费率的调整幅度（即费率调整因子），然后对当前的费率进行调整得到费率。其计算公式如下：

$$R = A R_0 \tag{4.7}$$

其中 R 表示费率；R_0 表示当前费率，或者说待调整费率；A 表示费率调整因子。在后续段落中本书会对这些词语一一解释。

在损失法中，关键即是如何计算费率调整因子。费率调整因子等于经验损失率 W 与目标损失率 T 的比，如下：

$$A = \frac{W}{T} \tag{4.8}$$

经验损失率是指经验期内的实际损失率，即最终损失 L（或者加上分摊费率调整费用）和均衡已赚保费之比，即：

$$W = \frac{L}{E R_0} \tag{4.9}$$

目标损失率可写为：

$$T = \frac{1 - V - Q}{1 + G} \tag{4.10}$$

其中 V 为可变费率因子；Q 为利润因子；G 为每危险单位的固定费用与纯保费之比，即：

$$G = \frac{F}{P} \tag{4.11}$$

例 4 - 7：某公司在对某省玉米进行保障，前三年的年均保费为 150 万元。其中非分摊损失调整费用共计 90 万元（非分摊损失调整费用为固定费用），总损失 270 万元。若第四年假设可变费用因子 10%，利润 10%，共承保玉米一万亩，求第四年该省玉米亩均保险保费。

解：

由公式（4.11）可知，每危险单位的固定费用和纯保费之比为：

$$G = \frac{90}{150 \times 3} = 0.2$$

根据公式（4.10），目标损失率为：

$$T = \frac{1 - 0.1 - 0.1}{1 + 0.2} = \frac{2}{3}$$

经验损失率为：

$$W = \frac{270}{150 \times 3} = 0.6$$

所以根据公式（4.8），费率调整因子等于 0.9，根据公式（4.7），新的亩均保费等于 135 元每亩。

三 纯保费法和损失率法的关系

从数学上考虑，纯保费法和损失率法是一致的。由 6.4—6.8 可得，在损失率法下，费率的计算方程为：

$$R = \frac{L(1 + F/P)}{E(1 - V - Q)} \tag{4.12}$$

根据公式（4.5），$L = P \times E$，代入式子（4.11），就可以得到纯保费法的式子。因此，从数学上看，损失率法来源于纯保费法，是纯保费法的一个变形。

从实际问题上考虑。纯保费法建立在每个危险单位的损失基础上，它需要对损失单位的严格定义。而在通常的财务报表中，这一个数据不能直接体现，而是通过总的承担保费来反映的。损失率法则基于当前费率和保费的历史记录，不需要对损失单位的严格定义。在危险单位定义难的情况下，损失率法相比纯保费法更加适用。

在新业务的厘定中，由于只能利用相关公司或相关险种的损失数据，没有历史记录，损失率法并不适用，应使用纯保费法。值得注意的是，如果没有任何的统计数据可用，这两种方法都不适用。具体差异如下表：

表 4 - 12　　　　　　　　　　　　纯保费与损失率差异表

纯保费法	损失率法
基于危险单位	基于保费
不需要当前保费	需要当前保费
不需要使用均衡已赚保费	使用均衡已赚保费
得到新费率	得到新费率关于当前费率的比值

注意到以上差异后，可以得出如下的结论：

（1）纯保费法需要严格定义的、一致的风险单位（或者单位标的）。纯保费法是建立在每个风险单位（单位标的）的损失基础上的，若风险单位（单位标的）不易认定或者在各风险单位（单位标的）存在巨大差异，则纯保费法不适用。例如，对于不同风险区域的风险单位不能直接使用纯保费法。

（2）损失率法不能用于新业务的费率厘定。由于损失率法得到的是费率的变化，它需要当前费率和保险经验的记录。对于新业务的费率厘定，若存在相关的损失经验统计记录，就可以用纯保费法。当然，若根本不存在任何的统计数据或专家建议等，该费率厘定方法具有很大不确定性。

（3）当均衡保费难以计算时，纯保费法更加适用。在某些险种中，对各张保单需要分别进行费率调整，此时若采用损失率法很难确定均衡保费，而采用纯保费法就更为适合一些。

不论选择哪种费率厘定，都需要确保经验损失必须和正在使用的危险单位和保费一致。下面将对一些不一致情况进行说明，并大致叙述处理方法。

（1）经验期。根据一般统计推理应该遵循的基本原则，经验期必须包含足够的损失经验数据以使结果具有统计的可信性，但过久远的数据会由于现实情况的变化和统计方式的变化使得数据可信度下降。近期的数据虽然最能代表当前状况，但由于数据量不足和包含较高比例的未付损失，这同样会使得无法更准确地表现损失的特点。因此，费率厘定过程中使用的损失经验期必须客观判断和主观判断相结合。

（2）保险项目。一个保险业务中不同的保险项目可能具有不同的危险单位和划分方式，应该分别处理。比如不同的保险额度的同种畜牧险，就可能在风险大小和风险种类上具有差别。

（3）保险限额。在责任保险中，保险通常会规定一个上限和一个下限。限额的改变会使得损失分布和损失均值发生变化。因此在费率厘定中，要对这点进行考虑，如在费率厘定过程中，将不同限额下的保费和损失调整到基本限额基础上。

章节小结

本章作为费率厘定方法的介绍章节，从费率的组成入手，逐个对纯保费、利润、风险附加等费率厘定的重要部分进行介绍。在此基础上，本章讲解了两个费率厘定的基本方法纯保费法和损失率法，并做了简要的对比，解释了费率是通过如何的一种操作得到或者修改的。在后面两个章节的介绍中，本书将对本章节的定价进行更深层次的解析。

重点概念

费率的组成：费率主要包括以下三个部分：（1）用于支付赔款的部分，即通常所说的纯保费；（2）用于支付费用的部分，如代理人佣金、管理费用、理赔费用、保费税等；（3）利润及风险附加部分。

纯保险费：指保险费中用于支付保险赔偿金的部分。

已发生损失：在一个特定时期索赔人发生损失后保险公司已经赔付的部分。

已发生未赔付损失：在一个特定时期索赔人虽然已经发生损失，但由于当前并未进行理赔或者该损失还在进行中无法确定索赔人最终损失情况，导致保险公司无法针对该次损失赔付足够的金额，这笔该付未付的赔付就叫作已发生未赔付损失。

最终损失：在承保时间内索赔人一共发生的损失总量进行的所有赔付。

风险附加：反映损失实际值超过风险预期（纯保费）程度的附加费用。

纯保费法：通过分析历史赔付数据及其变化趋势或者通过观察、分析、专家意见等，直接计算每一单位风险的保险赔偿金，并在此基础上计算附加费率的费率计算方法。

损失率法：以现行费率为基础，通过比较目标损失率和经验损失率，估计未来费率相对现行费率的调整幅度，从而计算得到新费率的方法。

思考与练习

1. 请简述费率的组成部分。

2. 请简述纯保费和损失的关系。

3. 请简述车险最终损失和农业保险最终损失的差别。

4. 请简述最终损失趋势识别的作用与意义。

5. 请简述风险附加的特征和作用。

6. 请简述纯保费法的定义并解释纯保费法的基本公式。

7. 请简述损失率法的定义并解释损失率法的基本公式。

8. 请简述均衡已赚保费的定义，并解释已收保费、已赚保费和均衡已赚保费的差别。

9. 请简述纯保费法和损失率法的共同点和差别点。

10. 某保险公司在某地经营玉米保险十年，有着充足的玉米保险经验。考虑到农业保险赔付快速准确的要求，默认当年事故的赔付当年就赔付完成，即当年最终损失等于当年已发生损失。

表 4-13　　　　　　　　　　　玉米年亩损失

投保年度	2007	2008	2009	2010	2011	2012	2013	2014	2015	2016
总损失（万元）	239.4	259.3	262.3	285.7	284.4	300.4	308.7	325.5	332.8	354.1
总面积（万亩）	10.4	10.6	11.0	11.0	10.4	10.3	10.1	10.3	10.2	10.3

由于担心该地玉米年亩损失有明显的上升趋势，如果直接采用过去的数据，将有很大的可能性导致实际损失高于预期损失（纯保费），不满足保险公司收支平衡的原则和要求，因此，保险公司认为需要对趋势进行分析，从而得到合理的预期。请根据最小二乘法，预测 2017 年该地保险公司承保小麦年亩损失。

11. 某保险公司在某地有十年农业保险经营经验，其中为了维持收支平衡、满足公司的正常发展需要，保险公司曾多次提高费率（具体费率提高比率和时间点如表 4-14）。现在假设在过去十年里，该公司的保费收入分别如下表 4-15，求在 2018 年 1 月 1 日，该保险公司的均衡已赚保费额（已知该保险公司的保费皆在年初进入，保险责任皆在当年结束）。

表 4 - 14　　　　　　　　　　费率调整表

费率增长比率	费率调整时间
20%	2010/7/1
30%	2014/1/1
10%	2016/1/1

表 4 - 15　　　　　　　　　　保费收入表

投保年度	2008	2009	2010	2011	2012	2013	2014	2015	2016	2017
保费收入（万元）	450	300	600	700	350	200	800	200	1000	900

参考文献

［1］韩天雄：《非寿险精算学》，中国财政经济出版社 2010 年版。

［2］J. B. 霍萨克、J. H. 波拉德、B. 第恩维茨：《非寿险精算基础》，王育宪、孟兴国、陈宪平等译，中国金融出版社 1992 年版。

［3］李恒琦：《非寿险精算》，西南财经大学出版社 2004 年版。

［4］肖争艳：《非寿险精算》，中国人民大学出版社 2006 年版。

［5］粟芳：《非寿险精算》，清华大学出版社 2006 年版。

［6］孟生旺：《非寿险精算学》，中国人民大学出版社 2007 年版。

［7］孟生旺、袁卫：《实用非寿险精算学》，经济科学出版社 2000 年版。

第五章　纯保费计算方法

知识结构图

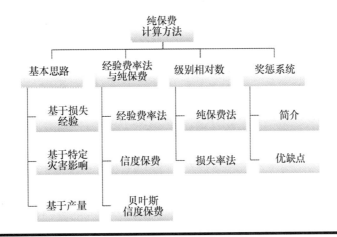

第一节 纯保费计算基本思路

在本章中，本书将对费率组成中最重要的部分，也就是纯保费计算进行讲解和介绍。在第一节，将主要介绍纯保费计算的基本思路。在第二节，将介绍保险精算中的常用方法经验费率法和信度保费法。在第三节和第四节，将介绍在非寿险领域常见的两种费率设计方式及其特点。希望读者阅读后能对纯保费计算有个大致的了解。

在农业保险上，由于保险产品自身的设计和经验数据可靠性的问题，本书认为纯保费计算可以通过三种思路进行考虑。

第一，基于损失经验的纯保费计算。这是精算纯保费计算最基础也是最常见的计算方法，通过对保险产品自身赔付经验或承保标的损失经验的分析，从而对保险产品进行合理定价。同时，这种方法也是保险进行费率校正的基础方法。该种方法可以同时使用于种植险和畜牧险。第二，基于特定灾害影响的纯保费计算。这是一种基于风险的纯保费计算思路。对于保险产品来说，其赔付情况和其面临的特定风险紧密相关。以种植险为例，大风、冰雹、暴雨等气象灾害将会对作物生长造成巨大损害，导致出险。通过对这些气象灾害年分布和其致灾能力的分析，就可以预测全年一种作物面临的损失大小。在畜牧险中，特定气象灾害、火灾和瘟疫等风险也可以进行类似的考虑。第三，基于产量的纯保费计算。由于种植险的特殊性，虽然险种往往是面对生产过程中的风险（也有专门保障产量的保险），但这些风险最终却会反映到产量变化上。因此，可以反过来从产量推算损失，求取纯保费。

一 基于损失经验的纯保费计算

基于损失经验的纯保费计算是精算纯保费计算最基础也是最常见的计算方法，通过对保险产品自身赔付经验的分析，从而对保险产品进行合理定价。同时，这种方法也是保险进行费率校正的基础方法。该种方法可以同时应用于种植险和畜牧险。

一般来说，对于新产品，由于缺少产品的实际经验，一般会使用同类或近似产品纯保费进行参考，或者通过调研及相关资料进行分析，通过一定数学方法（如经验费率法）进行调整，从而得出合理有依据的费率。

例 5-1：某保险公司打算在 A 县实行小麦种植农业保险，由于 A 县没有相应的小麦承保经验，该保险公司在纯保费的估计上陷入了困境。通过保险公司员工小王调研发现，A 县小麦种植环境和 B、C、D 三县具有一定的相似性，且 B、C、D 三县已经推行小麦种植农业保险多年，具有丰富的经验。根据小王总结，A、B、C、D 四小麦种植面临风险种类、风险大小和相应纯保费分别如下表。请根据该表，估计 A 县小麦种植农业保险承保一年的每亩纯保费为多少？

表 5 - 1　　　　　　　　　　　　　各地情况表

县	飓风	洪涝	冰雹	干旱	每亩纯保费
A	中	低	低	中	?
B	中	中	低	低	200
C	中	低	低	高	220
D	高	低	低	中	210

解：

由于 B、C、D 三地风险种类和风险大小与 A 县近似但存在差别，直接使用单独一个县数据其有差别的风险或许会造成纯保费偏差较大，因此这里使用均值（200 + 220 + 210）/3 = 210 元作为每亩纯保费。

即 A 县小麦种植农业保险承保一年的每亩纯保费为 210 元。

在实际中，由于初始数据不足、投保人投保后的道德风险、客观环境变化等原因，承保人往往面临着保费收入和承担风险不一致的情况（也包括上一章节中介绍的基于产量的费率厘定方法）。为了保证精算公平，承保人需要对费率往往是根据前几年的赔付情况进行调整。这种调整叫作费率校正。

所谓费率校正，指的是在信息量产生变化后，通过特定方法对原有费率进行修正使其更加符合风险，满足精算公平的过程。费率校正是合理制定保费的重要步骤。在农业保险中，尤其是基础政策性农业保险，由于当地政府掌握着费率的决定权，农业保险费率校正的自主性较差。因此，该节知识的使用对象更多是对保险公司具有自主权的带有商业性质的农业保险。

在费率与承担风险不相匹配的问题中，最主要的偏差来源于纯保费的估计不准确。其他问题包括道德风险的估计错误、可分摊损失调整费用的估计错误、环境变化趋势估计错误等。简单的保险费率调整办法参考损失率法，通过当期或者累计赔付率来调整未来费率。这种方法相对简单易于操作，在实际中被用于很多保险产品，但这种方法导致了数据外经验的流失，如无法将专家意见、农民经验等考虑进入，可能会下降未来费率的合理性与公平性。因此，在非寿险精算里会采用信度理论或贝叶斯理论进行修正（贝叶斯理论和信度理论的使用常见本章第二节）。除了通过损失率法和信度理论等进行校正外，在经验得到后，还可以把它代入原来的定价方式，重新判断赔付和假设的关系，从而得到新的费率。需要注意，费率与承担风险不相匹配并不是基于损失经验的纯保费计算的独有问题，而是费率厘定的必然面对的问题，因此费率校正通用于费率厘定全过程中。

例 5 – 2：某农业保险公司在某地经营小麦农业保险十年，在十年中各年保费收入和赔付情况如下表。已知该保险公司的当前费率大小为 60 元/亩，目标赔付率为 0.8。现在，该保险公司决定根据过去十年损失率调整未来的费率。请计算下一年该保险公司费率为多少？

表 5 – 2   **某保险公司小麦保费赔付表**

保险年度	2008	2009	2010	2011	2012	2013	2014	2015	2016	2017
赔付	402	415	491	410	445	497	414	476	470	408
保费	490	436	523	418	408	488	432	406	513	464

解：

根据保费赔付表（这里为了简化忽略了赔付趋势，同时由于种植业保险一年期的特点，当年赔付即为最终赔付，当年保费即为已赚保费），可以计算出该保险公司的损失率。

$$W = \frac{L}{E\,R_0} = 97\%$$

已知目标赔付率为 0.8，当前费率大小为：

$$R = \frac{W}{T} = \frac{97\%}{0.8} \times 60 = 73\,(元／亩)$$

二　基于特定灾害影响的纯保费计算

虽然基于损失经验的纯保费计算方法是纯保费计算最基础的方法，但由于其本质是以损失经验为基础，对历史损失经验的依赖性很高，在缺少承保经验时其科学性和准确性会大幅度下降。面对该问题，可以使用基于特定灾害影响的纯保费计算办法。

与基于损失经验的纯保费计算方法不同，基于特定灾害影响的纯保费计算方法是一种基于风险的纯保费计算方法。其通过分析风险性质、大小以及风险对承保标的的影响，对纯保费进行预估，在损失经验不足时，这种方法具有更高的准确性和科学性。同时，由于在农业保险中，气象灾害属于相对容易获取的数据，同一套风险影响模型（风险对承保的影响的模型），可以在多地使用，无须要求各地之间风险性质和大小的高度相似，是一种科学合理的方法。

需要注意，虽然基于特定灾害影响的纯保费计算方法在科学上具有合理性，但由于数据分析的局限性和保险中主观因素的影响等，该方法制定的纯保费和现实同样会有差别，因此需要对损失率等数据进行监控，合理校正费率。

目前，市场上的主要农业保险产品是以多灾种综合保险为主的传统农业保险，该种保险主要用于弥补农民的已投入成本的损失（由约定风险造成的，如风灾、洪水、干旱等）。由于投入成本随着作物的生长阶段产生明显变化，该种保险的实际赔付同时受到受灾时期、受灾程度和受灾面积三个因素的影响。在种植保险中，所谓的基于特定灾害影响的纯保费计算方法，就是忽略当地概率小的风险，针对特定高影响灾害建模，考虑其灾害性质（包括大小、时间、频率）与受灾时期、受灾程度和受灾面积三个因素的关系（从简单的角度，也可以直接考虑和损失率的关系），从而通过对未来灾害情况进行预测，估计纯保费的大小。

$$R = \sum_{i=1}^{n} C_i \times \mu_i \times \vartheta$$

在上式中，i 指该作物可以分为 i 个生长期；C_i 指到 i 期为止，农户单位土地种植所产生的已投入成本；μ_i 指第 i 个生长期保险公司单位土地保单的损失率；ϑ 是保障水平。

同理，在畜牧险中，畜牧面对着发病率、死亡率、火灾和特殊气象灾害的影响。对畜牧险的纯保费计算，就是在考虑发病率、死亡率、火灾和特殊气象灾害的损失大小和损失频率，对纯保费进行预测。

例 5 - 3：某公司在 A 地推行小麦多灾种综合保险多年，具有丰富的险种经营经验（即数据分析结果为可信）。已知小麦生长期可以分为苗期、分蘖拔节期、抽穗开花期和灌浆成熟期四期，每期每亩小麦成本分别为 300 元、200 元、300 元和 300 元。该险种中，小麦各生产期保额为各期累计成本，保障水平为 60%。根据该公司经验，该地小麦主要面临冰雹灾害（为了简化，这里仅假设单一的致灾因子），平均一生长期冰雹次数为 0.1、0.05、0.12、0.03，各生长期单次冰雹损失率分别为 0.1、0.6、0.6 和 0.7。请读者根据以上信息，计算该公司小麦多灾种综合保险纯保费。

解：

根据公式和已知条件，可以列出下式：

$$
\begin{aligned}
R \Big| &= \sum_{i=1}^{n} C_i \times \mu_i \times \vartheta \\
\Big| &= (300 \times 0.1 \times 0.1) \times 0.6 + (500 \times 0.6 \times 0.05) \times 0.6 + (800 \\
&\quad \times 0.6 \times 0.12 \times 0.6) + (1100 \times 0.7 \times 0.03) \times 0.6 \\
\Big| &= 59.22
\end{aligned}
$$

因此，该公司小麦多种灾害综合保险纯保费为 59.22 元。

由例 5 - 6 可见，基于特定灾害影响的纯保费计算方法能与损失数据、风险情况相结合，科学合理地对纯保费进行预测。

上述例子是在有损失经验下的纯保费计算方法。在实际中，精算师也面临着对不存在损失经验的保险产品的纯保费计算，这就需要精算师对风险大小和影响的进一步分析。对于种植业农业保险而言，考虑到各期损失率会反映在最终产量的变化上，精算师可以分析最终产量变化和各期灾害之间的关系，从而对纯保费进行预估（由于使用了最终产量变化，将会导致基于产量的纯保费计算中的问题，请读者结合本节第三部分进行思考）。

例 5 - 4：某公司计划在某市推行一款小麦多种灾害综合保险，该市小麦灾害主要以风灾为主。由于缺少相应承保数据，该公司决定参考某专家对该市小麦风灾影响的论文进行定价。已知该论文通过对小麦第 i 个生长期中风灾平均等级 μ、等级方差 σ、次数 n 和预期产量损失 y 的关系进行研究，得出了以下结论：

$$y_i = \alpha_i \times (\mu_i + 0.5 \times \sigma_i) \times n$$

其中 α_i 为损失系数，对于四个生长期，损失系数、风灾平均等级、方差和次数均值分别如下表：

表 5 - 3   **某保险公司小麦保费赔付表**

生长期	苗期	分蘖拔节期	抽穗开花期	灌浆成熟期
损失系数	0.02	0.03	0.08	0.10
风灾平均等级	3.2	2	1.3	1
方差	2.1	1.1	0.6	0.6
次数均值	2	1	0.5	0.2

已知每期每亩小麦成本分别为 300 元、200 元、300 元和 300 元，该险种中，该公司的保障水平为 60%。求该公司该险种纯保费应为多少？

解：

考虑各期损失率和产量损失率之间的关系，这里假设各期损失率以叠加的形式反映在最终产量的损失上，即前期的损失大小和后期的损失大小无关，根据下式：

$$y_i = \alpha_i \times (\mu_i + 0.5 \times \sigma_i) \times n$$

可以得各期损失率分别为 0.17、0.08、0.06 和 0.03。接下来，根据下式：

$$R = \sum_{i=1}^{n} C_i \times \mu_i \times \vartheta$$

可得纯保费 101.4 元。

三 基于产量的纯保费计算（仅用于种植险）

对于农业保险而言，保险公司承保经验不足是农业保险定价无法回避的一个问题，这限制了精算师准确定价的能力。相比保险公司的承保理赔数据，传统的作物产量数据往往具有较长时间的记录。因此在没有很好的承保理赔历史数据时，可以利用作物产量对种植险赔付进行预测。

一般来说，基于产量的纯保费计算方法一般用于以产量变化作为赔付设计的产量保险的费率计算中，由于作物的产量变化和产量保险的赔付情况高度相关，通过对产量分布的计算，精算师可以对保险的赔付情况有个相对准确的估计，从而避免了保险公司承保经验不足的问题。除了产量保险以外，对于国内传统的种植险纯保费计算，由于作物受损往往会最终反映到作物产量变化上，基于产量的纯保费计算方法也能提供一定帮助。

基于产量的纯保费计算方法可以用一句话归纳：在单位标的、危险单位或者风险划分的基础上，利用统计学和概率论的相关知识，通过对某区域范围内作物产量各年年均值进行分析，估计作物年产量概率分布，考虑赔付方式从而进行纯保费的计算。其计算公式简化如下：

$$R = \frac{E(loss)}{\theta\mu} = \frac{\int_0^{\theta\mu}(\theta\mu - y)f(y)\mathrm{d}y}{\theta\mu}$$

上式中，θ 是保障水平，$1 - \theta$ 代表着相对的免赔水平（除了免赔水平、赔付比例等方式同样可以通过一定的数学方法表现在保障水平中，如在制定医疗险费率时，实务工作者往往会通过一定分布方式估算免赔额和保费或赔付比例和保费的关系，从而制定免赔额调整因子）；y 是实际单产；μ 是实际单产的预期产量，即作为无理赔产量的最低点；$f(y)$ 是单产概率密度函数。

在实际概率模型的选择中，基于产量的纯保费计算方法一般分为参数估计法和非参数估计法。传统上运用的方法是参数估计法，如正态分布法，由正态法推演出来的实际生产历史法（APH），以及非正态的 Beta 分布、Gamma 分布和 Weibull 分布等。参数估计法往往对样本容量有较大的要求，在实际中往往难以满足。同时，如何选择合适的函数进行拟合也是一个问题。与之相比，非参数密度估计仅使用数据点进行拟合，对数据的要求相对较小。

对于分布未知和数据量较小的数据来说，非参数密度估计法是一种不错的方法，但由于信息过少，该方法也会具有较大的误差。农业保险中对非参数估计法的使用一般为核密度估计法，精算师可以根据需要和相关研究选择具体密度函数进行计算。

虽然基于产量的费率厘定方法在排除样本容量问题后，显得相当直观且易于使用，但在实际使用中，该模型有三个问题需要考虑。（1）产量的变化是否存在趋势。使用存在趋势变化的数据将会导致分布的错误拟合，因此需要去除。（2）农业产量可能存在的互补情况。由于单产是某地的平均产量，在地域范围较大的情况下，可能出现局部地区产量变化趋势或大小和整体趋势或大小不一致的情况。在这种情况下，预期赔付和实际赔付将会产生差异，需要方式调整。（3）产量变化和赔付的关系。现在的传统作物保险，保险标的并不是产量而是作物。同样的最终产量，却会因为损失期的不同而产生不同的赔付标准，导致预测赔付高于实际赔付。

对于上述三个问题，第一个问题相对易于处理，可以用趋势识别的方法求出趋势并将其剔除，第二个问题与第三个问题相对难以处理。精算师应该根据合理的情况进行参数调整或者模型的修正。接下来，本书将提供一个案例，请根据该案例对产量法的优缺点进行分析。

例 5 - 5：某保险公司新进入某省经营小麦农业保险，由于没有历史赔付经验，该公司无法通过历年赔付情况估计纯保费。幸运的是，该省有着较为可靠完整的近十年小麦产量数据。根据危险单位划分，该保险公司认为本省可以划分出五个具有相同风险特征的危险单位。具体产量如下表。

表 5 - 4 　　　　　　　　　**各危险单位 2007—2016 年小麦亩产量表**　　　　（单位：千克）

年份	2007	2008	2009	2010	2011	2012	2013	2014	2015	2016
1#	613.1	632.9	642.0	620.0	615.2	624.2	608.2	627.5	648.7	637.7
2#	602.5	622.0	604.9	628.8	639.2	630.3	632.0	625.8	634.1	624.4
3#	645.9	630.0	628.4	640.2	634.7	615.5	647.2	636.4	619.7	619.9
4#	630.7	644.0	642.2	632.3	648.4	647.7	604.8	620.5	630.1	603.3
5#	605.4	604.5	605.9	600.2	600.9	644.9	625.4	628.9	646.8	625.5

在产品设计上，保险公司决定对各生长期损失采用相同的赔付方式：1）亩受灾损失面积率在 10% 到 20%，每亩赔付 40 元；2）亩受灾损失面积率在 20% 到 40%，每亩赔付 60 元；3）亩受灾损失面积率大于 40%，每亩赔付 100 元（该设计方法或许会导致较为严重的道德风险，这里仅为假设）。

为了对下一年该市小麦农业保费进行定价，现在需要估计下一年纯保费。请读者根据产量数据计算下一年纯保费。

解：

面对多年的数据，为了检测其各年风险大小的变化，必须首先对其趋势进行了解。通过计算，可以得到表 5 - 5 和图 5 - 1。

表 5 - 5 　　　　　　　　　　　　**年均亩产量**　　　　　　　　　　（单位：千克）

年份	2007	2008	2009	2010	2011	2012	2013	2014	2015	2016
年均亩产量	619.5	626.7	624.7	624.3	627.7	632.5	623.5	627.8	635.9	622.1

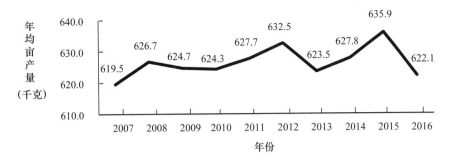

图 5 - 1　年均亩产量

由图 5 - 1 和表 5 - 5 可以发现，各年亩产量没有明显的趋势变化。由此，不进行趋势调整，直接根据产量分布作图进行分析。

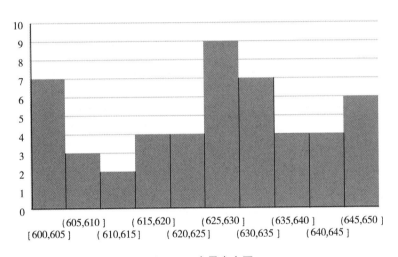

图 5 - 2　产量直方图

这里为了简便，不再使用非参数估计，仅仅使用频率分布进行分析。由于需要测算产量和损失的关系，首先需要估算一个无损失产量，假设 650 千克（离最大亩产量最接近的整数）。得到产量波动分布频率如表 5 - 6。

表 5 - 6　　　　　　　　　　　　　　　　　**产量波动分布频率表**

波动率区间	$[-7.7\%,$ $-6.9\%]$	$[-6.9\%,$ $-6.2\%]$	$[-6.2\%,$ $-5.4\%]$	$[-5.4\%,$ $-4.6\%]$	$[-4.6\%,$ $-3.8\%]$
频率	14%	6%	2%	4%	14%
波动率区间	$[-3.8\%,$ $-3.1\%]$	$[-3.1\%,$ $-2.3\%]$	$[-2.3\%,$ $-1.5\%]$	$[-1.5\%,$ $-0.8\%]$	$[-0.8\%,$ $0.0\%]$
频率	14%	16%	6%	8%	16%

这里有一个很有趣的现象：那就是从产量上看，该省的作物损失情况特别低，从产量波动上看无法达到赔付的触发条件。经过分析，该公司认为原分析方式可能存在如下三个问题：

（1）通过产量波动分布频率进行分析无法对超出范围的部分进行分析，由于50组数据相对较小，导致风险更大的情况没有暴露出来；

（2）当前的危险单位分组范围过大，虽然有效地减少了不同危险单位之间的相关性，但是也导致了各危险单位内部各地产量的互补（即危险单位内部、各地风险大小并不一致，这就导致了低产量地区和高产量地区的混合下，均值产量变化变得并不明显）；

（3）对无损失产量的估计存在错误，实际的无损失产量大于650千克。

针对这三个问题保险公司一一进行了考察和反复思考，并做了调整。

针对第一个问题，保险公司假设波动低于-6.2%（频数为14%+6%=20%）的部分，服从一个递减的特殊的分布。根据该分布，产量波动-10%到-20%、-20%到-40%、大于-40%的估计频率分别为6%、4%、1%。

针对第二个问题，保险公司对各个危险单位内部每亩产量的方差进行分析汇总，按照方差的大小分为3个互补等级（A，B，C三个等级，方差从大到小），并给了每个等级一个对应的消除互补效应调整因子。如表5-7。

表5-7　　　　　　　　　　危险单位消除互补效应调整因子表

危险单位号	1#	2#	3#	4#	5#
互补等级	C	A	A	C	B
调整因子	1.2	1.8	1.8	1.2	1.6

对于第三个问题，保险公司在参考专家意见，种子公司（研究所）小麦种子产量数据以及农民经验等多方经验后，决定增加1.2的无损失产量估计风险调整因子。

根据保险公司最终得到的数据，可以求出各个危险单位的纯保费分别如下：

$1^{\#}:(40 \times 0.06 + 60 \times 0.04 + 100 \times 0.01) \times 1.2 \times 1.2 = 7.06$ 元

$2^{\#}:(40 \times 0.06 + 60 \times 0.04 + 100 \times 0.01) \times 1.8 \times 1.2 = 10.6$ 元

$3^{\#}:(40 \times 0.06 + 60 \times 0.04 + 100 \times 0.01) \times 1.8 \times 1.2 = 10.6$ 元

$4^{\#}:(40 \times 0.06 + 60 \times 0.04 + 100 \times 0.01) \times 1.2 \times 1.2 = 7.06$ 元

$5^{\#}:(40 \times 0.06 + 60 \times 0.04 + 100 \times 0.01) \times 1.6 \times 1.2 = 9.41$ 元

第二节　经验费率法与信度保费

一　经验费率法简介

在农业保险设计中，设计者往往会遇到这种情况：公司试图开拓一个区域的新市场，或者开发一款指数产品，却没有相应的数据，最后只能向农民进行损失和灾害关系的询问。在日常生活中，类似的调查也相当常见。如现在某些银行在开卡时，或者某宝理财产品购买前需要进行的风险偏好问卷调查，又或者社科工作者最喜欢的散发调查问卷，或者前章提到的专家打分法。

这些方法似乎有用，也让人疑惑：我之前做调查都是随便打发，别人会告诉我真话吗？这种行为有数学基础吗？能进行检验吗？之前说的大数法则哪里去了？这种根据经验的行为真的算是科学吗？

除了这些方法给人的疑惑，通过数学分析的方式得出结果的可信度在这种数据不足的情况下同样值得怀疑。数据不足，在经典概率的基础上无法满足检验要求，我们是否可以认为这个数据合理，如果进行调整，这种调整是否又具有合理性？

第一个问题的答案是科学的。问卷又称调查表，是社会调查研究中收集资料的一种工具，是以问题的形式系统地记载调查内容的一种印件。其实质是为了收集人们对于某个特定问题的态度、行为特征、价值观或信念等信息而设计的一系列问题的组合。对于社会调查，调查者通过问题的设计与设置检测问题两种手法保证问卷可靠性和有效性。询问专家，调查者信任的是专家的社会地位、影响力和学术能力。询问农民，这是因为农民对于土地、种植、养殖等有着最直观的经验与记忆，保费与条款的设计和他们有着最直观的联系。

第二个问题的答案是合理的。在实际中，对于两组来源不同的数据，可以通过一定的方法将其组合并进行检验，得到可信的结果。这是符合数学逻辑的一种方法。

这种在数据不足的情况下，通过询问农民、专家意见或者说从其他相关研究资料文献等手段进行信息收集来对数据进行扩充和补全，从而对一定范围内农业保险进行单独定价的方式计算的费率，叫作经验费率。

经验费率是一种计算保险费率的方法，它根据特定族群或个体过去的特性与使用经验来调整适合的保险费率，而不是以不同族群数据的平均值来判断。这里需要注意几个关键词"特定族群或是个体""过去的特性与使用经验""不同族群数据的平均值""调整"和"判断"。

首先，由于依靠的是特定族群或者个体，经验费率表现出与寿险极大的不同，那就是它面向的不是同质风险而是非同质风险。简单的三个例子说明：（1）A 地存在飓风风险，B 地存在火灾隐患，虽然 A、B 两地都具有风险，但这两者的风险来源并不相同，是不同质的；（2）A 地每年可能有一次 8 级以上风灾，B 地每年可能要被飓风过境四五次，虽然 A、B 两地面对同种风险，但风险差别过大，是不同质的；（3）A 地每年可能有一次风灾，B 地每年可能也有一次风灾，这两种风灾对 AB 两地影响一致，且不具有其他较大的风险，那么这两地的风险就是同质的。

其次，对于"过去的特性与使用经验"和"不同族群数据的平均值"两个词，不管什么方法，保险费率本身就是根据过去经验或者平均值得来的。"不同族群数据的平均值"其实也是来自过去的特性与使用经验。而经验费率的特点在于将经验的来源进行了区分，一部分是"特定族群或是个体"的"过去的特性与使用经验"，另一部分是"不同族群"。这表现了费率厘定对象的特殊性。

最后，要注意"调整"和"判断"两个词，这两个词说明在费率调整过程中，经验费率法使用了特定族群或个体的历史数据，但并不意味着经验费率法要求在定价或调整时，只以特定族群或个体的历史数据作为唯一的定价标准。在操作中，尤其是车险、团险等平台，定价的基础往往还是整个市场所有数据。

要正确地理解经验费率法，就必须抓住以上五个关键词，通过在所有种群范围内圈定出特定的种群，寻找其对应的经验，对原群体的保费进行调整和修正，从而使实际保费与该特定群体面临的风险相一致。

一般来说，非同质风险大多数时候存在于主观风险因素较多、损失变动幅度较大的险种，如公众责任保险、汽车保险等。在农业保险中，种植业的风险虽然客观因素影响大于主观因素但客观因素过多、历史数据较少，通过平均数据的方法可能并不准确（或者是由于根本没有相应数据，无法进行大数据的验证），因此使用经验费率也是一种不错的选择。

畜牧业同理，虽然牲畜的寿命类似于寿险有生命周期，按理说可以像寿险一样进行生命周期表（对各年龄段死亡、伤残情况的全国性统计）制备，但由于历史数据较少，个体识别困难，各畜牧主技术、资金和能力的差别等原因，往往需要专业人士的技术支持并对具体情况进行具体分析，难以从大数法则的角度考虑。在这种情况下，也可以采用该种方法进行费率校正。

在本节开始前，以农民经验作为介绍经验费率法的引子，但并不意味着经验费率法的历史经验只能来自专业人士。通过经验费率法定价，精算从业人员需要专业人员的支持，也需要依据一定数量的历史数据进行费率核算。这就要求数据质量、历史数据保存较完整。考虑到完整的历史数据往往来自保险公司的业务，因此这里采用损失率数据和专家经验对经验费率进行计算。

当得到损失率和专家经验后，虽然这两组数据都能运用于纯保费的确认，但应该如何将它们组合，才能选择最科学的保费？简单的相加还是平均？为了解决这个问题，让我们进入信度保费的学习。

二 信度保费

通过信度理论得到的保费叫作信度保费。信度保费的计算方法简单可以归类于两个体系：基于经典概率论统计体系（大数法则）基础调整的信度理论（有限波动理论的信度理论）和基于贝叶斯统计体系下的信度理论（最大精度的信度理论）。下题是经典概率论统计体系（大数法则）得到的信度理论在费率厘定应用的例子。

例 5 - 6：某保险公司在某地经营小麦保险十年，有着充足的小麦保险经验。考虑到农业保险赔付快速准确的要求，默认当年事故的赔付当年就赔付完成，即当年最终损失等于当年已发生损失。为了方便对比，保险公司对赔付数据进行了调整，得到了每年平均每亩小麦损失额（单位：元）。

（1）假设认为该保险公司的小麦年亩损失表现出正态分布的性质，在数据完全可信条件下，亩损失额在 95% 概率下估计值在真实值附近的 k 范围内是完全可信的，这个 k 的范围是多大；

（2）考虑到数据过少，保险公司认为无法在确定保险费率时认为它完全可信。在这种情况下，保险公司决定设定部分可信，取 k 等于 10%，在参考专家定价 19 元亩损失的基础上进行定价。求该方法下的价格。

表 5 - 8 小麦年亩损失

投保年度	2007	2008	2009	2010	2011	2012	2013	2014	2015	2016
亩损失	21.8	18.5	22.6	17.9	22.2	17.9	22.5	18.2	22.3	18.4

解：

（1）根据已知数据，可以得到亩损失分布的均值为 20.71 元，方差为 3.16，标准差 1.78。

根据完全可信性的计算方法，需要满足以下式子。

$$P((1 - k)l < L < (1 + k)l) = 0.95$$

$$P\left(\frac{-kl}{\sqrt{Var(L)}} < \frac{L \quad l}{\sqrt{Var(L)}} < \frac{kl}{\sqrt{Var(L)}}\right) = 0.95$$

由于亩损失服从正态分布，可以由此得到下式：

$$\frac{kl}{\sqrt{Var(L)}} = 1.96$$

根据均值为 20.71 元，方差为 3.16。

由上式可以得到 k 等于 30%。因此，该完全可信范围在 20.71 的正负 30% 之内。

范围过大，不符合完全可信。

（2）根据信度理论，可以求得信度因子。

$$Z = \frac{k \bar{L}}{\sqrt{Var(L)} \, z_{0.025}} = 54\%$$

根据部分信度理论，实际损失率等于

$$\hat{\mu} = 0.54 \times 20.71 + 0.46 \times 19 = 19.93(元)$$

因此，通过部分信度理论，最终损失率估计为 19.93 元。

在例 5-6 中，忽略了年趋势，默认每年的亩损失独立，等于是认为十年的亩损失为十个独立的危险单位。在接下来一个例子，将考虑同年存在不同风险单位下的信度理论该如何处理。

例 5-7：某保险公司在十个风险独立的地区经营小麦保险一年，且保险公司认为这十个地区可以作为十个风险单位。考虑到农业保险赔付快速准确的要求，默认当年事故的赔付当年就赔付完成，即当年最终损失等于当年已发生损失。为了方便对比，保险公司对赔付数据进行了调整，得到了每年平均每亩小麦损失额（单位：元）。虽然有十个危险单位，但考虑到数据过少，保险公司不认为该平均损失额完全可信。在这种情况下，保险公司决定使用部分可信理论。考虑在 95% 置信度下，损失在损失均值的 10% 范围内波动（k 等于 10%），请读者在专家定价 19 元亩损失的基础上进行定价。

表 5-9 小麦年亩损失

投保地块	1#	2#	3#	4#	5#	6#	7#	8#	9#	10#
亩损失	19.8	22.4	22.9	20.5	22.7	18.3	22.6	20.8	23.2	19.4

解：

根据已知数据，可以得到亩损失分布的均值为 21.26 元，方差为 2.97，标准差 1.72。

根据部分信度理论，求得信度因子。

$$Z = \frac{k \bar{L}}{\sqrt{Var(L)} \, z_{0.025}} = 56\%$$

根据部分信度理论，实际损失率等于

$$\hat{\mu} = 0.56 \times 21.26 + 0.44 \times 19 = 19.50(元)$$

因此，通过部分信度理论，最终损失率估计为 19.50 元。

在下例中，我们将在考虑趋势的情况下，默认每年的亩损失独立，考虑有趋势下的多年不同风险单位的信度理论该如何处理。

例 5 - 8：某保险公司在十个风险独立的地区经营小麦保险十年，且保险公司认为这十个地区可以作为十个风险单位。考虑到农业保险赔付快速准确的要求，默认当年事故的赔付当年就赔付完成，即当年最终损失等于当年已发生损失。为了方便对比，保险公司对赔付数据进行了调整，得到了每年平均每亩小麦损失额（单位：元）。在考虑风险趋势的情况下，请完成以下两个问题：

（1）假设该保险公司的小麦年亩损失表现出正态分布的性质，在数据完全可信条件下，亩损失额 95% 概率下估计值在真实值附近的 k 范围内是完全可信的，这个 k 的范围是多大；

（2）考虑到数据过少，保险公司认为无法在确定保险费率时认为它完全可信。在这种情况下，保险公司决定设定部分可信，取 k 等于 10%，在参考专家定价 19 元亩损失的基础上进行定价。求该方法下的价格。

表 5 - 10   小麦各地年亩损失

年份	1#	2#	3#	4#	5#	6#	7#	8#	9#	10#
2007	20.9	20.9	20.6	20.1	20.8	21.0	20.1	20.6	20.7	20.0
2008	22.1	22.0	21.7	21.2	21.9	22.1	21.3	21.6	21.8	21.1
2009	23.3	23.2	22.9	22.3	23.0	23.2	22.4	22.8	22.8	22.1
2010	24.3	24.3	24.0	23.3	24.2	24.3	23.5	23.9	23.9	23.3
2011	25.5	25.4	25.2	24.4	25.2	25.4	24.7	25.0	24.9	24.4
2012	26.6	26.5	26.3	25.4	26.3	26.5	25.7	26.1	26.1	25.5
2013	27.7	27.5	27.3	26.6	27.3	27.7	26.8	27.3	27.2	26.6
2014	28.8	28.7	28.5	27.7	28.3	28.8	28.0	28.5	28.3	27.8
2015	29.9	29.8	29.6	28.9	29.3	29.8	29.1	29.5	29.4	28.9
2016	31.0	30.9	30.6	29.9	30.5	30.8	30.2	30.6	30.4	30.0

解：

由于趋势的存在，首先应该监测趋势是否明显，从而确定隔年数据是否可以直接对比。这里需要之前的趋势识别知识。

这里为了简便，不对每个地区的趋势单独进行分析，而是使用各年度各地年亩损失平均值进行分析。各年度各地年亩损失分布如表 5 - 11。[①]

———————————

① 举个例子，对于 2007 年，各年度各地年亩损失就等于 2007 年 10 个地区损失的平均值。

表 5 – 11 各年度各地年亩损失

投保年度	2007	2008	2009	2010	2011	2012	2013	2014	2015	2016
年均各地亩损失	20.6	21.7	22.8	23.9	25.0	26.1	27.2	28.3	29.4	30.5

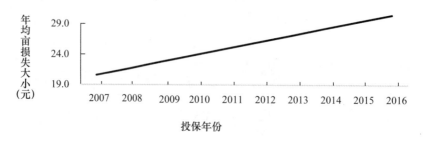

图 5 – 3 各年度各地年亩损失趋势图

由图 5 – 3，可以看见很明显的损失上升趋势，因此，根据最小二乘法可以得到如下损失变化规律。

$$y = 1.1x + 19.5$$

该式子中 x 取值为 1，2，3，…；1 代表 2007 年，以此类推。

接下来，考虑到趋势的存在，不同年份数据不能直接比较，因此应该通过该趋势公式，将所有年份的损失调整为同一年份的情况（趋势的存在导致每年赔付的均值不同，使得年间数据的损失分布产生差异。直接使用信度理论，会导致趋势被误认为是波动，在该例子中将会使预期赔付下降）。使这 100 个数据成为 100 个有着相同损失分布的危险单位，如表 5 – 12。

表 5 – 12 无趋势小麦各地年亩损失

年份	1#	2#	3#	4#	5#	6#	7#	8#	9#	10#
2007	30.8	30.8	30.5	30.0	30.7	30.9	30.0	30.5	30.6	29.9
2008	30.9	30.8	30.5	30.0	30.7	30.9	30.1	30.4	30.6	29.9
2009	31.0	30.9	30.6	30.0	30.7	30.9	30.1	30.5	30.5	29.8
2010	30.9	30.9	30.6	29.9	30.8	30.9	30.1	30.5	30.5	29.9
2011	31.0	30.9	30.7	29.9	30.7	30.9	30.2	30.5	30.4	29.9
2012	31.0	30.9	30.7	29.8	30.7	30.9	30.1	30.5	30.5	29.9
2013	31.0	30.8	30.6	29.9	30.6	31.0	30.1	30.6	30.5	29.9
2014	31.0	30.9	30.7	29.9	30.5	31.0	30.2	30.7	30.5	30.0
2015	31.0	30.9	30.7	30.0	30.4	30.9	30.2	30.6	30.5	30.0
2016	31.0	30.9	30.6	29.9	30.5	30.8	30.2	30.6	30.4	30.0

根据以上数据，可以得到亩损失分布的均值为 30.50 元，标准差为 0.37。由于数据量的上升，波动（标准差）大大下降了。

根据信度理论和部分信度的知识，可求解第一、二问。

（1）根据完全可信性的计算方法，需要满足以下式子。

$$P((1-k)l < L < (1+k)l) = 0.95$$

$$P\left(\frac{-kl}{\sqrt{Var(L)}} < \frac{L-l}{\sqrt{Var(L)}} < \frac{kl}{\sqrt{Var(L)}}\right) = 0.95$$

假设数据足够多，亩损失服从正态分布，可得下式：

$$\frac{kl}{\sqrt{Var(L)}} = 1.96$$

将均值 30.50 元，方差 0.37 代入上式可得 $k = 2.4\%$。因此，该完全可信范围在 30.50 的正负 2.4% 之内。在这里认为这个误差是足够小的，即该均值 30.50 元符合完全可信要求。由于调整的基础是 2016 年，为了预测 2017 年的亩损失，应该对该均值进行一年的趋势调整。因此，2017 年的亩损失为 31.60 元。

（2）根据部分信度理论，求得信度因子：

$$Z = \frac{k\bar{L}}{\sqrt{Var(L)}\, z_{0.025}} = 416\%$$

根据部分信度理论，这个值远远大于 1，说明 30.50 是完全可信的，不需要通过部分信度理论调整。因此，通过部分信度理论，最终损失率估计和完全信度理论一致，也为 31.60 元。

三、贝叶斯信度保费

由预备知识的介绍可知，信度保费的实质是对一类特殊风险下损失数据提供（损失经验）的信息和更广泛条件下损失数据提供（专家意见）的信息的加权平均。目前通过信度保费的计算方式有两套理论，一是基于经典概率统计下调整后的信度理论（有限波动理论的信度理论），二是基于贝叶斯体系下的贝叶斯理论（最大精度的信度理论）。在预备知识中，本书曾经对这两个理论进行过简单介绍。在拓展阅读中，本书将对贝叶斯体系下的信度保费计算理论进行简单介绍，并举例说明贝叶斯信度保费的简化算法 Bühlmann 信度保费的计算方式。

根据信度理论，在实际问题处理中研究者一般面对着两类信息，一类是通过研究具体事物的信息（从马克思的角度讲，就是对事物特性进行研究得到信息，如保险公司承保的农业保险得到的赔付情况和损失数据等），另一类是一个在更广泛的范围下约定俗成的、被认可的或者研究得到的信息（从马克思的角度，就是对事物共性的研究，如通过气象分析、作物性质分析等一系列科学分析后得到的农业损失数据，由于在这部分研究中贝叶斯方法往往存在着主观性因素，在这里以专家意见代替）。对于第一类信息，我们把这种对特性研究得到的信息叫作后验信息；对于第二类信息，我们把这种对共性研究得到的信息叫作先验信息。

上面的语句相比之下过于学术，换种说法的话，以 A 省 B 市的小麦种植保险作为例子。先验信息可以来自 A 省治下所有市县的小麦平均产量或者平均保单损失，也可以来自一个农学专家通过多年研究对 B 市（或者 A 省治下所有市县）小麦平均产量或者保单平均保单损失量的一种估计等，而后验信息就是保险公司承保 B 市小麦之后的几年里，得到的该地实际小麦种植保险保单损失数据。由于保险公司承保时间相对较短，实际保单损失数据不足以对 B 市的小麦种植实际损失情况做出合理的估计，而对于先验信息无论是 A 省治下所有市县的小麦平均情况或者农学专家的研究结果，都不属于 B 市的直接一手情况，从可信度来说，也是值得质疑的。信度保费的作用就是通过一定的公式或者计算方法，将这两种不同来源的数据联系起来，归在一个整体下面，并通过一定的方法去验证这种公式或者计算方法的合理性，从而得出一个值得相信的 B 市小麦保单损失情况估计。

在经典概率统计下的信度理论（有限波动理论的信度理论）中，如果读者对其原理进行深入分析，尤其考虑信度理论这小节例子中第三个例题，当样本足够时，费率计算中抛弃了对专家意见的使用。这可以说是一种评判标准，从总的流程来看先验信息（专家意见）在信度理论中仅仅是对后验经验（损失情况）信度不可信部分的替代，本身并不具备主导地位。其本质是在特殊环境下对特性的直接分析。

贝叶斯方法与上述方法不同。在贝叶斯方法下，研究的起点是先验经验（即共性），通过研究共性在特殊环境下的表现方式（后验信息，即特性），从而归纳出特性的情况。这是一种由上到下的思考方式。当然在实际中，这两种方法并不存在着谁好谁坏的问题，甚至经典概率统计和贝叶斯统计某些方法其实是一致的，如上面的例题，当专家仅对均值进行预测的时候，贝叶斯理论和经典概率统计下的信度理论其实并没有什么不同。只要能对数据的经验和未来进行准确的预测，这就是一个好方法（或许有的读者通过之前的预备知识中经典统计信度理论下所用的先验经验只是一个固定数值，而贝叶斯统计下先验经验却是一个分布，认为这是它们的本质不同。但这个结论却是不科学的。因为在经典统计下，同样可以对概率分布进行调整，而在贝叶斯理论下，先验经验也可以是固定值，本书认为先验数据形式的选择和它们的定义思想并不矛盾。实施上，贝叶斯和经典概率的优缺点，数学界自身也没有一个特别明确的认定。因此建议读者不要在这个问题上过于深究，按照不同的情境使用不同的方法即可）。

在贝叶斯方法中，精算工作中常用到的是 Bühlmann 方法和它的衍生方法 Bühlmann-Straub 方法，这里我们将对 *Bühlmann* 方法进行介绍（不用过于深究它和贝叶斯方法的差别，也不用深究它和经典统计的关系，只需要有所了解即可）。

Bühlmann 方法假设随机变量 X 表示某一险种的实际损失，θ 为其风险参数。记 $\mu(\theta) = E(X \mid \theta)$，$v(\theta) = Var(X \mid \theta)$。根据预备知识，$\mu(\theta)$ 称作假设均值，或者风险保费。它是一种体现风险特征的保费。$v(\theta)$ 称为过程方差。它度量了相同风险水平的内在差异。根据概率统计的知识，可以得到以下三个式子

$$\mu = E(x) = E(E(X \mid \theta))$$

$$v = E(Var(X \mid \theta)$$

$$a = Var(E(X \mid \theta))$$

根据概率统计的知识，μ 是不同风险参数下的 X 条件均值 $E(X \mid \theta)$ 的均值，即风险未知情况下 X 的均值，换句话说就是在缺乏对未来风险预期估计情况下对投保人征收的保费。v 是相同风险水平内在差异 $v(\theta)$ 的均值，在概率统计上，它叫作 X 的同质方差。v 比较小时，这意味着同一风险下的内在差异不大，即同一风险下波动较小。a 是风险保费 $\mu(\theta)$ 的方差，在概率统计上，它叫作 X 的异质方差，代表着不同风险水平之间的差异。a 比较大，意味着不同风险水平之间的差异较为显著。由于风险大小的差异和损失的差异并不一定相等，为了合理地划分风险等级，需要使同质方差 v 尽可能小，异质方差尽可能大。

Bühlmann 方法的基本思想是：把损失随机变量 X 的观测值 $x_1, x_2, x_3, x_4, \cdots, x_n$ 的线性函数 $\beta_0 + \beta_1 x_1 + \beta_2 x_2 + \beta_3 x_3 + \beta_4 x_4 + \beta_n x_n$，作为将来损失的可信估计，并使均方损失达到最小。因此，Bühlmann 方法又被称为最小平方信度。

在 Bühlmann 信度模型中，信度保费可以表示为：

$$P = Z \bar{X} + (1 - Z)\mu$$

$$Z = \frac{n}{n + K} = \frac{n}{n + v/a}$$

式中，K 称作 Bühlmann 参数，它是同质方差 v 与异质方差 a 的比值；n 为观察年时，可以看出，随着 n 的不断增大，信度因子 Z 将趋于 1，但永远不会等于 1。

在实际运用中，Bühlmann 信度模型一般用来分析具有不同风险水平的同种危险单位。现在有 r 组观测值，每组观察值共有 n 个数据，以 $(x_{1i}, x_{2i}, x_{3i}, x_{4i}, \cdots, x_{ni})$，其中 $i = 1, 2, 3, \cdots, r$。假设同组观察值的风险特征（风险大小和风险性质）相同，不同组的观测值的风险特征不同。对于不同风险特征下的各组，其假设均值和过程方差的无偏估计为：

$$\hat{\mu_i} = \bar{x_i} = \sum_{j=1}^{n} x_{ji}/n$$

$$\hat{v_i} = \sum_{j=1}^{n} (x_{ji} - \bar{x_i})^2/(n - 1)$$

根据概率统计的基本知识，可以得到这 r 组 $r \times n$ 个数据的总均值和同质方差如下：

$$\hat{\mu} = \sum_{i=1}^{r} \hat{\mu}_i / r = \sum_{i=1}^{r} \sum_{j=1}^{n} x_{ij} / (rn) = \bar{x}$$

$$\hat{v} = \sum_{i=1}^{r} \hat{v}_i / r = \sum_{i=1}^{r} \sum_{j=1}^{n} (x_{ij} - \bar{x}_i)^2 / (r(n-1))$$

根据概率统计，$\sum_{i=1}^{r} (x_i - \bar{x})^2 / (r-1)$ 的均值等于 $a + v/n$。所以 a 的无偏估计等于

$$\hat{a} = \sum_{i=1}^{r} (\bar{x}_i - \bar{x})^2 / (r-1) - \hat{v}/n$$

例 5 - 9：某农业保险公司经营了两份畜牧类保单，分别对两个畜牧厂的奶牛进行承保。由于分属两家畜牧厂，虽然他们属于同一类别的危险单位，但由于风险特征不同，不能直接混为一组比较。已知各份保单前四年的逐年赔款额如表 5 - 13 记录。

表 5 - 13 　　　　　　　　　　　　　　　各保单年赔付情况　　　　　　　　　　　　　（单位：万元）

投保年度	1	2	3	4
1[#]	21.10	21.58	20.97	20.97
2#	30.83	31.11	31.23	32.17

试用 Bühlmann 方法求出这两个保单在下一年的信度保费。

解：

设 x_1 和 x_2 分别为两份保单的赔付值可能量。根据已发生的赔付情况，已知每个保单的赔付数为 $n = 4$（在不考虑趋势的情况下，同一畜牧厂每年的风险特征应该是相同的），一共有 $r = 2$ 个保单（每个保单的风险特征不同，即分为两组），将这两个参数和赔付情况代入下列式子，可得：

$$\hat{\mu} = \sum_{i=1}^{r} \hat{\mu}_i / r = \sum_{i=1}^{r} \sum_{j=1}^{n} x_{ij} / (rn) = \bar{x} = 26.25$$

$$\hat{v} = \sum_{i=1}^{r} \hat{v}_i / r = \sum_{i=1}^{r} \sum_{j=1}^{n} (x_{ij} - \bar{x}_i)^2 / (r(n-1)) = 0.21$$

$$\hat{a} = \sum_{i=1}^{r} (\bar{x}_i - \bar{x})^2 / (r-1) - \hat{v}/n = 51.75$$

因此信度因子等于：

$$Z = \frac{n}{n+K} = \frac{n}{n+v/a} = 100\%$$

由此，可以发现当两组数据之间的差距较大时，根据 Bühlmann 方法，两组数据之间不会互相改善。因此最后下一年的预估赔付情况即为各组的均值。第一份保单，下一年赔付额为 21.16 万元；第二份保单，下一年赔付额为 31.13 万元。

需要注意，Bühlmann 方法在这里无法使用的原因可能有很多。其中，从数学上考

虑最大的问题是两组数据均值差别过大。均值的差别既有可能是来自损失率的差异，也可能来自畜牧场规模的差异。因此，建议对于不同规模的危险，最好使用损失率进行分析。

第三节　级别相对数

就像本书之前说的危险单位问题，在保险业务中，同一险种的业务存在着不同的危险单位。有的危险单位之间具有相同的风险特征，而有的之间却没有。因此，在对某个危险单位费率厘定时，必须考虑各种因素影响。对于各种主要作物都承保的保单需要考虑不同作物的差别，对于不同土地条件或者生产技术条件的危险单位要考虑这些条件对技术的影响，还有之前提到过的风险区域划分，也是一个重要的考虑因素。

随着技术的进一步发展，精算从业人员或许还会考虑作物的品种如水稻的种类、地块肥沃程度问题以及农民的经验问题等。这些因素表现了风险的差别，它们也是精算从业人员差别定价的基础。针对不同风险特征的同种危险单位，可以按照之前的费率厘定方法，针对其风险特征单独定价。

虽然能够在重复定价环节得到结果，但在实务中，这样做却有几个问题。首先，该种方法过于烦琐，不利于定价的简化；其次，对于多数风险特征相同，仅在次要地方存在差别的危险单位，单独分组进行计算会导致有用数据的丢失；最后，对于保险的销售而言，承保和营销人员需要一张简单易于操作的费率表。为了解决以上问题，保险公司一般会根据风险特征制定特定的调整因子。这种与风险特征相关的费率调整因子我们把它叫作级别相对数。

用于划分风险调整费率的变量称为"分类费率因子"。例如，在畜牧养殖保险中，可以根据畜牧种类、畜牧生长期、养殖环境、风险大小和风险区域等信息作为分类费率因子。分类费率因子可以分为连续变量和离散变量。在实际中，精算从业人员一般连续变量离散化处理，从而设定费率因子的不同等级，进而把所有保单分为若干个风险单元。在该风险分类体系下，每个风险单元内的保单被认为是同质的。

例如，某畜牧养殖保险，共有畜牧种类、畜牧生长期和养殖环境三个分类费率因子，其中，畜牧种类有三种，畜牧生产期有三个等级，养殖环境有五个等级，则该险种可以分为 $3 \times 3 \times 5 = 45$ 个风险单元。可以用 (i, j, k) 来表示畜牧种类为 i，畜牧生长期为 j，养殖环境为 k 的风险单元。从谨慎的角度考虑，如果有能力的话应该对各个单元单独进行费率计算，然而在实际中，由于简化，数据缺失等原因可能导致不能对部分单元费率进行计算或者计算的可信度值得质疑。在这种时候，可以选取某一个风险单元作为基准，称为基准单元。基准单元对应的各分类费率因子等级称为基准等级，基准单元的费率称作基准费率，然后将其他各个风险单元的费率与基准费率通过一定的数学方法联系起来。从而将费率厘定数量简化为对 $2+2+4=8$ 个级别相对数的求解。

通常为了提高统计上的可信度，要求基准单元的危险量为所有级别中危险量最大的（大多数时候，级别相对数的方法相比其他计算方式，会简化不同级别之间的关系，从统计的角度讲是存在误差的。危险量大的部分作为基准有几个好处：第一，危险量大的部分总风险也大，对其的费率厘定也更加重要。以该部分作为基准单元可以保证整体风险计算的准确性。第二，对于不是基准的部分，如果觉得定价不准确，可以加上一定的附加风险。由于非基准部分危险量较少，这种做法不会导致总费率上升过多。第三，基准的不准确将导致级别相对整体的不准确，将使保险公司面对过多风险或收取过多保费）。

在非寿险中，级别相对数的来源有两个。一个是保险公司自己根据需要，根据自身风险情况制定的级别相对数，还有一种是由银保监会提供的标准级别相对数。在农业保险中，由于风险划分的意识还没有在各地得以推行，目前仍然欠缺官方的级别相对数。因此保险公司需要自己制备。

级别相对数之间的关系有很多种，简单的相对关系有相乘关系和相除关系。假设某险种有两个费率因子 A 和 B，各有 n 和 m 个等级，（1，1）为基准单元，费率水平为 R。费率因子 A 中等级 i 和等级 1 相对值为 a_i（$i=1,2,3,\cdots,n$），费率因子 B 中等级 j 和等级 1 相对值为 b_j（$j=1,2,3,\cdots,m$），且假设不同费率因子的相对数相互独立。乘法模型和加法模型的费率公式分别如下（5.1）和（5.2），相对数表格如表 5-14 和表 5-15。

乘法模型

$$R_{ij} = R \, a_i \tag{5.1}$$

加法模型

$$R_{ij} = R \times (a_i + b_i) \tag{5.2}$$

表 5-14 乘法模型

A \ B	1	2	...	n
1	1	a_2	...	a_n
2	b_2	$a_2 b_2$	...	$a_n b_2$
...	...	...	...	...
M	b_m	$a_2 b_m$	...	$a_n b_m$

表 5 – 15　　　　　　　　　　　　　　　　加法模型

A＼B	1	2	⋯	n
1	1	a_2	⋯	a_n
2	b_2	$a_2 + b_2$	⋯	$a_n + b_2$
⋯	⋯	⋯	⋯	⋯
M	b_m	$a_2 + b_m$	⋯	$a_n + b_m$

一　纯保费法确定级别相对数

级别相对数的计算方法有两种，一种是通过考虑纯保费之间的关系，通过纯保费法确定级别相对数；另一种是已知不同级别相对数的损失率情况，通过损失率法进行调整并计算级别相对数。由于加法模型和乘法模型基本原理的一致性和乘法原理使用的更广泛性，这里仅讨论乘法模型下如何用纯保费法确定级别相对数。为了简化，采用单项分析法。单项分析法假设各分类因子相互独立，因此可以在其他分类因子固定的情况下，计算单一因子的相对数。

分类因子的假设如表 5 – 12，假设风险单元 (i, j) 的危险单位数和预测损失分别为 e_{ij} 和 l_{ij}。在这里，为了理解的方便，采用算数平均法对 A 分类因子的纯保费 P_i 和级别相对数进行计算 a_i。

等级 i 的纯保费　　　　　　$$P_i = \frac{1}{m} \times \sum_{j=1}^{m} \frac{l_{ij}}{e_{ij}}$$

等级 i 的级别相对数　　　　$$x_i = \frac{P_i}{P_1}$$

例 5 – 10：某公司在某市经营小麦农业保险。为了合理定价，该保险公司和政府合作制定费率调整表，根据农户对应的风险大小进行收费。该保险公司经过实际调研，认为影响该地小麦生长的风险主要有两个，气象灾害和生产水平。对此，保险公司经过考虑，将气象灾害和生产水平按照由大到小，分别划分为三个等级（气象灾害 A，B，C；生产水平 $1^\#$，$2^\#$，$3^\#$）。过去五年内，具体等级的平均承保面积大小和平均赔付情况如表 5 – 16、表 5 – 17。请读者根据该表，制定级别相对数表。

表 5 – 16　　　　　　　　五年平均承保面积表（单位：亩）

天气＼生产水平	$1^\#$	$2^\#$	$3^\#$
A	5400	900	1800
B	300	1200	500
C	700	400	900

表 5-17　　　　　　　　　　五年平均赔付表（单位：元）

天气 ＼ 生产水平	1#	2#	3#
A	216000	54000	108973
B	17400	70800	32443
C	43015	23968	54919

解：

在这里，由于农业保险风险单位数量有限，从正常的角度考虑，这里是无法计算的。但是考虑到这里并不对相关性进行考虑（具体相关性问题可以在之后对总承保进行分析，然后添加相关性调整因子）。因此这里用单位标的（亩）替代危险单位。考虑到基准准确的重要性，这里选择单位标的最大的级别作为基准单元，即（A，1#）。

根据表 5-16 和表 5-17，可以得到这九个单元的纯保费情况，如表 5-18 所示。

表 5-18　　　　　　　　　　各单元纯保费表（单位：元）

天气 ＼ 生产水平	1#	2#	3#
A	40.0	60.0	60.5
B	58.0	59.0	64.9
C	61.4	59.9	61.0

根据算术平均法，可以求得级别相对数如表 5-19 所示。

表 5-19　　　　　　　　　　各类别级别相对数表

生产水平	1#	2#	3#
相对级别因子	100%	116%	121%
天气	A	B	C
相对级别因子	100%	117%	118%

注：以生产水平 2# 的相对级别因子计算为例。在天气 A 级别，1# 到 2# 的倍数为 150%，B 级别为 102%，C 级别为 98%。因此 1# 到 2# 的级别相对数为（150% + 102% + 98%）/3 = 116%。

根据各类级别相对数表，可以得到总的级别相对数表，如表 5-20 所示。

表 5 - 20　　　　　　　　　　　**总级别相对数表**

天气 \ 生产水平	1#	2#	3#
A	100%	116%	121%
B	117%	136%	141%
C	118%	137%	143%

二　损失率法计算级别相对数

通过纯保费法确定级别相对数后，随着数据的积累，精算师可以对级别相对数进行不断的更新和调整。接下来本书将介绍采用损失率法计算新的级别相对数。为了简化，假设历史损失数据完全可信，且目标损失率不变。根据公式 3.6，第 i 个等级基于当前费率的损失率 W_i 如下式：

$$W_i = \frac{1}{m} \times \sum_{j=1}^{m} \frac{l_{ij}}{e_{ij} R_{ij}}$$

根据式 3.4 和式 3.5，在目标损失率不变的情况下，新的级别相对数如下式：

$$x^*_i = x_i \frac{W_i}{W_1}$$

同理可以计算分类因子 B 下各等级新的级别相对数，从而得到整个费率相对数表。

例 5 - 11：某农业保险公司在 A 省主要经营水稻种植保险，具有丰富的水稻种植保险赔付数据，今年年初，该公司打算在同样的赔付方式下，向该省农户提供常见农作物中小麦种植保险。已知水稻费率 7%，水稻作物平均损失率 0.007，小麦的平均损失率 0.010。求小麦的全省费率。

解：

假设费率大小和作物损失率成正比关系，以水稻的费率作为基础费率。

小麦费率与水稻费率的级别相对数为：

$$x = \frac{\text{小麦平均损失率}}{\text{水稻平均损失率}} = \frac{0.010}{0.007} = \frac{10}{7}$$

小麦的全省费率为小麦费率乘以级别相对数 x，因此小麦的全省费率为 10%。

在实践中，由于经营或者监管的原因，会要求在新费率下的总承担保费相比当前费率下的总承担保费增加一个 α 的比例。值得注意的是，由于损失率的改变导致了各单元保费的改变，因此简单地将 R 与 $(1 + \alpha)$ 相乘并不能使总承担保费增加一个 α 的比例。对此，通过下式进行求解（假设费率上升为 k）。

$$R^* \sum_{i=1}^{n} \sum_{j=1}^{m} e_{xy} x^*_i y^*_i = (1 + \alpha) R \sum_{i=1}^{n} \sum_{j=1}^{m} e_{xy} x_i y_j$$

由此可以得出，必须对 R^* 进行如下调整：

$$R^* = (1 + \alpha)fR = (1 + k)R$$

$$f = \frac{\sum\limits_{i=1}^{n} \sum\limits_{j=1}^{m} e_{ij} x_i y_j}{\sum\limits_{i=1}^{n} \sum\limits_{j=1}^{m} e_{ij} x_i^* y_j^*}$$

$$k = (1 + \alpha)f - 1$$

因此，如果想将总保费上调 α，只需要将基础保费调整为原来的 $(1+\alpha)f - 1$。对于 $1/f$，我们将它称为冲销因子。

第四节　奖惩系统

一　奖惩系统的介绍与设计

在前文中，本书介绍了通过损失率进行费率校正的方法。一般来说，通过损失率的费率校正广泛用于各种财产险的费率、保额较大的临分保单或者团体保险中，如高中端医疗险的团险就会在考虑上一年赔付情况的基础上，对下一年保费进行调整。

在实际中，对于一些保额较小或单个被保险人的险种，其自身存在的未知或难以量化主观因素过多，保险公司难以根据其风险精确定价。为了维持精算公平性，保险公司会在制定费率时提前进行考虑设定一种随着风险暴露自动变化的保费收取方案，即当赔付次数、赔付额等数据达到一定情况时自动进行价格调整。这种方法叫作奖惩系统。

奖惩系统是经验估费的一种，其在危险不均匀的情况下使保险费直接与实际损失挂钩，目的在于使保险公司能收取真实地反映单一危险的保险费，鼓励出险较少的保单持有人继续留在同一保险公司续保，并激励出险高的保单持有人合理控制自身风险（即认为赔付次数和风险高度相关，赔付次数达到一定情况的，或者产生某种特殊赔付的被保险人，一定是风险高的保险人。这一方面可以减少保险人的小额索赔成本，留住优质保单；另一方面又可以通过费率的变化约束被保险人行为，减少被保险人的出险率。因此在非寿险中应用广泛，特别是对于汽车保险，在各个国家都采用奖惩系统）。

简单来说，奖惩系统就是有奖励和惩罚的收费方式。对于发生了一次或多次索赔的投保人合理地增收保费，给予惩罚即"Malus"；对于没有任何索赔发生的投保人合理地给以保费折扣，给予奖励即"Bonus"。然后力求使这种系统在某种意义下达到最优。

奖惩系统的设计可以分为以下六个方面：

（1）被保险人风险分级。这里的分级方法不同于之前的风险区域划分方法和相对系数法。在风险区域划分方法和相对系数法中，其基础是通过危险因子或者级别相对数对不同的地域、单位标的或危险单位进行划分，这些划分方法是可以量化的并计算纯保费的。

在奖惩系统中，虽然采用了赔付情况作为划分因子，但其实际考虑的却是难以量化的风险，这就导致了三大问题：第一，被惩罚或者奖励的个体只是暴露个体，还存在着不少情况同一风险级别的个体没有暴露，不利于对同一风险级别的纯保费进行计算（未暴露个体的缺失将导致纯保费计算中同一风险级别数据的缺失，使预测纯保费和实际分组偏离）；第二，暴露个体的风险可能包含在已考虑的因子内部，这将导致风险的重复计算（简单地说，如果赔付案件的发生仅仅是风险转移的正常表现，那么对被保险人的额外收费是没有道理的）；第三，暴露的个体可能并不是高风险个体，可能仅仅是运气不好，对其的高收费是不公平的。

对此，本书认为在奖惩制度设立时，应该对风险分级设计进行评估和计算，科学系统地评估该分级方法和难以量化风险的相关性，并在考虑这种风险等级分级对投保人习惯、逆向选择和道德风险的改善作用的基础上，根据行业规范、监管规定或者销售核保建议合理地设计风险分级方法。简单的设计可以按赔付次数进行划分：如将其分为 0 次赔付、1 次赔付，2 次赔付、3 次及以上赔付，也可以按照过去 n 年的平均产量进行划分。

（2）不同等级费率奖惩设计。在难以量化风险和赔付数据高度相关的情况下，纯保费可以根据赔付数据进行调整，调整方法有损失率法、信度保费法等。在相关程度较低的情况下，本书认为难以对各等级纯保费进行计算，也不应该直接使用损失率对各等级费率分别调整。在这种情况下仍需要进行该种设计，那就需要保险公司结合行业规范、监管规定和销售核保建议，通过对各风险等级人员分布以及总损失率等数据进行考虑。本书对相关程度较低情况下的奖惩制度并不支持。

（3）总赔付、总保费和损失率的计算。在奖惩机制下，精算从业人员或许难以对单个等级的纯保费进行计算，但是对全部个体的保费、单次赔付的损失分布、总赔付和损失率等数据，却是可以估算的（本书之前的各个分布方法可用于奖惩等级的拟合）。这可以让精算师从整体的角度，检测该费率设计的合理性。

（4）暴露情况和改善情况估计。暴露情况考虑的是：由于个体风险大小的暴露方式为赔付情况，个体风险大小的准确估计相比一般保险有滞后性，因此这需要保险公司对新进个体在未来的风险暴露情况有足够的估计，从而预测保费收入和赔付的变化；改善情况考虑的是：对于已投保个体，保险的奖惩制度将会激励其自身风险状况改善，因此随着时间变化，已投保个体的风险等级分布也会产生变化。由于这两点在当年出险统计之前都是未知的，且会对保险公司赔付、收入产生较大影响。这就需要保险公司对这两类情况进行统计和归纳。对于该问题，保险公司一般使用转移矩阵进行计算。

（5）基础费率的计算。对于一般的财产保险费率厘定来说，知道了纯保费之后，接下来就是风险附加和费用附加。但奖惩系统却有很大的不同。第一，由于各等级费率与实际风险的偏差，精算师不能保证各等级费率合理，需要各级保费之间相互补贴，因此需要从整体来考虑盈亏。第二，由于从整体考虑盈亏，在费率不变的情况下，不同的各等级分布比例将会使总保费产生巨大变化（在实际总风险不变情况下，或者说总保费变化幅度超过被保险人风险的改善程度）。这需要精算师对各等级分布比例的合理估计。第三，在保险产品稳定前，不同时期各等级分布比例往往随时间会产生变化。由于保险公司的费率变化的限制（在监管机构的限制和维持市场的角度，过于频繁的费率调整是很糟糕的做法），对于奖惩系统，精算师需要在一个较长的时间段上对费率进行考虑，而不是简简单单地对一期进行考虑。

（6）风险附加和费用附加。该步骤和别的保险产品没有区别，不做更多介绍。

二　奖惩系统的优缺点

（一）奖惩系统在车险上的优缺点

由于国内外在农业保险上奖惩制度保险实务经验相对较少，这里本书首先介绍在车险中，作为一个实施多年且受到市场认可的成熟保险设计方法，奖惩系统有什么优点和不足，然后在此基础上思考在农业保险中奖惩系统的效果。在车险中，奖惩系统具有如下优缺点：

1. 优点

（1）采用奖惩系统有助于改善风险的非同质性。对于车险而言，其自身存在着大量的主观因素，诸如驾驶员的判断力、反应敏捷性、超车欲望、个人饮酒行为等，这些指标对保险公司而言是不可度量的，而这些主观因素在车险中占比一般认为非常大且和赔付情况高度相关。奖惩系统通过在变量分组的基础上，进一步通过每个投保人的索赔记录来对保费水平进行调整，降低存在于各费率组中的风险的不均匀性，使保费收取更合理。

（2）采用奖惩系统可以鼓励司机安全行车，避免驾车人道德风险，可以减少交通事故，保持社会安定。同时，该系统也可以避免小额赔款的发生，从而降低了索赔成本和管理费用，对保险公司来说也是十分有利的。

（3）奖惩系统是针对老顾客的一种优惠制度，不会因为费率计划的公开而被其他的竞争者模仿而减少获利能力。在良好的客户保密的基础下，奖惩系统中的老顾客群是该保险公司的稳定资源，将为保险公司带来稳定的收益。

2. 缺点

（1）违背了大数定律，保险公司在计算保险费率时所依赖的是大量保单的索赔经验，而不是个体保单的索赔经验。但是奖惩系统是通过个体保单的索赔经验调整投保者的续期保费，这是违反大数定律的。

（2）费率的变化缺少精算技术的支持。由于仅仅是对风险暴露个体进行涨费，无法对单个等级的纯保费通过精算技术进行计算。同时，也由于仅对风险暴露个体进行涨费，当风险与赔付情况不再高度相关时无法对风险等级的投保人进行归类。并没有很好地体现精算的公平性。

（3）投保者之间的相互合作被削弱了。幸运的投保者即没有发生保险事故的投保者对不幸投保者在保费缴付上的帮助被削弱了。

（4）破坏了投保者的经济稳定性。投保者购买保险的初衷是通过缴纳固定的保费将其不确定的随机风险转嫁给保险公司，但在奖惩系统下，投保者还得承担续期保费的变异性。

虽然在奖惩系统优劣各半，但在汽车保险实务中奖惩系统有着很好的效果，几乎所有的发达国家都在汽车保险中实施奖惩系统。

（二）奖惩系统在农险上的优缺点

在农业保险中，笔者已知的奖惩系统使用案例只有加拿大萨斯喀彻温省的管理经验转移系数（Management Experience Transfer Index，MET）[1] 和加拿大曼尼托巴省的个人生产系数（Individual Productivity Index，IPI）[2]，由于仅两个案例，且设计相对简单，该方法在农业保险中的可行性有待观测，但从农业保险自身的特点并结合车险中的特点，本书认为其优缺点分别如下：

1. 优点

（1）在小农生产为主的农业生产环境下，对每家每户进行单独的费率校正是低效且高费的。奖惩系统的实施可以大大简化费率校正的成本，在数据统计完善且易于调用的情况下，保险公司的销售人员就可以轻松完成下一年保费的计算。这是一种便捷的费率校正方式。

（2）有助于控制道德风险，减少赔付和损失率。对于农业保险乃至非寿险而言，如何防止道德风险都是一个重要问题。就农业保险内的道德风险而言，由于目前不少农民不以农业作为主要收益来源，对农业产出不重视不尽心，在风险来临前不预先准备，风险发生后不及时止损，这种情况的发生拉高了农业保险的赔付率，使得相同的费率面临着不同的风险。奖惩系统的实施，能够给尽心耕作者鼓励，促使高道德风险的农民将土地转租，从而推动投保人整体道德风险的改善。

（3）鼓励农民进行风险控制，给予农民风险控制的积极性。对于优质客户的奖励，

---

① 　https：//www.saskcropinsurance.com/ci/multi－peril/.

② 　https：//www.masc.mb.ca/masc.nsf/program_ agriinsurance.html.

是一种变相对农民劳动成果的认可，有利于其风险控制动力的提前。对于不尽心的农民，这样也可以促使其对农作物的认真程度或者促使土地的集中。

（4）虽然从惩罚的角度对价格进行调整可能会引起农民的反感，但如果以奖励的形式予以折扣，却可以得到农民的支持和认可，便于产品的推广并获得农民的信任。

（5）奖惩系统在农业保险的使用属于一种农业保险创新，符合国家要求，易于得到政府的支持。

2. 缺点

（1）请参考奖惩系统在车险中的缺点。

（2）缺少实际经验，难以根据经验设计适合特定地区的奖惩制度。

（3）由于目前农业保险使用一地一费的制度，费率中没有量化考虑的风险太多，奖惩制度的使用将使投保人为这些风险一一买单，降低农业保险的补助作用和合作作用。

三 奖惩系统在农业保险中实施需要注意的问题和思考

由于缺少农业保险中实施奖惩系统的经验，这里本书只能对其在农业保险中不同领域面临的问题进行简单思考。对于奖惩系统在农业保险的实施，本书认为需要从适用范围和面临的问题两个方面进行谨慎考虑，并结合实际调研情况，合理设计奖惩系统。

（一）适用范围

在农业保险中，奖惩系统的适用范围需要有以下四个要求：

（1）存在投保人的主观因素和道德风险，可以通过保费的改变对该种行为或因素进行约束或选择。通过保费的改变可以约束投保人行为的前提是，该保险投机性或者逆选择性要小。对于一个有利可图的保单，只有当保费大于投保人的最大收益或者可以进行拒保拒赔的情况下，才能对投保人的风险进行控制。

（2）承保对象或承保风险相对小，对其进行单独核保或者针对性费率校正产生的成本远大于保险公司实际收益，只能从费用上进行督促和筛选。对于收益足够大的承保对象或风险，单独核保或者费率校正的定价更为准确，更符合数学与精算规则。

（3）历史赔付数据易于积累和使用，且主观风险影响大于客观风险的影响或者主观风险造成的损失易于判断。数据的易于积累和使用有利于销售人员直接进行定价而不需要核保人员和定价人员的过多参加，节省了人力物力。主观风险易于判断或者大于客观风险有利于筛选存在道德风险的投保人，有助于维护精算公平。

（4）该系统在实施过程中要易于理解，可以得到农民的支持并不破坏农民进行农业生产的积极性。该系统在政策性覆盖小农生产的农业保险中，要能够从实际上保护农民的利益，而不是纯粹的一种剔除不良风险寻找优质客户的方法。需要得到政府、农民和一线销售人员的多方理解与支持。为了实现该目标，建议在设计时以奖励为主。

（二）奖惩系统在农业保险中可能面临的问题

奖惩系统作为一种没有在农业保险中实施过的系统，其实施的方法和面临的问题需要保险从业人员在实施前进行多方考证。这里，本书对奖惩系统在农业保险中可能面临的一些问题进行归纳总结抛砖引玉，希望农业保险从业人员在实际使用时，在此基础上结合农业保险的一线经验多加思索，使得奖惩系统与农业保险具有更高的契合度。

（1）选择什么样指数来构建奖惩系统？对于车险而言，出险次数是一个很好的指数进行划分；但对于农业保险，出险就意味着被保标的的减少，每份保单的出险次数是有上限的。在这里，推荐使用出险次数和单次出险损失大小两个参数进行共同考虑。

（2）奖惩系统指数各级如何确定和该奖惩系统范围如何划分？这两个是相连的问题，对于指数各级的确定需要有一个参考数据的来源，这就需要范围的划定。如果划分范围过大，内部各地区之间可能存在明显的风险差异，奖惩系统就不再是对人为风险的奖惩而是对承保风险的奖惩，这是违背保险作用、保险定价原理和监管规则的行为。如果划分范围过小，这又要导致保险公司对各地单独进行设计，不利于成本的控制。在合理划分范围后，推荐对该地区该指数分布进行概率分布拟合，按照概率大小的不同设立奖惩系统指数。

（3）自然因素和人为因素如何区分？地区的合理划分虽然可以去除大的风险，但在小范围内，不同的地块仍然会面临着差别。这需要对其中的自然风险或者人为因素进行进一步考虑或者区分。

（4）原有险种的适应性和修改问题。对于现有农业保险产品，其是否适用于奖惩制度（或者是否需要奖惩制度）需要考虑，并对不适合的地方进行修改。需要注意的是，如果保单自身存在不合适的地方，将会促使不道德的投保人追求更高的赔付率，加大保险公司的承保风险（对于赔付要求较高或者较严格的理赔过程的农业险种，本书认为其可以通过保单设计降低或者抑制人为因素）。

（5）农业保险涉及各方理解支持的问题。对于农业保险而言，来自政府、农民和销售人员三方的支持和理解格外重要。尤其是政府和农民，无法得到支持和理解的产品很容易使保险公司陷入不被信任的境地，破坏保险公司的名誉。

（6）由于农业保险往往还涉及政府补贴问题，在实行奖惩制度之后，如何与政府协调，考虑不同收费等级投保人补贴如何变化，也是一件很重要的事。

（7）适合奖惩系统的作物或者险种选择问题。在当前，农业保险在很大程度上还承担着精准扶贫的工作。对于贫困村庄或者贫困人口，由于其自身条件或者生产条件的不足，很容易造成即使用心劳作，其损失频率和损失大小仍然高于平均水平的问题。对这类人群收取较高的保费，既不符合保险风险转移的性质，也不符合农业保险精准扶贫的时代使命。对此，在试行该方法时，建议首先选择针对具有较高农业价值的作物的农业保险，如地方性特色水果、蔬菜等。

章节小结

纯保费的计算与估计是费率厘定的核心部分。一个科学合理的保费制定需要对纯保费进行准确的估计。本章对常见的纯保费计算方法进行讲解，从纯保费的基本思路出发，依次介绍了基于损失、基于灾害、基于产量的计算思路，然后对精算计算常见的经验费率法和信度保费进行讲解，最后介绍了两种特殊的费率制定方式、级别相对数和奖惩系统。除了这些方法外，读者如果有兴趣还可以自己学习蒙特卡洛、神经网络等特殊方法，学习通过使用不同的模型进行纯保费计算的方法。在实际处理中，希望读者不要局限于一种方法，而应该选择更符合情况的，更易于理解和分析的方法，从而构建更加合理的纯保费计算体系。

重点概念

基于损失经验的纯保费计算方法：精算纯保费计算最基础也是最常见的计算方法，通过对保险产品自身赔付经验的分析，从而对保险产品进行合理定价。

基于特定灾害影响的纯保费计算方法：一种基于风险的纯保费计算方法。其通过分析风险性质、大小以及风险对承保标的的影响，对纯保费进行预估，在损失经验不足时，这种方法具有更高的准确性和科学性。

基于产量的纯保费计算方法：单位标的、危险单位或者风险划分的基础上，利用统计学和概率论的相关知识，通过对某区域范围内作物产量各年年均值进行分析，估计作物年产量概率分布，考虑赔付方式从而进行纯保费的计算。

费率校正：在信息量产生变化后，通过特定方法，对原有费率进行修正使其更加符合风险，满足精算公平的过程。

经验费率法：是一种计算保险费率的方法，它根据特定族群或个体其过去的特性与使用经验来调整适合的保险费率，而不是以不同族群数据的平均值来判断。

信度保费：信度理论得到的保费。实质是对一类特殊风险下损失数据提供（损失经验）的信息和更广泛条件下损失数据提供（专家意见）的信息的加权平均。

分类费率因子：用于划分风险的变量。

级别相对数：风险特征相关的费率调整因子。

奖惩系统：经验估费的一种，在危险不均匀的情况下使保险费直接与实际损失挂钩，目的在于使保险公司能收取真实地反映单一危险的保险费，鼓励出险较少的保单持有人继续留在同一保险公司续保、并激励出险高的保单持有人合理控制自身风险。

思考与练习

1. 请简述经验保费的定义和作用。

2. 请简单对比级别相对数和危险单位、风险区划的相同点和不同点。

3. 请简述基于产量的纯保费计算方法有什么不足。

4. 有一个六面骰子，各面分别为1—6，且任何一次投掷各面出现概率均等。已知在过去六次中，该骰子的投掷结果分别为1，2，1，3，4，5。请读者根据概率统计知识和贝叶斯理论知识，分别求解该骰子一次投掷的均值、样本均值和贝叶斯理论下的均值。

5. 某保险公司在某地经营小麦保险十年，有着充足的小麦保险经验。考虑到农业保险赔付快速准确的要求，默认当年事故的赔付当年就赔付完成，即当年最终损失等于当年已发生损失。为了方便对比，保险公司对赔付数据进行了调整，得到了每年平均每亩小麦损失额（单位：元）。

1）假设该保险公司的小麦年亩损失表现出正态分布的性质，在数据完全可信条件下，亩损失额在95%概率下估计值在真实值附近的k范围内是完全可信的，这个k的范围是多大。

2）考虑到数据过少，保险公司认为无法在确定保险费率时认为它完全可信。在这种情况下，保险公司决定设定部分可信，取k等于5%，在参考专家定价30元亩损失的基础上进行定价。求该方法下的价格。

投保年度	2007	2008	2009	2010	2011	2012	2013	2014	2015	2016
亩损失	21.8	40.0	22.6	37.2	22.2	17.9	22.5	45.2	22.3	25.6

6. 某农业保险公司在某地经营玉米农业保险十年，在十年中各年保费收入和赔付情况如下表。已知该公司保险公司的当前保费大小为 60 元/亩，目标赔付率为 0.8。现在，该保险公司决定根据过去十年损失率调整未来的费率。要求考虑趋势变化，满足未来 10 年内的总预计赔付率低于 80%。请读者在未来十年费率不变的情况下，计算下一年该保险公司费率为多少。

保险年度	2008	2009	2010	2011	2012	2013	2014	2015	2016	2017
赔付	402	435	491	510	521	542	582	571	630	652
保费	490	436	523	418	408	488	432	406	513	464

7. 某公司在某市经营小麦农业保险。为了合理定价，该保险公司和政府合作制定费率调整表，根据农户对应的风险大小进行收费。该保险公司经过实际调研，认为影响该地小麦生长的风险主要有两个，气象灾害和生产水平。对此，保险公司经过考虑，将气象灾害和生产水平按照由大到小，分别划分为三个等级（气象灾害 A，B，C；生产水平 1#，2#，3#）。过去五年内，具体等级的平均承保面积大小和平均赔付情况如下表。请读者根据该表和加法模型，制定级别相对数表。

天气 \ 生产水平	1#	2#	3#
A	5400	900	1800
B	300	1200	500
C	700	400	900

天气 \ 生产水平	1#	2#	3#
A	216000	54000	108973
B	17400	70800	32443
C	43015	23968	54919

参考文献

[1] 韩天雄：《非寿险精算学》，中国财政经济出版社 2010 年版。

[2] J. B. 霍萨克、J. H. 波拉德、B. 第恩维茨：《非寿险精算基础》，王育宪、孟兴国、陈宪平等译，中国金融出版社 1992 年版。

[3] 李恒琦：《非寿险精算》，西南财经大学出版社 2004 年版。

[4] 丁少群：《农业保险学》，中国金融出版社 2015 年版。

[5] 李文芳：《湖北水稻区域产量保险精算研究》，华中农业大学，2009 年。

[6] 梁来存：《核密度法厘定我国粮食保险纯费率的实证研究》，《南京农业大学学报》（社会科学版）2009 年第 4 期。

[7] 韦来生、张伟平：《贝叶斯分析》，中国科学技术大学出版社 2013 年版。

[8] 肖争艳：《非寿险精算》，中国人民大学出版社 2006 年版。

[9] 粟芳：《非寿险精算》，清华大学出版社 2006 年版。

[10] 孟生旺：《非寿险精算学》，中国人民大学出版社 2007 年版。

[11] 孟生旺、袁卫：《实用非寿险精算学》，经济科学出版社 2000 年版。

第六章　指数保险设计与定价

第一节　指数保险和传统农业保险的差别

在中国，传统的广覆盖低赔付高补贴式农业保险有较长的历史与经验，虽然目前它在市场上占有极大的份额，但它具有三大局限性。首先，由于这种传统农业保险价值低，定损到户支出和绩效不成正比，保险公司承担了过高的压力。虽然政府要求农业保险公司理赔又快又准，但往往是快而不准。其次，虽然农业保险赔付往往迅速，但由于有"出灾—受损—上报—赔付"这一流程的存在及传统农险定损的相对困难，传统农业保险理赔全流程显得复杂且耗时，这既制约了农户投保积极性，也与农业保险赔付快速便捷的要求不符合。最后，虽然传统农业由于保障较低，相对逆向选择很低，但在道德风险上却存在不少问题，各种骗保事件层出不穷，如虚假承保骗取财政补贴、侵占和挪用保险赔款等。虽然在 2013 年实行的《农业保险条例》第十条以及原保监会《关于进一步贯彻落实〈农业保险条例〉做好农业保险工作的通知》（保监发〔2013〕45 号）提出了"五公开、三到户"要求，但也加大了农业保险公司的工作压力和成本。考虑到农业保险公司在信息收集的相对劣势、道德风险和滋生的腐败现象其实并不好根除。

虽然近年来我国农业保险补贴大幅度上升（自 2008 年以来，我国农业保险保障水平快速提升，农业保险保障水平从 2008 年的 3.67% 增长到 2015 年的 17.69%，年均增长率达 25.24%，2015 年我国农业保险深度 0.62%）[①]，但与发达国家相比，我国保险深度低、保障水平低的问题却依然严重。考虑到我国农业保险的巨大潜力，三大局限导致的经营管理困难，和目前农业的分散性以及小农经营的特性（虽然国家号召发展新型农业经营主体并为其服务，但短期内小农经营依然是我国需要考虑的问题），为了推动农业保险的发展与改革，指数型农业保险的实行与普及具有很大的意义。

不同于传统农业保险产品以实际受损情况作为保险理赔依据，指数型农业保险产品以客观的指数作为设计基础。在客观标准下制定的指数型农业保险产品。相比传统农业保险，其具有更高的科学性和合理性，能够在一定程度上解决我国传统农业保险的经营和管理困难，其在道德风险防范、逆向选择抑制、经营成本降低、信息透明化、保障水平提高、易于流通、易于再保等方面的作用，将成为弥补现行农业保险不足的有效方式。

虽然指数保险在很大程度上可以化解传统农业保险面临的经营困难问题，有助于

---

① 中国保险监督管理委员会. 中国农业保险保障水平研究报告（2017）.

政府实现政策目标，但指数保险产品开发技术的复杂性、指数的设计、产品定价和基差风险处理等问题也为其设计与推行造成了不少困难。在接下来的章节中，将对指数型农业保险的指数选择和设计进行简单的介绍。

第二节　指数的选择和设计

一　指数保险简介

指数保险是农业保险的一种创新发展。它通过将农业产出损失和收入损失联系起来，有效地将损失程度反映在指数变化上，并以该指数为基础设计保险合同。当实际计算的指数达到合同规定水平时，投保人就可以获得相应赔付。

根据指数选择的差异，指数型农业保险可以分为天气指数保险、价格指数保险和产量指数保险。天气指数保险又称气象指数保险，它把一个或几个气候灾害对农作物损害程度指数化，并将指数和相应农作物生产损益对应起来。保险合同以指数为基础，当指数达到一定水平时触发赔付。与传统农业保险相比，天气指数保险不再仅以受灾数据进行统计学角度的风险评估，还从风险致灾因子出发进行深入分析。除此之外，天气指数保险克服了传统保险的信息不对称问题，拥有及时理赔、低交易成本和资本市场良好的对接能力等优点。在畜牧业中，天气指数保险同样有应用，如小龙虾高温险、植被覆盖面积险（对于放养型畜牧，其生产状况和作为食物来源的植被面积有很大关系，而植被面积受天气影响，相当于一种变相的天气指数保险）等。

产量指数保险，又叫区域产量保险，它将保障从作物受损变为了更加易于测量的产量变化情况，可以看作以农作物某一固定产量为标的的特殊期权。当区域产量低于设置的阈值产量时，产量指数保险触发赔付。一般来说，产量阈值一般为该块土地或该区域内土地过去三年到五年的平均产量的一定比例，产量指数保险的阈值即保险公司或政府认可的农作物最低保证产量。与天气指数保险相比，产量指数保险和土地的实际产出关系更加密切，产量指数保险产品适宜于受灾情况较为复杂，难以单独分离具体灾害类型的农业产品。但值得注意的是，在种植业上，产量指数保险由于其以产量为指数的特殊性，其赔付只会发生在收获后，难以对当期损失情况进行及时的补偿，因此建议将其和其他险种组合使用。

在畜牧业上，也有类似于产量指数保险的险种，其就是死亡指数保险。以蒙古国的畜牧死亡保险为例，蒙古国畜牧业最大的风险为极寒天气。从 1999 年到 2002 年，持续的干旱和严冬造成了三分之一的牲畜死亡，81000 个家庭失去一半牲畜，12100 个家庭失去全部牲畜。2005 年，在世界银行的支持下，蒙古国建立了基于死亡率指数的家畜保险产品，并在 2015 年覆盖了蒙古国各个省份。该指数保险通过对畜牧损失频发期（蒙古国为 1 月到 5 月）的损失率进行统计，每年六月由国家数据局主导年中调查，参考前一年年终调查的结果决定当年死亡率，作为该地区当年死亡指数，当死亡指数超过阈值，触发赔付。与种植业上的产量指数保险一样，畜牧业指数保险也仅在一年中特定时间赔付，并不能对灾情进行直接快速反应，建议和其他保险产品混合。（虽然蒙古国指数保险是畜牧的死亡指数保险，属于产量保险一类，但是由于其畜牧死亡和温度具有高相关性，如果对气温和畜牧死亡做分析将其联系，也可以通过极寒天气指数保险来对畜牧极寒天气风险进行承保。）

价格指数保险是为应对市场风险下的农民利益保护问题而产生的险种。发达国家的实践早已证明，市场需求是现代农业面临的主要风险之一，也是决定农业效益和农民收入的主导因素。"谷贱伤农"是一个世界性的问题。对于存在期货市场的种植业畜牧业农产品，其价格指数保险主要基于农产品的期货市场价格与现货市场价格，这样可以最大限度地缩小保险市场的基本风险。对于常见蔬菜等不易保存的所谓菜篮子产品，其指数价格指数一般由其市场价格来设计，以日本蔬菜价格指数保险为例，其根据过去九年各个消费地批发市场价格平均值为基准，以 90% 作为阈值，为每个季度每种大宗或常见蔬菜单独计算指数①。目前，已有许多国家将农产品价格风险纳入农业保险保障范围之内，如美国、加拿大、巴西、西班牙和法国，但在上述国家中，对农产品价格风险的承保大都是通过收入保险（产量 × 价格）来完成的，很少有专门的价格保险（王克等，2014）。② 对于大型畜牧如牛、羊等，由于国外成熟的期货制度，保险公司将指数保险和期货紧密结合起来，通过期货的变化对畜牧主的损失进行补偿。在美国和加拿大，畜牧价格指数保险都有很好的发展。

二　指数和标的的选择

指数和标的的选择是指数保险设计中极其重要的一步。指数和标的选择的好坏决定着指数保险的成败。根据上文已知的保险种类，指数可以划分为天气指数、产量指数和价格指数三种。本书只对天气指数进行说明，如果读者有兴趣，可以自行查阅其他险种知识。

对天气指数保险而言，指数和标的的选择是其关键点。指数和标的选择的好坏决定着天气指数保险产品的成败。为什么要对指数和标的同时提出要求？这是因为指数和标的是相互关联的两个部分，指数与标的之间的相关性会在很大程度上影响基差风

---

① 大宗或常见蔬菜为日本政府对部分蔬菜的划分，大宗蔬菜为萝卜、白菜等日本政府认为关乎民生的蔬菜，常见蔬菜为菜花、芹菜等。

② 王克，张峭，肖宇谷，汪必旺，赵思健，赵俊晔. 农产品价格指数保险的可行性 ［J］. 保险研究，2014（1）：40－45.

险、实施效果和理解难易程度等多个方面。

在天气指数保险设计上，指数保险标的的选择相比一般农业保险具有更多的选择性，既可以选择作物本身、产量、价格等因素，还可以考虑农民在该灾害下进行防害所需要付出的资金等。如对于大型畜牧主，虽然冬天较长时间的极端寒冷天气会导致畜牧死亡，但大型畜牧主可以通过室内养殖场等方式来减少自己的损失。这个时候保险设计中需要考虑的就是大型畜牧主这样做产生的金钱损失，而不是畜牧的死亡损失。这将帮助我们更好地选择和设计指数。

在确定标的之后，精算师需要选择合理的指数来进行产品设计（在有的情况下，这两者顺序是相反的）。指数的设定存在着目标选择和技术上的两大难点：

从指数设计的目标选择来看，为了能够最大限度避免逆选择和道德风险，使指数保险易于理解和推广，降低农业保险实际工作中的交易、理赔等成本，天气指数保险需要以某种公开、透明、客观的"指数"为保险赔付依据。目前在国外推广且效果良好的天气指数保险都是单一型天气指数保险，例如仅通过降水量来描述干旱或者洪涝风险。这样不仅限制了指数的选择，而且也需要设计者选择更好的标的使指数和标的相适应。

从技术层面上讲，天气指数的设定需要符合该指数与保险标的之间的强相关性，并且要求除了该指数之外的天气指标或其他因素对保险标的的影响较小。这样可以使损失和指数高度关联，降低基础风险，使指数保险针对性更强，也可以防止出现标的已经由于其他因素受损，指数保险却按照原来约定赔付的情况。

需要注意的是，天气指数与保险标的之间的相关性分析并非简单地取平均值进行分析。由于农作物的生长具有周期性、季节性，随着生长周期的变化，同样指数下的天气可能会对同种作物产生不同影响。这就需要指数和标的不仅要在作物品种上具有相关性，还需要在时间上甚至在地域上具有相关性。

例如，对于冬小麦及其产量而言，分蘖—拔节期的低温会影响小麦正常生长，拔节—抽穗—灌浆期干旱灾害导致麦苗缺水，灌浆成熟期干热风灾害导致麦粒空瘪，扬花授粉期阴雨天气导致授粉率下降，成熟—收获期阴雨天气导致穗发芽。这就要求在对农作物进行天气风险分析的时候严格区分农作物的生长期，并分别对不同生长期的主要天气风险进行分析，分别找到不同生长期对应的天气指数。

综上所述，好的指数设计需要将农业保险标的损失和相关联的客观指数联系起来，从而有效地减少指数保险的基差风险、合同双方的信息不对称和损失的误差。要做好指数保险的选择，需要对保险标的具有充分的了解，需要农业专家、种植户、畜牧主、专业机构和保险公司等相关机构和个人的共同努力。本文认为指数的设定应该考虑以下表内的几个问题：

表6－1 **指数保险选择面临问题（以产量而言）**

问题	内容
目标	某种公开、透明、客观的"指数"为保险赔付依据
技术要求	该指数与农作物标的之间的强相关性
基差风险	指数保险赔付与实际损失不匹配的问题。包括变量基差风险，如某单一天气指数保险是否可以排除其他灾害差异；空间基差风险，如区域位置与气象站位置是否合适；时间基差风险，当指数不考虑天气变量对生长周期的影响时，发生时间基差风险
指数覆盖区域	该指数能否覆盖影响整个地区农作物产量的重要因素。如何通过收集数据使区域内指数计算赔付与个体损失高度一致
理解难易	农民对指数保险的认知程度，损失赔付是否直观

三　指数与赔付方式

在完成指数的初步选择后，接下来就是对指数与赔付方式进行设计。虽然通过指数和标的的选择，表6－1中的五大问题已经得到了一定程度的解决，但在指数的设计中，精算师依然面临着设计中的技术问题，即如何保证指数与风险的强相关性，消除指数在变量、空间和时间三个方面的基差风险。对此，本书认为应该从变量、时间和空间上对指数进行逐步的设计。在对变量、时间和空间的处理顺序上，本书认为没有固定的顺序，可以根据实际情况进行排序，对变量、时间和空间依次进行设计，根据设计结果考虑是否需要循环，如果需要，则按照同一顺序依次进行修改，直到得到最好的设计方式。

以冬小麦降雨指数的设计为例，这里为了简便，采取变量、时间、空间的顺序进行。首先，从变量考虑，造成冬小麦生产低于预期的降雨因素有两个，一个是不足，另一个是过多。因此，该降雨指数需要可以反映出降雨的两个方面，可以简单地用加减表示，当某日降雨量多于预设降雨量上限 U，则指数上升，小于预设降雨量下限 D，则指数下降，假设降雨可以积累也可以抵消。这样，我们就可以对某一阶段内降雨指数低于一定水平或者高于一定水平进行赔付，赔付如式（6.1）所示。

$$P = P_1 \times sign[\max(RI - UI, 0)] + P_2 \times sign[\max(DI - RI, 0)] \quad (6.1)$$

式中，P_1 为降雨指数高于预定指数上限时的赔付；P_2 为降雨指数低于预定指数下限时的赔付；RI 为实际降雨指数值；UI 为预定指数上限；DI 为预定指数下限。

考虑了变量因素，接下来对时间进行考虑。对冬小麦降雨指数设计的时间因素有两个要点。第一，冬小麦不同生长阶段对水量的需求量不同；第二，降雨状态维持的时间长短。对于第一个要点，可以根据冬小麦生长发育关键期将时间划分为苗期、分蘖拔节期、抽穗开花期和灌浆成熟期四个阶段，每个阶段设置不同的预设降雨量上限和预设降雨量下限，并对每个阶段独立计算各自的降雨指数；对于第二个要点，可以设定如果连续时间降雨量高于降雨量上限或连续时间低于降雨量下限，指数的变化将快于不连续的情况，连续时间越长，变化越快。

时间因素考虑之后，需要考虑空间因素，即考虑不同的地区是否适用相同的指数设计方式，如果不是，需要根据地区进行划分，并在原有的基础上进行新的一轮设计。

在上面的举例中，冬小麦的指数保险是按照固定比例，变动赔付的。在实际设计中，指数保险可以有多种赔付方式。本书认为指数保险可以分为三种赔付方式。（1）固定赔付。根据实际需要预设单一或多级触发指数，对实际指数高于或低于不同级别触发指数的情况分别设置不同的赔付。（2）变动赔付。根据实际需要制定赔付的触发指数，当实际指数高于或低于触发指数时，根据实际指数和触发指数的差值，以一定的函数方式计算出实际赔付，如对与实际价格与预定价格差额进行赔付的价格指数保险。（3）混合赔付。即指数保险合同内同时存在着固定赔付和变动赔付的方式。

除了多种赔付方式之外，赔付与指数关系也具有多种形式，本书认为主要可以分为两种形式。第一种是直接关系。直接关系即指数和损失之间的关系是明确的，是不需要通过数学推导或经过其他渠道分析得到的。例如对于畜牧业来说，死亡率指数和赔付就是直接关系。除此之外，当面临降雪或寒流时，对畜牧主室内养殖的成本赔付，也可以认为这个和相应的降雪和寒流指数是直接关系。第二种是间接关系。间接关系指的是不能通过指数变化直接得到被保险人的损失情况，需要根据对经验、历史数据或者现场勘察的进一步分析才能得到。因此，对于间接关系，其赔付是基于历史情况估计得出的损失。例如农作物暴雨指数，虽然暴雨会给农作物造成实际损失，但实际赔付却是根据历史情况估计出的预计损失，这里赔付和暴雨指数之间就是间接关系。针对指数和赔付的不同关系，在实际中需要不同的赔付计算方式。这里本文对间接关系与其实际赔付的计算进行一定的介绍。

以冬小麦降雨指数保险赔付率的计算为例，假设该指数根据生长期分为四个阶段，对每个阶段指数低于该阶段十年内均值的80%的情况进行赔付，赔付方式如下：对任一阶段降雨指数低于该阶段十年内均值的80%的部分，根据所差百分率进行赔付，即赔付等于 $\beta \times (0.8 \times EI - RI)/EI$，$EI$ 为该阶段十年内降雨指数均值，β 为赔付倍数。

在实际操作中，该赔付率有多种求取方法，比如考虑该阶段指数变化率对最终产量损失率的影响，通过数学方法求出两者之间的联系，从而确定赔付率；也可以对农民在遇到这种灾害时为了防灾减损所要投入的额外成本进行计算，通过赔付倍数对该部分额外成本进行赔偿；还可以询问农民和专家，参考他们认为的该阶段指数变化对应的赔付价格，选择一个可行的比例，进行赔付。在这里主要对第一种求取方式进行说明。

要通过第一种求取方式解决该问题，首先要计算各年产量损失率 y。由于各年未损失情况未知且正常产量水平具有多种认定方式，我们并不能直接求出产量损失率。为了简化起见，假设各年并不存在人力、资源和技术的变化，即各年预计产量是相同的，并且以统计数据内产量最大的该年产量作为各年未受损失产量，通过其与其余各年产量差值，从而求出各年的总损失率。

在知道各年总损失率后，计算各年各阶段指数相比该阶段指数均值的波动百分比 x，并假设各阶段波动之间影响独立，同时对总损失率的影响独立（这里的各阶段指数均值指过去十年均值）。从而建立多元线性模型，第 i 年总损失率与波动百分比关系如式6.2所示：

$$\alpha_0 + \alpha_1 \times x_{1i} + \alpha_2 \times x_{2i} + \alpha_3 \times x_{3i} + \alpha_4 \times x_{4i} = y_i \tag{6.2}$$

式中，α 代表的是波动百分比 x 对第 i 年总损失率的影响因子，1、2、3、4代表的是之前划分的冬小麦种植的四个阶段。通过多元线性模型求出总损失率和波动百分比的关系后，就可以建立一个稳定的波动百分比和总损失率关系的模型，而不需要局限于特定年份，如下式：

$$\alpha_0 + \alpha_1 \times x_1 + \alpha_2 \times x_2 + \alpha_3 \times x_3 + \alpha_4 \times x_4 = y_i$$

假设 α 在1—4这四个阶段的值分别为0.2、0.3、0.2、0.3，考虑到该方程表现了各期指数波动比率对最终损失的影响，可通过这四个参数制定合适的各期赔付比率。假设该指数保险的设计目的是对农民产量损失部分的成本进行补偿，默认每亩冬小麦种植成本为1000元，即产量损失率每上升1%，就要赔付农民10元。现在通过第一种求取方式，我们得出了冬小麦种植四个阶段降雨量指数变化率对总损失率的影响。由此得到冬小麦种植四个阶段各期赔付倍数 β 分别为2、3、2、3。该指数保险的最终设计如下：

（1）对冬小麦苗期、分蘖拔节期、抽穗开花期和灌浆成熟期四阶段分别设立降雨指数（具体指数为各期内降雨总量）。

（2）计算过去十年各期平均降雨指数，以其值的80%作为当期触发值（赔付阈值）。

（3）若各期降雨指数低于当期触发值，每低于当期平均降雨指数的1%，保险公司即对农民赔付当期对应的赔付倍数，各期赔付倍数分别为2、3、2、3。

上面的案例主要是针对气象灾害造成作物受损的天气指数保险，虽然天气指数和气象灾害联系密切，但气象灾害与损失并不是完全联系（这个联系是通过数学推导出来的）。在接下来的例题中，可以考虑一个赔付与指数完全联系的天气指数保险。

例6-1：某农业保险公司在某省某市经营畜牧业保险，有着丰富的大型畜牧业保险经验（主要以牛为主）。在冬季，该市养牛业最大的风险来自西伯利亚寒流引起的极寒天气，该极寒天气往往会导致牛群的大规模死亡。由于风险巨大，在过去多年里，该农业保险公司一直和政府合作开展政策性畜牧保险（对每一头死亡的畜牧进行固定赔付），有着良好的销量和反馈。然而在近几年里，由于大型畜牧厂冬季通过室内供暖养殖的方法成功降低了极寒天气风险，使得该政策性畜牧保险的需求大大下降。然而由于供暖养殖成本高昂，为了对大型畜牧厂进行补贴，当地政府和畜牧主们希望该农业保险公司提供一种能弥补这种新型损失的方法（供暖费用）。请根据以上信息，设计一种能够满足政府和畜牧主需求的指数型农业保险（近十年冬季，温度情况如下，假设总共 90 天。已知每种供暖强度下费用是固定的）。

表 6 - 2   日均气温分布表（单位：天）

年份	无须供暖温度	低供暖强度温度	中供暖强度温度	高供暖强度温度
2010	41	30	10	9
2011	30	40	5	15
2012	60	27	3	0
2013	62	28	0	0
2014	52	30	6	2
2015	57	23	6	4

解：

把该标的风险与损失的关系和之前介绍的冬小麦相比较，可以很明显地发现：虽然同样是风险导致损失，降雨对冬小麦的损失并不是直接可得的，需要用计算或者经验去估计。但对于畜牧的冬季供电而言，低温可以直接转换为对应的供暖损失，这减少了风险和赔付不匹配的问题，因此，可以使用前日日均气温作为当日指数。当日均温度达到低供暖强度温度时触发第一级赔付，当温度达到中供暖强度温度时触发第二级赔付，当日均温度达到高供暖强度温度时触发第三级赔付（不重复赔付，如果达到了高供暖强度温度时只赔付第三级的金额，不对之前等级重复赔付）。接下来，只需考虑政府想给该保险提供多少补助、进行多少赔付和收取多少保费。

这里为了简便，假设不同等级下的供暖费用分别为 0、10 元/（天×头）、20 元/（天×头）、30 元/（天×头）。对各年各等级赔付简单取均值，作为每年的天气分布，如表 6 - 3 所示。

表 6 - 3   每年冬季日均温度分布

无须供暖温度	低供暖强度温度	中供暖强度温度	高供暖强度温度
50.3	29.7	5.0	5.0

因此，预计畜牧厂每头牛的冬季供暖费用均值为

$$10 \times 29.7 + 20 \times 5.0 + 30 \times 5.0 = 547(元)$$

由于单头牛供暖费用过高，且畜牧收益高的特点，畜牧厂和政府认为该均值赔付属于养殖的正常支出，不需要进行赔付或者不需要全额进行赔付。对此，保险公司进行了修改，提出了以下两种新的指数设计和赔付方式。

方法一

维持原有的指数不变。使用前日日均气温作为当日指数，当温度达到中供暖强度温度时触发第一级赔付，当日均温度达到高供暖强度温度时触发第二级赔付（不重复赔付，例如如果达到了高供暖强度温度只赔付第二级的金额，不对之前等级重复赔付）。

在赔付上，该指数仅对供暖强度提供部分赔付，第一级赔付 5 元／（天 × 头），第二级赔付 10 元／（天 × 头）。

这样一头牛的该指数保险纯保费为 75 元，大大降低了纯保费费用。

方法二

不使用日均指数，而对整个冬天的日均温度和各强度天数进行加权求和，作为整个冬天的温度指数。由于供暖费用的比为 0∶1∶2∶3，这里就使用该费用比例作为加权系数。那么各年指数和均值指数如下：

表 6 - 4　　　　　　　　　　　　　　　**各年指数**

年份	2010	2011	2012	2013	2014	2015	均值
各年指数	77.0	95.0	33.0	28.0	48.0	47.0	54.7

由于认为均值指数产生的费用是畜牧厂的正常支出，该保单赔付设计仅对指数高于均值的情况进行赔付，指数每高于均值 1.0，则赔付增加 8 元，如下式：

$$赔付 = (当年指数 - 54.7) \times 8$$

假设该指数表即为指数分布表，那么该种设计下纯保费等于

$$(77 - 54.7) \times 8 + (95 - 54.7) \times 8/6 = 83.6(元)$$

第三节　指数保险的费率厘定

和传统保险一样，指数型农业保险的精算定价方法同样是利用历史数据去寻找准确合适的赔付率，从而在损失率或纯保费的基础上，根据实际需要附加上各种费用计算出实际保费。因此，纯保费法和损失率法在指数型农业保险的费率定价中依然适用，

纯保费计算方法也同样适用。对于上一节冬小麦降雨指数保险，亦可以在通过预估降雨指数变化情况和赔付方式来计算纯保费。

随着计算机技术的发展，传统保险根据过去损失预测未来损失不再是唯一的精算方法，尤其在农业上，由于有明显的致灾因子且致灾因子具有一定独特的变化规律，所以通过致灾因子对赔付率进行预测的精算定价方法也逐渐开始使用。对于指数保险而言，这种基于致灾因子（或者赔付因子）的费率厘定方式对指数保险准确性的提高是远远大于传统农业保险的。除此之外，天气指数保险的适用范围可以和基于天气的风险区域划分在相当程度上契合，这将有助于天气指数保险的设计与适用范围的确定。对于指数保险的费率厘定，建议多从致灾因子（或者赔付因子）的角度考虑。常用的精算定价方法有两个，一个是燃烧分析法，另一个是指数模型法，其余指数保险也可以同理使用这两种方法。

一　燃烧分析法

燃烧分析法是天气指数保险产品保费定价最常用的方法。它的基本假设是未来的损失分布与过去损失的经验分布一致。基于历史赔付经验，精算师可以计算出赔付现值的均值与方差，并拟合出赔付的概率分布，从而选择适合的纯保费和计算风险附加费率。如果用 P_i 表示第 i 年的损失赔付，α_i 表示第 i 年的贴现因子，那么利用过去 n 年的历史数据得到的天气指数赔付 P 可以根据式（6.3）。

$$P = \frac{1}{n} \sum_{i=1}^{n} P_i \mid * \alpha_i \qquad (6.3)$$

换句话说，可以认为燃烧分析法是一种从时间序列上考虑的均值求保费法。由于指数保险开办的时间较短，在实际中不仅要通过赔付数据，也要参考专家经验，使费率可信。

从燃烧分析法的本质考虑，其实前文介绍的信度保费、贝叶斯方法和基于损失率的费率调整方法和该方法其实属于同一类别，都是通过保费和赔付进行分析，因此本书认为这些方法也可以运用在这里（同时这些方法比纯粹的燃烧分析法具有更严谨和复杂的数学与逻辑基础，准确性和科学性更高）。

例 6 - 2：某保险公司在某地经营天气指数保险十年，有着充足的天气指数保险经验。考虑到天气指数保险赔付快速准确的性质，默认当年事故的赔付就当年完成，即当年最终损失等于当年已发生损失。为了方便对比，保险公司对赔付数据进行了调整，得到了每年平均每亩作物赔付额（单位：元）。

（1）假设过去十年的贴现因子为 0，请根据燃烧分析法预测下一年的纯保费。

（2）假设该保险公司的承保作物年亩赔付表现出正态分布的性质，在数据完全可信条件下，亩损失额在 95% 概率下估计值在真实值附近的 k 范围内是完全可信的，这

个 k 的范围是多大。

（3）考虑到数据过少，保险公司认为无法在确定保险费率时认为它完全可信。在这种情况下，保险公司决定设定部分可信，取 k 等于10%，在参考专家定价19元每亩作物赔付额的基础上进行定价，求该方法下的纯保费。

表6－5　　　　　　　　　　　　承保作物年亩损失

投保年度	2007	2008	2009	2010	2011	2012	2013	2014	2015	2016
亩损失（元）	21.8	18.5	22.6	17.9	22.2	17.9	22.5	18.2	22.3	18.4

解：

（1）根据已知数据，可以得到亩赔付额分布的均值为20.71元，方差为3.16，标准差为1.78。

根据燃烧分析法，下一年纯保费即为亩赔付额分布的均值，即20.71元。

（2）根据完全可信性的计算方法，需要满足以下式子。

$$P((1-k)l < L < (1+k)l) = 0.95$$

$$P\left(\frac{-kl}{\sqrt{Var(L)}} < \frac{L-l}{\sqrt{Var(L)}} < \frac{kl}{\sqrt{Var(L)}}\right) = 0.95$$

由于亩赔付服从正态分布，可以由此得到下式：

$$\frac{kl}{\sqrt{Var(L)}} = 1.96$$

根据均值为20.71元，方差为3.16。

因此 k 等于30%，该完全可信范围在20.71 的 ±30% 之内。由于范围过大，不符合完全可信要求。

（3）根据信度理论，可以求得信度因子。

$$Z = \frac{k\bar{L}}{\sqrt{Var(L)}\, z_{0.025}} = 54\%$$

根据部分信度理论，实际赔付额等于

$$\hat{\mu} = 0.54 \times 20.71 + 0.46 \times 19 = 19.93（元）$$

因此，通过部分信度理论，最终纯保费估计为19.93元。

例6－3：某农业保险公司经营了两份分属两地的天气指数保险保单，由于分属两地，虽然它们属于同一类别的风险，但由于风险大小不同，不能直接混为一组比较。已知各份保单前四年的逐年赔款额由表6－6所记录。

表 6-6		各保单年赔付情况		（单位：万元）
投保年度	1	2	3	4
1#	21.10	21.58	20.97	20.97
2#	30.83	31.11	31.23	32.17

试用 Bühlmann 方法求出这两个保单在下一年的信度保费。

解：

设 x_1 和 x_2 分别为两份保单的赔付值可能值。根据已发生的赔付情况，已知每个保单的赔付数为 $n=4$（在不考虑趋势的情况下，同一保单每年的风险特征应该是相同的），一共有 $r=2$ 个保单（每个保单的风险特征不同，即分为两组），将这两个参数和赔付情况代入下列式子，可得：

$$\hat{\mu} = \sum_{i=1}^{r} \hat{\mu}_i / r = \sum_{i=1}^{r} \sum_{j=1}^{n} x_{ij} / (rn) = \bar{x} = 26.25$$

$$\hat{v} = \sum_{i=1}^{r} \hat{v}_i / r = \sum_{i=1}^{r} \sum_{j=1}^{n} (x_{ij} - \bar{x_i})^2 / (r(n-1)) = 0.21$$

$$\hat{a} = \sum_{i=1}^{r} (\bar{x_i} - \bar{x})^2 / (r-1) - \hat{v}/n = 51.75$$

因此信度因子等于：

$$Z = \frac{n}{n+K} = \frac{n}{n+v/a} = 100\%$$

由于这两组数据之间的差距较大，根据 Bühlmann 方法，没法通过一组数据经验改善另一组的赔付估计。因此最后下一年的预估赔付情况即为各组的均值。对于第一份保单，下一年赔付额为 21.16 万元；对于第二份保单，下一年赔付额为 31.13 万元。

二　指数模型法

燃烧分析法由于其直接对历史赔付数据进行分析或者拟合，能够方便快捷地计算出期望损失。但由于其直接对历史赔付数据进行处理，而不是从致灾因子进行分析，这就使损失分布的不变假设缺乏理论依据和实际验证，忽略了天气变化的部分信息。在指数波动存在周期性和赔付数据缺失的情况下，燃烧分析法将导致期望损失和实际损失严重背离（这里仅仅是对纯粹的燃烧分析法进行评价，不包括在上一章介绍的知识，因为通过非寿险精算的费率厘定流程中精算师都会对以上问题进行考虑）。除此之外，燃烧分析法不利于对阈值的调整，过于死板，难以根据风险变化合理地修正保险产品。相比燃烧分析法，指数分析法对这些问题能进行很好的改进。

指数分析法是利用指数体系分析各影响因素变动对总指数的影响方向和程度，以及各因素对总指标的影响数额的一种分析方法。指数是反映复杂的社会或自然现象受多种因素而变动的相对数，它能够表明所研究社会现象在时间或空间上综合变动的程度。通过对指数的分析以及指数与现象之间关系的研究，可以综合说明复杂的社会现象变动的一般趋势和规律，分析各种构成因素影响的程度，并进而了解现象变动的具体原因及其客观规律。

指数分析法的主要思路是通过分析致灾因子对历史赔付的影响，并对致灾因子的历史变化进行分析，从而对未来的赔付进行预测。燃烧分析法和指数模型法最大的差别在于数据量。作为一个新兴的农业保险设计方法，指数保险面临着赔付经验不足的问题。对于指数模型法，其基础是对风险的分析，由于我国在天气、产量和部分农业产品的价格有着较为完善的数据，使用指数模型法的可信度远远大于燃烧分析法。

在实际运用中，常见的指数分析法的历史赔付方式主要有三种，分别是解析法、蒙特卡洛分析法和数值积分法。在这三种方法中，解析法相比之下不对损失分布进行复杂性分析，更加简单易于操作，蒙特卡洛分析法和数值分析法会通过计算机的性能，考虑更复杂准确的损失分布函数，从而更准确地求解。解析法又称为分析法，它是应用解析式去求解数学模型的方法。前文使用的指数保险定价中的案例都属于解析法。蒙特卡洛分析法和数值分析法由于难度过高，本书不再介绍。

总的来说，指数分析法就是通过对未来指数变动情况的估计，考虑在现赔付方式下，计算保险公司所应该收取的保费。接下来，在例 6 - 1 的基础上考虑例 6 - 4，可以从指数保险设计、危险单位划分、风险区划、纯保费计算、费率计算等一系列步骤出发，进一步学习天气指数保险。

例 6 - 4：某农业保险公司在某省某市经营畜牧业保险，有着丰富的大型畜牧业保险经验（主要以牛为主）。在冬季，该市养牛业最大的风险来自西伯利亚寒流引起的极寒天气，该极寒天气往往会导致牛群的大规模死亡。由于风险的巨大，在过去多年里，该农业保险公司一直和政府合作开展政策性畜牧保险（对每一头死亡的畜牧进行固定赔付），有着良好的销量和反馈。然而在近几年里，由于大型畜牧厂冬季通过室内供暖养殖的方法成功降低了极寒天气风险，对该政策性畜牧保险的需求大大下降。然而由于供暖养殖成本高昂，为了对大型畜牧厂进行补贴，该农业保险公司为当地政府和畜牧主们提供一种能弥补这种新型损失的方法（供暖费用）。假设每年冬天总共 90 天。已知每种供暖强度下费用是固定的。

由于该农业保险公司仅对一市进行承保，该市风险相关性过高。由于上一年度爆发十年一遇的寒流，该保险公司损失率远大于预期。另外，保险公司的迅速准确赔付也给保险公司和该指数保险带来了很好的声誉，弥补了当地的损失。该省政府认为该保险具有很好的效果，值得全省推广，因此希望保险公司在全省其他市对该指数保险进行推广。保险公司接受了该省政府的委托，但为了降低风险，平衡收支，希望能对原保险设计进行一定改进。

已知该省共有 10 个市，各个市各年各供暖等级日均温度天数如下四个表（前一例题中的某市不在进行考虑）。

表 6 - 7　　　　　　　　　　　　无须供暖日均温度天数

年份	1#	2#	3#	4#	5#	6#	7#	8#	9#	10#
2010	35	30	41	47	30	38	32	37	50	48
2011	35	31	25	33	48	30	48	27	29	38
2012	38	27	37	43	30	33	44	38	34	39
2013	34	48	43	48	25	26	26	33	61	38
2014	41	35	23	40	45	46	57	36	33	46
2015	42	37	29	50	34	24	51	41	49	30

表 6 - 8　　　　　　　　　　　　低供暖强度日均温度天数

年份	1#	2#	3#	4#	5#	6#	7#	8#	9#	10#
2010	33	36	29	26	36	31	35	32	24	25
2011	33	35	39	34	25	36	25	38	37	31
2012	31	38	32	28	36	34	28	31	34	31
2013	34	25	28	25	39	38	38	34	17	31
2014	29	33	40	30	27	26	20	32	34	26
2015	29	32	37	24	34	40	23	29	25	36

表 6 - 9　　　　　　　　　　　　中供暖强度日均温度天数

年份	1#	2#	3#	4#	5#	6#	7#	8#	9#	10#
2010	17	18	15	13	18	16	17	16	12	13
2011	17	18	20	17	13	18	13	19	18	16
2012	16	19	16	14	18	17	14	16	17	15
2013	17	13	14	13	20	19	19	17	9	16
2014	15	17	20	15	14	13	10	16	17	13
2015	14	16	18	12	17	20	12	15	12	18

表 6 - 10　　　　　　　　　　　高供暖强度日均温度天数

年份	1#	2#	3#	4#	5#	6#	7#	8#	9#	10#
2010	5	6	5	4	6	5	6	5	4	4
2011	5	6	6	6	4	6	4	6	6	5
2012	5	6	5	5	6	6	4	5	5	5

续表

年份	1#	2#	3#	4#	5#	6#	7#	8#	9#	10#
2013	5	4	5	4	6	7	7	6	3	5
2014	5	5	7	5	4	5	3	6	6	5
2015	5	5	6	4	5	6	4	5	4	6

解：

首先对保险的设计进行考虑。在之前的例题中，该保险公司为政府提供了两种赔付方式。

方法一

维持原有的指数不变。使用前日日均气温作为当日指数，当温度达到中供暖强度温度时触发第一级赔付，当日均温度达到高供暖强度温度时触发第二级赔付（不重复赔付，例如如果达到了高供暖强度温度时只赔付第二级赔付，不对之前等级重复赔付）。

在赔付上，该指数仅对供暖强度提供部分赔付，第一级赔付5元/（天×头），第二级赔付10元/（天×头）。

方法二

对整个冬天的日均温度和各强度天数进行加权求和，作为整个冬天的温度指数，加权系数为供暖费用之比0∶1∶2∶3。当温度指数超过起付点后，用温度指数和起付点的差额乘以8元作为赔付。

在这里，为了简化起见，使用方法二作为设计赔付方案（相比方法二，方法一需要考虑不同供暖等级的分布情况，考虑更加细化）。可以得到各地区各年指数和相关系数如下。

表6-11　　　　　　　　　各地区各年指数表

年份	1#	2#	3#	4#	5#	6#	7#	8#	9#	10#
2010	35	30	41	47	30	38	32	37	50	48
2011	35	31	25	33	48	30	48	27	29	38
2012	38	27	37	43	30	33	44	38	34	39
2013	34	48	43	48	25	26	26	33	61	38
2014	41	35	23	40	45	46	57	36	33	46
2015	42	37	29	50	34	24	51	41	49	30

表 6 - 12　　　　　　　　　　　　　相关系数表

相关系数	1#	2#	3#	4#	5#	6#	7#	8#	9#	10#
1#	100%	－8%	－58%	20%	27%	16%	77%	63%	－23%	－36%
2#	－8%	100%	24%	44%	－34%	－42%	－42%	－10%	72%	－31%
3#	－58%	24%	100%	61%	－94%	－34%	－92%	22%	73%	14%
4#	20%	44%	61%	100%	－81%	－31%	－46%	76%	85%	－20%
5#	27%	－34%	－94%	－81%	100%	40%	78%	－48%	－80%	5%
6#	16%	－42%	－34%	－31%	40%	100%	37%	5%	－48%	84%
7#	77%	－42%	－92%	－46%	78%	37%	100%	11%	－77%	－17%
8#	63%	－10%	22%	76%	－48%	5%	11%	100%	30%	－12%
9#	－23%	72%	73%	85%	－80%	－48%	－77%	30%	100%	－17%
10#	－36%	－31%	14%	－20%	5%	84%	－17%	－12%	－17%	100%

　　通过简单的聚合，把它们分为 [1，7，8]，[2，3，4，9]，[5，6，10] 三组危险单位。接下来考虑危险单位划分，考虑到各个市有各自的数据来源且数据充足，本文认为完全可以实施一市一费的定价策略，因此对各市分别定价。

　　根据保费的赔付设计，各市的纯保费分别为（以各市均值作为起赔点）：

表 6 - 13　　　　　　　　　　　　　纯保费表

地区代号	1#	2#	3#	4#	5#	6#	7#	8#	9#	10#
纯保费	11.3	21.3	29.3	19.3	29.8	24.7	37.3	14.2	42.7	19.1

　　对于同个危险单位内部的保费，考虑其相关性，需要对它的价格进行进一步调整。根据内部相关性，这里分别对三组各增加 30%、20%、15% 的相关性调整因子。[①] 同时考虑风险的波动性，对各地区收取 20% 的风险边际，因此各地毛保费分别为：

表 6 - 14　　　　　　　　　　　　　毛保费表

地区代号	1#	2#	3#	4#	5#	6#	7#	8#	9#	10#
纯保费	17.7	30.7	42.2	27.8	41.1	34.0	58.2	22.2	61.4	26.4

　　假设该保险公司的目标赔付率是 80%。那么各地的费率如下。

---

①　该处为简化处理，实际需要相应数据支持。

表 6 – 15 费率表

地区代号	1#	2#	3#	4#	5#	6#	7#	8#	9#	10#
纯保费	22.1	38.4	52.8	34.8	51.4	42.6	72.8	27.7	76.8	33.0

章节小结

在我国，指数保险是一种新兴事物，它通过指数使得赔付与损失相关联，将保险理赔快捷化与简便化，为农业保险的发展提供了新的思路。在本章中，本书主要介绍了指数保险尤其是天气指数保险的设计与费率厘定方法。简单总结，天气指数保险的设计与费率厘定首先要对当地情况与风险有着充足的了解，通过调研和数理分析确定风险和损失的关系，并通过数学分析将其量化，之后选择适合理解并易于观测与风险紧密相关的指数，在考虑保障程度、基差风险的基础上，完成指数和保险产品的设计，最后通过燃烧分析法或指数模型法对纯保费进行求解，最终得到指数保险的费率。

重点概念

指数型农业保险的优势：不同于传统农业保险产品以实际产量或收入损失等作为保险理赔依据，指数型农业保险产品以客观的指数作为设计基础，具有如下优势：（1）有效减少了道德风险和逆向选择；（2）简单快捷的理赔流程；（3）较低的交易成本和对政府较低的依赖性。

好的指数设计：好的指数设计需要将农业保险标的损失和相关联的客观指数联系起来，从而有效地减少指数保险的基差风险、合同双方的信息不对称和损失的误差。要做好指数保险的选择，需要对保险标的具有充分的了解，需要农业专家、种植户、畜牧主、专业机构和保险公司等各种相关机构的共同努力。

指数保险的赔付方式：指数保险可以分为三种赔付方式：（1）固定赔付。根据实际需要预设单一或多级触发指数，对实际指数高于或低于不同级别触发指数的情况分别进行不同的赔付。（2）变动赔付。根据实际需要制定赔付的触发指数，当实际指数高于或低于触发指数时，根据实际指数和触发指数的差值，以一定的函数方式计算出实际赔付，如对与实际价格与预定价格差额进行赔付的价格指数保险。（3）混合赔付。即指数保险合同内同时存在着固定赔付和变动赔付的方式。

指数型农业保险的精算定价方法：和传统保险一样，指数型农业保险的精算定价方法同样是利用历史数据去寻找准确合适的赔付率，从而在损失率或纯保费的基础上，根据实际需要附加上各种费用计算出实际保费。

燃烧分析法：燃烧分析法是天气指数保险产品保费定价最常用的方法。它的基本假设是未来的损失分布与过去的损失的经验分布一致。基于历史赔付经验，精算师可以计算出赔付现值的均值与方差，并拟合出赔付的概率分布，从而选择适合的纯保费和计算风险附加费率。

指数分析法：指数分析法是利用指数体系分析各影响因素变动对总指数的影响方向和程度，以及各因素对总指标的影响数额的一种分析方法。指数是反映复杂的社会或自然现象受多种因素而变动的相对数，它能够表明所研究社会现象在时间或空间上综合变动的程度。通过对指数的分析以及指数与现象之间关系的研究，可以综合说明复杂社会现象变动的一般趋势和规律，分析各种构成因素影响的程度，并进而了解现象变动的具体原因及其客观规律。

思考与练习

1. 请简述指数保险和传统农业保险的差别。

2. 请简述指数保险的优势。

3. 请对天气指数保险、价格指数保险和产量指数保险分别进行简单介绍。

4. 请简述天气指数保险中天气指数的设定要求。

5. 请简述赔付和指数的关系有哪些，并举例说明。

6. 请简述为什么基于产量的纯保费计算方法在指数保险中比在传统农业保险中更加准确可信。

7. 请读者自行寻找特定省份畜牧业或种植业与天气的关系（或者寻找生活中某些易受天气影响的行业，如建筑等），分析天气对其的影响。在考虑损失弥补和低基差风险的基础上，设计一种天气指数保险及其赔付机制。并计算该保险的纯保费。

参考文献

[1] 丁少群：《农业保险学》，中国金融出版社 2015 年版。

[2] 杨太明、刘布春、孙喜波等：《安徽省冬小麦种植保险天气指数设计与应用》，《中国农业气象》2013 年第 2 期。

[3] 易泳泺、王季薇、王铸等：《草原牧区雪灾天气指数保险设计——以内蒙古东部地区为例》，《保险研究》2015 年第 5 期。

[4] 储小俊、曹杰：《基于 Copula 方法的天气指数保险产品设计——以南通棉花降水指数保险为例》，《生态经济》2014 年第 10 期。

[5] 娄伟平、吴利红、陈华江等：《柑橘气象指数保险合同费率厘定分析及设计》，《中国农业科学》2010 年第 9 期。

[6] 陈权：《天气指数保险费率厘定与修正方法研究》，西南财经大学，2013 年。

[7] 侯茂章、吴敏：《天气指数保险研究进展》，《中南林业科技大学学报》（社会科学版）2015 年第 6 期。

[8] 马绍东、李哲东：《水稻天气指数保险定价研究——以贵阳市水稻低温冷害天气指数为例》，《农村经济与科技》2016 年第 3 期。

[9] Barnett B. J., Mahul O., "Weather Index Insurance for Agriculture and Rural Areas in Lower-Income Countries", *American Journal of Agricultural Economics*, 2007, 89 (5): 1241 – 1247.

[10] Chantarat S., Mude A. G., Barrett C. B., et al., "Designing Index Based Livestock Insurance for Managing Asset Risk in Northern Kenya", *Journal of Risk & Insurance*, 2011, 80 (1): 205 – 237.

[11] Skees J. R., "Innovations in Index Insurance for the Poor in Lower Income Countries", *Agricultural & Resource Economics Review*, 2008, 37 (1): 1 – 15.

第七章　农业保险准备金评估原理

知识结构图

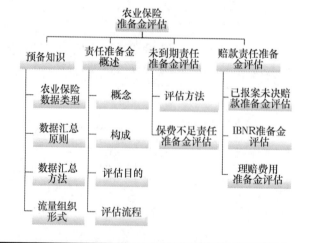

第一节 农业保险准备金评估预备知识

农业保险责任准备金的评估过程，是一个对数据进行收集、整理、计算、分析和报告的过程。数据的分类汇总是准备金评估过程中最为基础也是至关重要的一个环节。

数据分类汇总是指通过数据的属性或特征对数据进行区分，即将一些具有不同属性或特征的数据分开，而将具有某些共同属性或特征的数据归并在一起。通过数据分类汇总能够更好地利用数据，提高数据的处理效率。农业保险的数据分类汇总往往能够为准备金评估提供便利，通过对相同类型的数据进行汇总分析，能够使精算人员更为清楚地了解某种保险业务的保费收入情况与理赔情况。

一 农业保险数据类型

从宏观层面来看，农业保险准备金评估所使用的数据可分为公司自有的内部数据和来自行业的外部数据两大类。其中，内部数据主要是公司过去销售农业保险的经验记录，行业的外部数据是指由特别机构收集和汇编的数据，外部数据的主要来源为国家统计数据、行业数据或者一些商业数据。一般而言内部数据质量更高，且可信度更高，所以内部数据为精算定价和准备金评估的主要数据来源。而当保险公司没有相应的内部数据时，就需要从外部获取数据。

精算人员在进行准备金评估时所需的主要是一些内部理赔数据，或行业赔付数据，此外有时还需要一些风险信息，如风险单位数、个体风险特征等。由于农业保险所需的外部数据在大数据部分会进行详细的说明，所以本节主要对农业保险的内部数据类型进行介绍。

在农业保险公司，其内部数据主要有三种类型，一是保单信息数据，包括保单编号、承保时间、风险单位信息等；二是索赔信息数据，包括索赔次数、风险事故、索赔金额等；三是会计信息数据，包括宣传费用、管理费用、律师费等。

（一）保单信息

保单信息是保险公司最基本的数据信息，是构成保单的基本信息，是衡量保险公司风险暴露（risk exposure）状况的主要依据，主要包括以下几个方面的内容：

（1）保单编码，保单编码是保险合同的编号，类似于居民身份证，是保险合同唯一的身份号码。

（2）日期，包括保单的生效日期和到期日。

（3）风险编码，对应保单的承保风险，一个保单可存在多个风险编码。

（4）保险费，一般具体到每一项保险责任的保险费。

（5）保户基本信息，包括投保人和被保险人的姓名、性别、身份证号、联系方式、家庭地址等基本客户信息。

（二）索赔信息

索赔信息是保险公司费率厘定和准备金评估的基础，主要包括以下几个方面内容：

（1）赔案编码，赔案编码是对于保险事故的编号，类似于居民身份证，是保险事故的唯一识别码。

（2）日期，包括事故发生日期、报案日期、赔付日期和个案准备金调整日期等。

（3）索赔状态，是指索赔是否受理、是否已经完全结案。

（4）索赔次数，指每次事故所导致的索赔次数或每个保单的总索赔次数。

（5）赔款金额，包括赔案估损金额、已付赔款金额、未决赔款金额以及直接理赔费用。

（三）会计信息

公司的员工工资，打印机、电脑等固定资产的维修费等都不能分配到每一保单中，因此这些费用只能基于会计信息进行汇总记录。会计信息主要包括以下几方面内容：

（1）保单费用，是指在进行农业保险承保和保单日常服务过程中发生的费用，包括一般管理费用、广告费用和税金等。

（2）间接理赔费用，是指在理赔过程中发生的合理的、必要的费用，包括损失勘察时发生的公杂费、停车费、公估费（与公估公司长期合作，发生个案公估时）等。

（3）其他一些不与某一保险业务直接相关的费用，可分为管理费用、销售费用和财务费用三种，其中管理费用包括管理层员工工资、职工福利、办公费、差旅费、维修费、审计费等，销售费用包括营销部门人员工资和福利、广告费、运杂费等，财务费用则包括投资利息收入和支出、汇兑损失等。

二 农业保险数据汇总原则

由于农业保险精算依赖历史数据的分析，数据的好坏直接决定了农业保险精算的精确度和可信度，因此在对农业保险数据进行收集和汇总时，需要遵循两大主要原则——可信性和同质性。

可信性是指可以信任的程度。农业保险精算是建立在数理统计的基础上，而统计是建立在数据的基础上，精算的结果是在对数据分析后得出的，所以数据的可信性决定了农业保险精算的可信性。这首先要求数据来源可信，内部数据来自保险公司的内部，保险公司能够确定数据的可信度；其次要求数据的数量足够，精算是通过对大量数据进行分析，了解损失发生的规律，从而进行费率厘定和准备金评估，如果数据量不够，其分析结果的可信性也会受到质疑。

　　同质性是指具有相同的特质。对于农业保险精算的数据汇总而言，同质性的原则是指将农业保险相关数据按照承保的风险单位的风险种类、风险性质等特征进行划分，具有不同风险特征的风险单位按类别划分，具有同一风险特征的风险单位汇总为一类，按类别分别进行费率厘定和准备金评估，以提高农业保险精算的准确性。但是由于过于细分数据会增加工作量，需要消耗大量的精力和时间，另外细分数据势必会减少每一类别的数据量，影响数据的可信性，所以数据的划分需要适度。

三　农业保险数据汇总方法简介

　　保险公司的历史损失数据要用于准备金评估，首先明确评估期间，从而根据相应的数据汇总要求组织数据，评估期间可按月、季度、半年或按年核算。在确定评估期间的基础上，可以分别按照保险事故在评估期间内的发生次数、报告次数、赔付次数或签单（包含续保）次数等方式来组织数据。比如以月为期间，前述四种组织数据的形式分别称为"事故月法""报案月法""日历月法"和"保单月法"。

（一）事故月法

　　事故月法是以保险事故发生时点作为统计标准，将所有发生在同一日历月度的保险事故所对应的保单信息数据汇总为一组。事故月法以事故发生月度作为汇总依据，不管保单是否在同一月签发，或是报案日、实际理赔日是否在同一月度内。该汇总方法的优势在于组内赔案在同一月份内发生，赔案面临的风险环境较为类似，理赔延迟模式相对统一，故而在进行分析时所得结果的稳定性较好。但由于该方法以事故月作为分组标准，同组的赔案的签发月可能不同，而不同的承保月采用的费率和承保条件可能存在差异，从而影响准备金评估结果的合理性。下面举例说明事故月法如何组织赔案数据。

　　例 7 – 1：某鸡蛋价格指数保险保单的保单生效日为 2017 年 5 月 28 日，保险期间为一年，于 2017 年 12 月 28 日根据数据采集单位提供的数据核定发生保险事故，并于 6 日后支付赔款 1000 元，即 2018 年 1 月 3 日为实际赔款支出日期。该保单只发生了一次保险事故，共支付保险金 1000 元。请根据事故月法判断保单信息数据应归入哪个月份。

　　解：

　　事故月法以事故发生对应的日历月度为汇总依据，该保单在 2017 年 12 月 28 日核定发生保险事故，即事故发生对应的月份为 2017 年 12 月，因此保单信息数据应归入 2017 年 12 月。

　　从例 7 – 1 可以发现，2018 年 1 月 3 日保险公司才确定赔案的赔款金额，而该赔案的赔款应汇总于事故月 2017 年 12 月，如果准备金评估日 2017 年 12 月 31 日，那么在评估日精算人员无法得到该赔案的赔款数据，需要对赔款金额进行估计。也即说明以事故月度进行赔款数据汇总，会因为报案或理赔延迟使得精算人员无法得到确切赔款数据，从而需要对这部分不确定的理赔金额进行估计，然后与已付赔款相加，即可得到最终赔款的估计值。

事故月法是农业保险准备金评估过程中比较常用的数据汇总方法，一方面是由于所得评估结果较为稳定，另一方面是由于根据事故月汇总赔款和保费数据，能够更清楚地展现赔款与保费之间的相关关系，一定程度上可以反映保险业务的经营情况。

（二）报案月法

报案月法是以保险事故报案时间对应的日历月为标准，把同一日历月内报案的赔案所对应的保单信息数据汇总为一组，而不考虑保单生效时间与事故发生时间。该汇总方法的优势在于数据统计较为方便，在每个报案月月末可以完全确定已报告赔案数据，不会有新的赔案出现。但不同赔案的理赔延迟时长有所不同，致使报案月法下所得同组赔案可能会面临不同的风险环境，致使所得评估结果稳定性较差。所以一般准备金评估较少采用报案月法汇总数据。下面举例说明报案月法如何组织赔案数据。

例 7 - 2： 假设某冬小麦种植保险承保冬小麦齐苗至成熟期间的暴雨、洪水、内涝、风灾、雹灾和冻灾导致冬小麦的直接损失，如果某农户购买了该保险，保单在 2017 年 9 月 20 日生效，而在 2017 年 12 月 28 日到 30 日连续三天断断续续下了几场暴雨，农户经过一些应急措施后还是遭受了不少损失，于是他在 2018 年 1 月 2 日向保险公司报案并提供相关材料，经保险公司核定后属实，保险公司经过一段时间损失勘察，在 2018 年 1 月 24 日向农户赔付保险金 600 元。请根据报案月法判断保单信息数据判断其应归入哪个月份。

解：

报告月法以保险事故的报告月为汇总依据，该保单的报案日期为 2018 年 1 月 2 日，即该保单的报案月份为 2018 年 1 月，因此在报告月法下保单信息数据应归入 2018 年 1 月。

报案月法比较适用于索赔发生制的保险业务，索赔发生制规定保险事故和保险索赔必须发生在保单有效期限内。与索赔发生制对应的是事故发生制，事故发生制对发生在保险有效期间内，但是在保险有效期外提出的保险索赔仍承担保障和赔付责任。现假设某保险业务的责任起始日为 2017 年 1 月 1 日，到期日为 2017 年 12 月 31 日，保单到期后无续保，可根据表 7 - 1 列明的几种事故发生和索赔情况对应的不同理赔处理看出索赔发生制与事故发生制之间的区别。

表 7-1 索赔发生制与事故发生制的区别

事故发生时间	提出索赔时间	采用索赔/事故发生制	是否承担赔偿责任	备注
2017 年 6 月 28 日	2017 年 7 月 5 日	索赔发生制	是	事故发生和索赔提出时间均在保单有效期内
		事故发生制	是	事故发生和索赔提出时间均在保单有效期内
2017 年 12 月 30 日	2018 年 1 月 3 日	索赔发生制	否	索赔提出时间在保单有效期外
		事故发生制	是	事故发生在保单有效期内
2018 年 1 月 1 日	2018 年 1 月 3 日	索赔发生制	否	事故发生和索赔提出时间均在保单有效期外
		事故发生制	否	事故发生在保单有效期外

（三）日历月法

日历月法是以赔款支付时对应的日历月为标准，将赔款支付发生于同一个月的保单信息数据汇总为一组，而不考虑保单生效时间和事故发生时间。该汇总方法的优势在于每个日历月月末可以完全确定该日历年度的已付赔款数据，是一种较为便捷的会计信息记录方式，而且比较方便报案延迟或理赔延迟比较短的保险业务的保费厘定，能够清楚地看到各保险业务的理赔数据。但由于日历月法下的保单都是在同一日历月内进行保险赔款支付的保单，但是这些保单的生效月份不统一，可能是这一个月的，也可能是上一个月的，甚至是多月之前的，所以以日历月法无法体现赔款与保费之间的配比关系。

如果以日历月法汇总保单数据，则例 7-1 和例 7-2 中的保单信息数据都应该汇总在 2018 年 1 月。

（四）保单月法

保单月法是以保单生效时间对应的日历月为标准进行数据统计，将同一日历月生效的新保单或续保保单的所有信息汇总在一起，而不考虑事故发生时间或赔款支付时间。保单月法的优势在于同一时期生效的保单费率和承保条件较为接近，业务对应的生效月份是相同的，即能看出同一月份签发的保单的保费与赔款之间的对应关系，更加完全地反映不同保单业务的经营情况。但由于组内各赔案发生的时间不同，理赔政策和理赔延迟模式可能会存在差异。

此外，由于每一个保单月末都可能存在尚未到期的保单，所以保单月法下得到的赔案统计数据并不完整。例如，例 7-1 的保单在 2017 年 12 月 28 日没有核定出保险事故，那么 2017 年 12 月的赔款数据在 2017 年底是无法确定的，需要等到保单责任结束或下一年发生保险事故并履行赔款责任后才能确定。即如果在 2018 年 2 月 28 日核定保险事故发生，并在 3 月 5 日履行赔款责任，才能完全确定赔款金额，得到完整的保单数据；或者直到 2018 年 5 月 27 日都没有保险事故发生，最后记该保单的赔款数据为 0，2017 年 12 月的保单数据才算统计完全。

每种数据汇总方法都有各自的优缺点，因此在实际业务中，应根据准备金评估的具体需求选择数据汇总方法。

四 农业保险数据的流量组织形式

实务中，流量三角形是最常用于准备金评估的数据组织形式。流量三角形按照事故发生月和赔付月记录赔案数据（如索赔次数、已付赔款、已报案未决赔款等），赔付月与事故发生月之间的时间间隔被称为"进展月"（development month）。使用流量三角形组织数据能够避免引入复杂的符号标记，从而使得未来赔案数据的预测更为简单直观。

按事故月组织赔款数据流量三角形的一般模式如表 7 – 2 所示。

表 7 – 2 　　　　　　　　　按事故月组织的数据流量三角形一般模式

事故月	进展月					
	0	1	2	3	...	$n-1$
1	C_{10}	C_{11}	C_{12}	C_{13}	...	$C_{1,n-1}$
2	C_{20}	C_{21}	C_{22}	C_{23}	...	
3	C_{30}	C_{31}	C_{32}	C_{33}	...	
...	...	...	...	...		
N	C_{n0}					

观察表 7 – 2 可以发现，流量三角形的列表示事故月，行表示进展月，两者相交部分表示第 i 事故月的赔案在第 j 进展月的（增量或累积）赔款情况。

使用流量三角形组织数据有利于分析和预测赔款的未来变化趋势，观察每一行中的数据可以发现各事故月赔案赔付的延迟规律；观察每一列中的数据可以看出各事故月赔案赔付的变化趋势。表中左上方三角形为过去日历月赔款数据，表右下方三角形是预测的赔款数据，准备金估计就是通过左上方已知赔款数据预测和填充右下方的空白三角形。

第二节 责任准备金概述

一 责任准备金的概念

保险公司的经营有别于普通商业企业，具有业务收入在先、主要成本支出在后的特点。保险公司的责任准备金（Technical Reserve）是保险公司为履行其所承保的有效保单未了保单责任以及相关支出所做的资金准备，是保险公司负债的最主要部分。在不同的评估时点，责任准备金是对保单所承担的未了责任的最佳估计。

农业保险公司也是一样，保费收入在保单生效日流入农业保险公司，保险事故发生后农业保险公司需支付相应赔款。因此，农业保险公司不能将所有保单保费作为利润入账，而应为未来的赔款支付预留资金，这部分预留的资金即农业保险责任准备金。

二 责任准备金的构成

责任准备金①是一个与评估时点相关的概念，是精算人员在某一时点对保险公司有效保单未了保单责任大小的估计。例如，以 2017 年 12 月 31 日作为评估时点，这个时点就叫评估日。在评估日保单要么尚未发生保险事故，要么已经发生保险事故（见图 7 - 1）。如果保单尚未出现保险事故，保险公司应为有效保单未来可能出现的赔款预留资金，这部分资金被称为"保费责任准备金"（Premium Reserve）；如果保单已发生保险事故，但保单赔付责任尚未结束，保险公司应为未了的赔付责任和理赔过程中发生的费用预留资金，这部分资金可以统称为"赔款责任准备金"（Loss Reserve 或 Claim Reserve），其中为未了赔付责任预留的资金为"未决赔款准备金"（Outstanding Claim Reserve），为理赔过程中发生的费用预留的资金为"理赔费用准备金"（Claim Adjustment Expenses Reserve）。

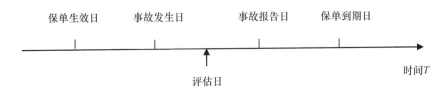

图 7 - 1 责任准备金分类的依据

（一）保费责任准备金

保费责任准备金是为在评估日尚未发生保险事故保单的未到期责任所预留的资金。因为尚未发生保险事故的保单在评估日还没有到期，而保险事故可能发生在评估日至保单到期日间的任意时刻，也即赔款支出可能发生在评估日至保单到期日间的任意时刻，故而保险公司需要为未来可能出现的赔款支出预留相应资金。

精算中有两种不同的方式看待评估时点有效保单的未到期责任——"回溯法"

---

① 《保险公司非寿险业务准备金管理办法（试行）》第五条规定，保险公司的非寿险业务准备金包括三类：未到期责任准备金、未决赔款准备金和中国银行保险监督管理委员会规定的其他责任准备金。

（retrospective approach）和"前瞻法"（prospective approach）。"回溯法"是根据评估日之前的已承保期限确定全部保费中有多少是"已赚保费"，剩余部分的保费即为"未赚保费准备金"（Unearned Premium）；"前瞻法"是基于评估日至保单到期日间实际保险责任大小确定应计提的资金数额，将其称为"未到期责任准备金"（Unexpired Risk Premium）。显然，"前瞻法"比"回溯法"更为谨慎，"回溯法"的方式下，客户缴纳的保费存在不足以支付未到期风险责任的可能性。

中国银行保险监督管理委员会印发的《保险公司非寿险业务准备金管理办法（试行）》规定保险公司应采用"回溯法"的方式计提保费责任准备金，其中所定义的"未到期责任准备金"相当于前文中的"未赚保费准备金"（后文中提及的未到期责任准备金均为《保险公司非寿险业务准备金管理办法（试行）》中定义的未到期责任准备金）。在计提未到期责任准备金后，还需要进行未到期责任准备金充足性测试，如果测试结果表明计提的未到期责任准备金不足以支付未来的赔付，则还需要计提保费不足准备金（Premium Deficiency Reserve）。

以能繁母猪养殖保险为例，说明未到期责任准备金和保费不足准备金的具体含义：

保险期间为一年的能繁母猪养殖保险保单于 2017 年 7 月 31 日生效，保费为 12 万元，截至评估日（2017 年 12 月 31 日）保险母猪依然存活，即保险事故尚未发生，但由于保单尚未到期，保险母猪在评估日至保单到期日（2018 年 7 月 30 日）之间存在死亡的可能性，故而保险公司应为这部分责任在评估日需承担未来可能发生的保险事故的相应责任，同时还应承担退保风险。按照会计核算的权责发生制原则将保单的保费分为两部分：覆盖保单生效日（2017 年 7 月 31 日）至评估日（2017 年 12 月 31 日）的保费称为"已赚保费"；覆盖评估日（2017 年 12 月 31 日）至保单到期日（2018 年 7 月 30 日）的保费称为"未赚保费"，也称为"未到期责任准备金"。若未到期责任准备金为 7 万元，而该保单的未来赔付额为 8 万元，则应为该保单计提保费不足准备金 1 万元。

（二）赔款责任准备金

赔款责任准备金是在评估日之前已经发生了保险事故的情况下，保险公司为尚未结案的保单所做的资金准备，包括赔款以及理赔过程中发生的费用。根据前文介绍可知，赔款责任准备金由未决赔款准备金和理赔费用准备金构成，根据保险事故是否已上报保险公司，未决赔款准备金又可细分为已发生已报案未决赔款准备金（Report Claim Reserve）和已发生未报案未决赔款准备金（incurred but not reported，IBNR reserve），下文中均简称已发生未报案赔款准备金为 IBNR 准备金。

具体而言赔款责任准备金可细分为三类：

评估赔款责任准备金的本质是对保险事故所导致的全部赔款进行合理估计，而要得到合理的估计值，需要了解保险理赔的具体过程。下面仍以一年期能繁母猪保险的某一保单为例，假定该保单在保单有效期内、评估日前发生了保险事故，该保单的理赔具体环节详见图 7 - 2。

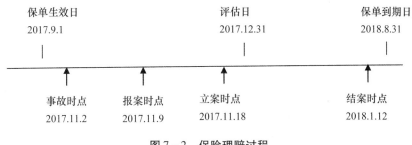

图 7 - 2　保险理赔过程

如图 7 - 2 所示，该一年期能繁母猪保险于 2017 年 9 月 1 日生效，2017 年 11 月 2 日发生了保险事故，我们称 2017 年 11 月 2 日为事故时点（incurred time）。保险事故发生后，保单持有人并未立马报案，而是在一周后也就是 2017 年 11 月 9 日才将保险事故上报保险公司，我们将 2017 年 11 月 9 日称为报案时点（reported time），事故时点到报案时点之间的时间间隔即报案延迟（reporting delay）。而保险公司在接到保单持有人的报案后，经过一段时间登记、核查保单凭证、现场查勘后认为该保险事故满足立案条件，并于 2018 年 11 月 18 日将该事故正式立案，我们称 2017 年 11 月 18 日为立案时点（registration time），实务中通常将立案时点作为报案时点。正式立案后，保险公司委派理赔人员进行定损核算并与保单持有人协商赔款金额，2018 年 1 月 12 日保险公司将理赔金额打入保单受益人银行账户，由此正式结案，我们称 2018 年 1 月 12 日为结案时点（settlement time）。立案时点至结案时点之间的时间间隔称为理赔延迟（settlement delay）。根据这一例子可知，报案延迟和理赔延迟是影响保险公司理赔进程的主要因素。

在了解理赔过程的基础上，我们开始具体介绍前述三类赔款责任准备金：第一类已发生已报案未决赔款准备金，是保险公司为已报案但赔款金额尚未确定的保单责任所计提的准备金；第二类 IBNR 准备金，是保险公司为保险事故已经发生，但由于客观存在的时间差，事故在评估日前尚未报告至保险公司的保单所计提的准备金；第三类理赔费用准备金，是保险公司为调查费用、理赔部门员工薪酬等与赔案相关的费用所计提的准备金。

综上所述，责任准备金的构成如图 7 - 3 所示。责任准备金评估是保险公司中精算人员的主要工作职责，其中 IBNR 准备金的评估是精算人员工作的重中之重，故而本书将重点介绍 IBNR 准备金的评估方法。

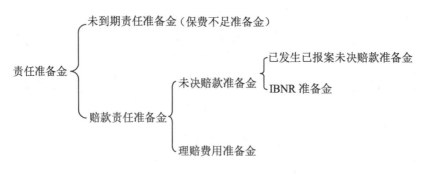

图 7 – 3 责任准备金构成

三 责任准备金的评估目的

责任准备金是保险公司负债的主要构成，因此责任准备金评估对保险公司的经营影响很大，也与保单持有人的利益息息相关。保险公司定期评估责任准备金主要是出于以下目的：

（一）编制监管报表

保险公司的经营受到监管机构的监督和管理，保险公司是否为未来的赔付责任计提了充足的准备金是监管机构关注的核心点。《保险公司偿付能力监管规则第 16 号：偿付能力报告》要求保险公司向监管机构报送偿付能力季度报告、偿付能力季度快报和偿付能力临时快报。其中，认可负债是偿付能力充足率的主要指标之一，而责任准备金则是认可负债的主要内容。《保险公司非寿险业务准备金管理暂行办法（试行）》中，规定凡是经营非寿险业务的财产保险公司和再保险公司，应遵循非寿险精算的原理和方法，对未来可能发生的损失和费用进行充分的估计，谨慎评估各项准备金，并根据《保险公司非寿险业务准备金评估报告格式要求》编制准备金评估报表。

（二）编制财务会计报表

财务会计报表的服务对象主要为股东与潜在投资者，股东可通过财务会计报表中的相关信息了解公司的运营情况，估计公司价值、经营风险与投资回报率，从而帮助其做出出售、持有或购买股票的决策；潜在投资者可通过财务会计报表的各项财务指标做出投资决策。因此股东和潜在投资者希望财务会计报表中各项财务指标的评估结果能够真实、合理地反映公司的财务情况。保险公司应根据《公司法》第一百六十四条规定，在每一会计年度终了时编制财务会计报告，财务会计报告应当依照法律、行政法规和国务院财务部门的规定制作。财务会计报表中需要对业务成本进行核算，从而应包含责任准备金的评估结果。一般而言，财务会计报表采用一般会计准则进行编制，一般会计准则采用持续经营的基本会计假设，是一种适度审慎的评估原则，可真实、可靠、合理地反映保险公司的经营业绩。

（三）编制内部财务报表

代表股东利益的董事会和高层管理者需要及时掌握公司的经营情况和财务情况，内部财务报告可作为公司董事与高管衡量公司经营情况、资本需求、管理者经营绩效评价和制定资本决策过程的参考和依据，故而保险公司需要定期编制内部财务报告。责任准备金自然也是内部财务报告中的一个重要指标，资产负债表、利润表以及业务计划和预算编制都必须考虑责任准备金，由于内部财务报告没有统一标准，故而在编制内部财务报告时应与公司管理者进行沟通，了解其实际意图，由此确定各项责任准备金科目的评估方法与基础。

四　农业保险责任准备金评估流程

农业保险责任准备金的评估流程如图 7 - 4 所示，主要包括明确评估目的、选择评估基础、数据收集与预处理、评估模型选择、利用模型评估准备金、准备金精算报告编制与披露。

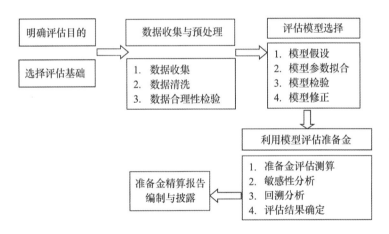

图 7 - 4　责任准备金评估流程图

（一）明确评估目的并选择评估基础

实务中，精算人员会基于不同的目的进行准备金评估，精算师所采用的准备金评估基础和评估方法取决于评估目的，不同的评估目的下，精算师评估处理过程中的谨慎程度不同，会得到不同的准备金评估结果。故而，准备金评估过程的第一步就是明确责任准备金的目的，在此基础上选择准备金评估基础。

（二）数据收集与预处理

数据收集与预处理是责任准备金评估过程中最为基础且至关重要的步骤，数据是准备金评估的基础，所有模型都满足若输入垃圾数据，则输出垃圾结果的定律（Garbage In Garbage Out，CIGO）。数据质量不佳，那么精算人员所得到的评估结果可能会严重偏离事实。数据收集与预处理主要由以下几个部分构成：

1. 数据收集

实务中，准备金评估所使用的数据由业务管理部门和信息管理部门提供。准备金评估不仅需要赔款数据，还需要费率因子、报案日期、赔付通报日期以及出险保单的描述性信息等所有可能获得的数据。故而精算师进行准备金评估工作时，应在必要时与理赔员、核保员、数据管理员沟通交流，由此更为深入地理解评估所用数据的内在逻辑。

2. 数据清洗

从业务管理部门和信息管理部门获取数据后，精算师需要对数据进行清洗，剔除重复记录，对无效值和缺失值进行处理。常用的处理无效值和缺失值的方法包括：

（1）估算（estimation）。估算是指用样本均值、众数、中位数替代无效值和缺失值，或根据变量间的相关分析得到无效值和缺失值的估计。可借助行业经验数据、公司经验数据和其他外部经验数据进行数据补全，但是在此过程中也应考虑到近似替代可能带来的风险。

（2）整例删除（casewise deletion）。整例删除是指将含有无效值和缺失值的样本直接剔除，这种方法会致使有效样本量减少，因此该方法仅适用于无效值样本和缺失值样本所占比重很小的情况。

（3）变量删除（variable deletion）。当某一变量的无效值和缺失值占比很大且该变量并不会对准备金评估结果产生显著影响，精算人员可以考虑删除此变量。该方法并不会减少样本量，只是减少了变量的数量。

3. 数据合理性检验

数据合理性检验是确保评估模型所使用数据准确性与完整性的重要步骤，精算实务表明准备金评估的准确性依赖可获得数据的数据质量，如果数据不准确，或者存在大量重复数据，或者数据统计口径不一致，那么得到的准备金评估结果可能会严重偏离实际情况。虽然数据的准确性与完整性在很大程度上取决于业务管理部门与信息技术部门的工作，但精算师作为数据使用者，有责任对评估所使用数据的准确性、完整性以及合理性进行检验。实务中，精算人员使用的验证方法主要包括：

（1）数据连续性验证。该验证方法基于上期末数据和本期变动数据验证本期末数据的合理性与正确性，通常需要对数据进行分组。例如，按保单生效年度将同一类型的保单数据进行分组，考虑相同组中相邻评估期间内新进入和流出的业务数据，并采用以下公式进行连续型验证：

上期末保单数据 + 本期新进入业务数据 - 本期流出业务数据 = 本期末业务数据

精算人员可运用上述公式检验保单数量、保险金额、保费等数据的连续性。

以某农业保险公司水稻种植险的保单数量为例，上期末的有效保单数量为 4 万件，本期新进入保单数量为 6 万件，本期流出保单数量为 5 万件，本期末的有效保单数量为 5 万件，满足前述连续性验证等式，由此可知保单数通过连续性验证。

（2）数据一致性验证。该方法通过分析数据是否处于合理取值范围内，检查数据是否满足一致性。例如，不同数据系统中的数据应保持一致；或者某玉米种植保险规定一亩地的保额为 300 元，则总保额与投保亩数之商应为 300，若评估所用数据的比值与前述数值偏差较大，精算师应业务管理部门与信息技术部门及时沟通，找出问题所在。

（3）数据完整性检验。精算师需要确认准备金评估模型所使用的数据与业务管理系统中的数据之间是一致的，确保数据的完整性和准确性没有在数据格式处理或数据转换的时候受到影响。实务中，数据完整性检验的关键统计项包括但不限：保单数量、保额总和和有效保费总额。

（4）异常数据检验。精算师需要特别关注异常数据，例如，显然不可能出现的投保日期、出生日期和出险日期等。此外，除了检查单一指标数据外，还可以将数据组合起来观察数据的分布情况，由此数据是否异常，例如保单数据中被保险人的出生月份集中度过高，即意味着数据可能存在问题，精算人员需要对此进一步调查。

（三）评估模型选择

实务中，存在许多准备金评估模型，每种模型都具有不同的模型假设，所得评估结果的精确度和审慎度都存在差异。实务操作中采用的评估模型应尽量简单，否则不仅运行成本高，评估结果还难以解释。此外，评估模型还应反映业务相关风险、数据的可获得性，并对评估结果的合理性进行独立检验。其中，链梯法是实务中应用最为广泛的准备金评估方法。

准备金评估模型选定后，还应确定模型的参数个数。参数个数对模型的拟合效果会产生显著的影响，通常参数越多拟合的效果越好，但参数个数过多时，参数拟合值可能会因为个别数据的较小变化而发生变动，致使模型预测结果的稳定性变差。故而，精算人员在进行模型参数个数选择时应在拟合优度和模型预测结果的稳定性间进行权衡。

得到参数估计值后针对模型的有效性进行检验。以链梯法为例，链梯法是建立在保险业务稳定、理赔速度近似不变且宏观经济环境稳定等假设条件下，这些假设并没有明确统一的界定，很多时候是基于精算师的经验判断。如果实际情况与这些假设有显著区别时，使用链梯法得到的准备金评估结果将失去意义，精算师应进行模型修正，或者采用其他模型进行准备金评估。

（四）利用模型进行准备金估计

选定准备金模型以及参数个数后，将预处理后的数据代入模型即可得到农险准备金的估计结果。但无论代入模型的数据质量多高，精算人员都应在得到农险准备金评估结果后进行检验，这是因为最终赔款在最后一次赔付完全结案后之前一直是不确定的。历史数据并不能完全反映未来赔付情况，法律法规变动、巨灾等因素均会对未来赔付产生较大影响。故而无论精算人员采用何种模型进行估计，得到的估计结果都必然在某种程度上存在一定的误差。故而精算人员在进行准备金估计时还需要进行敏感性分析，以检验准备金对某个时点的大额赔付的抵御能力。

此外，《保险公司非寿险业务准备金回溯分析管理办法》规定，精算人员应利用后续信息对前期准备金评估结果进行评判与分析，以检验与改进准备金评估质量的过程与方法，即采用回溯日的数据基础和信息对前期会计报表中的准备金评估结果进行重新评估，通过比较重新评估结果与原评估结果的差异，衡量保险公司准备金评估的充足性，分析前期准备金评估的假设、方法与流程的合理性，以此发现问题并在后续会计期间的准备金评估中进行修正。

（五）准备金报告编制

农业保险责任准备金评估结果最终会成为准备金精算报告一部分，以此成为监管部门、公司高层进行农险业务监管与决策的依据。准备金评估报告的主要内容包括：险种或类型划分，数据的完备性、准确性及存在的问题说明，评估方法、模型及其变更的说明，精算方法和模型所采用的重要假设及原因，与上一次评估结果的差异比较及其说明，准备金评估结果的总结，附录及准备金报表。

第三节　未到期责任准备金评估

责任准备金评估主要分为未到期责任准备金评估和赔款责任准备金估计两部分。未到期责任准备金是为在评估时点尚未发生保险事故的保单的未来赔付责任进行的资金准备，赔款责任准备金则是为在评估时点已发生保险事故保单的未了赔付责任进行的资金准备，故而未到期责任准备金与赔款责任准备金评估方法有所不同。本节将介绍未到期责任准备金的具体评估方法，赔款责任准备金的具体评估方法将在下一节中进行介绍。

一　未到期责任准备金评估方法概述

保险公司必须为那些在评估日尚未发生保险事故的有效保单计提未到期责任准备金，不同保险期限保单的责任风险分布通常差别较大，因此未到期责任准备金的计提方法存在差异。由于农业保险业务大多为 1 年期以内的短期合同，故而以下介绍的未到期责任准备金的评估方法仅针对 1 年以内（包括 1 年）的短期农业保险合同。

未到期责任准备金是权责发生制和配比原则应用于保险产品收入支出核算的产物。

权责发生制原则下，凡在本期发生应从本期收入中获得补偿的费用，无论是否在本期已实际支付的货币资金，均应作为本期的费用处理；凡在本期发生应归属于本期的收入，无论是否在本期已实际收到的货币资金，均应作为本期的收入处理。配比原则要求一个会计期间[1]内的各项收入和与其相关的成本、费用在同一会计期间内予以确认、计量。按照权责发生制和配比原则，只要农险保单责任没有终了，保险公司就不能将保费收入完全确认为收入。实务中的做法是，保险公司在收到保费后即将其确认为当期收入，再通过计提未到期责任准备金修正该项收入。

按照保单风险分布状况的不同，未到期责任准备金的评估方法主要有两种——比例法和风险分布法。比例法适用于估计风险在保险期内近似均匀分布的保单的未到期责任准备金；风险分布法则是根据保单风险分布的实际特征估计未到期责任准备金。

保监会要求精算人员采用比例法[2]或其他更为审慎的方法评估农业保险的未到期责任准备金。从理论上来说，较之比例法，风险分布法更为审慎，但由于农险产品的保单风险分布在时间上和空间上的分布不均匀，精算人员难以得到精准的风险分布估计，且不易于监管机构进行监管，故而实务中，农业保险未到期责任准备金评估采用的方法以比例法为主。

需要特别指出的一点是，在农险公司将部分承保责任分出的情况下，需要分别评估分出前和分出后业务的未到期责任准备金。在不同的分保方式下，精算人员应采用不同的未到期责任准备金评估方法。比例分保情况下，由于保费和赔款完全按照约定的比例进行分摊，未到期责任准备金可直接按照农险公司自留部分计提，但计提未到期责任准备金的最小比例应遵循监管机构的要求。非比例分保情况下，由于保费和赔款的分摊较为复杂，精算人员应该根据相应的风险分摊方式合理评估未到期责任准备金。

（一）比例法

比例法假设保单收入在保单有效期内均匀分布，与之相应的风险在保险期内也是均匀分布的，因此可按已经过和未经过保险期比例分摊确认已赚保费和未赚保费。例如，经验分析结果表明保单有 $a\%$ 的风险分布于评估日前，有 $(100-a)\%$ 的风险分布于评估日后，那么在评估日就有 $(100-a)\%$ 的保费未被赚取，故而该保单的未到期责任准备金应占缴纳保费总额的 $(100-a)\%$。

比例法在不同的假设下可细分为年比例法（1/2 法）、季比例法（1/8 法）、月比例法（1/24 法）、日比例法（1/365 法）。按照中国银行保险监督管理委员会《保险公司

---

① 会计期间是指在会记工作中为核算经营活动或预算执行情况所规定的起讫时间，《中华人民共和国会计法》第八条规定：会计年度自公历 1 月 1 日起至 12 月 31 日止。

② 此处指的比例法为 1/24 法和 1/365 法，后文中将详细介绍这两种方法。

非寿险业务准备金管理办法（试行）》第五条的规定，可用月比例法（1/24 法）和日比例法（1/365 法）计算未到期责任准备金。

1. 月比例法（1/24 法）

月比例法假设保费收入在每个月内均匀流入，故可近似认为所有该月承保保单均从月中生效，故而所有保单在生效当月只能挣到半个月的保费。

以一年期保单为例，采用月比例法评估 2017 年的业务在 2017 年 12 月 31 日的未到期责任准备金。将第 m 个月的保费收入记为 p_m，由于保单在生效当月只能挣到半个月的保费，因此在 2017 年 12 月 31 日需为该月生效保单提取的未到期责任准备金为[①]：

$$\frac{2m-1}{24} \times p_m \quad m = 1,2,\cdots,11,12 \tag{7.1}$$

根据式（7.1），可得各月的未到期责任准备金因子表 7 - 3 所示。

表 7 - 3 各月未到期责任准备金因子

2017 年生效月份	未到期责任准备金因子	2017 年生效月份	未到期责任准备金因子
1 月	1/24	7 月	13/24
2 月	3/24	8 月	15/24
3 月	5/24	9 月	17/24
4 月	7/24	10 月	19/24
5 月	9/24	11 月	21/24
6 月	11/24	12 月	23/24

对于保单生效月为 1 月份的未到期责任准备金计提公式为：

1 月份生效保单的保费收入 × 1/24

对于保单生效月为 2 月份的未到期责任准备金计提公式为：

2 月份生效保单的保费收入 × 3/24

……

对于保单生效月为 12 月份的未到期责任准备金计提公式为：

12 月份生效保单的保费收入 × 23/24

上述每个月的未到期责任准备金的总和即为当年业务在年末应计提的未到期责任准备金。

采用月比例法评估短期保单的未到期责任准备金时，可采取与一年期保单类似的操作进行准备金评估。下面以半年期保单为例，采用月比例法评估 2017 年的业务在

---

① 例如，对于 2017 年 12 月生效的保单，在 2017 年 12 月 31 日公司只挣了总保费的 1/24（半个月的保费）。

2017 年 12 月 31 日的未到期责任准备金，所用的未到期责任准备因子如表 7 - 4 所示。观察表中数据可知，2017 年 12 月生效保单的未到期责任准备金因子为 11/12，这是由于根据保费均匀流入假设可以认为 2017 年 12 月所有新单生效日均为 2017 年 12 月 15 日，故而截至 2017 年 12 月 31 日，保险公司累积承保期（半个月）占保单有效期（六个月）的 1/12，也即意味着未到期责任准备金因子应为 11/12，同理可得其他月份的未到期责任准备金因子。

表 7 - 4　　　　　　　　　半年期保单各月未到期责任准备金因子

2017 年生效月份	未到期责任准备金因子
7 月	1/12
8 月	3/12
9 月	5/12
10 月	7/12
11 月	9/12
12 月	11/12

2. 日比例法（1/365 法）

日比例法不需要任何假设，是一种根据实际保单的承保期限，以日为基础逐单进行未到期准备金评估的方法。在逐单评估时，以未到期日数占一次缴费的保险期限的比值来衡量未到期风险，具体计提公式为：

$$W_i = \frac{w_{id} - v_{id}}{w_{id} - w_{ic}} \times p_i \tag{7.2}$$

式中：

W_i——第 i 张保单的未到期责任准备金；

p_i——第 i 张保单的保单收入，如果考虑再保险，则表示自留保费收入；

v_{id}——评估日；

w_{id}, w_{ic}——第 i 张保单的失效日和生效日。

将当年所有承保保单按上述方法计算所得加总，即得到日比例法下当年业务在评估日应计提的未到期赔款责任准备金。在保单在财务年内承保不均匀的情况下，较之月比例法，日比例法计算得出的未到期责任准备金更为精确，故而实务中一般使用日比例法评估农业保险未到期责任准备金。

比例法适用于风险分布较为均匀的农险产品，不适用于水稻种植保险等风险具有较强周期性或季节性波动的农险产品。

（二）风险分布法

实际中，大部分农业保险无法近似满足保险责任在保险期内均匀分布的假设。以森林火灾保险为例,森林火灾高发期的损失风险很大,采用比例法很可能导致公司在森林火灾高峰期出现未到期责任准备金计提不足的情况。故而当农业保险的风险分布存在明显的季节差异性时,需要根据风险分布的实际情况做出风险分布假设,进而基于风险分布假设在承保期间内分摊保费计提未到期责任准备金。

风险分布法在不同的假设下可分为三种方法——流量预期法、七十八法则和逆七十八法则。流量预期法完全基于历史赔付经验做出风险分布假设,七十八法则假设一年期保单风险具有逐月均匀递减趋势,逆七十八法则假设一年期保单风险具有逐月均匀递增趋势。

1. 流量预期法

流量预期法是一种根据承保业务损失的历史经验数据估计未来预期风险分布状况,并根据估计所得风险比例确定未到期责任准备金的方法。下面以某天气指数保险产品为例,具体说明流量预期法的应用。

根据历史经验数据,估计该险种未来的风险分布如表 7-5 所示。

表 7-5   预期风险分布

时间	0	2 月	4 月	6 月	8 月	10 月	12 月
预期损失分布	0	3%	5%	20%	35%	25%	12%

精算人员根据风险比例评估未到期责任准备金。相应的未赚保费比例如表 7-6 所示。

表 7-6   未赚保费比例

时间	0	2 月	4 月	6 月	8 月	10 月	12 月
未赚保费比例	100%	97%	92%	72%	37%	12%	0%

流量预期法需要公司内部数据的支持,适用于风险分布不均匀的农业保险产品。该方法高度依赖于精算假设和经验数据,较之其他方法客观性较弱,加大了准备金评估的监管难度。

2. 七十八法则和逆七十八法则

七十八法则和逆七十八法则是对流量预期法的一种简化。在评估未到期责任准备金时,七十八法则假设自保险起期,风险呈现以 12、11、…、1,逐月递减的分布;逆七十八法则假设自保险起期,风险呈现以 1、2、…、12,逐月递增的分布。七十八法则和逆七十八法则每月已赚保费比例分布如表 7-7 所示。

表7-7　　　　　　　　七十八法则和逆七十八法则的已赚保费比例

保险起期后第 N 个月	七十八法则的每月已赚保费	逆七十八法则的每月已赚保费
1	12/78	1/78
2	11/78	2/78
3	10/78	3/78
4	9/78	4/78
5	8/78	5/78
6	7/78	6/78
7	6/78	7/78
8	5/78	8/78
9	4/78	9/78
10	3/78	10/78
11	2/78	11/78
12	1/78	12/78

理论上而言，较之比例法，风险分布法的评估结果会更为合理。但实务操作中风险分布法的可实践性较差：一方面，农业风险的不确定性较大，不同产品间的风险异质性明显；另一方面，风险分布法要得到较好的评估结果需要大量历史数据的支持，致使精算工作人员根据实际情况作出风险分布假设的操作难度大。此外，风险分布假设与实际风险分布差异较大时，风险分布法得到的评估结果未必优于月比例法和日比例法。故而现阶段，实务中一般采用月比例法和日比例法评估未到期责任准备金。

二　保费不足责任准备金评估

根据保监会的要求，精算人员得到未到期责任准备的合理估计之后，还需要测试计提的未到期责任准备金是否小于预期的未来赔付和费用支出，如果测试结果表明未到期责任准备金小于未来支出，则应计提保费不足准备金来弥补两者的差值。

未到期责任准备金是对评估日的有效保单未来可能需要支付的赔款金额的估计，而未来赔款金额受到超通货膨胀、超额索赔频率、费用增加等各种外部环境因素的影响，可能会导致计提的未到期责任准备金不足以偿付未来赔款。故而，精算人员在计提准备金后应进行未到期准备金充足性测试，当充足性测试结果表明未到期责任准备金计提不足时，应计提保费不足准备金。

（一）未到期责任准备金充足性测试

保费不足准备金评估的实质是评估未到期责任准备金是否足以支付未来的赔付和费用支出。在足以支付的情况下，保险公司无须计提保费不足责任准备金；而不足以支付的情况下，保险公司则应计提保费不足准备金。

前文中提及的费用支出主要包括保单获取成本、保单维持成本以及理赔费用等。其中，保单获取成本包括保险公司获取新业务过程中需要支付保险经纪人佣金、保险代理人佣金、签单手续费以及被保险人体检费等费用；保单维持成本包括相关的职工工资及福利费、业务宣传费、租赁费、折旧费等；理赔费用包括处理未来新发生赔案时所发生的勘察费、诉讼费、专家费、独立理算人的理算费用、理赔部门员工的薪酬、办公费用等等。

由于不同会计准则下，保单获取成本的递延摊销存在较大差异，因此未到期责任准备金充足性测试在不同的会计准则和精算规定下所得的测试结果存在一定差异。

我国现行的《保险公司非寿险业务准备金管理办法（试行）》规定，保险公司在评估未到期责任准备金时，要对其充足性进行测试。未到期责任准备金的提取金额应不低于以下两者中较大者：

（1）预期未来发生的赔款与费用扣除相关投资收入之后的余额；

（2）在责任准备金评估日假设所有保单退保时的退保金额。

当未到期责任准备金不足时，提取的保费不足准备金应能弥补未到期责任准备金与上述两者较大者之间的差额。补提保费不足准备金后可以合理核算生效保单在财务年度的实际利润，并为生效保单的未到期风险在未来的损失提供准备。

下面用一个具体例子对未到期责任准备金充足性测试加以说明。

例 7 - 3：某农险公司计提的未到期责任准备金为 100 万元，结合历史经验数据精算师认为公司的预期终极赔付率为 89%，预期维持费用率为 20%，则准备金充足性测试结果如表 7 - 8 所示。

表 7 - 8　　　　　　　　　　　　　充足性测试的结果　　　　　　　　　　（单位：万元）

未到期责任准备金	（1）	100
预期终极赔付率	（2）	89%
预期维持费用率	（3）	20%
预期赔款	（4）＝（1）×（2）	89
预期维持费用	（5）＝（1）×（3）	20
差额	（6）＝（1）－（4）－（5）	－9

表 7 - 8 中，预期赔款 + 预期维持费用 = 109 万元，假设保单退保时的退保金额为 95 万元，根据《保险公司非寿险业务准备金管理办法（试行）》中的相关规定知，该公司还应计提 9 万元保费不足准备金。

（二）未到期责任准备金充足性测试的注意事项

实务中，未到期责任准备金充足性测试的操作较为复杂，下面总结归纳了测试过程中需要注意的重要问题。

1. 预期赔付率的估计

估计预期赔付率的值可从以下几方面入手：

（1）如果缺乏经验数据和相关信息，可假定损失率为100%；

（2）如果经验数据显示损失率随时间有较为稳定的变化趋势，可根据经验和最新信息定期更新，得到损失率估计序列，由此得到预期损失率；

（3）如果经验数据显示损失率的变异性很大，则可根据整个保险市场的情况确定预期损失率估计值，或将以前的损失率作为先验损失率；

（4）可将承保人员判断得出的损失率作为预期损失率。

在估计预期赔付率时，还需要剔除异常事件（如巨灾事件），并考虑通货膨胀率、保单费率以及承保标准等因素的变化，此外，大部分农业保险承保风险具有季节性特征，还需要考虑季节因素的影响。

2. 货币的时间价值

通货膨胀因素（包括附加膨胀）会影响未来赔付支出与费用支出的现值，故而计提保费不足准备金时应考虑货币的时间价值。如果不考虑货币的时间价值进行准备金计提，那么准备金数额可能会高于实际所需，造成资金占用。在进行货币的时间价值处理时可考虑从期望投资收益率入手，或者对未来的赔付支出和费用支出进行贴现。

第四节　赔款责任准备金评估

赔款责任准备金是为在评估日前已发生了保险事故但尚未结案的保单所做的资金准备，根据前文的介绍可知，赔款责任准备金主要包括已报案未决赔款准备金、IBNR准备金和理赔费用准备金。其中，已报案未决赔款责任准备金是为在评估日之前已经报案的那部分保单的未来赔款支付所做的资金准备，IBNR准备金是为在评估日尚未报案的那部分保单的未来赔款支付所做的资金准备，理赔费用准备金则是为了这部分保单在未来理赔过程中产生的费用支出所做的资金准备。由于已报案未决赔款责任准备金、IBNR准备金以及理赔费用准备金是为不同的风险所做的资金准备，故而评估这三种准备金时采用的方法也有所不同。下面，本节将逐一介绍已报案未决赔款责任准备金、IBNR准备金和理赔费用准备金的评估方法。

一　已报案未决赔款准备金评估

保险公司必须为那些在评估日已经报案但尚未结案的有效保单计提已报案未决赔款准备金，评估方法主要包括逐案评估法和平均值法。其中，逐案评估法通过加总理赔人员对各个已报案保单的赔款估计得到已报案未决准备金评估结果，而平均值法的已报案未决赔款准备金评估值为案均赔款估计值与已报案未结案的案件数的乘积。已报案未决赔款准备金的评估受诸多因素的影响，具体包括保险公司在案件受理、现场勘查、责任审核、准备金评估、赔付调整、理赔、残值和追偿额收入等管理环节的水平和效率。

我国现行的《农业保险承保理赔管理暂行办法》规定，保险公司应在接到报案后24 小时内进行现场勘查，及时根据定损标准和规范科学定损，做到定损结果确定到户。种植业保险发生保险事故造成绝收的，应在接到报案后 20 日内完成损失核定；发生保险事故造成部分损失的，应在农作物收获后 20 日内完成损失核定。养殖业保险应在接到报案后 3 日内完成损失核定。发生重大灾害、大范围疫情及其他特殊情形除外。因不可抗力或重大灾害等难以及时到达的，应及时与报案人联系并说明原因。对于损失核定需要较长时间的，保险公司应做好解释说明工作。

根据前述《农业保险承保理赔管理暂行办法》规定可知理赔人员评估已报案未决赔款准备金应尽量采用逐案评估法，平均值法仅在理赔人员因不可抗力或重大灾害等难以及时到达现场的情况下使用。因此已报案未决赔款准备金的评估结果准确性很大程度上依赖于理赔人员的经验判断，农业保险公司的理赔人员必须熟悉农险业务的具体环节并具备一些农学方面的专业知识，及时了解经济、相关法律法规及补贴政策等因素的变化。

已报案未决赔款准备金是未决赔款准备金的重要组成部分，其评估结果是 IBNR 准备金评估的数据信息源，故而其准确性、充足性和一致性对于责任准备金评估极其重要，其中评估一致性对责任准备金的评估尤为重要。这是因为即使最初对已报案赔款准备金的估计不够准确，但只要评估结果前后具有一致性，随着获取信息的增多，最初的估计结果也可以反映到对 IBNR 准备金的评估值中，抵消初始评估值不足的部分。

下面，本小节将依此介绍逐案评估法、平均值法以及已报案未决赔款准备金评估的一致性。

（一）逐案评估法

逐案评估法（case by case estimate）是指保险事故发生后，理赔人员通过实地勘查或根据理赔经验，对所发生的赔案的赔付金额进行逐案估计，从而确定已报案未决赔款准备金的方法。在进行逐案评估时，不仅要考虑保单条款约定的保险责任、经济环境、法律环境等因素，还需考虑该业务对应的再保险合同约定的保险责任以及分入公司可能摊回的部分。

逐案评估法适用于赔案数目较少、历史赔付经验少的险种和赔款金额变动较大的短尾业务，如森林火灾保险等风险标的的风险同质性低、相似保单数量少、风险特征相对独特的农业保险产品；而对赔款额较小、赔案数目较多的业务，如生猪价格指数保险等风险标的的风险同质性较高、相似保单数量多的农业保险产品，采用逐案估计既不经济也不实用。

实务中，理赔人员往往会较为审慎地进行已报案未决赔款准备金评估，故而最终得出的评估结果往往是评估范围中的最大值。由于逐案评估法依赖于理赔人员的主观判断，客观性较差，耗时多且成本高，估计误差较大，具有较大的局限性。

逐案评估时的注意事项包括：（1）避免逐案评估主观性，一方面，理赔人员应根据公司理赔政策，尽量客观地估计已报告赔案的损失；另一方面，公司可通过聘请保险公估人等方式避免逐案评估的主观性。（2）直接理赔费用的处理，应根据其延迟模式与已付赔款或已报案赔款的延迟模式是否一致或较为接近选择处理方式，如果较为接近，则不用进行直接理赔费用的预估，而是在结案时直接记录实际的理赔费用，否则，应进行直接理赔费用评估，并将其与赔款估计值相加。（3）预估赔款的更新方式包括即时更新、定期更新、预付赔款更新、结案时更新，公司应优先选用即时更新或定期更新。

（二）平均值法

平均值法是一种基于业务过去的平均赔款金额、目前的赔付情况以及未来赔款可能的变化趋势估计案均赔款，由此确定已报案未决赔款准备金的方法。保险公司对缺乏经验资料的产品进行已报案未决赔款准备金评估时，可根据行业平均赔款金额估计其已报案未决赔款准备金。平均值法适用的业务类型包括：（1）理赔金额较小且能快速决定的业务；（2）赔案数目较多且赔付模式相对比较稳定的业务；（3）赔案同质性较强的业务；（4）近期已报案赔付的信息不充足，不能设置合理的已报案未决赔款准备金的业务。

平均值法可细分为已报案平均法（notice-average method）和平均未决赔款准备金法（average outstanding claim method）。

1. 已报案平均法

已报案平均值法是根据过去事故发生月（后文均简称为事故月）最终赔款额与最终赔款数的比值估计得出事故月案均最终赔款额，乘以事故月已报告赔案数并减去到评估日已发生的赔款支出，从而得到已报案未决赔款准备金的估计结果。选取第 N 月的最后一天作为评估日，在评估日已报案未决赔款准备金的估计值为：

$$\sum_{t \leqslant N} (n_t \times \bar{C}_t - P_t) \tag{7.3}$$

式中：

n_t ——事故月 t 已报告的赔案数量；

$\bar{C}_t$ ——事故月 t 案均最终赔款的估计值；

P_t ——事故月 t 对应的赔案到评估日已经发生的赔款支出金额。

事故月 t 案均最终赔款的估计值 $\bar{C}_t$ 可通过计算事故月 t 的最终赔款额和最终赔案数的比值得到。

2. 平均未决赔款准备金法

平均未决赔款准备金法是根据过去事故月未决赔款额与未决赔款数的比值估计得出事故月案均未决赔款额，乘以事故月已报告未决赔案数，从而得到已报案未决赔款准备金的估计结果。该方法适用于赔案次数多但赔款额小、赔款大致相同、理赔速度快的保险业务。选取第 N 月的最后一天作为评估日，在评估日已报案未决赔款准备金的估计值为：

$$\sum_{t \leqslant N} n_t \times \bar{C}_t \tag{7.4}$$

式中：

n_t ——事故月 t 已报告未决赔案数量；

$\bar{C}_t$ ——事故月 t 案均未决赔款的估计值。

事故月 t 案均未决赔款的估计值 $\bar{C}_t$ 可通过计算事故月 t 的未决赔款额与未决赔款数的比值得到。

（三）已报案未决赔款准备金评估的一致性

已报案赔款是已付赔款与已报案未决赔款准备金之和。因此，已报案未决赔款准备金的估计值对最终赔款估计极为重要。由于已报案未决赔款准备金的估计值或多或少都带有理赔人员的主观判断，而评估标准、理赔人员和评估系统等发生变化时，已报案未决赔款准备金评估的一致性会发生改变，从而对最终赔款的估计造成严重影响。故而，已报案未决赔款准备金评估须满足一致性要求。

已报案未决赔款责任准备金评估一致性的判别标准为：当每一个赔付进展月末的已报案未决赔款准备金与实际需要的准备金数额（the true reserve actually required）比率保持稳定时，认为评估具有一致性。由于实际需要的准备金数额在保险责任终了之前是无法知晓的，故而评估一致性判别只能在赔付进展完全结束的初始期间进行。

不妨用 $V_a(d)$ 表示第 a 事故月赔案在第 d 进展月实际需要的已报案未决赔款准备金数额，UL_a 为第 a 事故月赔案的最终实际赔款，$PC_a(d)$ 为第 a 事故月赔案在第 d 进展月的已付赔款。

对于赔付责任已了的早期事故月，实际需要的准备金数额为：

$$V_a(d) = UL_a - PC_a(d) \tag{7.5}$$

对于赔付责任未了的近期事故月，需要对最终赔款和准备金作出假设。不妨用 $HV_a(d)$ 表示第 a 事故月赔案在第 d 进展月的假设准备金，$\hat{U}L_a$ 表示最终赔款的估计值，则有：

$$HV_a(d) = \hat{U}L_a - PC_a(d) \tag{7.6}$$

由此，可以根据责任已了事故月的经验对责任未了事故月的最终损失估计值进行调整。

为加深对准备金评估一致性判别的理解，下面通过例7-4介绍如何对已报案未决赔款准备金的一致性进行评估。

例7-4： 某公司的天气指数保险在评估日（2017年12月31日）的累计已付赔款数据和已报案未决赔款准备金如表7-9和表7-10所示。请判断该公司的已报案未决赔款准备金评估是否具有一致性。

表7-9　　　　　　　　　　　　　**累计已付赔款数据**　　　　　　　　　　（单位：万元）

事故月	进展月						最终值
	0	1	2	3	4	5	
2017年7月	1001	1855	2423	2988	3335	3483	3717
2017年8月	1113	2103	2774	3422	3844		
2017年9月	1265	2433	3233	3977			
2017年10月	1490	2873	3880				
2017年11月	1725	3261					
2017年12月	1889						

表7-10　　　　　　　　　　　　**已报案未决赔款准备金数**　　　　　　　　（单位：万元）

事故月	进展月					
	0	1	2	3	4	5
2017年7月	1776	1409	1029	606	384	234
2017年8月	2139	1701	1199	809	475	
2017年9月	2460	1971	1546	969		
2017年10月	3031	2549	1796			
2017年11月	3644	2881				
2017年12月	3929					

解：

表7-9和表7-10是按事故月和进展月①将已付赔款和已报案未决准备金交叉分组而形成的数据表格。要判断该农险公司的已报案未决赔款准备金评估是否具有一致性，首先需要了解表7-9和表7-10中数据的具体含义。

例如，表7-9的第一行表示2017年1月生效的保单在第0进展月（保单生效当

---

① 进展月是指赔款实际支付月与事故发生月之间相隔的月数。

月）的累计已付赔款为 1001 万元，第 1 进展月（2017 年 2 月）的累计已付赔款为 1855 万元，第 2 进展月（2017 年 3 月）的累计已付赔款为 2423 万元，第 3 进展月（2017 年 4 月）的累计已付赔款为 2988 万元，第 4 进展月（2017 年 5 月）的累计已付赔款为 3335 万元，第 5 进展月（2017 年 6 月）的累计已付赔款为 3483 万元，最后一列是精算师基于经验数据估计得到的 2017 年 1 月生效保单的赔款最终值 3717 万元；表 7-9 的第二行表示 2017 年 2 月生效的天气指数保险保单在第 0 进展月（2017 年 2 月）的累计已付赔款为 1113 万元，第 1 进展月（2017 年 3 月）的累计已付赔款为 2103 万元，第 2 进展月（2017 年 4 月）的累计已付赔款为 2774 万元，第 3 进展月（2017 年 5 月）的累计已付赔款为 3422 万元，第 4 进展月（2017 年 6 月）的累计已付赔款为 3844 万元；同理可知表 7-9 中其余各行数据以及表 7-10 中数据的具体含义。

接着，逐一计算各事故月实际需要的准备金数额和公司为天气指数保险所计提的已报案未决赔款准备金与实际需要的准备金的比值。第 1 事故月（2017 年 1 月）的最终赔付额为 3717 万元，由此可根据公式（7.5）计算得出各进展月实际需要的准备金数额，具体数额如表 7-11 所示。

表 7-11　　　　　　　　第 1 事故月各进展月实际需要的准备金数　　　　　（单位：万元）

进展月	0	1	2	3	4	5
最终赔付额（UL）	3717	3717	3717	3717	3717	3717
已付赔款（PC）	1001	1855	2423	2988	3335	3483
实际需要的准备金数额（$V = UL - PC$）	2716	1862	1294	729	382	234

根据表 7-11 中各进展年实际需要的准备金数额，可以计算各进展月已报案未决赔款准备金（RV）与实际需要的准备金（V）的比率（r），具体计算结果如表 7-12 所示。

表 7-12　　　　　　　已报案未决赔款准备金与实际需要的准备金的比率

进展月	0	1	2	3	4	5
RV（1）（万元）	1776	1409	1029	606	384	234
V（2）（万元）	2716	1862	1294	729	382	234
$R = $（1）/（2）× 100%	65.3%	75.6%	79.5%	83.1%	100.5%	100.0%

接着考察第 2 事故月（2017 年 2 月）的情况。第 2 事故月已付赔款（PC）与已报案未决赔款准备金（RV）如表 7-13 所示。

表 7 - 13　　　　　第 2 事故月已付赔款与已报案未决赔款准备金　　　　（单位：万元）

进展月	0	1	2	3	4
PC	1113	2103	2774	3422	3844
RV	2139	1701	1199	809	475

　　第 2 事故月的最终赔款是未知量，可根据第 1 事故月各进展月已报案未决赔款准备金（RV）与实际需要的准备金（V）的比率（r）的进展规律加以估计。在赔付延迟模式稳定假设下，第 4 进展月实际需要的准备金为 473 万元（475/1.005）。由此可知，第 2 事故月最终赔款估计值为 4317 万元（3844 + 473）。

　　根据公式（7.6）计算得出的第 2 事故月假设准备金（HV）结果如表 7 - 14 所示。

表 7 - 14　　　　　　　　　　　假设准备　　　　　　　　　　　（单位：万元）

进展月	0	1	2	3	4
$\hat{UL}$（1）	4317	4317	4317	4317	4317
PC（2）	1113	2103	2774	3422	3844
HV =（1）-（2）	3204	2214	1543	895	473

　　由此可计算得出实际需要的准备金（V）与假设准备金（HV）的比率（r）如表 7 - 15 所示。

表 7 - 15　　　　　　已报案未决赔款准备金与假设准备金的比率

进展月	0	1	2	3	4
RV（1）（万元）	2139	1701	1199	809	475
HV（2）（万元）	3204	2214	1543	895	473
r =（1）/（2）×100%	66.8%	76.8%	77.7%	90.4%	100.4%

　　其他事故月的处理与第 2 事故月一致，具体计算结果见表 7 - 16。

表 7 - 16　　　　　各事故月已报案未决赔款准备金与假设准备金的比率

事故月		进展月						最终赔付估计
		0	1	2	3	4	5	
1	RV（万元）	1776	1409	1029	606	384	234	
	HV（万元）	2716	1862	1294	729	382	234	
	r	65.4%	75.7%	79.5%	83.1%	100.5%	100.00%	3717

续表

事故月		进展月						最终赔付估计
		0	1	2	3	4	5	
2	RV（万元）	2139	1701	1199	809	475		
	HV（万元）	3204	2214	1543	895	473		
	r	66.8%	76.8%	77.7%	90.4%	100.5%		4317
3	RV（万元）	2460	1971	1546	969			
	HV（万元）	3829	2661	1861	1117			
	r	64.2%	74.1%	83.1%	86.8%			5094
4	RV（万元）	3031	2549	1796				
	HV（万元）	4632	3249	2242				
	r	65.4%	78.5%	80.1%				6122
5	RV（万元）	3644	2881					
	HV（万元）	5314	3778					
	r	68.6%	76.3%					7039
6	RV（万元）	3929						
	HV（万元）	5946						
	r	66.1%						7835

其中，比率 r 应用简单平均法计算得出。例如，第 3 事故月第 3 进展月的对应比率 86.8% ＝（83.1% ＋90.4%）/2。

整理表 7-16 中数据可得已报案未决赔款准备金与实际需要的准备金数额（或假设准备金）的比率如表 7-17 所示。

表 7-17　　　已报案未决赔款准备金与实际需要（或假设）准备金的比率

事故月	进展月					
	0	1	2	3	4	5
2017 年 1 月	65.4%	75.7%	79.5%	83.1%	100.5%	100.0%
2017 年 2 月	66.8%	76.8%	77.7%	90.4%	100.5%	
2017 年 3 月	64.2%	74.1%	83.1%	86.8%		
2017 年 4 月	65.4%	78.5%	80.1%			
2017 年 5 月	68.6%	76.3%				
2017 年 6 月	66.1%					

观察表中数据发现，倒数第二个日历月（2017 年 5 月）的比率（带下画线）明显高于其他日历年。这说明已报案未决赔款准备金评估不满足一致性要求，精算工作人

员需要询问理赔部门的具体情况，查明评估一致性变化的原因。调查结果表明，两个月前理赔部门发生人事变动，致使已报案未决赔款准备金评估更为审慎，致使最近两个日历月的已报案未决赔款准备金评估充足度比此前的平均水平高5%。为使已报案未决赔款准备金评估满足一致性要求，需要对已报案未决赔款准备金数据进行调整。调整结果（表中阴影部分）如表7-18所示，其中，调整数据=原始数据×（1+5%）。

表7-18　　　　　　　　修正已报案未决赔款准备金数据　　　　　　　　（单位：万元）

事故月	进展月					
	0	1	2	3	4	5
1	1865	1479	1080	636	384	234
2	2246	1786	1259	809	475	
3	2583	2070	1546	969		
4	3183	2549	1796			
5	3644	2881				
6	3929					

将表7-9和修正已报案未决赔款准备金数据结合起来，重新计算已报案未决赔款准备金与实际需要（或假设）准备金的比率，计算结果如表7-19所示。

表7-19　　已报案未决赔款准备金数据与实际需要（或假设）准备金的修正比率

事故月	进展月					
	0	1	2	3	4	5
1	68.7%	79.5%	83.5%	87.3%	100.5%	100.0%
2	70.1%	80.7%	81.6%	90.4%	100.5%	
3	67.9%	78.5%	84.3%	88.8%		
4	69.9%	80.5%	83.1%			
5	70.8%	79.8%				
6	69.5%					

观察表中数据分析，已报案未决赔款准备金数据修正后所得比率呈现较为稳定的趋势，可以认为使用一致性调整后所得已报案未决赔款准备金预测最终赔付额更为合理。

二　IBNR准备金评估

IBNR准备金是保险公司为在评估日已发生未报案保单赔款所做的资金准备，之所以要对IBNR准备金进行专门估计，是因为IBNR准备金无法像已报案未决赔款准备金一样根据索赔报告记录的信息采用逐案评估方法估计准备金数额，且索赔延迟相对于理赔延迟具有更大的不确定性，故而我国保险监管机构明确规定保险公司不能只是笼统地评估"赔款准备金"或"未决赔款准备金"，而应独立地评估 IBNR 准备金。由于已发生未报案保单赔款的不确定性最高，故而 IBNR 准备金评估工作的技术含量也是赔款责任准备金中最高的，因此对农业保险 IBNR 准备金的评估是农险精算人员最核心的工作。

（一）IBNR 准备金评估方法概述

根据业务的性质和规模，可采用简单比率法或模型进行 IBNR 准备金评估。准备金评估模型又可进一步细分为：确定性模型（deterministic model）、随机模型（stochastic model）和动态模型（dynamic model）。

简单比率法是以某项业务指标的一定比例作为 IBNR 准备金估计值的一种评估方法。常用的业务指标包括已赚保费、已发生赔款、未决赔款估计等。2005 年以前，我国保险公司一直采用简单比例法进行非寿险业务的 IBNR 准备金估计，即按照《保险公司财务制度》第十四条规定，应公司按不超过当年实际赔款支出额的 4% 提取 IBNR 准备金。4% 的比率相当于假定报告延迟的平均期限，为两周（一年有 54 周，2/54 = 4%）。这一规定的实务操作简单易行，但其合理性一直存在争议。

确定性模型忽略赔付过程的随机性，仅通过未来赔款的期望值来确定公司已承保保单未来赔款的最佳估计，确定性模型评估方法主要包括链梯法、案均赔款法、准备金进展法、B - F 法、Cape Cod 法等。

随机模型不仅给出未来赔款的最佳估计值，还能够确定最佳估计的精确度，随机模型主要包括过度离散的泊松分布链梯模型、负二项分布链梯模型、负二项分布的正态近似链梯模型、Mack 模型、Gamma 模型、Hoerl Curve 模型等。随机模型除了解决确定性模型无法衡量评估精确性的缺陷外，还克服了确定性模型中流量三角形局限于正方向的限制。但由于随机模型的监管难度大，随机模型的运用标准还未形成，监管部门和职业组织还没有专门推荐任何具体的随机模型，故而本书不涉及随机模型方面的内容。

确定性模型和随机模型均假定赔款参数不随时间改变的静态模型（static model），而实际上随着环境的变化，需要考虑赔款参数的改变，由此产生了动态模型，目前卡尔曼（Kalman）滤波模型是最主要的动态模型。但目前而言，使用卡尔曼滤波模型进行赔款分析的实务经验还很少，方法可靠性有待考证，故而本书不涉及动态模型方面的内容。

实务中，精算工作人员通常采用确定性模型进行 IBNR 准备金评估。中国银行保险监督管理委员会《保险公司非寿险业务准备金管理办法（试行）》第十四条规定，对于已发生未报案未决赔款准备金，应当根据险种的风险性质、分布、经验数据等因素采用至少下列两种以上的方法进行审慎评估提取：

（1）链梯法；

（2）案均赔款法；

（3）准备金进展法；

（4）B－F法等其他适合的方法。

下述内容除了介绍中国银行保险监督管理委员会推荐的方法外，还将详细介绍Cape Cod法。

（二）链梯法

链梯法是准备金评估工作中应用最为广泛的技术，链梯法假设各事故月赔款延迟模式相对稳定，即不同事故月在同一进展月的累计赔款占最终赔款比率的差异较小。如果未来事故月会延续过去的赔款延迟模式，就可以利用链梯法估计最终赔款。

一般而言，在评估最终赔款时，已付赔款（paid claims）和已报案赔款（reported claims）数据是评估的重要依据，其中已报案赔款是已付赔款和已报案未决赔款准备金之和。基于这两种数据基础，链梯法可细分为基于已付赔款数据的链梯法和基于已报案赔款数据的链梯法。在任何一种数据基础下，链梯法在估计未来赔款时，可用的方法包括链梯比率法和总量比率法（grossing up）。

由于在不同数据基础下，链梯比率法和总量比率法的处理过程并无本质区别，故而下文在介绍基于已付赔款数据链梯法和基于已报案赔款数据链梯法案例时，分别用链梯比率法和总量比率法进行IBNR准备金计算。在此基础上，对链梯法进行一般性描述，以便读者更为深入地理解链梯比率法的基本原理。

1. 基于已付赔款数据的链梯比率法

本小节通过下述案例介绍基于已付赔款数据的链梯比率法的具体操作方法。

例7－5：截至2017年12月31日，某农业保险公司累计已付赔款和已报案未决赔款准备金流量三角形数据分别如表7－20和表7－21所示，请用链梯比率法估计2017年12月31日保险公司应计提的IBNR赔款准备金数额。

表7－20　　　　　　　　　　　　**累计已付赔款数据**　　　　　　　　　　（单位：万元）

事故月	进展月						
	0	1	2	3	4	5	6＋
2017年6月	1001	1855	2423	2988	3335	3483	3717
2017年7月	1113	2103	2774	3422	3844	4036	
2017年8月	1265	2433	3233	3977	4458		
2017年9月	1490	2873	3880	4776			
2017年10月	1725	3261	4370				
2017年11月	1889	3589					
2017年12月	1912						

表 7 – 21　　　　　　　　　　　已报案未决赔款准备金　　　　　　　　　（单位：万元）

事故月	进展月						
	0	1	2	3	4	5	6 +
2017 年 6 月	1776	1409	1029	606	284	234	0
2017 年 7 月	2139	1701	1199	809	475	286	
2017 年 8 月	2460	1971	1546	969	521		
2017 年 9 月	3031	2549	1796	1129			
2017 年 10 月	3644	2881	2154				
2017 年 11 月	3929	3457					
2017 年 12 月	4523						

解：

使用链梯比率法进行 IBNR 准备金评估可分为以下四个步骤。

步骤一：计算各事故月相邻进展月的逐月进展因子。

各事故月相邻进展月的逐月进展因子为各事故月相邻进展月的累计已付赔款数据之间的比率。例如，将第 1 行第 2 列（第 1 进展月）数据除以第 1 行第 1 列（第 0 进展年）对应的数据，即：1855/1001 = 1.853 可得到表 7 – 22 中第 1 列第 1 行的 "0—1" 的逐月进展因子。类似地，其他事故月的逐月进展因子可用相同方法计算得出，计算结果详见表 7 – 22。

表 7 – 22　　　　　　　已付赔款各事故月相邻进展月逐月进展因子

事故月	进展月					
	0—1	1—2	2—3	3—4	4—5	5—6 +
2017 年 6 月	1.853	1.306	1.233	1.116	1.044	1.067
2017 年 7 月	1.889	1.319	1.234	1.123	1.050	
2017 年 8 月	1.923	1.329	1.230	1.121		
2017 年 9 月	1.928	1.351	1.231			
2017 年 10 月	1.890	1.340				
2017 年 11 月	1.900					

步骤二：应用链梯比率法计算逐月进展因子。

观察表 7 – 22 可以发现，第 1 列 "0—1" 逐月进展因子共有 5 个不同的值，但都在区间 [1.85, 2]，其他列的逐月进展因子值的波动也都较小。由此可以假定各进展月具有较为稳定的赔付延迟模式，故而可通过表 7 – 22 中的数据确定逐月进展因子估计值。

如何根据表 7－22 中的数据得到一个逐月进展因子的估计值是链梯比率法的关键所在，这里主要介绍实务中较为常用的几种方法，包括几何平均值法、原始加权平均法、简单算术平均值法和近三年加权平均法，具体计算结果如表 7－23 所示。

表 7－23　　　　　　　　　　　已付赔款逐月进展因子

事故月	进展月					
	0—1	1—2	2—3	3—4	4—5	5—6 +
2017 年 6 月	1.853	1.306	1.233	1.116	1.044	1.067
2017 年 7 月	1.889	1.319	1.234	1.123	1.050	
2017 年 8 月	1.923	1.329	1.230	1.121		
2017 年 9 月	1.928	1.351	1.231			
2017 年 10 月	1.890	1.340				
2017 年 11 月	1.900					
几何平均值法	1.897	1.329	1.232	1.120	1.047	1.067
原始加权平均法	1.900	1.332	1.232	1.120	1.047	1.067
简单算术平均值法	1.897	1.329	1.232	1.120	1.047	1.067
近三年加权平均法	1.905	1.340	1.231	1.120	1.047	1.067

以"0—1"进展因子为例，介绍前述方法如何计算逐月进展因子。

几何平均值法：$(1.853 \times 1.889 \times 1.923 \times 1.928 \times 1.890 \times 1.900)^{\frac{1}{6}} = 1.897$

原始加权平均法：$\dfrac{1855 + 2103 + 2433 + 2873 + 3261 + 3589}{1001 + 1113 + 1265 + 1490 + 1725 + 1889} = 1.900$

简单算术平均值法：$\dfrac{1.853 + 1.889 + 1.923 + 1.923 + 1.890 + 1.900}{6} = 1.897$

近三年加权平均法：$\dfrac{2873 + 3261 + 3589}{1490 + 1725 + 1889} = 1.905$

注意："累计进展因子"为逐月进展因子平均值的乘积。如几何平均值法下，"5—6 +"表示 1.067，"4—6 +"表示 1.047×1.067，"3—6 +"表示 $1.120 \times 1.047 \times 1.067\cdots$。

步骤三：预测已付赔款流量三角形中下三角部分的数值。

由于采用不同方法估计得到的逐月进展因子平均值不同，本文选取近三年加权平均法计算所得值为例来说明如何运用逐月进展因子平均值预测已付赔款流量三角形的下三角部分。

下面以表 7－20 最后一行（2017 年 12 月所在行）未知数值的预测为例说明计算的具体过程。表 7－20 最后一行共用 7 个数，第一个数为 1912，后六个数未知。

首先估计最后一行第 2 个元素，由于近三年加权平均值法下"0—1"逐月进展因子的平均值为 1.905，这表示 1912 到最后一行第 2 个元素的进展因子也为 1.905，所以最后一行第 2 个元素的预测值为 1912 × 1.905 = 3642。接着估计最后一行第 3 个元素，由于近三年加权平均值法下"1—2"逐月进展因子的平均值为 1.340，因此最后一行第 3 个元素的预测值为 3642 × 1.340 = 4881，等价于以最后一行第一个元素 1912 为基准，连续乘以进展因子以使其达到相应的进展月的结果：1912 × 1.905 × 1.34 = 4881……以此类推，其他计算结果如表 7 – 24 所示。

表 7 – 24 　　　　　　　　　　　累计已付赔款的预测值　　　　　　　　　　　单位：万元

事故月	进展月						最终值
	0	1	2	3	4	5	
2017 年 6 月	1001	1855	2423	2988	3335	3483	**3717**
2017 年 7 月	1113	2103	2774	3422	3844	**4025**	4296
2017 年 8 月	1265	2433	3233	3977	**4456**	4667	4980
2017 年 9 月	1490	2873	3880	**4780**	5352	5606	5982
2017 年 10 月	1725	3261	**4371**	5382	6027	6312	6736
2017 年 11 月	1889	**3599**	4823	5940	6651	6966	7434
2017 年 12 月	**1912**	3642	4882	6012	6732	7050	7524

步骤四：估计未决赔款准备金。

表 7 – 24 的最后一列是对应每个事故年最终赔款估计值，2017 年 12 月相对应的主对角线之和（表 7 – 24 中的黑体数据）为截止评估日的累计已付赔款。未决赔款准备金可以根据每个事故月的最终赔款估计值（最后一列）减去截止评估日的累计已付赔款进行估计。应用前述的赔款数据，IBNR 准备金的估计结果如表 7 – 25 所示。

表 7 – 25 　　　　　　　　　　　*IBNR* 准备金的估计值　　　　　　　　　　　单位：万元

事故月	最终赔款	已付赔款	未决责任准备金	已报案未决赔款准备金	IBNR 准备金
	（1）	（2）	（3） = （1） - （2）	（4）	（5） = （3） - （4）
2017 年 6 月	3717	3717	0	0	0
2017 年 7 月	4296	4025	270	286	0
2017 年 8 月	4980	4456	525	521	4
2017 年 9 月	5982	4780	1202	1129	73
2017 年 10 月	6736	4371	2365	2154	211
2017 年 11 月	7434	3599	3835	3457	378
2017 年 12 月	7524	1912	5612	4523	1089
合计	40669	26859	13810	12070	1756

表7-20到表7-25是链梯比率法评估IBNR准备金的完整过程。观察计算过程可以发现，步骤二即计算逐月进展准备金的平均值是链梯法的关键。这是由于步骤二决定了逐月进展因子的大小，而逐月进展因子的微小变动会致使未决赔款准备金的估计值发生很大变化。

2. 基于已报案赔款数据的总量比率法

已报案赔款数据是已付赔款和已报案未决赔款准备金之和，故而基于已报案赔款得到最终赔款估计值后，减去已报案赔款数据，所得结果即为IBNR准备金。本小节将通过下述案例说明总量比率法的具体计算步骤。

例7-6：截至2017年12月31日，某农业保险公司累计已付赔款和已报案未决赔款准备金流量三角形仍为表7-20和表7-21，请用总量比率法估计2017年12月31日保险公司应计提的IBNR赔款准备金数额。

解：

将表7-20和表7-21中对应数据相加可得已报案赔款数据流量三角形如表7-26所示。

表7-26　　　　　　　　　　　　已报案赔款数据　　　　　　　　　　　单位：万元

事故月	进展月						
	0	1	2	3	4	5	6+
2017年6月	2777	3264	3452	3594	3619	3717	3717
2017年7月	3252	3804	3973	4231	4319	4322	
2017年8月	3725	4404	4779	4946	4979		
2017年9月	4521	5422	5676	5905			
2017年10月	5369	6142	6524				
2017年11月	5818	7046					
2017年12月	6435						

使用总量比率法进行IBNR准备金评估可分为以下三个步骤。

步骤一：总量因子确定。

总量因子为已报案赔款占最终赔款的比例。根据已报案赔款数据得到总量因子的估计值是总量比率法的关键所在，下文将在一般性描述部分介绍计算总量因子的多种方法。由于表7-26中只有事故月为2017年6月的已报案赔款数据进展完全，故而本例中采用第一事故年法计算总量因子，即以第一事故年各进展年的累积赔款占最终赔款的比例作为总量因子。例如，将表7-26中2017年6月事故月第5进展月数据除以第6进展月对应的数据，即：3717/3717 = 1可得到表7-27中第一列

"0" 进展月的总量因子。类似地，其他进展月的总量因子可用相同方法计算得出，计算结果详见表 7 - 27。

表 7 - 27   **已报案赔款总量因子**

进展月	0	1	2	3	4	5	6 +
总量因子	0.74712	0.87813	0.92871	0.96691	0.97364	1	1

步骤二：预测已报案赔款流量三角形中下三角部分的数值。

下面以表 7 - 26 最后一行（2017 年 12 月所在行）未知数值的预测为例说明计算的具体过程。表 7 - 26 最后一行共用 7 个数，第一个数为 6435，后六个数未知。

首先，估计事故月 2017 年 12 月的已报案赔款最终值，也即最后一行的最后一个元素。由表 7 - 27 知进展月 0 的总量因子为 0.74712，所以最后一个元素也即事故月 2017 年 12 月的已报案赔款的最终估计值为 $\frac{6435}{0.74712} = 8613$。接着，估计最后一行第二个元素，由于进展月 1 的总量因子为 0.87813，因此最后一行第 2 个元素的预测值为 $8613 \times 0.87813 = 7564$，以此类推，将各进展月的总量因子与 8613 相乘即可得事故月 2017 年 12 月在各进展月的已报案赔款预测值。

对于其他事故月也采取先计算该事故月最终赔款，将所得最终赔款与相应总量因子相乘，由此预测已报案赔款流量三角形中下三角部分的数值，所得结果详见表 7 - 28。

表 7 - 28   **已报案赔款的预测值**   单位：万元

事故月	进展月						
	0	1	2	3	4	5	6 +
2017 年 6 月	2777	3264	3452	3594	3619	3717	**3717**
2017 年 7 月	3252	3804	3973	4231	4319	**4322**	4322
2017 年 8 月	3725	4404	4779	4946	**4979**	5114	5114
2017 年 9 月	4521	5422	5676	**5905**	5946	6107	6107
2017 年 10 月	5369	6142	**6524**	6792	6840	7025	7025
2017 年 11 月	5818	**7046**	7452	7758	7812	8024	8024
2017 年 12 月	**6435**	7564	7999	8328	8386	8613	8613

步骤三：IBNR 准备金估计。

表 7 - 28 的最后一列是对应每个事故年最终赔款估计值，2017 年 12 月相对应的主对角线元素之和（表 7 - 28 中的黑体数据）为截止评估日的已报案赔款。IBNR 准备金

可以根据每个事故月的最终赔款估计值（最后一列）减去截至评估日的累计已付赔款进行估计。应用前述的赔款数据，IBNR 准备金的估计结果如表 7-29 所示，即在 2017 年 12 月，保险公司应计提的 IBNR 准备金为 1756 万元。

表 7-29　　　　　　　　　　　IBNR 准备金的估计值　　　　　　　　　　单位：万元

事故月	最终赔款	已报案赔款	IBNR 准备金
	(1)	(2)	(3) = (1) - (2)
2017 年 6 月	3717	3717	0
2017 年 7 月	4322	4322	0
2017 年 8 月	5114	4979	135
2017 年 9 月	6107	5905	202
2017 年 10 月	7025	6524	501
2017 年 11 月	8024	7046	978
2017 年 12 月	8613	6435	2178
合计	42922	38928	3994

表 7-27 到表 7-29 是总量比率法评估 IBNR 准备金的完整过程。观察计算过程可以发现，总量因子的确定是链梯法的关键，总量因子的微小变动会致最终赔款的估计值发生很大变化，从而导致 IBNR 准备金的估计值发生很大变化。

3. 链梯法的一般性描述

将前文中的具体数据抽象为字母，可以得到流量三角形的一般形式，在此基础上，下面将基于已付赔款流量三角形和已报案赔款流量三角形的一般形式进行链梯法的一般性描述。

（1）基于已付赔款的链梯法

累计已付赔款流量三角形的一般形式如表 7-30 所示，表中列表示事故发生月，行表示进展月，交叉项元素 $C_{n,m}$ 表示第 n 事故发生月在第 m 进展月的累计已付赔款。

表 7-30　　　　　　　　　　累计已付赔款流量三角形的一般形式

事故月	进展月					
	0	1	2	3	…	$n-1$
1	C_{10}	C_{11}	C_{12}	C_{13}	…	$C_{1,n-1}$
2	C_{20}	C_{21}	C_{22}	C_{23}	…	
3	C_{30}	C_{31}	C_{32}	C_{33}	…	
…	…	…	…	…		
n	C_{n0}					

链梯法需要做的是基于表7-30中上三角的已知数据估计出下三角的数值，特别是要估计出最后一列的数值，即每个事故月在评估时点的最终赔款 $\{C_{i,n-1}:i = 2,3,\cdots,n\}$。

A. 链梯比率法的基本步骤如下：

步骤一：计算相邻进展月的进展因子。对于第 i 个事故月而言，从第 $j-1$ 个进展月到第 j 个进展月的逐月进展因子 $r_{i,j}$ 为：

$$r_{i,j} = \frac{C_{i,j}}{C_{i,j-1}} \tag{7.7}$$

计算结果如表7-31所示。

表7-31 各事故月逐月进展因子的一般形式

事故月	进展月					
	0—1	1—2	2—3	3—4	...	$(n-2)-(n-1)$
1	r_{11}	r_{12}	r_{13}	r_{14}	...	$r_{1,n-1}$
2	r_{21}	r_{22}	r_{23}	r_{24}	...	
3	r_{31}	r_{32}	r_{33}	r_{34}	...	
...	...	...	...	...		
$n-1$	$r_{n-1,1}$					

步骤二：以表7-30和表7-31为基础，得到逐月进展因子的选定值。计算逐月进展因子有许多方法，本书主要介绍几何平均值法、原始加权平均法、简单算术平均值法和近三年加权平均法。$\hat{m}_j$ 表示赔款从第 $j-1$ 月到第 j 月的逐月进展因子，原始加权平均法、简单算术平均值法和近三年加权平均法计算 $\hat{m}_j$ 的公式如下所示。

几何平均值法下的计算公式为：

$$\hat{m}_j = \sqrt[n-j]{\prod_{i=1}^{n-j} r_{ij}} \tag{7.8}$$

原始加权平均法下的计算公式为：

$$\hat{m}_j = \frac{\sum_{i=1}^{n-j} C_{ij}}{\sum_{i=1}^{n-j} C_{i,j-1}} \tag{7.9}$$

简单算术平均值法下的计算公式为：

$$\hat{m}_j = \frac{\sum_{i=1}^{n-j} r_{i,j}}{n-j} \tag{7.10}$$

近三年加权平均法下的计算公式为：

$$\hat{m}_j = \frac{\sum_{i=1}^{n-j} r_{i,j}}{n-j} \tag{7.11}$$

在实务中，精算师根据农业保险业务的具体特征，参考各种计算结果综合考虑各种影响，确定逐月进展因子的选定值，如表7-32所示。

表7-32 逐月进展因子的选定

进展月	0—1	1—2	2—3	3—4	…	$(n-2)$ — $(n-1)$
选定值	m_1	m_2	m_3	m_4	…	m_{n-1}

步骤三：估计每个事故月的最终赔款。

$$\hat{C}_{i,n-1} = C_{i,n-i} \times \prod_{j=n-i+1}^{n-1} m_j \tag{7.12}$$

上式中，进展因子m_j的连乘因子称为累计进展因子（cumulative factor, age-to-ultimate ratio）。

步骤四：估计每个事故年的IBNR准备金。

得出最终赔款估计后，IBNR准备金的计算就变得十分简单，IBNR准备金可通过最终赔款扣除已付赔款与已报案未决赔款准备金之和计算得出。最终赔款$\hat{C}_{i,n-1}$、已付赔款$C_{i,n-i}$和已报案未决赔款准备金$RV_{i,n-i}$均已知，则第i事故年的IBNR准备金的计算公式可表示为：

$$IBNR_i = \hat{C}_{i,n-1} - C_{i,n-i} - RV_{i,n-i} \tag{7.13}$$

B. 总量比率法的基本步骤如下：

步骤一：以表7-30为基础，得到总量进展因子的选定值。计算总量因子有许多方法，本书主要介绍第一事故月法、早期事故月法、早期事故月最低值法、事故月平均值法和事故月最低值法。

第一事故月法是指以第一事故月累计已付赔款占最终赔款的比率$\dfrac{C_{1,n}}{C_{1,n-1}}$作为事故总量因子$\hat{g}_i$估计值。

早期事故月法需要获取早期事故月的详细数据，且早期事故年的数据显示各进展年具有基本一致的延迟赔付模式。在此基础上，各事故月的总量因子是早期事故年每一进展年累计赔款占最终赔款比率的算术平均值。

早期事故月最低值法选取赔款进展完全事故年的各进展月累计赔款占最终赔款比率，最低值作为每一事故年的总量因子。

事故月平均值法计算总量因子的步骤为：

（1）确定选择的近期事故月个数 n；

（2）计算第 1 事故月在各进展月累计赔款占最终赔款的比率 $P_{1,j} = \dfrac{C_{1,j}}{P_{1,n-2}}$ （$j = 0, 2,$ $\cdots, n-1$），将 $P_{1,n-1}$ 作为第 $n-2$ 进展月的总量因子 $\hat{g}_{n-2}$ 的估计值；

（3）第 2 事故月的最终赔款估计值 $\hat{C}_{2,n-1} = \dfrac{C_{2,n-2}}{\hat{g}_{n-2}}$，在此基础上可求第 2 事故月各进展月累积赔款占最终赔款的比率 $P_{2,j} = \dfrac{C_{2,j}}{\hat{C}_{2,n-1}}$ （$j = 0, 2, \cdots, n-2$），将 $\dfrac{P_{1,n-1} + P_{2,n-2}}{2}$ 作为第 $n-3$ 进展月总量因子 $\hat{g}_{n-3}$ 估计值；

（4）依此类推可得到其余各进展月总量因子，下面以第 i 个进展月总量因子的计算为例说明进行一般性描述，第 $n-i$ 个事故月的最终赔款的估计值 $\hat{C}_{n-i,i+1} = \dfrac{C_{n-i,i}}{\hat{g}_{n-i}}$，在此基础上可求得第 $n-i$ 个事故月各进展月累计赔款占最终赔款的比率 $P_{i,j}$，将 $\dfrac{\sum\limits_{r=1}^{n-i} P_{r,n-i}}{n-i}$ 作为第 i 进展月总量因子 $\hat{g}_i$ 估计值。

事故月最低值法与事故月平均值法类似，只是选取总量因子时，事故年最低值法选取所有事故月在该进展月累计赔款与最终赔款比率中的最低值作为总量因子，例如某农险公司的精算人员计算得出该公司第 1 事故月在倒数第三个日历月的累计赔款占最终赔款的 80%，第 2 事故月在倒数第二个日历月的累计赔款占最终赔款的 75%，则事故月最低值法将选取 0.75 作为第 3 进展月的总量因子。

上述五种介绍总量因子的方法中，第一种方法操作简单，但估计结果较为粗略，可靠性不高；第二种和第三种方法依赖于过去的经验，一旦近期的延迟赔付模式发生较大改动，这两种方法得出的结果会产生较大偏差；第四种和第五种方法强调近年来的赔付模式。实务中，具体采用哪种计算方法主要取决于计算结果可靠性与审慎性的要求、精算人员的经验和对最近事故年延迟赔付模式的了解与掌握情况。精算人员根据各种计算结果综合考虑各种影响，确定总量因子的选定值，如表 7 – 33 所示。

表 7 – 33　　　　　　　　　　　总量因子的选定

进展月	0	1	2	3	…	$n-1$
选定值	g_0	g_1	g_2	g_3	…	g_{n-1}

步骤二：总量因子选定后，依据选定值可根据如下公式估计每个事故月的最终赔款。

$$\hat{C}_{i,n-1} = \frac{C_{i,n-i}}{g_{n-i}} \tag{7.14}$$

步骤三：估计每个事故年的 IBNR 准备金。由于步骤二计算得出最终赔款 $\hat{C}_{i,n-1}$，而已付赔款 $C_{i,n-1}$ 和已报案未决赔款准备金 $RV_i,_{n-i}$ 为已知数据，故而可根据公式（7.13）得到 IBNR 准备金。

C. 链梯比率法与总量比率法的关系

链梯比率法假设各进展年相互独立且各进展年的赔款成比例，通过计算逐年进展因子和最终累计进展因子来估计未来赔款。总量比率法则假设各进展年累计赔款占最终赔款的比重相对稳定，通过计算总量因子来估计未来赔款。本质上，这两种比率方法是从两个不同的角度来反映同一赔付的延迟模式。

链梯比率法下，每个事故年的最终赔款（UL）为：

$$UL = \prod m_j \times C \tag{7.15}$$

总量比率法下，每个事故年的最终赔款（UL）为：

$$UL = C/g \tag{7.16}$$

因此，理论推导结果表明最终进展因子与总量因子互为倒数。但 $\prod m_j$ 和 g 的实际计算结果并不是完全严格地互为倒数，所以链梯比率法和总量比例法估计得出的最终赔款额并不完全相同。实务中，具体选择哪种方法取决于精算人员对所使用模型的计算精度、适合性、可靠性、稳定性、审慎水平及特定的内外部环境等诸多因素的考虑。链梯模型中进展因子的选取主要依赖于精算师的职业判断，主观性较强。

（2）基于已报案赔款的链梯法

已付赔款数据虽然客观性较强，但是它忽略了包括已报案未决赔款准备金数据在内的其他数据信息，此外，如果延迟赔付模式、赔付进展因子波动较大，基于已付赔款数据的准备金估计会因为理赔速度的变化而产生较大偏差。基于累计已报案赔款流量三角形的已报案赔款数据的链梯模型如表 7-34 所示，表中列表示事故发生月，行表示进展月，交叉项元素 $RC_{n,m}$ 表示第 n 事故发生月在第 m 进展月的累计已报案赔款。

表 7-34　　　　　　　　　　累积已报案未决赔款准备金数据

事故月	进展月					
	0	1	2	3	…	$n-1$
1	RC_{10}	RC_{11}	RC_{12}	RC_{13}	…	$RC_{1,n-1}$
2	RC_{20}	RC_{21}	RC_{22}	RC_{23}	…	
3	RC_{30}	RC_{31}	RC_{32}	RC_{33}	…	
…	…	…	…	…		
n	$RC_{n,0}$					

已报案赔款是已付赔款与已报案未决赔款准备金之和，既包含已付赔款信息，又包含未决赔款信息，可用如下公式表示：

$$RC = C + RV \tag{7.17}$$

式中，RC 表示累计已报案赔款，C 表示累计已付赔款，RV 表示已报案未决赔款准备金。

估计已报案赔款时使用已报案未决赔款准备金，虽然带有理赔人员的个人观点，缺乏完全的客观性，但已报案未决赔款准备金在已报案赔款的评估过程中却极为重要。尤其是对长尾业务，早期的赔款可能仅占最终赔款的比例可能很小，使用已付赔款数据的估计结果必然低于最终赔款的实际值。因此仅使用已付赔款数据并不能准确地估计长尾业务的未决赔款准备金。

基于已报案赔款数据的链梯法在估计未决赔款准备金时，需假设：（1）理赔模式稳定；（2）赔案报告模式稳定；（3）已报案未决赔款准备金的估计具有一致性。

实质上，基于已报案赔款数据使用链梯比例法和总量比率法估计最终赔款的过程，与基于已付赔款进行估计的过程并无本质区别，在此就不再赘述。得到最终赔款的估计值后，由于已报案赔款为已知数据，故而第 i 事故年 IBNR 准备金的计算公式为：

$$IBNR_i = \hat{C}_{i,n-1} - RC_{i,n-i} \tag{7.18}$$

链梯法基于已报案赔款（已付赔款和已报案未决赔款准备金之和）、已付赔款数据估计最终赔款两种数据估计最终赔款，但这种方法在估计最终赔款时，仅考虑了赔款额的货币价值，忽略了赔案数目这一重要信息。在通货膨胀率较高，且波动剧烈的情况下，采用这种方法必然会歪曲最终赔款估计，从而导致 IBNR 准备金估计结果偏差较大。

（三）案均赔款法

假设案均赔款及相应的赔款数目的流量模式前后具有一致性，根据这一规律可基于已付赔款数据和已报案赔款数据分别估计未来的案均赔款和相应的赔案数目，两者的乘积即为未来最终赔款。在评估未来案均赔款时，已付赔款、已处理赔案数目（number settled，NS）和已报案赔款、已报案赔款数目（number reported，NR）是评估的重要依据，基于这两类赔款赔案数目，案均赔款法可细分为已付案均赔款法和已报案案均赔款法（reported average claims projection）。

由于案均赔款法估计最终案均赔款以及最终赔案数的过程与链梯法估计最终赔款的过程无本质区别，故而下文从一般性描述入手介绍已付赔款法和已报案案均赔款法，在此基础上，通过已报案案均赔款案例加深读者对案均赔款法的理解。

1. 已付案均赔款法的一般性描述

已付案均赔款（paid average，PA）为已付赔款与已处理赔案数目的比值，这个定义看似简单，但在实务中，赔款和赔案数目的定义并不总是完全一致的。如果赔案均已完全支付，那么分子、分母彼此一致，但是当赔案中存在部分赔案时，这种差异可能会造成估计值的偏差，故而评估人员需要进行必要的调整。调整方法主要包括以下两种：

（1）如果部分赔案赔款在总赔款中所占比例较小，可忽略部分赔案的影响，直接用公式计算得到已付案均赔款；

（2）如果数据可获得，则分子为已付赔款，部分赔案可作为一个整体从分子赔款总额和分母赔案数目中扣除，应用调整后数值即可计算得到已付案均赔款。

根据实际数据情况，计算得到各事故月在各进展月的累计已付案均赔款流量三角形如表 7-35 所示，流量表中 $PA_{i,j}$ 表示第 i 事故年在第 j 进展年的累计已付案均赔款。

表 7-35　　　　　　　　　　　　　　　　累计已付案均赔款

事故月	进展月					
	0	1	2	3	…	$n-1$
1	PA_{10}	PA_{11}	PA_{12}	PA_{13}	…	$PA_{1,n-1}$
2	PA_{20}	PA_{21}	PA_{22}	PA_{23}	…	
3	PA_{30}	PA_{31}	PA_{32}	PA_{33}	…	
…	…	…	…	…		
n	$PA_{n,0}$					

赔款次数数据流量三角形如表 7-36 所示，流量表中 $NS_{i,j}$ 表示第 i 事故年在第 j 进展年的累计处理赔案数目。

表 7-36　　　　　　　　　　　　　　　　累计已处理赔案数目

事故月	进展月					
	0	1	2	3	…	$n-1$
1	NS_{10}	NS_{11}	NS_{12}	NS_{13}	…	$NS_{1,n-1}$
2	NS_{20}	NS_{21}	NS_{22}	NS_{23}	…	
3	NS_{30}	NS_{31}	NS_{32}	NS_{33}	…	
…	…	…	…	…		
n	$NS_{n,0}$					

基于累计已付案均赔款流量三角形和累计已处理赔案数目流量三角形中的数据，运用前述链梯比率法或者总量比率法得出最终已付案均赔款估计值 $\widehat{PA}_{i,n-1}$ 和最终赔款次数估计值 $\widehat{NS}_{i,n-1}$，显然第 i 事故年最终赔款的估计值 $\widehat{C}_{i,n-1}$ 可由下式计算得出：

$$\hat{C}_{i,n-1} = \hat{P}A_i\,_{,n-1} \times \hat{N}S_{i,n-1} \tag{7.19}$$

得到最终赔款的估计值后，可根据公式（7.13）计算 IBNR 准备金。

2. 已报案案均赔款法的一般性描述

已报案案均赔款流量三角形如表 7-37 所示，流量表中 $RCA_{i,j}$ 表示第 i 事故月在第 j 进展月的已报案案均赔款。

表 7-37　　　　　　　　已报案案均赔款

事故月	进展月					
	0	1	2	3	…	$n-1$
1	RCA_{10}	RCA_{11}	RCA_{12}	RCA_{13}	…	$RCA_{1,n-1}$
2	RCA_{20}	RCA_{21}	RCA_{22}	RCA_{23}	…	
3	RCA_{30}	RCA_{31}	RCA_{32}	RCA_{33}	…	
…	…	…	…	…		
n	$RCA_{n,0}$					

赔款次数数据流量三角形如表 7-38 所示，流量表中 $NRC_{i,j}$ 表示第 i 事故月在第 j 进展月的累积处理赔案数目。

表 7-38　　　　　　　　已报案赔案数目

事故月	进展月					
	0	1	2	3	…	$n-1$
1	NRC_{10}	NRC_{11}	NRC_{12}	NRC_{13}	…	$NRC_{1,n-1}$
2	NRC_{20}	NRC_{21}	NRC_{22}	NRC_{23}	…	
3	NRC_{30}	NRC_{31}	NRC_{32}	NRC_{33}	…	
…	…	…	…	…		
n	$NRC_{n,0}$					

基于累计已付案均赔款流量三角形和累计已处理赔案数目流量三角形中的数据，运用前述链梯比率法或者总量比率法得出最终已付案均赔款估计值 $\hat{R}CA_i\,_{,n-1}$ 和最终赔款次数估计值 $\hat{N}RC_{i,n-1}$，显然第 i 事故年最终赔款的估计值 $\hat{C}_{i,n-1}$ 可由下式计算得出：

$$\hat{C}_{i,n-1} = \hat{R}CA_i\,_{,n-1} \times \hat{N}RC_{i,n-1} \tag{7.20}$$

得到最终赔款的估计值后，可根据公式（7.18）计算 IBNR 准备金。

3. 已报案案均赔款法案例

例 7-7：A 农业保险公司已报案赔案数和已报案案均赔款流量三角形分别如

表7-39和表7-40所示，请用已报案案均赔款法计算A农险保险公司在该评估时点应准备的IBNR准备金。

表7-39 累积已报案赔案数目

事故月	进展月					
	1	2	3	4	5	6
2017 年 1 月	414	460	482	488	492	494
2017 年 2 月	453	506	526	536	539	
2017 年 3 月	494	548	572	582		
2017 年 4 月	530	588	615			
2017 年 5 月	545	605				
2017 年 6 月	557					

表7-40 已报案案均赔款

事故月	进展月					
	1	2	3	4	5	6
2017 年 1 月	6.708	7.096	7.162	7.365	7.559	7.524
2017 年 2 月	7.179	7.518	7.553	7.894	8.013	
2017 年 3 月	7.540	8.036	8.355	8.498		
2017 年 4 月	8.530	9.221	9.229			
2017 年 5 月	9.851	10.152				
2017 年 6 月	10.445					

解：

首先，基于表7-39和表7-40中的数据进行最终已报案案均赔款预测。最终已报案案均赔款的估计可运用链梯比率法或总量比率法。本例中运用总量比率法，用事故月平均值法计算总量因子。具体估计结果如表7-41所示。

表7-41 最终已报案案均赔款的估计

事故月	进展月						最终已报案案均赔款
	1	2	3	4	5	6	
2017 年 1 月	6.708	7.096	7.162	7.365	7.559	7.524	7.524
	0.891	0.943	0.952	0.979	1.005	<u>1.000</u>	
2017 年 2 月	7.179	7.518	7.553	7.894	8.013		7.976
	0.900	0.943	0.947	0.990	<u>1.005</u>		

续表

事故月	进展月						最终已报案案均赔款
	1	2	3	4	5	6	
2017 年 3 月	7.540	8.036	8.355	8.498			8.635
	0.873	0.931	0.968	0.984			
2017 年 4 月	8.530	9.221	9.229				9.659
	0.883	0.955	0.955				
2017 年 5 月	9.851	10.152					10.769
	0.915	0.943					
2017 年 6 月	10.445						11.703
	0.893						

上表中，带下画线的数字为总量因子。根据总量因子即可计算得到最终已报案案均赔款。

其次，基于表 7 - 39 中数据进行最终已报案赔案数目预测。最终已报案赔案数目也可运用链梯比率法或总量比率法进行估计。这里还是使用总量比率法，用事故月平均值法计算总量因子。具体估计结果如表 7 - 42 所示。

表 7 - 42　　　　　　　　　最终已报案赔案数目的估计

事故月	进展月						最终已报案赔案数
	1	2	3	4	5	6	
2017 年 1 月	414	460	482	488	492	494	494
	0.838	0.931	0.976	0.988	0.996	1.000	
2017 年 2 月	453	506	526	536	539		541
	0.837	0.935	0.972	0.990	0.996		
2017 年 3 月	494	548	572	582			588
	0.840	0.931	0.972	0.989			
2017 年 4 月	530	588	615				632
	0.839	0.931	0.973				
2017 年 5 月	545	605					649
	0.840	0.932					
2017 年 6 月	557						664
	0.839						

上表中，带下画线的数字为总量因子。根据总量因子即可计算得到最终已报案赔案数目。

最后，进行最终赔款和未决赔款准备金预测。最终赔款等于最终已报案案均赔款与最终已报案赔案数目的乘积，IBNR 准备金等于最终赔款与事故年已报案赔款之间的差值，由此可基于表 7 – 41 和表 7 – 42 中相应数据计算最终赔款，基于表 7 – 39 和表 7 – 40 中数据计算得出评估时点各事故年的累计已报案赔款，在此基础上即可计算得出 IBNR 准备金，计算结果如表 7 – 43 所示。

表 7 – 43　　　　　　　　　已报案案均赔款法下 IBNR 准备金评估

事故月	最终已报案案均赔款	最终已报案赔案数	最终赔款	累计已报案赔款	IBNR 准备金
	（1）	（2）	（3）＝（1）×（2）	（4）	（5）＝（3）－（4）
2017 年 1 月	7.524	494	3717	3717	0
2017 年 2 月	7.976	541	4317	4319	－2
2017 年 3 月	8.635	588	5081	4946	135
2017 年 4 月	9.659	632	6104	5676	428
2017 年 5 月	10.769	649	6990	6142	848
2017 年 6 月	11.703	664	7773	5818	1955

表 7 – 43 中最后一列的总和为 3363，也即 A 农险公司在评估时点应计提的 IBNR 准备金。需要注意的是，事故月 2017 年 2 月的 IBNR 准备金为负数，这说明为该事故月计提的已报案未决赔款准备金过多。

（四）准备金进展法

链梯法和案均赔款法都没有考虑已付赔款和已报案未决赔款准备金的关系，而准备金进展法正是通过分析已付赔款与已报案未决赔款准备金之间的关系估计 IBNR 准备金。

在介绍准备金进展法前需要介绍两个重要的比率——准备金进展率和准备金支付率。

准备金进展率考察的是已报案未决赔款准备金的进展情况，某一事故月在第 i 进展月的已报案未决赔款准备金 RV_i 在下一进展月（$i+1$）将有一部分转变为已付赔款 C_{i+1}，另一部分仍为已报案未决赔款准备金 RV_{i+1}。准备金进展率（CED）就是用来衡量这一进展的比率，具体计算公式为：

$$CED_{i\sim i+1} = \frac{RV_{i+1} + C_{i+1}}{RV_i} \tag{7.21}$$

准备金支付率（PO）考察的是各进展月间的未决赔款准备金对赔款的充足率，即已付赔款占已报案未决赔款准备金的比率，具体计算公式为：

$$PO_{i \sim i+1} = \frac{C_{i+1}}{RV_i} \tag{7.22}$$

接下来以增量已付赔款数据表 7 - 44 和表 7 - 45 中的已报案未决赔款准备金数据为例，介绍准备金进展法。

表 7 - 44　　　　　　　　　　增量已付赔款数据

事故月	进展月					
	0	1	2	3	4	5
1	1001	854	568	565	347	234
2	1113	990	671	648	422	
3	1265	1168	800	744		
4	1490	1383	1007			
5	1725	1536				
6	1889					

表 7 - 45　　　　　　　　　　已报案未决赔款准备金数据

事故月	进展月					
	0	1	2	3	4	5
1	1776	1409	1029	606	384	234
2	2139	1701	1199	809	475	
3	2460	1971	1546	969		
4	3031	2549	1796			
5	3644	2881				
6	3929					

应用准备金进展法估计 IBNR 准备金的具体步骤如下：

1. 估计准备金进展率和准备金支付率

根据公式（7.21）可得到准备金进展率计算结果如表 7 - 46 所示。

表 7 - 46　　　　　　　　　　准备金进展率

事故月	进展月				
	0—1	1—2	2—3	3—4	4—5
1	1.2742	1.1334	1.1380	1.2063	1.2188
2	1.2581	1.0994	1.2152	1.1088	
3	1.2760	1.1903	1.1080		

续表

事故月	进展月				
	0—1	1—2	2—3	3—4	4—5
4	1.2973	1.0996			
5	1.2121				
简单平均法	1.2635	1.1307	1.1537	1.1575	1.2188

例如，事故月 3 在进展月 1 和进展月 2 的已报案未决赔款准备金分别为 1971、1546，在第 3 进展月的支付额为 800，准备金进展率 $CED = （800 + 1546）/1971 = 1.1903$。需要指出的是，若 $CED = 1$，则表明进展月月初的已报案未决赔款准备金用于支付本月赔款之后，剩余部分恰好全部转为本月末的已报案未决赔款准备金；若 $CED > 1$，则表明月初已报案赔款准备金不充足；若 $CED < 1$，则表明年初已报案赔款准备金过多。

一般来说，早期月进展的 CED 比率大于后期进展月 CED 比率，其原因主要是随着赔案理赔过程的不断发展，关于赔案的信息累积越来越多，因而能估计出更为合理和准确的已报案未决赔款准备金。

实务中选定准备金进展率时需要考虑多种因素，本文仅以准备金进展率的平均值作为选定准备金进展率为例介绍准备金进展法。进展月 1—2 的选定准备金进展率为 $（1.1334 + 1.0994 + 1.1903 + 1.0996）/4 = 1.1307$。

根据公式（7.22）可得到准备金支付率计算结果如表 7 - 47 所示。

表 7 - 47　　　　　　　　　　　　**准备金支付率**

事故月	进展月				
	0—1	1—2	2—3	3—4	4—5
1	0.4809	0.4031	0.5491	0.5726	0.6094
2	0.4628	0.3945	0.5405	0.5216	
3	0.4748	0.4059	0.4812		
4	0.4563	0.3951			
5	0.4215				
简单平均法	0.4593	0.3996	0.5236	0.5471	0.6094

例如，事故月 3 在第 1 进展月的已报案未决赔款准备金分别为 1971，在第 2 进展月的支付额为 800，准备金进展率 $PO = 800/1971 = 0.4059$。

这里使用简单平均法来选定准备金支付率，进展月 1—2 的选定准备金支付率为

（0.4031 + 0.3945 + 0.4059 + 0.3951）/4 = 0.3996。

2. 最终赔款的估计

选定 CED 比率和 PO 比率后，可根据 CED 比率和 PO 比率估计得出未来已报案未决赔款准备金及已付赔款。未来已报案未决赔款准备金可根据下述公式计算得出：

$$RV_{i+1} = RV_i(CED_{i\sim i+1} - PO_{i\sim i+1}) \tag{7.23}$$

根据公式（7.23），未来已报案未决赔款准备金估计结果如表 7 - 48 所示。

表 7 - 48 已报案未决赔款准备金估计

事故月	进展月					
	0	1	2	3	4	5
1	1776	1409	1029	606	384	234
2	2139	1701	1199	809	475	289
3	2460	1971	1546	969	591	360
4	3031	2549	1796	1132	691	421
5	3644	2881	2106	1327	810	494
6	3929	3160	2310	1456	889	541

未来已付赔款可根据下述公式计算得出：

$$C_{i+1} = RV_i \times PO_{i\sim i+1} \tag{7.24}$$

根据公式（7.24），未来增量已付赔款估计结果如表 7 - 49 所示。

表 7 - 49 未来增量已付赔款的估计

事故月	进展月					
	0	1	2	3	4	5
1	1001	854	568	565	347	234
2	1113	990	671	648	422	289
3	1265	1168	800	744	530	360
4	1490	1383	1007	940	619	421
5	1725	1536	1151	1103	726	494
6	1889	1804	1263	1210	796	541

根据未来增量已付赔款计算得到各事故月度累计已付赔款流量三角形，进而计算得出最终赔款金额。计算结果如表 7 - 50 所示。

表 7 - 50　　　　　　　　　　　未来累计已付赔款及最终赔款

事故月	进展月					
	0	1	2	3	4	5
1	1001	1855	2423	2988	3335	3483
2	1113	2103	2774	3422	3844	4133
3	1265	2433	3233	3977	4507	4868
4	1490	2873	3880	4820	5440	5861
5	1725	3261	4412	5515	6241	6735
6	1889	3693	4956	6166	6962	7504

最终总赔款 $\sum UL = 32584$；已付赔款 $\sum C = 20334$；由此计算得出未决赔款准备金 $\sum UL - \sum C = 12250$。需要特别指出的是，本例中将第 5 进展月视为最终进展月，没有考虑第 5 进展月到最终进展月之间的尾部因子，故而与前述方法未决赔款准备金估计存在较大差异。

3. IBNR 准备金评估

得到最终赔款的估计后，可根据公式（7.13）得到 IBNR 准备金的估计值。在准备金进展法下，IBNR 准备金评估结果如表 7 - 51 所示。

表 7 - 51　　　　　　　　　准备金进展下 IBNR 准备金评估

事故月	UL	C	RV	IBNR
1	3483	3483	234	− 234
2	4133	3844	475	− 186
3	4868	3977	969	− 78
4	5861	3880	1796	185
5	6735	3261	2881	593
6	7504	1889	3929	1686
合计	32583	20334	10284	1965

由表 7 - 50 中的计算结果可知，准备金进展法下得到的 IBNR 准备金估计值为 $\sum (UL - C - RV) = 1965$。

（五）赔付率法

如果能准确知道保险业务的实际赔付率，那么将不需要进行准备金评估。而实际情况下，赔付率具有不确定性，且过去的经验无法准确预测未来的情况。在数据变动较大时过去数据经验不可能提供稳定结果时，过去赔付率经验能够为其他准备金评估方法提供一个基准；在数据不充分，甚至不存在的情况下，赔付率评估结果可以为准备金评估提供参照。

在采用赔付率法计算未决赔款准备金时，可采用真实赔付率法（naive loss ratio method）、已付赔款赔付率法、已报案赔款赔付率法。

1. 赔付率的概念

赔付率可定义为给定业务的最终赔款与相应保费的比率，赔付率的计算公式为：

$$\lambda = \frac{UL}{P} \tag{7.25}$$

式中，λ 表示赔付率，UL 表示最终赔款，P 表示对应保费。

赔付率的定义需注意以下几个方面：保费收入的确认和界定存在争议，究竟是选择已赚保费、签单保费还是其他方式确认的保费，是包括佣金和费用的毛保费，还是纯粹的风险净保费，这都没有绝对的答案。在不同的情况下，可采用不同的形式。保费的选取应与保单组合的风险暴露期一致。

以事故年组织赔款数据，相应保费为已赚保费；以保单年组织赔款数据，相应保费为承保保费。关于保费中是否应该包括费用和佣金，一般来说，包括费用和佣金考虑的因素更为全面。

在采用赔付率法评估未决赔款准备金时，保单组合的赔付率主要有以下几方面的来源：（1）该保单组合的历史数据；（2）在费率厘定过程中使用的假设；（3）承保人和理赔部门对业务的观点；（4）市场上类似业务的统计数据。不论采用哪种数据，都应考虑准备金评估的时效性。评估人员需要充分运用已有历史赔付率数据，合理估计未来的赔付率。

赔付率法可细分为真实赔付率法（naive loss ratio method，$n\lambda$）、已付赔款赔付率法和已报案赔款赔付率法。

2. 真实赔付率法

真实赔付率法（$n\lambda$）假设赔付率反映实际损失。虽然实际情况并非如此，但这种方法对后文中的 B－F 法有一定的参考价值。

这里，本书仍以已付赔款数据表 7－42 为例，已付赔款数据是以事故年形式组织的。假设已赚保费如表 7－52 所示，根据业务赔付率历史数据，假定赔付率为 85%。

表 7－52　　　　　　　　　　　　已赚保费

事故月	6	5	4	3	2	1
已赚保费（EP）	8502	7482	6590	5680	5024	4486

事故月已赚保费数据与赔付率相乘即得事故年的最终赔款。根据最终赔款即可计算得出未决赔款准备金和 IBNR 准备金，计算结果如表 7－53 所示。

表 7 - 53　　　　　　　　　　　真实赔付率法下准备金的估计

事故月	1	2	3	4	5	6
EP	4486	5024	5680	6590	7482	8502
Pλ	85%	85%	85%	85%	85%	85%
C	3483	3844	3977	3880	3261	1889
LU	3813	4270	4828	5602	6360	7227
RV	234	475	969	1796	2881	3929
IBNR	96	−49	−118	−75	218	1409

真实赔付率法下 IBNR 准备金 $\sum (UL - C - RV) = 1481$。估计结果较为粗略，仅考虑业务最终赔款在已赚保费中的比例，忽略了赔付率趋于最终赔付率的过程。

该结果显然不同于已付赔款和已报案赔款得到的估计结果。真实赔付率法的主要缺点在于忽略了近期保险事故年的赔付延迟情况，对最终赔付的估计仅取决于保费收入和事先估计的赔付率水平，而进展年赔款发生较大变化的情况在这种方法中得不到体现。这种方法仅适用于赔付延迟数据十分缺乏、不可信甚至丢失的情况，比如新业务或长尾业务。

3. 已付赔款赔付率法

已付赔款赔付率是已付赔款与已赚保费收入的比值，计算公式为：

$$Pλ(d) = \frac{C(d)}{EP} \tag{7.26}$$

其中，$Pλ(d)$ 表示已付赔款赔付率，$C(d)$ 表示已付赔款，EP 为已赚保费。

增量已付赔款数据表 7 - 43 所对应的累计已付赔款数据表 7 - 54，下面基于累计已付赔款数据计算每一事故月各进展月的赔付率。相应已付赔款赔付率计算结果见表 7 - 55。

表 7 - 54　　　　　　　　　　　累计已付赔款数据

已赚保费	事故月	进展月					
		0	1	2	3	4	5
4486	1	1001	1855	2423	2988	3335	3569
5024	2	1113	2103	2774	3422	3844	
5680	3	1265	2433	3233	3977		
6590	4	1490	2873	3880			
7482	5	1725	3261				
8502	6	1889					

表 7 - 55   已付赔款赔付率

已赚保费	事故月	进展月					
		0	1	2	3	4	5
4486	1	0.2231	0.4135	0.5401	0.6661	0.7434	0.7764
5024	2	0.2215	0.4186	0.5521	0.6811	0.7651	
5680	3	0.2227	0.4283	0.5692	0.7002		
6590	4	0.2261	0.4360	0.5888			
7482	5	0.2306	0.4358				
8502	6	0.2222					

其中，$0.2231 = 1001/4486$，$0.4135 = 1855/4486$，…，$0.7764 = 3569/4486$，依此类推。观察表中累积赔付率数据可以发现，赔付率沿行呈现递增趋势，从列来看，几乎所有进展月的赔付率都呈现递增趋势。

用已付赔款数据估计最终赔付率的方法有两种：其一是根据增量赔付率数据的趋势，采用最小二乘法估计最终赔付率；其二是根据累积赔付率数据，采用链梯比率或者总量比率技术估计最终赔付率。得到最终已付赔款赔付率后，最终已付赔款赔付率与已赚保费的乘积即为事故年的最终赔款估计，由此可进一步得到未决赔款准备金与 IBNR 准备金的估计。

在此采用简单算术平均链梯比率法估计最终赔付率，估计结果如表 7 - 56 所示。

表 7 - 56   最终赔付率估计

事故月	进展月						最终值
	0	1	2	3	4	5	
1	0.2231	0.4135	0.5401	0.6661	0.7434	0.7764	0.8500
2	0.2215	0.4186	0.5521	0.6811	0.7651	0.7991	0.8748
3	0.2227	0.4283	0.5692	0.7002	0.7840	0.8188	0.8964
4	0.2261	0.4360	0.5888	0.7255	0.8124	0.8485	0.9289
5	0.2306	0.4358	0.5780	0.7123	0.7975	0.8329	0.9119
6	0.2222	0.4215	0.5589	0.6888	0.7712	0.8054	0.8818

采用最后一列最终赔付率可计算 IBNR 准备金，计算结果如表 7 - 57 所示。

表 7 - 57　　　　　　　　　　已付赔款赔付率法下的准备金估计

事故月	1	2	3	4	5	6
EP	4486	5024	5680	6590	7482	8502
Pλ	0.8500	0.8748	0.8964	0.9289	0.9119	0.8818
C	3483	3844	3977	3880	3261	1889
LU	3813	4395	5092	6121	6823	7497
RV	234	475	969	1796	2881	3929
IBNR	96	76	146	445	681	1679

由表 7 - 57 中的计算结果可知，已付赔款赔付率法下得到的 IBNR 准备金估计值为

$$\sum (UL - C - RV) = 3123。$$

4. 已报案赔款赔付率法

已报案赔款赔付率是已报案赔款与已赚保费收入的比值，计算公式为：

$$R\lambda(d) = \frac{RC(d)}{EP} \tag{7.27}$$

其中，$R\lambda(d)$ 表示已报案赔款赔付率，$RC(d)$ 表示已报案赔款，EP 为已赚保费。

下面以已报案赔款数据表 7 - 58 为例（表 7 - 58 为累计已付赔款数据表 7 - 54 和已报案未决赔款准备金表 7 - 45 中数据相加所得），计算每一事故月的各进展月的赔付率。相应已报案赔款赔付率计算结果见表 7 - 59。

表 7 - 58　　　　　　　　　　　　已报案赔款

已赚保费	事故月	进展月					
		0	1	2	3	4	5
4486	1	2777	3264	3452	3594	3719	3803
5024	2	3252	3804	3973	4231	4319	
5680	3	3725	4404	4779	4946		
6590	4	4521	5422	5676			
7482	5	5369	6142				
8502	6	5818					

表 7 – 59   已报案赔款赔付率

事故月	进展月					
	0	1	2	3	4	5
1	0.6190	0.7276	0.7695	0.8012	0.8290	0.8477
2	0.6473	0.7572	0.7908	0.8422	0.8597	
3	0.6558	0.7754	0.8414	0.8708		
4	0.6860	0.8228	0.8613			
5	0.7176	0.8209				
6	0.6843					

其中，$0.6190 = 2777/4486$，$0.7276 = 3264/4486$，$\cdots$，$0.8477 = 3803/4486$，依此类推。观察表中累计赔付率数据可以发现，赔付率沿行呈现递增趋势，从列来看，几乎所有进展月的赔付率都呈现递增趋势。这里，本书采用简单算术平均链梯比率法进行最终赔付率估计，估计结果如表 7 – 60 所示。

表 7 – 60   最终赔付率估计

事故月	进展月						最终值
	0	1	2	3	4	5	
1	0.6190	0.7276	0.7695	0.8012	0.8290	0.8477	0.8500
2	0.6473	0.7572	0.7908	0.8422	0.8597	0.8791	0.8814
3	0.6558	0.7754	0.8414	0.8708	0.8950	0.9152	0.9176
4	0.6860	0.8228	0.8613	0.9018	0.9269	0.9478	0.9503
5	0.7176	0.8209	0.8689	0.9098	0.9351	0.9562	0.9587
6	0.6843	0.8035	0.8505	0.8905	0.9152	0.9359	0.9384

采用最后一列最终赔付率可计算 IBNR 准备金，计算结果如表 7 – 61 所示。

表 7 – 61   已报案赔款赔付率法下的准备金估计

事故月	1	2	3	4	5	6
EP	4486	5024	5680	6590	7482	8502
$P\lambda$	0.8500	0.8814	0.9176	0.9503	0.9587	0.9384
C	3483	3844	3977	3880	3261	1889
LU	3813	4428	5212	6263	7173	7978
RV	234	475	969	1796	2881	3929
IBNR	96	109	266	587	1031	2160

由表 7 - 61 中的计算结果可知，已报案赔款赔付率法下得到的 IBNR 准备金估计值

为 $\sum (UL - C - RV) = 4249$。

（六）B - F 方法

链梯法仅依靠过去数据来估计最终赔款，并假设赔案报告和理赔模式持续不变，其估计结果的置信水平实际上可能无法达到评估人预期，尤其是最近承保月的估计结果，这是由于缺乏最近承保月的赔付延迟数据，致使累计进展因子值相对较高且波动性较大，由此可能导致最终赔款的估计结果严重偏离实际。赔付率法通过历史经验给定合理的最终赔付率估计未来最终赔款，但该方法完全忽略了赔付延迟模式，不符合现实情况。

B - F 方法的基本思想是将事故月的总赔款分为过去的和未来的两部分。对早期事故而言，已付赔款链梯法下过去发生的赔款基本进展完成；已报案赔款链梯法下所得估计结果可信度较高。但最近事故月的延迟赔付模式并非保持不变，因而最好采用赔付率数据进行估计。故而 B - F 方法将赔付率估计结果和链梯法估计结果进行加权平均，最近事故月赔付率法权重较大，然后逐渐降低至零。这样得到的最终赔款估计更为合理，从而可更为准确地估计 IBNR 准备金。

B - F 方法既可应用于已报案赔款数据，又可应用于已付赔款数据。在已报案数据下，已付赔款数据与已报案未决赔款准备金相加得到已知负债，IBNR 准备金为未知负债，可用最终赔款的一个比例 p' 来估计。在已付赔款数据下，最终赔款被分为已付赔款和未决赔款准备金两部分，其中已付赔款为已知部分，未决赔款准备金为未知量，可用最终赔款的比例 p 来估计。B - F 方法的核心就是计算 p 或者 p'，这一比例可基于已付赔款或已报案赔款数据，使用链梯法计算得出。计算公式为：

$$p = \left(1 - \frac{1}{f}\right) \text{或} p = (1 - g) \tag{7.28}$$

式中，f 为链梯比率法下得到的最终累积进展因子，g 为总量因子法下得到的总量因子。

1. 基于已报案赔款数据的 B - F 方法

B - F 方法的应用最初是基于已报案数据，被称为 BF - RC 法。BF - RC 法的具体操作流程如下：

第一步：基于已报案赔款数据，运用链梯比率法可计算得出最终累积进展因子 f，$\left(1 - \frac{1}{f}\right)$ 即为 IBNR 赔款占最终赔款的比例 p'（也可运用总量比率法计算得出总量因子 g，$(1 - g)$ 即为 IBNR 赔款占最终赔款的比例 p'）。

第二步：根据赔付率法对最终赔款进行基准估计，IBNR 准备金为基准最终赔款（$Bult$）的比例 p'。用公式可表示为：

基准最终赔款：$Bult = \lambda \times EP$

IBNR 准备金: $IBNR = p' \times Bult$

需要特别指出的一点是，当已报案未决赔款准备金已知的情况下，将已付赔款、已报案未决赔款准备金以及由 BF - RC 法估计得出的 IBNR 准备金相加，即可得到最终赔款的估计。较之基准最终赔款，由 BF - RC 法估计得到的最终赔款更为可信。

为使读者更为直观地了解基于已报案赔款数据的 B - F 法，下面仍以已报案赔款数据表 7 - 57 为例进行方法介绍。首先，基于原始加权链梯比率法计算累积进展因子 f，计算结果如表 7 - 62 所示。

表 7 - 62　　　　　　　　　　　　　　累积进展因子

事故月	进展月						最终值
	0	1	2	3	4	5	
1	2777	3264	3452	3594	3719	3803	3803
2	3252	3804	3973	4231	4319		
3	3725	4404	4779	4946			
4	4521	5422	5676				
5	5369	6142					
6	5818						
r	1.1727	1.0584	1.0465	1.0272	1.1727	1	
f	1.5645	1.3341	1.2606	1.2046	1.1727	1	

根据上表中 f 的值计算 IBNR 赔款占最终赔款的比例 p'，所得结果如表 7 - 63 所示。

表 7 - 63　　　　　　　　　　　　　IBNR 占最终赔款比例

事故月	1	2	3	4	5	6
f	1.5645	1.3341	1.2606	1.2046	1.1727	1
$1/f$	0.6392	0.7496	0.7933	0.8302	0.8528	1
$p' = 1 - 1/f$	0.3608	0.2504	0.2067	0.1698	0.1472	0

根据赔付率法估计基准最终赔款（$Bult$），这里赔付率采用固定的 85%，IBNR 准备金 = 基准最终赔款 $\times p'$，由此得到的估计结果如表 7 - 64 所示。

表 7 - 64　　　　　　　　　　　　IBNR 准备金估计结果

事故月	1	2	3	4	5	6
已赚保费	4486	5024	5680	6590	7482	8502
$n\lambda$	85%	85%	85%	85%	85%	85%

续表

事故月	1	2	3	4	5	6
Bult	3813	4270	4828	5602	6360	7227
$1-1/f$	0.3608	0.2504	0.2067	0.1698	0.1472	0
IBNR	1376	1070	998	951	936	0

由表 7 – 64 中的计算结果可知，已报案赔款赔付率法下得到的 IBNR 准备金估计值为 5331。

2. 基于已付赔款数据的 B – F 法

基于已付赔款数据的 B – F 方法称为 BF – PC 法。BF – PC 法与 BF – RC 法的数据处理方法基本一致，具体操作流程如下：

第一步：基于已付赔款数据，运用链梯比率法可计算得出最终累积进展因子 f，$\left(1-\dfrac{1}{f}\right)$ 即为未决赔款准备金 CV 占最终赔款的比例 p（也可运用总量比率法计算得出总量因子 g，$1-g$ 即为未决赔款准备金 CV 占最终赔款的比例 p）。

第二步：根据赔付率法对最终赔款进行基准估计，未决赔款准备金 CV 为基准最终赔款（*Bult*）的 p' 比例。用公式可表示为：

$$基准最终赔款：Bult = \lambda \times EP$$
$$未决赔款准备金：CV = p \times Bult$$

第三步：在已报案未决赔款准备金 RV 已知的情况下，第二步中估计得出的未决赔款准备金 CV 与已报案未决赔款准备金 RV 的差值即为 IBNR 准备金的估计值。

为使读者更为直观地了解基于已付赔款数据的 B – F 法，下面仍以已付赔款数据表 7 – 54 为例进行方法介绍。首先，基于简单平均总量因子法计算累积进展因子 g，计算结果如表 7 – 65 所示。

表 7 – 65　　　　　　　　已付赔款和未来赔款占最终赔款的比例

事故月		进展月						最终值
		0	1	2	3	4	5	
1	已付赔款	1001	1855	2423	2988	3335	3483	3705
	总量因子	0.2702	0.5007	0.6540	0.8065	0.9001	0.9401	
2	已付赔款	1113	2103	2774	3422	3844		4270
	总量因子	0.2606	0.4925	0.6496	0.8013	0.9001		
3	已付赔款	1265	2433	3233	3977			4947
	总量因子	0.2557	0.4918	0.6535	0.8039			

事故月		进展月						最终值
		0	1	2	3	4	5	
4	已付赔款	1490	2873	3880				5948
	总量因子	0.2505	0.4830	<u>0.6524</u>				
5	已付赔款	1725	3261					6628
	总量因子	0.2603	<u>0.4920</u>					
6	已付赔款	1889						7281
	总量因子	<u>0.2595</u>						
	g	0.2595	0.4920	0.6524	0.8039	0.9001	0.9401	
	$p = 1 - g$	0.7405	0.5080	0.3476	0.1961	0.0999	0.0599	

上表中最后两行给出了总量因子 g 和未来赔款占最终赔款的比例 p 在每个进展月的均值。

接着进行基准最终赔款（Bult）估计，基准赔款是赔付率与已赚保费的乘积；在得到基准最终赔款（Bult）的估计值后，根据公式 $CV = p \times Bult$ 可得到已报案未决赔款准备金的估计值。计算结果如表 7 - 66 所示。

表 7 - 66　　　　　　　　　　未决赔款准备金估计结果

事故月	1	2	3	4	5	6
已赚保费	4486	5024	5680	6590	7482	8502
$n\lambda$	85%	85%	85%	85%	85%	85%
Bult	3813	4270	4828	5602	6360	7227
$p = 1 - g$	0.0599	0.0999	0.1961	0.3476	0.5080	0.7405
CV	228	426	947	1947	3231	5352

由表 7 - 66 中的计算结果可知，未决赔款准备金的估计值为 $\sum CV = 12132$。

若该例中已报案未决赔款准备金仍为表 7 - 45 中数据，则 IBNR 准备金即为未决赔款准备金与已报案未决赔款准备金之间的差额，最终赔款则为未决赔款准备金与已付赔款之和。具体计算结果如表 7 - 67 所示。

表 7 - 67　　　　　　　　　IBNR 准备金和最终赔款的估计

事故月		1	2	3	4	5	6
CV	(1)	228	426	947	1947	3231	5352
RV	(2)	234	475	969	1796	2881	3929

续表

事故月		1	2	3	4	5	6
C	（3）	3483	3844	3977	3880	3261	1889
IBNR	（4）	-6	-49	-22	151	350	1423
UL	（5）＝（1）＋（3）	3711	4270	4924	5827	6492	7241

由表 7 – 67 中的计算结果可知，B – F 法下得到的 IBNR 准备金估计值 $\sum IBNR =$ 1848。

（七）Cape Cod 模型

Cape Cod 模型最早由 James Standard 和 Hans Buhlmann 提出，是非寿险准备金评估方法的重大改进。与 B – F 方法相比，Cape cod 模型的最大创新之处在于使用所有已报案赔款经验数据或已付赔款经验数据来估计最终期望赔付率，而不是根据经验判断最终赔付率。若公司因缺乏定价数据无法使用 B – F 方法时，可使用 Cape Cod 方法。对原保险公司而言，当定价精算师的期望赔付率与实际经验不一致时，该方法更为有效。

1. Cape Cod 方法的假设

Cape Cod 方法假定赔付模式是稳定的。赔付模式可以通过以下三种方式进行描述：增量比率形式、累计比率形式和最终值的百分比形式。这三种形式可以相互转换。需要指出的是，在计算赔付延迟时，应在增量数据比率和累计数据比率之间进行取舍。在进展年早期，采用这两种数据都可以得到合理的结果，但是在进展年晚期，增量已付赔款和已报案赔款相对较少，比率中分母的较小变动会导致整个结果的变动较大，由此导致预测结果的精确度降低。故而在计算赔付延迟时应采用累计数据。

2. Cape Cod 方法实例

Cape Cod 法中，通常将风险暴露分为两部分：其一是已进展为已报案赔款的风险暴露，其二是未进展为已报案赔款的风险暴露。将所有事故年已报案赔款总额除以所有事故年风险暴露的商作为期望最终赔付率，并对未进展为已报案赔款的已赚保费应用这一赔付率，可估计未报案赔款，得到 IBNR 准备金估计值。下面，本书将以实例解释 Cape Cod 法的操作过程。

假定事故年的赔款无趋势，将已赚保费视为风险暴露。根据前述方法可得如表 7 – 68 所示结果。

表 7 - 68   IBNR 准备金和最终赔款的估计

事故月	1	2	3	4	5	汇总
已赚保费 （1）	700	800	900	1000	1100	4500
已报案赔款 （2）	360	400	480	360	280	1880
趋势因子 （3）	1.00	1.00	1.00	1.00	1.00	
趋势已报案赔款 （4）=（2）×（3）	360	400	480	360	280	1880
已报案赔款百分比 （5）=1-B-F因子	0.85	0.75	0.60	0.45	0.25	
已报案赔款的已赚保费 （6）=（1）×（5）	595	600	540	450	275	2460
未报案额赔款的已赚保费 （7）=（1）-（6）	105	200	360	550	825	2040
趋势赔付率 （8）=（4）/（6）	0.61	0.67	0.89	0.80	1.02	
期望最终赔付率 （9）=（8）的平均数	0.80	0.80	0.80	0.80	0.80	
剔除趋势的最终赔付率 （10）=（6）/（3）	0.80	0.80	0.80	0.80	0.80	
IBNR 准备金 （11）=（7）×（10）	84	159	286	438	656	1623
最终赔款 （12）=（2）+（11）	444	559	766	798	936	3503

上表介绍了赔付趋势率为零时，应用 Cape Cod 方法估计 IBNR 准备金与最终赔款的具体操作。如果精算师认为赔付率以每年 5% 的速度增长，则需要对已报案赔款进行趋势调整，对应的期望赔付率也需要进行相应调整。在其他条件不变的情况下，IBNR 准备金和最终赔款的估计结果如表 7 - 69 所示。

表 7 - 69   IBNR 准备金和最终赔款的估计

事故月	1	2	3	4	5	汇总
已赚保费 （1）	700	800	900	1000	1100	4500
已报案赔款 （2）	360	400	480	360	280	1880
趋势因子 （3）	1.22	1.16	1.10	1.05	1.00	
趋势已报案赔款 （4）=（2）×（3）	438	463	529	378	280	2088
已报案赔款百分比 （5）=1-B-F因子	0.85	0.75	0.60	0.45	0.25	

续表

事故月	1	2	3	4	5	汇总
已报案赔款的已赚保费 (6) = (1) × (5)	595	600	540	450	275	2460
未报案额赔款的已赚保费 (7) = (1) - (6)	105	200	360	550	825	2040
趋势赔付率 (8) = (4) / (6)	0.74	0.77	0.98	0.84	1.02	
期望最终赔付率 (9) = (8) 的平均数	0.87	0.87	0.87	0.87	0.87	
剔除趋势的最终赔付率 (10) = (9) / (3)	0.71	0.75	0.79	0.83	0.87	
IBNR 准备金 (11) = (7) × (10)	75	150	284	455	717	1681
最终赔款 (12) = (2) + (11)	435	550	764	815	997	3561

需要特别指出的是，由于赔付以每年5%的速度增长，故而需要先对已报案赔款进行增长趋势为5%的趋势调整，这样才能使所有赔款出于同一基准上。赔款趋势调整完成后才能对期望最终赔付率进行估计，但是这样计算出来的期望最终赔付率是第5事故月的最终赔付率水平，而在计算 IBNR 准备金时，每一事故月的赔付率水平不同，因此在估计 IBNR 准备金时，应剔除5%的增长趋势对赔付率的影响。

三　理赔费用准备金评估

理赔费用准备金是保险公司为已发生赔案的理赔费用支出所计提的准备金。保险事故发生时，保险公司的支出除了向被保险人支付的赔款外，还包括结案过程中发生的相关费用，故而保险公司需要为这部分支出计提理赔费用准备金。

理赔费用一般分为直接理赔费用（direct loss adjustment expenses）和间接理赔费用（indirect loss adjustment expenses）两类。其中，直接理赔费用是指与赔案直接相关可直接分摊到具体赔案的费用，包括支付专家费、勘察费、诉讼费、独立理算人费用等，也称为可分摊费用（allocated loss adjustment expenses，ALAE）。间接理赔费用是指不能直接分摊到具体赔案的理赔费用，包括理赔部门人员的薪金、办公室费用、数据处理费用等，也称为不可分摊费用（unallocated loss adjustment expenses，ULAE）。故而，理赔费用准备金可细分为直接理赔费用准备金和间接理赔费用准备金两大类。

（一）直接理赔费用准备金评估

直接理赔费用准备金与具体赔案对应，而精算人员能掌握包括事故发生时间、地点、风险等级、理赔范围等详细的理赔记录资料，故而，用于评估未决赔款准备金的方法也适用于评估直接理赔费用准备金。

　　直接理赔费用准备金评估常用方法主要分为两种：一种是直接理赔费用模式与赔案赔付模式有相同延迟模式的情况，直接理赔费用可与赔款一起确认，以评估未决赔款准备金，具体而言是将所有已付直接理赔费用支出加入赔款中，用未决赔款准备金的评估方法进行估计，所得评估结果对应于直接理赔费用准备金加入已报案未决赔款准备金，这种处理方式可以减少准备金评估人员的工作量；另一种是理赔费用延迟模式与赔案赔付延迟模式差别较大，或者直接理赔费用很大的情况，直接理赔费用准备金需要单独进行评估，这种情况下的常用评估方法为已付 ALAE 链梯法（paid ALAE development）和已付 ALAE 与已付赔款比率法（cumulative paid ALAE development）。

　　1. 已付 ALAE 链梯法

　　已付 ALAE 链梯法估计直接理赔费用准备金类似于已付赔款链梯法估计 IBNR 准备金，以事故月的形式将直接理赔费用数据组织为流量三角形，采用最终进展因子或者总量因子评估 ALEA 准备金。该方法的优点在于操作简单直观，缺陷在于评估结果的准确性受早期费用波动的影响较大，且忽略了直接理赔费用与赔款之间的联系。

　　前文已详细介绍过链梯法的具体操作方法，在此不再赘述。

　　2. 已付 ALAE 与已付赔款比率法

　　已付 ALAE 链梯法估计直接理赔费用准备金时，并未考虑直接理赔费用与赔款之间的联系。考虑到赔款对直接理赔费用具有较为显著的影响，故而更为合理地直接理赔费用准备金的评估方式是根据已付 ALAE 与已付赔款的比例关系，在历史数据基础上预测这一比率的未来进展，如果该比例在每一个延迟期都存在稳定的趋势，那么已付ALAE与已付赔款比率法所得评估结果的准确性将更高。

　　需要特别指出的一点是，最好按事故月组织数据。如果以日历月计算已付直接理赔费用与已付赔款的比率，由此得到的直接理赔费用估计结果可能不够准确。这是由于直接理赔费用发生于立案、理赔、结案等各个阶段，理赔报告初期的费用相对较高。如果日历年内处理的赔案包含较大比例的早期赔案，直接理赔费用与已付赔款的比率偏低；但如果赔案包含较大比例的 IBNR 赔案，直接理赔费用与已付赔款的比率偏高。故而采用日历年已付费用与已付赔款的比率估计得到的结果可能会产生较大偏差。

　　已付 ALAE 与已付赔款比率法估计直接理赔费用准备金的具体步骤为：

　　第一步：根据已付赔款数据和已付直接理赔费用数据可计算得出每一事故年在各进展年的费用/赔付比率；

　　第二步：采用链梯法估计费用/理赔比率的未来进展情况；

　　第三步：根据第二步中得到的最终已付 ALAE 与已付赔款比率估计结果，可预测最终直接理赔费用与直接理赔费用准备。最终 ALAE = 最终赔款 × 最终比率，ALAE 准备金 = $\sum$ 最终 $ALAE$ - $\sum$ 已付 $ALAE$。

已付 ALAE 与已付赔款比率法体现了直接理赔费用和赔款之间的关系,操作简单,并且能够监控直接理赔费用与赔款之间的关系。但该方法过分依赖于对赔款的估计,赔款估计的精确度对直接理赔费用准备金评估结果影响较大。

3. 已付 ALAE 与已付赔款比率法准备金评估实例

下面,以累计已付赔款数据表 7-70(其中最后一列是基于简单算术平均链梯比率法计算得出的)和累计已付直接理赔费用表 7-70 为例,说明已付 ALAE 与已付赔款比率法评估直接理赔费用的具体步骤。

表 7-70 累计已付赔款

事故月	进展月						最终值
	0	1	2	3	4	5	
1	1001	1855	2423	2988	3335	3569	3705
2	1113	2103	2774	3422	3844		4270
3	1265	2433	3233	3977			4947
4	1490	2873	3880				5948
5	1725	3261					6629
6	1889						7284

表 7-71 累计已付直接理赔费用

事故月	进展月						最终值
	0	1	2	3	4	5	
1	30	74	118	162	206	250	294
2	36	88	140	192	244		
3	42	102	162	222			
4	48	116	184				
5	54	130					
6	60						

根据累计已付赔款数据表 7-70 和累计已付直接理赔费用表 7-71,可计算出每一事故月个进展月的费用/赔付比率,计算结果如表 7-72 所示。

表 7-72 已付 ALEA 与已付赔款比率

事故月	进展月						最终值
	0	1	2	3	4	5	
1	0.0300	0.0399	0.0487	0.0542	0.0618	0.0700	0.0791
2	0.0323	0.0418	0.0505	0.0561	0.0635		

续表

事故月	进展月						最终值
	0	1	2	3	4	5	
3	0.0332	0.0419	0.0501	0.0558			
4	0.0322	0.0404	0.0474				
5	0.0313	0.0399					
6	0.0318						

其中，$0.0300 = 30/1001$，$0.0399 = 74/1855$，…。每列的比率都较为稳定，由此可采用链梯法对这一比率的未来进展进行估计，本例采用简单算术平均法对累计进展因子进行估计，估计结果如表 7-73 所示。

表 7-73 已付 ALEA 与已付赔款比率

事故月	进展月						最终值
	0	1	2	3	4	5	
1	0.0300	0.0399	0.0487	0.0542	0.0618	0.0700	0.0791
	1.3311	1.2208	1.1133	1.1393	1.1340	1.1292	
2	0.0323	0.0418	0.0505	0.0561	0.0635		0.0813
	1.2937	1.2061	1.1117	1.1313			
3	0.0332	0.0419	0.0501	0.0558			0.0812
	1.2627	1.1952	1.1140				
4	0.0322	0.0404	0.0474				0.0767
	1.2533	1.1745					
5	0.0313	0.0399					0.0774
	1.2735						
6	0.0318						0.0791
R	1.2829	1.1992	1.1130	1.1353	1.1340	1.1292	
F	2.4891	1.9403	1.6181	1.4538	1.2805	1.1292	

根据已付 $ALAE$ 与已付赔款比率最终值的估计结果，可对最终直接理赔费用和直接理赔费用准备金进行估计。估计过程与结果如表 7-74 所示。

表 7-74 最终直接理赔费用和直接理赔费用准备金估计

事故月	1	2	3	4	5	6	总计
最终赔款（1）	3705	4270	4947	5948	6629	7284	32784
最终比率（2）	0.0794	0.0815	0.0814	0.0770	0.0776	0.0793	

事故月	1	2	3	4	5	6	总计
最终 ALAE（3）=（1）×（2）	294	348	403	458	514	578	2595
已付 ALAE（4）	250	244	222	184	130	60	1090
ALAE 准备金（5）=（3）-（4）	44	104	181	274	384	518	1505

（二）间接理赔费用准备金评估

间接理赔费用包含办公费用、数据处理费用、理赔部门员工薪酬等不能直接对应于具体赔案的费用，与具体业务流程有较强的联系，故而精算人员应熟悉了解保险公司的具体业务流程。通常，保险公司内间接理赔费用的相关记录并不像直接理赔费用那样详细，故而精算人员应在考虑导致费用产生的各种因素的基础上分摊间接理赔费用，其中考虑的主要因素包括在评估期间发生的案件数、已决赔案案件数、未决案案件数、赔款支付次数等。间接理赔费用分配完毕后，就可以进行间接理赔费用准备金的评估工作。

间接理赔费用准备金评估主要有三种方法：平均日历月已付 ULAE 百分比法、已付 ULAE 与已付赔款比率法（cumulative paid ALAE development）和基于操作过程的 Johnson 评估法。

1. 平均日历月已付 ULAE 百分比法

平均日历月已付 ULAE 百分比法假设业务稳定，不考虑日历年度赔案的增加和变化。该方法的基本原理是将日历月已赔付 ULAE 分配到赔案发生的事故月。在业务稳定的假设下，可认为间接理赔费用支付规律具有稳定性，由此可得到当前日历月和以前日历月间接理赔费用的未支付比率，该比率与月均已付间接理赔费用的乘积即为间接理赔费用准备金的估计值。

需要特别说明的一点是，通货膨胀显著的情况下，采用平均日历月已付 ULAE 百分比法进行间接理赔费用准备金评估时，必须将历史已付间接理赔费用调整到同一个基准，否则将致使间接理赔费用的评估结果偏差较大。

为使读者更为直观地理解该方法，下面以表 7-75 中数据说明平均日历年已付 ULAE 百分比法的具体操作步骤。表 7-75 中记录了日历月 2017 年 4 月的间接理赔费用分配到各事故月的所占比例。

表 7-75　　　　　　　　　各事故月间接理赔费用比例

事故月	百分比
2017 年 1 月	5
2017 年 2 月	20
2017 年 3 月	30
2017 年 4 月	45

表中"事故月：2017 年 1 月，百分比：5%"是指发生于 2017 年 1 月赔案的间接理赔费用占 2017 年 4 月发生的间接理赔费用总和的 5%。这里，我们假定表 7 – 75 中的间接理赔费用分配比例是长期研究所得结论，故而可以用来估计平均月度的间接理赔费用分配比率，并估计间接理赔费用准备金。

在事故月，各事故月已付间接理赔费用与未付间接理赔费用的比例分布如表 7 – 76 示。

表 7 – 76 各事故月已付 ULAE 与未付 ULAE 的比例

事故月	已付 ULAE 比例	未付 ULAE 比例
2007 年 1 月	5 + 20 + 30 + 45 = 100	0 = 0
2007 年 2 月	20 + 30 + 45 = 95	5 = 5
2007 年 3 月	30 + 45 = 75	5 + 20 = 25
2007 年 4 月	45 = 45	5 + 25 + 30 = 60

根据上述假设可知，在 2017 年 4 月 30 日，未付 ULAE 占平均日历月 ULAE 的 85%（ = 5% + 25% + 55%）。

2. 已付 ULAE 与已付赔款比率法

已付 ULAE 与已付赔款比率法（paid to paid ratio）假设间接理赔费用和已付赔款随时间同步稳定变化，且赔案发生时间的长短不影响已付间接理赔费用与已付赔款的比率。

已付 ULAE 与已付赔款比率法评估间接理赔费用的具体步骤为：

第一步：根据经验数据计算过去连续几个日历月下已付间接理赔费用与已付赔款的比率；

第二步：如果所得结果显示该比率在过去连续几个日历月下一直比较稳定，计算本日历月下已付间接理赔费用与已付赔款的比率。

第三步：基于第二步中所得本日历月比率可估计未决赔案的未付间接理赔费用。其中，最简单的方法是根据本年度或过去年度间接理赔费用与已付赔款费用的比率估计理赔费用准备金，具体计算公式可表示为：

$$\hat{E}V_y = (PE_y / PC_y) \times \hat{C}V_y \tag{7.29}$$

式中，PE_y 表示第 y 日历年已付间接理赔费用；PC_y 表示第 y 日历年已付费赔款；$\hat{C}V_y$ 表示第 y 日历年的未决赔款准备金；$\hat{E}V_y$ 表示第 y 日历年间接理赔费用准备金估计。

上述方法容易高估间接理赔费用准备金。Petz（1974）对公司间接理赔费用的长期调查结果表明，已报告赔案 50% 的间接理赔费用已经发生，因而只有 50% 的已报案未决赔款准备金与未来 ULAE 相关；而未报案赔案尚未产生 ULAE，故而 IBNR 准备金 100% 与 ULAE 相关。用公式表示为：

$$\hat{E}V_y = (PE_y / PC_y) \times (0.5\, \hat{C}V_y + \hat{I}BNR_y) \tag{7.30}$$

需要指出的一点是，此处的 IBNR 特指狭义的、为已发生未报告赔案所进行的资金准备。

前述两种计算方式下，未决赔款准备金的变化对间接理赔费用准备金的评估具有显著影响，故而需要改进前述方法。如果采用前述 50/50 的假设规则，并忽略部分赔付，在日历年末，能用赔款代表理赔部门工作的间接理赔费用由如下三部分构成：

（1）0.5×以前日历年未决赔款准备金赔付；

（2）1×本日历年内已报案（包括重立报案）并已赔付的赔款；

（3）0.5×日历年内已报案（包括重立报案）但未决的赔款。

这样，如果准备金估计准确，则：

日历年已发生赔款 = 事故年已发生赔款 = 年内报案（包括重立报案）并已赔付 + 年内报案但年底未结案

日历年已付赔款 = 年内报案（包括重立报案）并已赔付 + 以前事故年未决赔款准备金的赔付

0.5×（日历年已发生赔款 + 日历年已付赔款） = 本日历年内已报案（包括重立报案）并已赔付的赔款 + 0.5×以前日历年未决赔款准备金赔付 + 0.5×日历年内已报案（包括重立报案）但未决的赔款

如果使用已付间接理赔费用与"0.5×（日历年已发生赔款 + 日历年已付赔款）"的比率估计间接理赔费用准备金，由于已发生赔款大于已报案赔款，所得比率更小，故而估计所得准备金数额更低，也即所得评估结果更为准确。

已付 ULAE 与已付赔款比率法适用于赔案报告和赔付模式比较稳定的短尾业务。当赔案从报案到最终结案在 5 年内完成，通货膨胀率较低，并且赔案报告模式、赔付模式相对稳定的情况下，能获得较为准确的 ULAE 准备金评估结果。但该方法的缺点在于考虑通货膨胀因素时，假设 ULAE 和赔案具有相同的通货膨胀率。另外，间接理赔费用与赔案发生时间长短无关的假设和赔款与间接理赔费用发生时间和速度总是相同的假设并不总是成立的。

3. 基于操作过程的 Johnson 评估法

已付 ULAE 与已付赔款比率法在赔案从报案到最终结案在 5 年内完成，通货膨胀率较低，且赔案报告延迟模式、赔付模式相对稳定的情况下，所得 ULAE 准备金评估结果较为准确。但当实际情况不满足前述条件的情况下，精算人员需要探索更符合实际情况甚至估计未来 ULAE 的方法。

其中基于操作过程的 Johnson 评估法就是一种充分利用各种相关可靠数据，根据实际情况进行调整修正的 ULAE 准备金评估方法。该评估方法的基本原理是将业务操作过程中的理赔费用分摊到每个未决赔案和新赔案理赔处理中，并记录这些理赔处理的发生时间。评估每类操作的平均成本，并进行通货膨胀调整。每类操作的平均成本与操作数目的乘积，经汇总后即为间接赔款责任准备金，每类操作的平均成本与操作数目通过历史经验数据估计。

基于操作过程的 Johnson 评估法直接考虑赔案的报告和结案模式，并且允许理赔部门运营水平发生改变，对数据质量要求较高，精算师必须获得包括日历月 ULAE 支付额、月末未决赔案数目、月内未决赔案数目等历史数据。

评估结果低于已付 ULAE 与已付赔款比率法的评估结果，该方法简单直观，并能根据实际情况进行调整修正，是目前美国运用最为普遍、合理的方法。

为了更为直观地说明该方法，下面以具体案例介绍平均日历年已付 ULAE 百分比法的具体操作步骤。

例 7 - 8：表 7 - 77 中记录了某家农险公司气象指数保险在事故月 1—10 的 ULAE 数据。假设 ULAE 数据发生于从报案到结案的整个过程中，但第 1 进展月赔案管理费用是之后进展月费用的两倍；此外，假设间接理赔费用全部来自赔案管理成本，与实际赔案的具体特征无关。表 7 - 77 中还给出了未决案均 ULAE 和历史数据的拟合值。

表 7 - 77 　　　　　　　　　　各事故月已付 ULAE 与未付 ULAE 的比例 　　　　　　　　（单位：千元）

事故月	日历月已付 ULAE	月末未决赔案数	月内报案数	未决赔案加权平均数	加权未决案均 ULAE	拟合值
	(1)	(2)	(3)	(4) = (2) + (3)	(5) = (1) / (4)	(6)
2017 年 1 月	9990	51	23	74	135	134
2017 年 2 月	12535	56	36	92	136	136
2017 年 3 月	16577	78	43	121	137	137
2017 年 4 月	24376	100	76	176	139	139
2017 年 5 月	33158	152	84	236	141	140
2017 年 6 月	34080	176	64	240	142	142
2017 年 7 月	37741	198	65	263	144	144
2017 年 8 月	47288	248	77	325	146	145
2017 年 9 月	69678	346	128	474	147	147
2017 年 10 月	82993	434	123	557	149	148

上表中未决赔案加权赔案数中的所谓"加权"是考虑到报案当月的费用是之后事故月的两倍。观察表中数据后可以发现，加权未决案均 ULAE 随着时间的推移显著递增，故而可采用函数拟合的方法预测未来的 ULAE 水平。如果选择指数函数 $y = a \times e^{(b \times x)}$ ①进行拟合，拟合结果为 $a = 132.9$，$b = 0.011$，基于拟合结果，我们计算得到的

---

① 指数函数 $y = a \times e^{(b \times x)}$ 中，y 表示未来加权案均 ULAE；a 表示时间，这里我们将 2017 年 1 月至 10 月分别设置为 1 至 10。

加权未决案均 ULAE 拟合值如表 7−76 最后一列所示。基于指数函数的拟合结果，我们可以得到 2017 年 11 月的加权未决案均 $ULAE$ 的估计值为 $132.9 \times e^{(0.011 \times 11)} = 150$。拟合结果表明加权未决案均 $ULAE$ 以每月约 1.1%（ $= e^{0.011} - 1$ ）的趋势递增。

通过分析 2017 年 10 月以前赔案的报案、理赔经验数据，精算人员得到的事故月赔案的报案和理赔的延迟模式如表 7−78 所示。下面以表 7−78 中第二行为例说明表 7−78 中数据的具体含义，表 7−78 中第二行的数据的具体含义：报案延迟短于一个月的出险保单占总出险保单的 46.5%，理赔延迟短于一个月的出险保单占总出险保单的 0.8%。

表 7−78　　　　　　　　　**进展月报案延迟与理赔延迟模式**

进展月	报案延迟	理赔延迟
1	46.5%	0.8%
2	64.4%	2.3%
3	86.8%	27.9%
4	95.3%	58.9%
5	99%	72.4%
6	100%	84.1%
7		87.2%
8		89%
9		92.0%
10		95.0%
11		96.0%
12		97.4%
13		99.0%
14		100.0%

2017 年 10 月 31 日以前，该农险公司气象指数保险的赔案数如表 7−79 所示。

表 7−79　　　　　**2017 年 10 月 31 日以前公司气象指数保险赔案数**　　　　（单位：件）

事故月	最终赔案数	事故月	最终赔案数
2017 年 1 月	80	2017 年 6 月	140
2017 年 2 月	128	2017 年 7 月	172
2017 年 3 月	139	2017 年 8 月	195
2017 年 4 月	158	2017 年 9 月	240
2017 年 5 月	153	2017 年 10 月	269

根据表 7−78 中所示的报案和理赔的延迟模式规律，可以预测案发日在 2017 年 10 月 31 日以前的赔案在未来的报案和结案模式，如表 7−80 所示。

表 7－80　　2017 年 10 月 31 日以前赔案的未报案和结案数目预测

（单位：件）

事故月	2017年11月末未决赔案数 (1)	2017年11月内报案数 (2)	2017年12月末未决赔案数 (3)	2017年12月内报案数 (4)	2018年1月末未决赔案数 (5)	2018年1月内报案数 (6)	2018年2月末未决赔案数 (7)	2018年2月内报案数 (8)	2018年3月末未决赔案数 (9)	2018年3月内报案数 (10)	2018年4月末未决赔案数 (11)	2018年5月末未决赔案数 (12)	2018年6月末未决赔案数 (13)	2018年7月末未决赔案数 (14)	2018年8月末未决赔案数 (15)	2018年9月末未决赔案数 (16)	2018年10月末未决赔案数 (17)
2017年1月	3	0	2	0	1	0	0	0	0	0	0	0	0	0	0	0	0
2017年2月	6	0	5	0	3	0	1	0	0	0	0	0	0	0	0	0	0
2017年3月	11	0	7	0	6	0	4	0	1	0	0	0	0	0	0	0	0
2017年4月	17	0	13	0	8	0	6	0	4	0	2	0	0	0	0	0	0
2017年5月	20	0	17	0	12	0	8	0	6	0	4	2	0	0	0	0	0
2017年6月	22	1	18	0	15	0	11	0	7	0	6	4	1	0	0	0	0
2017年7月	46	6	27	2	22	0	19	0	14	0	9	7	4	2	0	0	0
2017年8月	71	17	52	7	31	2	25	0	21	0	16	10	8	5	2	0	0
2017年9月	141	54	87	20	64	9	38	2	31	0	26	19	12	10	6	2	0
2017年10月	167	48	158	60	98	23	72	10	43	3	34	30	22	13	11	7	3
汇总	505	126	387	90	260	34	184	12	127	3	96	71	47	30	19	9	3
加权汇总	631	476	283	196					130	96	71	47	30	19	9	3	

上表中的加权汇总数据为月末未决赔案数目与月内报案赔案数目之和，每个月的数据都近似取整。2018 年 3 月以后，不会再有案发日在 2017 年 10 月 31 日之前的新赔案，因此 2018 年 3 月以后的月内报案数目不会再有增加。

基于前述计算结果，精算人员假定间接理赔费用以每月 1.1% 的趋势递增，未来间接理赔费用的估计值为未决赔案加权数目与加权未决案均 ULAE 的乘积，估计结果详见表 7－81。

表 7－81　　　　　　　　　　　　未来 ULAE 的估计

日历月	未决赔案加权数目（件）	加权未决案均 ULAE（千元）	ULAE 赔付估计（千元）
2017 年 11 月	631	150	94697
2017 年 12 月	476	152	72210
2018 年 1 月	283	153	43373
2018 年 2 月	196	155	30387
2018 年 3 月	130	157	20378
2018 年 4 月	96	158	15244
2018 年 5 月	71	160	11310
2018 年 6 月	47	162	7645
2018 年 7 月	30	164	4888
2018 年 8 月	19	166	3138
2018 年 9 月	9	167	1573
2018 年 10 月	3	169	455
2018 年 10 月末总 ULAE 估计			305297

如果假定公司未来能够将案均 ULAE 的增长趋势控制在每月 0.6% 的水平上，那么应对表 7－81 中的加权未决案均 ULAE 进行修正，修正结果如表 7－82 所示。

表 7－82　　　　　　　　未来 ULAE 的估计（增长趋势为每月 0.6%）

日历月	未决赔案加权数目（件）	加权未决案均 ULAE（千元）	ULAE 赔付估计（千元）
2017 年 11 月	631	142	89629
2017 年 12 月	476	143	68005
2018 年 1 月	283	144	40643
2018 年 2 月	196	145	28333
2018 年 3 月	130	145	18905
2018 年 4 月	96	146	14072
2018 年 5 月	71	147	10389

日历月	未决赔案加权数目（件）	加权未决案均 ULAE（千元）	ULAE 赔付估计（千元）
2018 年 6 月	47	148	6987
2018 年 7 月	30	149	4445
2018 年 8 月	19	150	2840
2018 年 9 月	9	151	1416
2018 年 10 月	3	152	408
2017 年 10 月末总 ULAE 估计			286070

如果采用已付 ULAE 与已付赔款比率法评估这家农险公司气象指数保险的 ULAE 准备金，所得评估结果如表 7-83 所示。

表 7-83 已付 ULAE 与已付赔款比率法下 ULAE 准备金评估结果

月份	日历月已付赔款（千元）	日历月已付 $ULAE$（千元）	已付 ULAE 与已付赔款比率
2017 年 1 月	17341	9990	0.576
2017 年 2 月	51969	12535	0.241
2017 年 3 月	98992	16577	0.167
2017 年 4 月	176524	24376	0.138
2017 年 5 月	213220	33158	0.156
2017 年 6 月	240261	34080	0.142
2017 年 7 月	200830	37741	0.188
2017 年 8 月	209162	47288	0.226
2017 年 9 月	361721	69678	0.193
2017 年 10 月	379794	82993	0.219
汇总	1949814	368415	0.189
未决赔款准备金	2145809	IBNR 准备金估计	1257548
2017 年 10 月末 ULAE 准备金			321617

注：第一列数据以及未决赔款准备和 IBNR 准备金均摘自保险公司准备金评估年报。

2017 年 10 月末 $ULAE$ 准备金 $= 0.5 \times 0.189 \times$ 未决赔款准备金 $+ 0.5 \times 0.189 \times IBNR$ 准备金估计

观察表 7-83 中数据可以发现，已付 ULAE 与已付赔款比率接近 20%，这个比率相当高，究其原因是每一事故月最终赔款的赔付速度远慢于间接理赔费用的花费速度。已付 ULAE 与已付赔款比率法估计得出的 ULAE 准备金明显高于基于操作过程的 Johnson 评估法所得结果，一方面是由于可观察数据已付 ULAE 与已付赔款比率偏高，另一方面是由于巨额赔案的理赔需要更长的时间。这两种方法的主要区别在于：已付 ULAE 与已付赔款比率法假设赔付发生时，ULAE 也支出了一定赔付，而基于操作过程的 Johnson 评估法假定 ULAE 的费用与保单维持成本（Maintain Cost）相关。

某些小型保险公司的理赔人员人数和间接理赔费用较为稳定，由此可以近似认为 ULAE 支付规定或与同期消费水平有相似的增长水平，那么未决 ULAE 准备金估计即成为未来未决赔案总数中有多少比例来自过去事故月的问题。

基于操作过程的 Johnson 评估法充分使用各种相关的可靠数据，可以基于实际情况的不同进行调整修正，是目前 ULAE 准备金评估运用最为广泛、合理的方法。

例 7 - 9：某家农业保险公司在 2017 年 10 月至 12 月的最终赔案数目如表 7 - 84 所示，赔案的报告延迟和理赔延迟模式如表 7 - 85 所示。假设 2017 年 10 月未决赔案案均已付 ULAE 为 350 元，ULAE 每月以 1% 的趋势增长，每一赔案在报告月的间接理赔费用是之后每月间接理赔费用的 2 倍，请运用基于操作过程的 Johnson 评估法计算 2017 年 12 月 31 日的 ULAE 准备金估计值。

表 7 - 84　　　　　　　　　　　2017 年 10 月至 12 月最终赔案数

事故月	最终赔案数目（件）
2017 年 10 月	1200
2017 年 11 月	1400
2017 年 12 月	1600

表 7 - 85　　　　　　　　　　　报案延迟与理赔延迟模式　　　　　　　　　　单位：%

进展月	已报案比例	已结案比例
1	50	10
2	80	50
3	100	75
4	100	90
5	100	100

解：

根据表 7 - 85 中报案延迟与理赔延迟模式数据，可计算得出各日历月的当月报案数、月末未决赔案数和加权赔案数如表 7 - 86 所示。

表 7 - 86　　　　　　　　　　　报案数、未决赔案数和加权赔案数分布　　　　　　　（单位：件）

2018 年 1 月			
事故月	当月报案数	月末未决赔案数	加权赔案数
2017 年 10 月	0	120	120
2017 年 11 月	280	350	630
2017 年 12 月	480	480	960
2018 年 1 月加权赔案数总和			1710

2018 年 2 月			
事故月	当月报案数	月末未决赔案数	加权赔案数
2017 年 10 月	0	0	0
2017 年 11 月	0	140	140
2017 年 12 月	320	400	720
2018 年 2 月加权赔案数总和			860

2018 年 3 月			
事故月	当月报案数	月末未决赔案数	加权赔案数
2017 年 10 月	0	0	0
2017 年 11 月	0	0	0
2017 年 12 月	0	160	160
2018 年 3 月加权赔案数总和			160

根据表 7 - 86 中的数据以及未决赔案案均已付 ULAE 变化趋势，可计算得出 2017 年 12 月 31 日的 ULAE 准备金为：

$$350 \times 1.01 \times 1710 + 350 \times 1.01^2 \times 860 + 350 \times 1.01^3 \times 160 = 969232 （元）$$

本章小结

本章对农业保险准备金评估进行讲解。农业保险准备金是保险公司为未来农业保险的赔款责任所做的资金准备，为使读者更好地理解准备金的概念，本章第一节首先介绍了与责任准备金评估相关的预备知识，在此基础上，本章第二节介绍责任准备金的概念与构成。接着，本章第三节、第四节分别介绍了未到期责任准备金和赔款责任准备金的评估方法。

重点概念

责任准备金：保险公司为履行其所承保的有效保单未了保单责任以及相关支出所做的资金准备，是保险公司负债的最主要部分。

保费责任准备金：为在评估日尚未发生保险事故保单的未到期责任所预留的资金。

赔款责任准备金：在评估日之前已经发生了保险事故的情况下，保险公司为尚未结案的保单所做的资金准备。

赔款责任准备金：由未决赔款准备金和理赔费用准备金构成，未决赔款准备金又可细分为已发生已报案未决赔款准备金和 IBNR 准备金（已发生未报案未决赔款准备金）。

已发生已报案未决赔款准备金：保险公司为已报案但赔款金额尚未确定的保单所计提的准备金。

IBNR 准备金：保险公司为保险事故已经发生，但由于客观存在的时间差，事故在评估日前尚未报告至保险公司的保单所计提的准备金。

理赔费用准备金：保险公司为调查费用、理赔部门员工薪酬等与赔案相关的费用所计提的准备金。

思考与练习

1. 请分析保险公司计提责任准备金的原因，并概述责任准备金的构成。

2. 请简述农业保险准备金评估流程。

3. 假设某农业保险公司 2017 年能繁母猪保险的保费收入如下：

单位：万元

时间	保费收入	时间	保费收入
2017 年 1 月	50	2017 年 7 月	41
2017 年 2 月	23	2017 年 8 月	29
2017 年 3 月	32	2017 年 9 月	11
2017 年 4 月	10	2017 年 10 月	18
2017 年 5 月	25	2017 年 11 月	26
2017 年 6 月	33	2017 年 12 月	35

假定保费收入在每个月内均匀流入，请使用月比例法计提 2017 年末的未到期责任准备金。

4. 已知某农险公司财务报表，2017 年 12 月 31 日，种植险的财务信息如下：

退保金额	100000 元
未到期责任准备金	110000 元
预期最终赔付率	78%
维持费用率	26.5%
预期投资收益率	1.8%

该公司是否需要计提保费不足准备金，如果需要应计提多少？

5. 在上一题的基础上，退保金额改为 11 万元的情况下，该公司是否需要计提保费不足准备金，如果需要应计提多少？

6. 已知事故月最终赔款和已付赔款的累计进展因子信息如下：

各事故月的最终赔款估计　　　　单位：元

事故月	最终赔款
2017 年 10 月	300000
2017 年 11 月	290000
2017 年 12 月	310000

累计进展因子

进展月	0	1	2	3	4
累计进展因子	2.1	1.55	1.25	1.1	1.05

请计算各事故月在 2018 年 1 月的赔付额。

7. 某农业保险公司的累计已决赔款如下表所示，请使用链梯比率法估计事故月 2017 年 11 月的未决赔款准备金，采用原始加权平均法确定相关比率，且已知进展月 3—∞ 的进展因子为 1.02。

累计已决赔款

事故月	进展月			
	0	1	2	3
2017 年 9 月	19300	37340	50295	62345
2017 年 10 月	20500	42890	62828	
2017 年 11 月	17000	33575		
2017 年 12 月	11345			

8. 已知某保险公司种植险业务的累计已报案赔案数目和已报案案均赔款如下：

累计已报案赔案数目 单位：件

事故月	进展月			
	0	1	2	3
2017 年 9 月	400	450	485	490
2017 年 10 月	445	495	520	
2017 年 11 月	490	540		
2017 年 12 月	525			

已报案案均赔款

事故月	进展月			
	0	1	2	3
2017 年 9 月	66	70	72	74
2017 年 10 月	72	75	76	
2017 年 11 月	75	80		
2017 年 12 月	85			

假设第 3 个进展月后无赔案发生，试求：

（1）使用链梯比率法计算各事故月的最终已报案赔案数和最终已报案案均赔款，采用原始加权平均法选取相关比率。

（2）各事故月的最终赔款和 IBNR 准备金。

9. 已知某保险公司养殖险业务的已发生已报案未决赔款准备金和累计已决赔款如下：

已发生已报案未决赔款准备金

事故月	0	1	2
2017 年 10 月	41492	15887	4776
2017 年 11 月	43742	15654	
2017 年 12 月	43332		

累计已决赔款

事故月	0	1	2
2017 年 10 月	22184	56271	67405
2017 年 11 月	26725	62967	
2017 年 12 月	27652		

假设第 2 进展月后无损失发生，请使用准备金进展法，并采用简单平均法确定进展因子的值，试求：

（1）进展月 1 的结转率；

（2）各事故月的最终损失；

（3）各事故月的未决赔款准备金和 IBNR 准备金。

10. 某农业保险公司自 2017 年 1 月其承保的某种半年期业务的相关信息如下：

（1）2017 年 1 月的已赚保费为 49500 元，之后已赚保费以每月 3% 的速度增长；

（2）事故月 2017 年 1 月的期望赔付率为 70%；

（3）2017 年 4 月 30 日，公司准备金精算师认为自公司开始承保该业务以来，期望赔付率每个月增长 0.2 个百分点。准备金评估采用已报案赔款数据，选择的进展因子如下：

进展月	0—1	1—2	2—3	3—4	4—5	5 +
进展因子	1.54	1.34	1.126	1.077	1.05	1.02

请使用已报案赔付率法计算公司在 2017 年 4 月 30 日应计提的 IBNR 准备金。

11. 某农业保险公司的累计已付赔款数据如下：

累计已付赔款

事故月	进展月			
	0	1	2	3
2017 年 9 月	27000	32604	34502	35894
2017 年 10 月	32512	38014	39748	
2017 年 11 月	37235	44017		
2017 年 12 月	45234			

已知进展月 3—∞ 的进展因子为 1.03，该公司的准备金精算师判断各事故月的赔付率均为 80%，试用 B－F 法计算该公司应计提的未决赔款准备金，采用几何平均法选取相关比率。

12. 已知某农业保险公司各事故月的累计直接理赔费用如下：

累计直接理赔费用

事故月	进展月			
	0	1	2	3
2017 年 9 月	404	950	1810	2908
2017 年 10 月	380	1020	2160	
2017 年 11 月	350	840		
2017 年 12 月	215			

请用链梯法估计 2017 年 12 月 31 日该保险公司应计提多少 *ALAE* 准备金？采用原始加权平均法选取相关比率，已知进展月 3—∞ 的进展因子为 1.05。

13. 已知某农业保险公司各事故月的累计直接理赔费用如题 12 所示，累计已决赔款如下：

事故月	进展月			
	0	1	2	3
2017 年 9 月	19300	37349	50298	62349
2017 年 10 月	20505	42878	62834	
2017 年 11 月	17030	33675		
2017 年 12 月	11364			

请用已付 *ALAE* 与已付赔款比率法估计该公司在 2017 年 12 月 31 日应计提的 *ALAE* 准备金（采用原始加权平均法选取相关比率，已知进展月 3—∞ 的进展因子为 1.05）。

14. 已知某农业保险公司间接理赔费用（ULAE）与未决赔款的比率为 18%。对每一个赔案，假设 50% 的 ULAE 发生在立案时，其余部分发生在结案时。若在 2017 年 12 月 31 日 IBNR 准备金的估计值为 80 万元，已发生已报案未决赔款准备金为 400 万元，那么在 2017 年 12 月 31 日应计提多少 ULAE 准备金？

15. 请简述农业保险大灾风险准备金的计提目的。

16. 请简述准备金回溯分析流程。

17. 请简述准备金评估报告的编制原则。

参考文献

［1］吴小平：《保险公司非寿险业务准备金评估实务指南》，中国财政经济出版社 2005 年版。

［2］谢志刚、周晶晗：《非寿险责任准备金评估》，中国财政经济出版社 2006 年版。

［3］中国精算师协会：《非寿险精算》，中国财政经济出版社 2010 年版。

［4］孟生旺、刘乐平：《非寿险精算学（第二版）》，中国人民大学出版社 2011 年版。

［5］中国精算师协会：《非寿险责任准备金评估》，中国财政经济出版社 2011 年版。

［6］中国精算师协会：《精算管理》，中国财政经济出版社 2010 年版。

［7］张连增：《未决赔款准备金评估的随机性模型与方法》，中国金融出版社 2008 年版。

［8］中国银行保险监督管理委员会：《保险公司非寿险业务准备金管理办法》（保监发〔2004〕第 13 号）2004 年 12 月 15 日。

［9］中国银行保险监督管理委员会：《保险公司非寿险业务准备金管理办法实施细则（试行）》（保监发〔2005〕第 10 号）2005 年 2 月 2 日。

第八章 农业保险准备金评估实务

学 习 目 标

1. 了解农业保险大灾风险准备金的计提、使用及管理。
2. 了解准备金评估实际问题的特殊处理方法。
3. 了解准备金回溯分析的概念、构成和具体流程。
4. 了解准备金评估报告的编制原则、构成和主要内容。

知 识 结 构 图

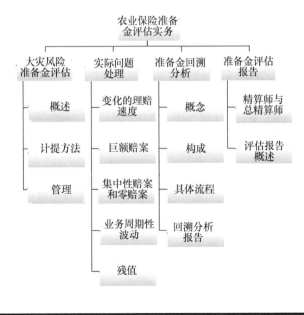

第一节　农业保险大灾风险准备金评估

除前述提及的保费责任准备金和赔款责任准备金外，保险监管部门还另外规定保险公司需计提一些别的准备金。在农业保险领域，除保费责任准备金和赔款责任准备金外，最为常见的责任准备金为农业保险大灾风险准备金。我国财政部颁发的《农业保险大灾风险准备金管理办法》明确要求，农业保险经办机构在经营农业保险过程中应根据相关规定计提大灾风险准备金。

一　农业保险大灾风险准备金概述

农业大灾是指能够引发超出农业保险经营机构财产损失承担能力的灾害。一般来说，农业大灾赔付的发生概率很小，可一旦承保区域发生农业大灾，将致使大量农险保单同时出险，巨额赔款将严重影响保险公司的偿付能力，甚至可能导致保险公司破产，故而农业计提大灾风险准备金对于农业保险经营机构而言是一项非常必要的工作。

农业保险大灾风险准备金是为增强农业保险经营机构抵御农业大灾风险能力，完善农业保险大灾风险分散机制，促进农业保险持续健康发展而专门计提的准备金。

二　农业保险大灾风险准备金计提方法

实务中，精算人员应按照《农业保险大灾风险准备金管理办法》中的相关规定确定农业大灾风险准备金的计提方法。根据《农业保险大灾风险准备金管理办法》第五条规定，保险机构应分别按照农业保险保费收入和超额承保利润的一定比例，分别计提保费大灾风险准备金和利润风险大灾准备金，逐年滚存。下面将分别介绍保费大灾风险准备金和利润风险大灾准备金的计提方法。

需要特别说明的是，无论是计提保费大灾风险准备金还是利润风险大灾准备金，经营农业保险的保险机构都应当分别以种植业、养殖业、森林等大类险种的保费收入[①]作为准备金计提的基础。

（一）保费大灾风险准备金的计提方法

实务中，精算人员在进行保费大灾风险准备金提取工作时，需要结合各地区种植业、养殖业、森林等农业保险工作情况，依据相关经验数据和保险精算原理，按照农业保险保费收入的一定比例计提保费准备金。

保险机构总部经营农业保险的，参照所在地省级分支机构计提保费大灾风险准备

---

① 此处的保费收入是指自留保费，即保险业务收入减去分出保费后的净额。

金。保险机构计提保费大灾风险准备金的比例，由保险机构按照农业保险大灾风险准备金计提比例表（详见表8-1）规定的区间范围，在听取省级财政等有关部门意见的基础上，结合农业灾害风险水平、风险损失数据、农业保险经营状况等因素合理确定。计提比例一旦确定，原则上应当保持3年以上有效期。其间，如因特殊情况须调整计提比例，应当由保险机构总部商相关省级财政部门同意后，自下一年度进行调整。保险机构计提保费大灾风险准备金，滚存余额达到当年农业保险自留保费的，可以暂停计提。

表8-1　　　　　　　　　　　农业保险大灾风险准备金计提比例表

序号	地区	保费准备金计提比例区间		
		种植业保险	养殖业保险	森林保险
1	北京	6%—8%	3%—4%	4%—6%
2	天津	2%—4%	3%—4%	4%—6%
3	河北	4%—6%	2%—3%	4%—6%
4	山西	4%—6%	3%—4%	6%—8%
5	内蒙古	6%—8%	2%—3%	8%—10%
6	辽宁	6%—8%	3%—4%	6%—8%
7	吉林	6%—8%	3%—4%	8%—10%
8	黑龙江	6%—8%	2%—3%	8%—10%
9	上海	4%—6%	1%—2%	4%—6%
10	江苏	2%—4%	2%—3%	4%—6%
11	浙江	4%—6%	3%—4%	8%—10%
12	安徽	6%—8%	2%—3%	4%—6%
13	福建	4%—6%	3%—4%	8%—10%
14	江西	6%—8%	2%—3%	8%—10%
15	山东	6%—8%	3%—4%	6%—8%
16	河南	4%—6%	3%—4%	4%—6%
17	湖北	6%—8%	3%—4%	6%—8%
18	湖南	6%—8%	2%—3%	8%—10%
19	广东	4%—6%	3%—4%	6%—8%
20	广西	4%—6%	3%—4%	8%—10%
21	海南	6%—8%	3%—4%	8%—10%
22	重庆	2%—4%	2%—3%	6%—8%
23	四川	4%—6%	2%—3%	6%—8%
24	贵州	6%—8%	3%—4%	8%—10%
25	云南	6%—8%	3%—4%	8%—10%

序号	地区	保费准备金计提比例区间		
		种植业保险	养殖业保险	森林保险
26	西藏	4%—6%	1%—2%	6%—8%
27	陕西	6%—8%	3%—4%	6%—8%
28	甘肃	2%—4%	1%—2%	6%—8%
29	青海	6%—8%	2%—3%	6%—8%
30	宁夏	2%—4%	1%—2%	4%—6%
31	新疆	6%—8%	1%—2%	6%—8%

（二）利润大灾风险准备金的计提方法

实务中，只有当保险机构经营农业保险达到一定盈利水平时，才需要按照超额利润的一定比例计提利润大灾风险准备金。

保险机构经营农业保险实现年度及累计承保盈利，且满足以下条件的，其总部应当在依法提取法定公积金、一般（风险）准备金后，从年度净利润中计提利润大灾风险准备金，计提标准为超额承保利润的 75%（如不足超额承保利润的 75%，则全额计提），不得将其用于分红、转增资本：

（1）保险机构农业保险的整体承保利润率超过其自身财产险业务承保利润率，且农业保险综合赔付率低于 70%；

（2）专业农业保险机构的整体承保利润率超过其自身与财产险行业承保利润率的均值，且其综合赔付率低于 70%；

（3）前两款中，保险机构自身财产险业务承保利润率、专业农业保险机构自身与财产险行业承保利润率的均值为负的，按照其近 3 年的均值（如近 3 年均值为负或不足 3 年则按 0 确定），计算应当计提的利润大灾风险准备金。其中，财产险行业综合赔付率以行业监管部门发布数据为准，保险机构综合赔付率以经审计的数据为准。

三　农业保险大灾风险准备金的使用

农业保险大灾风险准备金专项用于弥补农业大灾风险损失，可以在农业保险各大类险种之间统筹使用。保险机构应当以农业保险大类险种的综合赔付率，作为使用大灾准备金的触发标准。当出现以下情形时，保险机构可以使用农业保险大灾风险准备金：

（1）保险机构相关省级分支机构或总部，其当年 6 月末、12 月末的农业保险大类险种综合赔付率超过 75%（具体由保险机构结合实际确定，以下简称大灾赔付率），且已决赔案中至少有 1 次赔案的事故年度已报告赔付率①不低于大灾赔付率时，可以在再保险的基础上，使用本机构本地区的保费大灾风险准备金。

（2）根据前款规定不足以支付赔款的，保险机构总部可以动用利润大灾风险准备金。仍不足的，可以通过统筹其各省级分支机构大灾风险准备金，以及其他方式支付赔款。

大灾风险准备金的使用额度，以农业保险大类险种实际赔付率超过大灾赔付率部分对应的再保后已发生赔款②为限。保险机构应当采取有效措施，及时足额支付应赔偿的保险金，不得违规封顶赔付。

四　农业保险大灾风险准备金的管理

保险机构在进行农业保险大灾风险准备金管理时，应遵循以下原则：

（1）独立运作。保险机构根据本办法规定自主计提、使用和管理农业保险大灾风险准备金，对其实行专户管理、独立核算。

（2）因地制宜。保险机构根据本办法规定，结合不同区域风险特征、当地农业保险工作实际和自身风险管控能力等，合理确定农业保险大灾风险准备金的计提比例。

（3）分级管理。保险机构总部与经营农业保险的省级分支机构（以下简称相关省级分支机构），根据本办法规定，计提、使用和管理农业保险大灾风险准备金，并依法接受相关部门的监督。

（4）统筹使用。保险机构计提的农业保险大灾风险准备金可以在本机构农业保险各险种之间、相关省级分支机构之间统筹使用，专门用于弥补农业大灾风险损失。

此外，保监会要求经营农业保险的保险机构应当按规定于每年 5 月底之前，将上年度农业保险大灾风险准备金的计提、使用、管理等情况报告同级财政部门、行业监管部门。

第二节　农业保险准备金评估实际问题的处理

前文介绍的准备金评估方法都是在内部数据准确无误、社会环境平稳、宏观经济稳定等一系列假设条件下进行的。但在农业保险准备金评估过程中，实际的评估环境往往会偏离评估模型假设，从而使得准备金评估结果产生偏差，例如，在科学

---

① 事故年度已报告赔付率 =（已决赔款 + 已发生已报告赔案的估损金额）/已赚保费。

② 再保后已发生赔款 = 已决赔款 − 摊回分保赔款。

技术的发展使得赔案处理速度加快的情境下，链梯法所得进展因子会被严重歪曲，从而影响准备金评估结果的质量。此外，巨额赔案、集中性赔案和零赔案以及业务周期性波动等特殊因素严重影响流量三角形中的数据质量，流量三角形的数据质量会显著影响评估模型的有效性和最终所得评估结果的准确性，而台风洪水等巨灾会导致农业保险发生巨额赔案和集中性赔案，而承保农作物的农业保险赔付也呈现出明显的周期性波动，故而精算人员在进行农业保险准备金评估时一般需要对这些因素进行特殊处理。

本节主要围绕如何处理准备金评估过程中的实际问题，详细介绍理赔速度变化、巨额赔案、集中性赔案和零赔案以及业务周期性波动的特殊处理方法。

一 理赔速度变化的特殊处理

理赔速度的变化意味着农业保险公司的赔付模式发生了变化，赔付模式的变化会影响已付赔款数据流量模式的一致性，从而影响准备金评估结果的质量。为了减小理赔速度变化对准备金评估的影响，精算人员应根据理赔速度变化的实际情况对已付赔款数据进行修正。

实务中，精算人员在处理理赔速度变化问题时，通常是基于结案率的变化来调整已付赔款数据。下面将通过一个案例来说明当理赔速度变化时，应如何通过结案率的变化调整已付赔款数据。

例 8 - 1：某农业保险公司累计已付赔款流量三角形、累计已结赔案数流量三角形和累计已报告赔案数三角形分别如表 8 - 2、表 8 - 3 和表 8 - 4 所示。

表 8 - 2 　　　　　　　　　　　　　　　累计已付赔款　　　　　　　　　　　　　　（单位：千元）

事故月	进展月							
	0	1	2	3	4	5	6	7
2017 年 1 月	1904	5398	7496	8882	9712	10071	10199	10256
2017 年 2 月	2235	6261	8691	10443	11346	11754	12031	
2017 年 3 月	2441	7348	10662	12655	13748	14235		
2017 年 4 月	2503	8173	11810	14176	15383			
2017 年 5 月	2838	8712	12728	15278				
2017 年 6 月	2405	7858	11771					
2017 年 7 月	2759	9182						
2017 年 8 月	2801							

表8-3 累计已结赔案数 （单位：件）

事故月	进展月							
	0	1	2	3	4	5	6	7
2017年1月	4079	6616	7192	7494	7670	7749	7792	7806
2017年2月	4429	7230	7899	8291	8494	8606	8647	
2017年3月	4914	8174	9068	9518	9761	9855		
2017年4月	4497	7842	8747	9254	9469			
2017年5月	4419	7665	8659	9093				
2017年6月	3486	6214	6916					
2017年7月	3516	6226						
2017年8月	3230							

表8-4 累计已报告赔案数目 （单位：件）

事故月	进展月								最终数目
	0	1	2	3	4	5	6	7	
2017年1月	6553	7696	7770	7799	7814	7819	7820	7821	7822
2017年2月	7277	8537	8615	8661	8675	8679	8682		8674
2017年3月	8259	9765	9884	9926	9940	9945			9950
2017年4月	7858	9474	9615	9664	9680				9690
2017年5月	7808	9376	9513	9562					9590
2017年6月	6278	7614	7741						7810
2017年7月	6446	7884							8092
2017年8月	6115								7594

用表8-3中的数值除以表8-4中最终已报告赔案数目的预测值，即可得到各事故月在不同进展月的累计结案率如表8-5所示。观察结案率表中每列数据，可以发现结案率随着事故月推移存在一种稳定的趋势。但在进行具体分析前，精算人员需要注意理赔程序的变化对赔案数目的影响，因为赔案数目是获得结案率的基础。

表8-5 累计结案率

事故月	进展月							
	0	1	2	3	4	5	6	7
2017年1月	0.5215	0.8458	0.9195	0.9581	0.9806	0.9907	0.9962	0.9980
2017年2月	0.5106	0.8335	0.9107	0.9558	0.9792	0.9922	0.9969	
2017年3月	0.4939	0.8215	0.9114	0.9566	0.9810	0.9905		

事故月	进展月							
	0	1	2	3	4	5	6	7
2017 年 4 月	0.4641	0.8093	0.9027	0.9550	0.9772			
2017 年 5 月	0.4608	0.7993	0.9029	0.9482				
2017 年 6 月	0.4464	0.7956	0.8855					
2017 年 7 月	0.4345	0.7694						
2017 年 8 月	0.4253							

实务操作中，结案率变化的处理方法有很多种，下面将介绍一种较为有效的处理方法。该方法首先寻找一条曲线来近似描述同一事故月累计已结赔案数目（X）与累计已付赔款（Y）之间的关系。精算人员发现指数形式 $Y = ae^{bx}$ 的拟合效果较好，事故月 2017 年 1 月的拟合结果如表 8-6 所示，其可决系数为 0.9957，去掉第一事故月的数据后，可决系数上升至 0.9982。

表 8-6   事故月 2017 年 1 月指数曲线拟合结果

事故月	累计已结赔案 X	累计已付赔款 Y	Y 的拟合值	
			8 个数据	7 个数据
2017 年 1 月	4079	1904	1848	
2017 年 2 月	6616	5398	5878	5435
2017 年 3 月	7192	7496	7643	7427
2017 年 4 月	7494	8882	8772	8747
2017 年 5 月	7670	9712	9505	9623
2017 年 6 月	7749	10071	9854	10044
2017 年 7 月	7792	10199	10049	10281
2017 年 8 月	7806	10256	10113	10359
		可决系数	0.9957	0.9982
		a	287.74	150.62
		b	0.000456	0.000542

由此可用上述结果近似表示累计已结赔案数目和累计已付赔款之间的关系，将其作为结案率调整指数插值的基础。

得到累计已结赔案数目和累计已付赔款之间的指数关系式后，通过结案率的变化调整已付赔款主要包括以下几个步骤：

步骤一：选出每个进展月的代表性结案率。通常而言，会选用最近日历月的结案率，一方面是由于最近日历月结案率不需要为以后月度进行调整，另一方面是由于最近日历月结案率可以使每个日历月最近的累计已付赔款数据不受影响。

步骤二：将每个事故月最终赔案数据的预测值与步骤一中选取出的结案率相乘，所得结果即为修正后的累计已结案数目。

根据表8-4和表8-5数据，可以得到修正累计已结赔案数目如表8-7所示。以事故月2017年1月为例，由于第1个进展月采用的累计结案率为76.94%，因此其修正累计已结赔案数目为6018件（7822×0.7694）。

表8-7　　　　　　修正累计已结赔案数目（相同累计结案率）　　　　　　（单位：件）

事故月	累计结案率（%）							
	42.53	76.94	88.55	94.82	97.72	99.05	99.69	99.80
2017年1月	3327	6018	6927	7417	7644	7747	7798	7806
2017年2月	3689	6674	7681	8224	8476	8591	8647	
2017年3月	4232	7656	8811	9434	9723	9855		
2017年4月	4122	7456	8581	9188	9469			
2017年5月	4079	7379	8492	9093				
2017年6月	3322	6009	6916					
2017年7月	3442	6226						
2017年8月	3230							

步骤三：根据表8-4与表8-5中数据的对应关系进行插值处理，从而得到修正累计已付赔款估计值。

以事故月2017年第1个进展月为例，为了得到修正已结赔案数目6018所对应的累计已付赔款，使用指数形式 $Y = ae^{bx}$ 对事故月2017年1月的两个进展月数据（4079，1904）和（6616，5398）进行插值，得到近似结果为4222。对其他数据也进行类似处理，可得修正累计已付赔款估计值，如表8-8所示。

表8-8　　　　　　修正累计已付赔款（相同累计结案率）　　　　　　（单位：千元）

事故月	累计结案率（%）							
	42.53	76.94	88.55	94.82	97.72	99.05	99.69	99.80
2017年1月	1398	4222	6441	8506	9585	10066	10187	10256
2017年2月	1705	5116	7845	10123	11309	11739	12031	
2017年3月	1938	6168	9580	12261	13571	14235		
2017年4月	2191	7127	11034	13843	15383			

事故月	累计结案率（%）							
	42.53	76.94	88.55	94.82	97.72	99.05	99.69	99.80
2017 年 5 月	2523	7892	11943	15278				
2017 年 6 月	2240	7189	11771					
2017 年 7 月	2670	9182						
2017 年 8 月	2801							

二 巨额赔案的特殊处理

巨额赔案是指损失金额异常巨大的赔案，例如因地震、飓风、火灾等引发的赔案。如果直接将巨额赔案数据直接合计到累积赔款流量三角形中，会引起赔款流量三角形中数据的巨大变动，从而影响进展因子的估计，进而使所得准备金评估结果产生较大的偏差。故而，精算人员在进行准备金评估时，应在界定巨额赔案的基础上，根据巨额赔案的特征对其进行特殊处理。

如果精算人员预期未来再次发生巨额赔案的概率很小，那么精算人员在进行准备金评估工作时应剔除赔款流量三角形中与巨额赔案相关的赔款数据，由此消除巨额赔案对赔付进展模式的影响，并对巨额赔案进行单独评估。

下面以某降雨指数保险为例，介绍实务中精算人员如何处理巨额赔案。

例 8 - 2：某农业保险公司 2017 年 1 月至 7 月降雨指数保险的累计已付赔款流量三角形如表 8 - 9 所示。

表 8 - 9 　　　　　　　　　　　　累计已付赔款 　　　　　　　　　　（单位：千元）

事故月	进展月						
	0	1	2	3	4	5	6
2017 年 1 月	13600	28424	43204	53574	62681	67069	67739
2017 年 2 月	12680	26248	40159	49395	58780	64071	
2017 年 3 月	14000	31220	43396	46434	53399		
2017 年 4 月	13885	28325	44471	53365			
2017 年 5 月	22610	46577	71728				
2017 年 6 月	34700	69747					
2017 年 7 月	45900						

采用链梯法可以得到表 8 - 10 中所示的逐月进展因子计算结果。观察逐月进展因子表中数据可以发现，"3—4"和"4—5"逐月进展因子波动幅度较小，较为稳定，但在前 3 个逐月进展因子中，2017 年 3 月的这三个逐月进展因子与其他事故月有显著差

异，"0—1"逐月进展因子明显高于其他事故月，"1—2"和"2—3"逐月进展因子又显著低于其他事故月。

表 8 – 10 　　　　　　　　　　　　逐月进展因子

事故月	逐月进展					
	0—1	1—2	2—3	3—4	4—5	5—6
2017 年 1 月	2.09	1.52	1.24	1.17	1.07	1.01
2017 年 2 月	2.07	1.53	1.23	1.19	1.09	
2017 年 3 月	2.23	1.39	1.07	1.15		
2017 年 4 月	2.04	1.57	1.20			
2017 年 5 月	2.06	1.54				
2017 年 6 月	2.01					

通过分析，精算人员发现是由于 2017 年 3 月的特大火灾引发了巨额赔案，巨额赔案的具体赔款数据如表 8 – 11 所示。

表 8 – 11 　　　　　　　2017 年 3 月的巨额赔案赔款数据　　　　　　（单位：千元）

事故月	进展月						
	0	1	2	3	4	5	6
2017 年 3 月	3000	8890	8784				

由于表 8 – 9 中包含巨额赔案数据，致使 2017 年 3 月的进展模式有别于其他事故月。但一般而言，类似的特大火灾再次发生概率特别小，所以应单独处理巨额赔案，将巨额赔案数据从累计赔款流量三角形中剔除，由此避免巨额赔案对准备金评估的影响。调整表 8 – 9 中的数据，将 2017 年 3 月前三个进展月的巨额赔案的赔款数据剔除，所得累计已付赔款流量三角形数据如表 8 – 12 所示。

表 8 – 12 　　　　　　　　剔除巨额赔案后的累计已付赔款　　　　　　（单位：千元）

事故月	进展月						
	0	1	2	3	4	5	6
2017 年 1 月	13600	28424	43204	53574	62681	67069	67739
2017 年 2 月	12680	26248	40159	49395	58780	64071	
2017 年 3 月	11000	22330	34612	43610	50152		
2017 年 4 月	13885	28325	44471	53365			

续表

事故月	进展月						
	0	1	2	3	4	5	6
2017 年 5 月	22610	46577	71728				
2017 年 6 月	34700	69747					
2017 年 7 月	45900						

以表 8-12 中的剔除巨额赔案后的累计已付赔款数据为基础，运用链梯法得到的逐月进展因子如表 8-13 所示。

表 8-13　　　　　　　　　　剔除巨额赔案后的逐月进展因子

事故月	逐月进展					
	0—1	1—2	2—3	3—4	4—5	5—6
2017 年 1 月	2.09	1.52	1.24	1.17	1.07	1.01
2017 年 2 月	2.07	1.53	1.23	1.19	1.09	
2017 年 3 月	2.03	1.55	1.26	1.15		
2017 年 4 月	2.04	1.57	1.20			
2017 年 5 月	2.06	1.54				
2017 年 6 月	2.01					

观察表 8-13 中数据可知，剔除 2017 年 3 月的巨额赔案数据后，事故月为 2017 年 3 月的赔案的理赔进展模式与其他事故月的理赔进展模式基本一致，各列的进展因子差异很小，整体的理赔延迟模式十分平稳。

三　集中性赔案和零赔案的特殊处理

集中性赔案是指由同类或单一事故导致的大规模、聚集性的赔案。实务中，精算人员需要与理赔部门沟通，要求理赔部门员工在赔案录入时对引发聚集性赔案的某一类或某一件事件进行标记，以便精算人员在赔案分析时可以明确区分是否为集中性赔案。在集中性赔案界定完毕后，精算人员在评估准备金时，可采用与巨额赔案相同的方法对集中性赔案进行特殊处理。

零赔案是指赔案的最终赔款金额为零的赔案。由于零赔案的出现只增加了案件数，而不会使得赔款额发生变化，故而零赔案进展趋势的变化对赔款金额流量三角形无影响，但会对理赔件数流量三角形产生影响，从而使得案均赔款流量的进展模式发生改变，进而影响案均赔款法所得准备金评估值的准确性。但实务中，考虑到案均赔款受通货膨胀等因素影响而具有几何增长趋势，且零赔案的赔款均值为零，零赔案件数不能与非零的案均赔款额相乘，故而精算人员在进行准备金评估时通常都会将零赔案数据剔除。

四　业务周期性波动的特殊处理

农业保险公司的某些业务存在周期性波动，其保费收入、营业费用以及赔款支出一般集中于一年中的某些特定时段，如一年中的上半年或下半年、四个季度中的某几个季度、十二个月中的某些月，且每年的波动规律基本一致。当农业保险公司的业务存在周期性波动时，精算人员进行准备金评估时应充分考虑周期性波动对逐月进展因子选择的影响。

下面以某农业保险公司的水稻种植保险为例，介绍实务中精算人员如何处理业务周期性波动。

例 8 - 3：某农业保险公司水稻种植保险按半年为单位组织的累计已付赔款流量三角形如表 8 - 14 所示。表中，H1 代表上半年，H2 代表下半年。

表 8 - 14　　　　　　　　**累计已付赔款（以半年为数据组织单位）**　　　　　　（单位：千元）

事故年	进展月							
	6	12	18	24	30	36	42	48
2014H1	3500	4865	5595	6098	6464	6723	6857	6857
2014H2	12400	29016	42073	52592	61006	66497	69822	
2015H1	3740	5161	5987	6466	6789	6925		
2015H2	13900	32109	47200	59472	67204			
2016H1	4300	5805	6560	7019				
2016H2	15900	37524	54035					
2017H1	4930	6705						
2017H2	16798							

观察表 8 - 14 中数据，可发现水稻种植保险的理赔进展具有明显的周期性，每一事故年在上半年的累计已付赔款额均低于下半年，赔款集中出现于下半年。基于表 8 - 14 中数据，用链梯法计算得到的进展因子如表 8 - 15 所示。

表8-15 进展因子

事故年	进展期						
	6—12	12—18	18—24	24—30	30—36	36—42	42—48
2014H1	1.39	1.15	1.09	1.06	1.04	1.02	1.00
2014H2	2.34	1.45	1.25	1.16	1.09	1.05	
2015H1	1.38	1.16	1.08	1.05	1.02		
2015H2	2.31	1.47	1.26	1.13			
2016H1	1.35	1.13	1.07				
2016H2	2.36	1.44					
2017H1	1.36						

观察表8-15中数据可以发现，各事故年的上半年与下半年的进展因子的变化规律具有显著差异，上半年的进展因子均低于下半年的进展因子。如果精算人员忽略进展因子的这种周期性变化，直接基于表8-15中的各列数据计算进展因子，显然会致使准备金评估结果严重偏离实际。为了消除业务周期性变化的影响，可以将表8-15拆分成上半年的进展因子（见表8-16）和下半年的进展因子（见8-17）两部分。

表8-16 上半年的进展因子

事故年 （半年）	进展期						
	6—12	12—18	18—24	24—30	30—36	36—42	42—48
2014H1	1.39	1.15	1.09	1.06	1.04	1.02	1.00
2015H1	1.38	1.16	1.08	1.05	1.02		
2016H1	1.35	1.13	1.07				
2017H1	1.36						

表8-17 下半年的进展因子

事故年 （半年）	进展期						
	6—12	12—18	18—24	24—30	30—36	36—42	42—48
2014H2	2.34	1.45	1.25	1.16	1.09	1.05	
2015H2	2.31	1.47	1.26	1.13			
2016H2	2.36	1.44					

观察表8-16和表8-17中数据可以发现，将进展因子按上半年、下半年进行拆分后，各个表中的进展因子都比较平稳。故而可以基于表8-16和表8-17中的数据得到上半年、下半年分别对应的进展因子，由此可分别估计上半年、下半年的准备金数额，

最后将上半年、下半年的准备金数额进行加总。在该方法下所得的准备金评估结果显然比忽略业务周期性规律所得结果更为准确。

实务中，应用更为广泛的处理业务周期性规律的方法是以季节为单位组织的累计已付赔款流量三角形（详见表8－18），在此基础上分别得到四个季度的进展因子估计值，由此分别估计四个季度的准备金数额，加总所得即为准备金评估结果。

表8－18　　　　　　　　　　　以季节为单位组织的已付赔款数据

事故年 （半年）	进展月							
	6	12	18	24	30	36	42	48
2016Q1	×××	×××	×××	×××	×××	×××	×××	×××
2016Q2	×××	×××	×××	×××	×××	×××	×××	
2016Q3	×××	×××	×××	×××	×××	×××		
2016Q4	×××	×××	×××	×××	×××			
2017Q1	×××	×××	×××	×××				
2017Q2	×××	×××	×××					
2017Q3	×××	×××						
2017Q4	×××							

例8－4： 某农业保险公司水稻种植保险按月度为单位组织的累计已付赔款流量三角形如表8－19所示。

表8－19　　　　　　　　　　　　　　累计已付赔款

事故月	进展月							
	0	1	2	3	4	5	6	7
2017 年 3 月	3500	4865	6081	6142	6147	6147	6147	6147
2017 年 4 月	3740	5161	6503	6562	6566	6566	6566	
2017 年 5 月	4300	5891	7305	7363	7366	7366		
2017 年 6 月	12400	29016	44975	45245	45267			
2017 年 7 月	13900	32109	50090	50441				
2017 年 8 月	15900	37524	57412					
2017 年 9 月	4239	5850						
2017 年 10 月	3950							

观察表8－19中数据，可发现水稻种植保险的理赔进展具有明显的周期性，理赔集中于事故月6月、7月和8月。基于表8－19中数据，应用链梯法计算得到的进展因子如表8－20所示。

表 8 – 20 进展因子

事故月	进展月						
	0—1	1—2	2—3	3—4	4—5	5—6	6—7
2017 年 3 月	1.39	1.25	1.01	1.0008	1	1	1
2017 年 4 月	1.38	1.26	1.009	1.0006	1	1	
2017 年 5 月	1.37	1.24	1.008	1.0004	1		
2017 年 6 月	2.34	1.55	1.006	1.0005			
2017 年 7 月	2.31	1.56	1.007				
2017 年 8 月	2.36	1.53					
2017 年 9 月	1.38						

观察表 8 - 20 中数据可以发现，事故月 6 月、7 月和 8 月的逐月进展因子明显高于其他事故月。如果精算人员忽略进展因子的这种周期性变化，直接基于表 8 - 20 中的各列数据计算进展因子，显然会致使准备金评估结果严重偏离实际。为了消除业务周期性变化的影响，可以将表 8 - 20 拆分成赔付高发期和赔付非高发期两部分。

表 8 – 21 赔付高发期的进展因子

事故月	进展月						
	0—1	1—2	2—3	3—4	4—5	5—6	6—7
2017 年 6 月	2.34	1.55	1.006	1.0005			
2017 年 7 月	2.31	1.56	1.007				
2017 年 8 月	2.36	1.53					

表 8 – 22 赔付非高发期的进展因子

事故月	进展月						
	0—1	1—2	2—3	3—4	4—5	5—6	6—7
2017 年 3 月	1.39	1.25	1.01	1.0008	1	1	1
2017 年 4 月	1.38	1.26	1.009	1.0006	1	1	
2017 年 5 月	1.37	1.24	1.008	1.0004	1		
2017 年 9 月	1.38						

观察表 8 - 20 中数据可知，水稻种植险的赔付在第 4 进展月已经进展完全，这是由于监管对农业保险赔付的时效性要求很严格，因此，可以认为各事故月在第 4 进展月

后的逐月进展因子均为 1。此外，观察表 8 - 21 和表 8 - 22 中数据可以发现，将进展因子按赔付高发期和非高发期进行拆分后，各个表中的进展因子都比较平稳，故而可以基于表 8 - 21 和表 8 - 22 中的数据得到赔付高发期和非高发期的进展因子，由此可分别估计赔付高发期与非高发期的准备金数额，最后所得数额加总即可。在该方法下所得的准备金评估结果显然比忽略业务周期性规律所得结果更为准确。

五　残值的特殊处理

残值是指保险标的在保险事故发生后可回收利用的价值。以水稻种植保险为例，保险事故发生后，残值即为未受损的那部分水稻的价值。精算人员在进行准备金评估过程中，应当充分考虑残值可能对准备金评估结果造成的影响。残值的特殊处理可细分为两种情形：一种是残值能与具体赔案对应的情形；另一种是残值无法与具体赔案对应的情形。

在残值能与具体赔案相对应，且未来残值处理与过去的残指处理具有一致性的情形下，当评估的赔款数据中包含残值时，未决赔款准备金的评估结果中便含有未来残值处理。但当未来环境发生巨大变化，使得残值处理与过去产生较大差异时，建议对残值进行单独评估。

在残值无法与具体赔案相对应的情形下，精算人员可采用整体评估的方法。首先，将残值按照农险产品类型进行分类，分别计算每种农险产品类型的残值占已付赔款的比例。反映某农险产品类型的残值处理的未决赔款准备金计算公式为：

$$未决赔款准备金（反映预期残值处理）$$
$$=未决赔款准备金（未反映残值处理）×（1-残值占已付赔款的比例）$$

将各种类型农险产品的结果进行汇总，所得结果即为反映残值处理的未决赔款责任准备金评估结果。该方法操作简单，但在实务中，在进行残值的特殊处理时，应注意某些巨额赔案的影响。

第三节　准备金回溯分析

准备金评估是精算人员在一些特定假设下对未来赔付金额的估计，而实际情况往往与评估假设并不一致，致使实际赔付情况与前期准备金评估结果往往存在偏差，因此精算人员有必要定期分析实际赔付情况与前期准备金评估结果的偏离程度，即精算人员需要定期进行准备金回溯分析。为更细致地了解准备金回溯分析，本节将详细介绍准备金回溯分析的概念、准备金回溯分析的构成以及准备金回溯分析的具体流程这三方面的内容。

一　准备金回溯分析的概念

准备金回溯分析（Backtracking Analysis of Reserve）是精算人员在获取后续信息后，基于后续信息评判与分析前期准备金评估结果，以检验与改进准备金评估质量的过程与方法。具体而言，准备金回溯分析采用回溯日的数据信息对上一期的准备金评估结果进行重新评估，通过比较所得评估结果与原评估结果的差异，来衡量保险公司准备金评估的充足性，分析上一期准备金评估的假设、方法与流程的合理性，以此发现问题并在后续会计期间的准备金评估中进行修正。

准备金回溯分析中衡量准备金评估质量的主要指标为准备金偏差金额和准备金偏差率。其中，准备金偏差金额是回溯日评估值与前期会计报表中的评估值之差，准备金偏差率是准备金偏差金额与回溯日评估值的比率。准备金偏差金额或准备金偏差率为正值时，意味着实际理赔高于前期的预估，准备金评估结果存在不利发展；而准备金偏差金额或准备金偏差率为负值时，意味着实际理赔低于前期的预估，准备金评估结果存在有利发展。不利发展金额或不利偏差率较大时，意味着保险公司的财务状况、盈利水平以及偿付能力状况将会受到显著影响。

二　准备金回溯分析的构成

在不同的分类标准下，准备金回溯分析的构成也有所不同。

以准备金类型作为分类依据时，准备金回溯分析可以分为未到期责任准备金回溯分析和未决赔款责任准备金回溯分析两个部分。其中，未决赔款责任准备金回溯分析又可以细分为已发生已报告未决赔款准备金回溯分析、IBNR 准备金回溯分析和理赔费用准备金回溯分析。

以回溯分析时点作为分类依据时，准备金回溯分析可以分为年度准备金评估结果回溯分析与常规性季度准备金评估结果回溯分析两个部分。其中，年度准备金评估结果回溯分析是指保险公司在每季度末计算上两个财务年度末经审计未到期责任准备金和未决赔款准备金评估值截至回溯时点的偏差，以此判断经审计年度财务报表中准备金提取的充足性；常规性季度准备金评估结果回溯分析是指保险公司应于每季度末计算两个季度前未决赔款准备金截至回溯时点的偏差，通过分析偏差产生的原因，监控基础数据与理赔内部控制的质量，指导并动态调整当季准备金的评估结果。

三　准备金回溯分析的具体流程

无论是年度准备金评估结果回溯分析还是常规性季度准备金评估结果回溯分析，都需要对未到期责任准备金、已发生已报案未决赔款责任准备金、IBNR 准备金以及理赔费用责任准备金进行回溯分析。因此，本小节将从年度准备金评估结果回溯分析和常规性季度准备金评估结果回溯分析的角度出发，介绍准备金回溯分析的具体步骤。

实务中，准备金回溯分析主要包括以下几个步骤：

步骤一：确定准备金回溯分析所使用的基础数据、评估方法及评估假设。

步骤二：基于选定的评估方法与假设分别计算得出回溯日未到期责任准备评估值、回溯日已发生已报案未决赔款责任准备金评估值、回溯日 IBNR 准备金评估值以及回溯日理赔费用责任准备金评估值。

步骤三：基于所得准备金回溯日估计值和前期会计报表中的评估值，计算得出准备金偏差金额和准备金偏差率。若准备金回溯分析结果出现较大不利发展，还应采取一定措施对不利发展进行修正。

步骤四：基于所得结果形成准备金回溯分析报告。

（一）确定基础数据、评估方法以及评估假设

精算人员进行准备金回溯分析工作时，需要完成的一项工作就是确定准备金回溯分析所使用的基础数据、评估方法以及评估假设。基础数据的真实性、完整性、一致性与有效性，选用评估方法的适用性以及评估假设的合理性会对准备金回溯分析评估结果产生严重影响。

1. 确定基础数据

基础数据方面，基础数据真实性需要得到保证。基础数据可细分为未到期责任准备金评估基础数据和未决赔款责任准备金基础数据。其中，未到期责任准备金评估基础数据主要包括承保数据、再保险数据及费用数据，其中，承保数据包括保费收入、保险起期、保险止期、批改原因、批改时间、批改保费等，再保险数据包括分出保费、摊回分保费用等再保险分出数据和分保费收入、分保费用支出等再保险分入数据，费用数据包括首日费用、维持费用和理赔费用等。未决赔款责任准备金基础数据包括理赔流程中的报案受理、人工预估、案件重开、案件注销、零赔付结案、拒赔等环节所记录的数据信息。为提高基础数据的真实性，保险公司应建立反映准备金评估日和回溯日估损金额变化与赔付进展的赔案信息对照表，赔案信息对照表中应包含保单号、赔案号、出险日期、报案日期、评估日已决赔款金额、评估日估损金额、回溯日已决赔款金额、回溯日估损金额、结案日期、重开日期等信息。当保险公司自身的数据不充分时，精算人员可以采用行业数据作为基础数据；当行业数据同样缺乏时，精算人员有必要密切结合定价、承保、理赔、再保等方面的经验，采用一定程度的职业判断选定基础数据。

此外，精算人员应校验评估使用的基础数据，分析判断所采用数据的一致性、完整性及准确性，具体包括：比较准备金评估所使用的保费、赔付、费用、再保数据与财务系统、业务系统、再保系统中的保费、赔付与费用数据的一致性关系；准备金评估所使用的数据完整性核查；案件延迟立案总体情况核查；未决赔案损失估计充足性

的总体情况核查；注销案件、零结案案件、拒赔案件总体情况核查以及案件重开的总体情况核查。当数据校验结果表明基础数据异常时，精算人员应查明异常原因，并根据原因及影响程度在评估基础数据中对异常数据采取剔除、修正等措施。

2. 确定评估方法与评估假设

评估方法与评估假设方面，《保险公司非寿险业务准备金回溯分析管理办法》要求精算人员在进行准备金回溯分析时，应根据后续保险经营期间外部环境和公司内部业务状况风险特征、成本费用、内控效果、市场及法律环境等的变化及时进行修正和调整准备金评估方法及假设。如果后续保险经营期间风险特征、成本费用、内控效果、市场及法律环境等发生根本性变化，则精算人员在进行准备金回溯分析时应重新制定准备金评估方法及假设。

此外，在选定评估方法与评估假设时应充分考虑基础数据质量变动对准备金评估结果的影响。在保险公司的基础数据质量变动能够显著影响准备金评估结果的情况下，总精算师（精算责任人）在后续保险经营期间评估准备金时，应充分考虑基础数据质量变动对评估方法、假设、因子选择以及风险边际确定的影响；在保险公司的基础数据质量在很长一段时期内仍未得到有效改进，导致前期会计报表中的准备金评估结果不利发展的情况下，总精算师（精算责任人）在后续保险经营期间评估准备金时，应选择更为稳健的准备金评估方法、假设、因子与风险边际。

需要特别说明的一点是，在回溯日进行准备金评估时选取的贴现因素应与上一期的准备金评估所采用的贴现因素保持一致。若前期会计报表中的评估值未贴现，则回溯日评估值不贴现；若前期会计报表中的评估值已贴现，则回溯日评估值应贴现至前期资产负债表日，且贴现率保持一致。此外，前期会计报表中的准备金评估值与回溯日评估值应在计量单位上保持一致。

（二）准备金回溯日评估结果计算

基于选定的基础数据、评估方法和假设，精算人员可得到未到期责任准备金回溯日评估值和未决赔款准备金回溯日评估值。

未到期责任准备金回溯日评估值为前期会计报表中的评估值截至回溯日的重新评估值，包括截至回溯日仍未到期保费对应的未到期责任准备金以及截至回溯日已满期保费对应的赔付支出、未决赔款准备金、保单维持费用，其中赔付支出包含理赔费用。此处所指的截至回溯日仍未到期保费对应的未到期责任准备金和已满期保费对应的未决赔款准备金均包含风险边际。

未决赔款准备金回溯日评估值为前期会计报表中的评估值截至回溯日的重新评估值，包括：截至回溯日已决赔款对应的赔付支出和未决赔款对应的未决赔款准备金，其中赔付支出应包括理赔费用。此处所指的截至回溯日未决赔款对应的未决赔款准备金包含风险边际。

(三) 准备金回溯日评估结果分析

得到准备金回溯日评估结果后,即可得到准备金偏差金额和准备金偏差率的估计值。根据前文中的介绍我们知道,在准备金偏差金额或准备金偏差率为正值的情况下,实际理赔高于前期的预估准备金,即评估结果存在不利发展,如果不利发展影响较大时,精算人员需要采取一些必要的调整措施。中国银行保险监督管理委员会颁布的《保险公司非寿险业务准备金回溯分析管理办法》对此做出了如下规定:

如果常规性季度准备金评估结果回溯分析显示两个季度前未决赔款准备金存在不利发展时,总精算师(精算负责人)应认真分析偏差产生的原因,监控与未决赔款准备金管理相关的理赔指标变动情况,动态调整当季准备金的评估方法、假设、因子与风险边际,确保当季准备金评估结果充足与合理。总精算师(精算责任人)同时应向保险公司管理层提交不利发展原因的专项分析报告,提出相应的建议与意见,并将监控理赔指标变动以及动态调整评估方法、假设、因子与风险边际的过程详细记录于准备金评估工作底稿。

如果年度准备金评估结果回溯分析显示,上两个财务年度中有一个财务年度末再保后准备金评估结果首次出现不利发展时,保险公司应实施特别的管控流程,即在发现问题的当年,保险公司管理层应专题研究准备金评估结果出现不利发展的原因并确定改进方案,在发现问题的次年,保险公司管理层应对改进方案的落实情况进行跟踪分析,相关分析报告与改进方案应及时报送监管机构。保险公司年度准备金评估报告应披露相关改进方案对当年准备金评估所使用方法、假设、因子与风险边际及最终评估结果的影响。

如果年度准备金评估结果回溯分析显示,连续两个财务年度的财务报告出现准备金评估结果不利发展,或上两个财务年度中有一个财务年度末准备金评估结果出现较大不利发展时,保险公司应采取以下措施:

(1) 保险公司的管理层应认真分析准备金评估结果出现不利发展的原因,制订详细的整改方案。保险公司应指定保险公司主要负责人作为公司落实整改方案责任人,并针对具体问题分别制定整改措施及完成时间表。准备金不利发展原因分析报告与整改方案应一并向保险公司董事会与监管机构报告。

(2) 保险公司应连续两年向董事会与监管机构上报整改方案的落实情况。保险公司在向监管机构上报的年度准备金评估报告中应披露相关整改方案对当年准备金评估所使用方法、假设、因子与风险边际及最终评估结果的影响。

(3) 保险公司应在向监管机构上报的准备金评估报告中额外披露反映已发生未报告未决赔款准备金情况的流量三角形(包括案件发生与报告的时间差、已发生未报告案件的案件数与已报案赔款等)、反映已报告未立案案件未决赔款准备金的流量三角形(包括案件报告与立案的时间差、已报告未立案案件的案件数与已报案赔款等)、反映估损不足情况的流量三角形（包括最终赔付金额与初始估损金额差额）、反映重开案件情况的流量三角形。

（4）保险公司应于发现问题的当年开始连续两年聘请独立的精算评估机构对准备金评估结果进行审核，审核每半年一次。独立的精算评估机构不得与保险公司的外部审计机构为同一主体，出具的审核报告须及时提交董事会与监管机构。独立精算评估机构的相关要求由监管机构另行规定。

（5）保险公司若连续两个财务年度出现准备金评估结果较大不利发展，且其外部审计机构为同一会计师事务所、年度审计报告均为无保留意见的，保险公司须更换外部审计机构。

四　准备金回溯分析报告

根据《保险公司非寿险业务准备金回溯分析管理办法》的要求，保险公司应当定期向中国银行保险监督管理委员会报送年度准备金评估结果回溯分析报告与常规性季度准备金评估结果回溯分析报告。其中，保险公司每年第一季度末回溯分析报告应于当年 6 月 30 日之前报送，第二、第三、第四季度末回溯分析报告应于季度结束后 60 日内报送。

具体而言，准备金回溯分析报告应当包括以下内容：

（1）年度准备金评估结果回溯分析与常规性季度准备金评估结果回溯分析总体情况。

（2）年度准备金评估结果回溯偏差对上两个财务年度财务状况、经营结果以及偿付能力状况的影响。

（3）准备金回溯分析的方法与主要假设。准备金回溯所使用的评估方法及假设与前期会计报表中的评估方法及假设出现重大变化的，保险公司应在回溯分析报告中详细说明并披露其对回溯分析结果的影响。

（4）当年度准备金评估结果回溯分析与常规性季度准备金评估结果回溯分析显示保险公司准备金出现不利发展时，保险公司应在准备金回溯分析报告中说明偏差的原因，并对当季准备金评估过程中如何反映与处理上述导致不利发展的因素做详细说明。

（5）其他需要在准备金回溯分析报告中披露的事项。

第四节　准备金评估报告

准备金评估是保险公司经营过程中的核心环节之一。保险公司在进行产品定价、偿付能力评估、资产负债管理时，都需要评估责任准备金负债。此外，保险公司在编制各类监管报表与财务报表时，都需要责任准备金评估数据。无论是基于何种目的进行责任准备金评估，精算人员都需要将准备金评估结果以准备金评估报告的形式进行披露。

根据中国银行保险监督管理委员会要求，保险公司需要在每年4月30日前报送上一会计年度的保险公司非寿险业务责任准备金年度评估报告。出于合规性要求，准备金评估报告编报对于保险公司而言是一件十分重要的工作。为加深对准备金评估报告的认识，本节将首先介绍精算师与总精算师，在此基础上对准备金评估报告的编制原则、构成与主要内容进行详细介绍。

一　精算师与总精算师

要想系统全面地理解准备金评估报告，首先需要明确"精算师"和"总精算师"到底是什么。

（一）精算师概述

《中华人民共和国保险法》第八十五条规定，保险公司应当聘用专业人员，建立精算报告制度和合规报告制度。直观上，可以将"专业人员"理解为"精算师"。那么精算师的工作职能是什么呢？

中国精算师协会编著的《精算管理》一书中，将精算师的工作职能定义为分析风险并量化其财务影响。他们综合运用数学、统计学、经济学、金融学及财务管理等方面的专业知识及技能，在保险、金融及其他领域中，分析、评估不确定的现金流对未来财务状况的影响。精算师作为管理队伍的重要成员，他们擅长和专注于将专业分析技能、商业经营知识和对利益相关者的理解综合起来，帮助团体理解其决策将会带来的财务影响。

那么怎样才能成为精算师呢？我们通常所说的"精算师"是指通过某个精算学会（Society of Actuaries/Institute）认证的正式会员（fellow）或者准会员（associate）。在中国认可度较高的精算师协会主要为：中国精算师协会（CAA）、北美精算师协会（SOA）、北美财险精算师协会（CAS）、北美养老金精算学会（ASPA）、英国精算师协会（IFoA）以及澳大利亚精算师协会（IAAust）。一般来说，成为精算学会的认可会员主要有两种途径：一种是通过精算师资格考试并且具有一定的实际工作经验；另一种是通过专业学历教育并且具有一定的实际工作经验。

在我国，中国精算师协会在每年的春季和秋季组织实施会员水平测试，测试分为准精算师和精算师两个层级。准精算师测试科目由数学、金融数学、精算模型、经济学、寿险精算、非寿险精算、会计与财务和精算管理8个A类测试组成，每个科目的测试时间均为3小时；精算师测试科目分为寿险和非寿险两个方向，非寿险方向测试科目由保险法及相关法律（非寿险）、保险公司财务管理（非寿险）、非寿险实务、非寿险定价、非寿险责任准备金评估、投资学、负债管理和健康保险 8 门 F 类测试组成，每个科目的测试时间均为 4 小时。

考生申请中国准精算师水平测试合格证需具有国务院教育行政部门认可的大学本科（含本科在读）及以上学历或者学位，并通过 A1–A8 全部科目的测试，在此基础上，申请人须参加精算师职业道德教育培训课程，合格后方可取得中国准精算师水平测试合格证并成为中国精算师协会个人会员，也即成为经中国精算师协会认证的"准精算师"。考生申请中国精算师水平测试合格证需具备中国准精算师资格或取得中国准精算师水平测试合格证，且通过保险法及相关法律（非寿险）、非寿险定价、非寿险责任准备金评估和投资学，并在保险公司财务管理（非寿险）、非寿险实务、债管理和健康保险 4 门科目中至少通过 1 门科目，此外，还应具有 3 年以上（含 3 年）的精算或金融领域相关实务经验，并取得持有原中国精算师资格证书或取得中国精算师水平测试合格证人士的推荐，在此基础上，申请人须参加精算师职业道德教育培训课程，合格后方可取得中国精算师水平测试合格证，也即成为经中国精算师协会认证的"精算师"。

（二）总精算师概述

我国的非寿险精算制度发展较为缓慢，在 2003 版《保险法》实施后我国的非寿险精算制度才正式开始建立。2003 年 2 月 27 日中国银行保险监督管理委员会发布的《关于对财产保险公司放宽精算责任人条件要求的通知》允许"中国精算师"担任财产保险公司报备产品的精算责任人。2004 年，中国银行保险监督管理委员会财务部发布了《财产保险公司精算工作通知》，放宽了规定认可精算责任人的资格要求。2008 年 1 月 1 日，《保险公司总精算师管理办法》正式施行，将"总精算师"定义为保险公司总公司负责精算以及相关事务的高级管理人员，并要求保险公司设立总精算师职位。2017 年 11 月 24 日，结合我国财产保险公司的实际情况并根据《保险公司总精算师管理办法》中的有关规定，中国银行保险监督管理委员会印发的《中国银行保险监督管理委员会关于财产保险公司和再保险公司实施总精算师制度有关事项的通知》规定，财产保险公司应全面实行总精算师制度，总精算师的任职资格由中国银行保险监督管理委员会审查确定，总精算师的履职行为也由中国银行保险监督管理委员会监督管理。

1. 总精算师任职要求

根据保监会要求，专营农业保险的保险公司和经营农业保险的财产保险公司的总精算师应具备财产保险方向精算师资格，且满足以下条件：

（1）取得中国精算师资格 3 年以上；

（2）从事保险精算、保险财务或者保险投资工作 8 年以上，其中包括 5 年以上在保险行业内担任保险精算、保险财务或者保险投资管理职务的任职经历；

（3）在中华人民共和国境内有住所；

（4）中国银行保险监督管理委员会规定的其他条件。

取得国外精算师资格 3 年以上的，可以豁免前款第（1）项规定的条件，但应当经中国银行保险监督管理委员会考核，确认其熟悉中国的保险精算监管制度，具有相当于中国精算师资格必需的专业知识和能力。

在我国，保险公司有权解聘现任总精算师，但保险公司任命总精算师时，必须通过中国银行保险监督管理委员会核准，保险公司应当在任命总精算师前向中国银行保险监督管理委员会申请核准任职资格，提交下列书面材料一式三份，并同时提交以下电子文档：

（1）拟任总精算师任职资格核准申请书；

（2）保险公司董事、高级管理人员任职资格申请表；

（3）符合本办法规定的职务声明书；

（4）拟任总精算师的身份证、学历证书、精算师资格认证证书等有关文件的复印件，有护照的应当同时提供护照复印件；

（5）中国银行保险监督管理委员会规定提交的其他材料。

2. 总精算师工作职责

中国银行保险监督管理委员会规定，总精算师对保险公司董事会和总经理负责，并应当向中国银行保险监督管理委员会及时报告保险公司的重大风险隐患。总精算师具有获得履行职责所需的数据、文件、资料等相关信息以及参加涉及其职责范围内相关事务的保险公司董事会会议，并发表专业意见的权利。此外，在出现可能严重危害保险公司偿付能力状况的重大隐患，或者出现严重损害投保人、被保险人或者受益人合法权益的情形下，总精算师应当向保险公司总经理提交重大风险提示报告，并将重大风险提示报告抄报保险公司董事会，同时提出改进措施。当保险公司未及时采取措施化解重大风险时，总精算师有义务向中国银行保险监督管理委员会报告。

具体而言，总精算师的职责包括以下几点：

（1）分析、研究经验数据，参与制定保险产品开发策略，拟定保险产品费率，审核保险产品材料；

（2）负责或者参与偿付能力管理；

（3）制定或者参与制定再保险制度、审核，或者参与审核再保险安排计划；

（4）评估各项准备金以及相关负债，参与预算管理；

（5）参与制定股东红利分配制度，制订分红保险等有关保险产品的红利分配方案；

（6）参与资产负债配置管理，参与决定投资方案或者参与拟定资产配置指引；

（7）参与制定业务营运规则和手续费、佣金等中介服务费用给付制度；

（8）根据中国银行保险监督管理委员会和国家有关部门规定，审核、签署公开披露的有关数据和报告；

（9）根据中国银行保险监督管理委员会规定，审核、签署精算报告、内含价值报告等有关文件；

（10）按照本办法规定，向保险公司和中国银行保险监督管理委员会报告重大风险隐患；

（11）中国银行保险监督管理委员会或者保险公司章程规定的其他职责。

根据中国银行保险监督管理委员会要求，总精算师还应签署保险公司非寿险业务准备金评估年度报告中的精算责任人声明书。《关于加强非寿险精算工作有关问题的通知》中提供的"精算责任人声明书"的具体格式如下：

精算责任人声明书

中国银行保险监督管理委员会：

本人已恪尽对××保险公司××报告精算审核的职责，确认该报告的精算基础、精算方法和精算公式符合精算原理、精算标准和中国银行保险监督管理委员会的有关规定，精算结果合理充分，并对此承担个别和连带的法律责任。

精算责任人（签字）：
年 月 日

根据精算责任人声明书的内容可知，目前我国要求保险公司的总精算师直接向中国银行保险监督管理委员会报告，并要求总精算师确认精算结果"合理充分"。

二 准备金评估报告概述

准备金评估报告是保险公司总精算师为支持其关于准备金评估工作结论和建议而准备的书面文件。《保险公司非寿险业务准备金管理办法（试行）》（保监会令〔2004〕13号）明确规定，保险公司应当建立精算制度，指定精算责任人负责准备金的提取工作，并定期向中国银行保险监督管理委员会报送由公司精算责任人签署的准备金评估报告。

中国银行保险监督管理委员会财险《关于财产保险公司和再保险公司实施总精算师制度有关事项的通知》（保监财险〔2007〕271号）明确规定，已聘任精算责任人的财产保险公司，最迟应于2020年1月1日之前聘任总精算师，并由总精算师履行精算责任人的职责。故而在我国现有的监管体系下，总精算师应负责准备金的提取工作，并定期向中国银行保险监督管理委员会报送由其签署的准备金评估报告。

（一）准备金评估报告的编制原则

总精算师在编制准备金评估报告时，应遵循以下原则：

（1）遵循我国《保险法》《保险公司财务制度》《保险公司管理制度》等法律规章制度要求；

（2）遵循非寿险精算的原理、方法和谨慎性原则，按照中国银行保险监督管理委员会的规定和推荐的评估方法进行准备金评估、提取与结转；

（3）遵循真实性原则，即准备金评估报告涉及内容要确保资料和数据来源可靠、取数逻辑合理并且一致、措辞严谨、材料翔实，并充分披露所使用数据可信度信息；

（4）遵循完整性原则，即准备金评估报告应包括准备金评估涉及的各项必要信息，满足具有同类业务评估经验的第三方精算师对准备金是否充分、适当做出基本判断的需要，并且能够作为第三方精算师独立对准备金进行重新评估的基础；

（5）按照保险公司的业务险种或类别提取准备金，并分别按再保前、再保后进行评估与报告。

（二）准备金评估报告的构成

由于准备金评估报告的编制目的是支持精算师关于保险公司准备金评估工作的结果与建议，并帮助公司管理层和保险监管机构了解保险公司的财务状况和偿付能力状况。故而，准备金评估报告必须能清楚地反映准备金评估结论和判断，包括从评估目的、评估范围、准备金评估结果汇总、公司业务发展情况及其他背景资料、未到期责任准备金评估详细说明、未决赔款准备金评估详细说明、其他需要披露的事项到准备金评估监管报表的准备金评估全部分析过程。

中国银行保险监督管理委员会印发的《保险公司非寿险业务准备金管理办法（试行）》明确规定了准备金评估报告的基本框架。保险公司应当定期向中国银行保险监督管理委员会报送由公司精算责任人签署的准备金评估报告，报告应当包括以下内容：

（1）报告的目的；

（2）声明报告所采用的方法是否符合保险监管部门的规定；

（3）对准备金提取的精算评估意见；

（4）对准备金评估的详细说明；

（5）对报告中特定术语及容易引起歧义概念的明确解释。

前述内容是准备金评估报告中的主要几个声明性要点。实务中，在准备金评估报告的起始部分，总精算师需要作出几点例行的声明和披露。下面，以专营农业保险的 A 农业保险公司准备金评估报告为例进行说明：

首先，总精算师需要声明自己的任职资格及与客户公司的关系，应涵盖的具体内容包括总精算师的姓名、职位、任职资格说明，以及与 A 农业保险公司关系声明（雇员/咨询精算师）。例如："本人×××，是 A 农业保险公司的职员，本人是××精算师协会会员，受 A 农业保险公司任命，并经过中国银行保险监督管理委员会核准成为总精算师。"

其次，应声明总精算师的工作范围和报告涵盖项目（责任范围），例如："本人按照中国银行保险监督管理委员会×××规定，已按时上报本公司××××年度精算报告，检查了年度报表（时间）中责任准备金及相关精算项目所用精算假设和精算方法。涉及的业务/险种为农业保险，涉及的准备金项目包括未到期责任准备金、已发生未报案未决赔款责任准备金、保费不足准备金、理赔费用准备金及农业保险大灾准备金。本人认为精算报告的内容真实、准确地反映了公司的业务情况；符合相关法律和规定；符合一般精算原则和精算方法；考虑了保单持有人的合理预期，符合公平、公正原则。"

再次，应声明评估所用数据的相关信息。一般而言，准备金评估报告中需要披露数据提供人员、相关人员及其所在部门的具体信息，并说明数据存在的问题可能对评估结果产生的影响。此外，还应在报告正文或附录中对数据处理过程进行说明。例如："本人已信任并采用公司提供的数据，并对这些数据进行检查。在本人的工作中数据质量并未引发严重问题。此外，本人已使用必要的精算假设和方法对评估结果进行检查。"

最后需要声明准备金评估过程中所采用的精算方法和假设是否与《保险公司非寿险业务准备金管理办法（试行）》中规定或推荐的精算方法与假设一致，是否遵循了非寿险精算的原理、方法和谨慎性原则。例如："本人认为上述责任准备金及相关精算项目符合相关法律和规定，计算符合一般精算标准和精算原则，对合同约定的保险责任提供合理的准备，与上一年度的计算基础和假设一致，除了……"如果责任准备金的计算基础和假设有重大变化，声明中应该予以说明。

最重要的声明是总精算师对准备金提取的精算评估意见。一般情况下，总精算师的评估意见主要包括以下五种：

（1）评估合理（determination of reasonable provision）；

（2）评估不足（determination of deficient or inadequate provision）；

（3）评估过高（determination of redundant or excessive provision）；

（4）保留意见（qualified opinion）；

（5）无法表示意见（no opinion）。

例如："本人已恪尽对 A 农业保险公司各项准备金评估和审核的职责，确认准备金评估的精算基础、精算方法和精算公式符合精算原理、精算标准和中国银行保险监督管理委员会的有关规定，精算结果提取合理（提取过量/提取不足/保留意见/无法表示意见）。"需要说明的是，"保留意见"意味着总精算师对某一项或者某几项具体科目的评估结果没有把握，但这些项目对整体评估结果的影响较小。"无法表示意见"则意味着总精算师无法基于公司所提供的数据、相关信息、精算方法与假设完成评估工作，从而无法给出精算评估意见。

拓展阅读

精算意见书示例

准备金评估精算意见书可视为准备金评估报告的摘要，目前保监会尚未规定农业保险业务准备评估精算意见书的标准模板，下文中的示例参考中国精算师协会组编的

《非寿险责任准备金评估》，可作为准备金评估精算意见书的参考范本。

准备金评估精算意见书示例

精算意见书通常包含对以下内容的声明和陈述：

1. 总精算师身份

本人，×××，是 A 保险公司职员。

2. 总精算师资格（Qualification）说明

本人是××精算师协会［如北美产险精算协会（CAS）、英国精算师协会（IOA）、中国精算师协会］会员。受 A 保险公司任命，并经过中国银行保险监督管理委员会核准为总精算师。

3. 评估目的

此次评估为 A 保险公司的国内监管报表提供的按照中国银行保险监督管理委员会要求评估的准备金。

本报告仅作外部监管使用。未经本人同意，本报告的全部和部分内容不得用于其他任何目的。此外，孤立地使用本报告部分内容和结论，将可能产生误导性结论和错误。

4. 评估范围

本人对截至×××（时间点）A 保险公司的未决赔款准备金和未到期责任准备金进行了评估，并分别就再保前与再保后的准备金进行评估。本报告不考虑任何自报表核算日（××年12月31日）后的发展与变化情况。

其中，未决赔款准备金包括已报案未决赔款准备金、IBNR 准备金、理赔费用准备金。各项准备金的金额详见下表。

各项准备金评估结果

再保前未决赔款准备金（①+②+③）	
其中：①已报案未决赔款准备金	
②IBNR 准备金	
③理赔费用准备金	
再保后未决赔款准备金（④+⑤+⑥）	
其中：④已报案未决赔款准备金	
⑤IBNR 准备金	
⑥理赔费用准备金	
再保前未到期责任准备金	
再保后未到期责任准备金	

本人已信任并采用公司提供的数据，本人尚未对这些数据进行检查，但公司已确定提供的数据是准确的。在本人的工作中，没有因为数据的准确程度不够而发生严重问题。此外，本人还使用了必要的精算假设和方法，并对计算作了必要的检查。

5. 评估不确定性（Variability）

未到期责任准备金和未决赔款准备金是公司通过精算方法对未来未尽保费责任和赔款责任的估计。估计的未到期责任准备金和未决赔款准备金可能高于实际发生额，也可能低于实际发生额。尽管本人确信，评估未到期责任准备金和未决赔款准备金时，已严格根据合理的精算方法，对未来的不确定性发展进行了合理的估计，但其仍然可能与实际值存在较大差异。

6. 精算意见

本人已恪尽对 A 保险公司××报告精算审核的职责，确认该报告的精算基础、精算方法和精算公式符合精算原理、精算标准和中国银保监会的有关规定，精算结果合理充分，并对此承担个别和连带的法律责任。

签名：×××

日期：××××年××月××日

（三）准备金评估报告的主要内容

中国银行保险监督管理委员会《保险公司非寿险业务准备金管理办法（试行）》第二十条规定：

对准备金评估的说明应当包括以下内容：

（1）险种或类别的明确划分标准和名称；

（2）险种或类别数据的完备性、准确性，并说明数据中存在的问题；

（3）评估的精算方法和模型，如精算使用的方法和模型与过去采用的方法和模型不一致，要说明改变的原因和对准备金结果的影响；

（4）精算方法和模型所采用的重要假设及原因；

（5）上一次准备金提取的精算结果与实际情况之间的差异；

（6）准备金评估结果总结；

（7）附录及准备金评估报表。

1. 险种或类别的划分

由于不同类型非寿险业务的风险特征与赔付情况存在差异，故而非寿险责任准备金的评估需要分险种进行。对于经营农业保险的保险公司而言，尤其是对大型保险公司而言，如果对所有产品逐一评估，所耗费的成本是相当高的。故而，在进行险种的划分时，应兼顾非寿险业务的风险特征和为此所耗费的成本。

目前，中国银行保险监督管理委员会所推出的险种分类共 18 类，分别为：

（1）企业财产保险；

（2）家庭财产保险；

（3）工程保险；

（4）责任保险；

（5）信用保险；

（6）保证保险；

（7）机动车辆法定第三者责任保险；

（8）机动车辆商业第三者责任保险；

（9）机动车辆车体损失保险；

（10）机动车辆其他保险；

（11）船舶保险；

（12）货物运输保险；

（13）特殊风险保险；

（14）农业保险；

（15）短期健康保险；

（16）意外伤害保险；

（17）投资型非寿险；

（18）其他类保险。

实务中，精算师在进行准备金评估时，应根据公司的业务构成的具体情况，并结合准备金评估的目的进行险种分类处理。例如，在评估未到期责任准备金时，可以根据如下标准进行险种（或类别）划分：

（1）保险期限。采用比例法进行未到期责任准备评估时，需要根据各产品的实际承保期限进行险种（或类别）的划分，应将承保期限接近的产品归为一类进行未到期责任准备金评估。例如，林业保险的承保期限通常为 1 年，种植业保险的承保期限通常随着承保农作物的生长周期变化，最长不超过 1 年。因此，采用比例法进行未到期责任准备金评估时，应对其分别进行评估。

（2）业务周期。采用风险分布法进行未到期责任准备金评估时，需要根据各产品的业务周期进行险种（或类别）的划分。例如，种植业保险对水稻和玉米承保，由于水稻和玉米的种植季节不同，导致其风险分布存在差异，故而采用风险分布法进行准备金评估时，应将其划分为不同的险种。

（3）承保责任。精算人员在评估是否需要计提保费不足责任准备金时，应根据承保责任进行险种划分，根据险种分类结果评估并提取保费不足责任准备金。

2. 数据的完备性、准确性及存在问题的说明

总精算师最重要的一项权利是能够获得履行职责所需的数据、文件、资料等相关

信息。总精算师能否充分获得和使用这项权利是总精算师制度能否有效发挥其应有效力的关键所在。

总精算师在进行准备金评估工作时，使用的数据包括公司自身的业务数据与财务数据以及公司使用的外部数据。在进行准备金评估工作时，应明确使用数据的数据来源、数据类型、统计方法、统计区间、币种和汇率等情况。在校验数据的完备性与准确性时，应分险种、分年份与会计报表对账，并评估对账结果。

当数据存在问题时，应将所存在的问题进行明确披露。需要特别注意以下三个方面问题：

（1）核保流程、理赔流程、保险责任变更、再保计划、法律环境变化以及宏观经济环境变化等因素对数据的影响；

（2）巨额赔案、集中性赔案、零赔案、预付赔款等异常数据及其处理方法对数据的影响；

（3）数据本身存在重大缺陷，重大缺陷可能对评估结果产生的影响。

由于总精算师在进行数据完备性、准确性及存在问题的说明时，应在准备金评估报告中说明在数据获取过程中使用和依赖于其他专家的工作的具体情况及其承担的相应责任。此外，总精算师还应在准备金评估报告中特别说明，在哪些情境下数据存在的问题会使得评估结果的不确定程度明显提高。

3. 评估方法、模型及其变更的说明

根据保监会要求，准备金评估报告中应分险种披露未到期责任准备金和未决赔款准备金的评估方法。总精算师需要说明所选用的评估方法与模型的合理性，以已发生未报案未决赔款准备金为例，中国银行保险监督管理委员会要求应使用链梯法、案均赔款法、准备金进展法、B－F法及其他合适的方法中的至少两种进行评估提取，因此总精算师需要说明如何基于两种不同评估方法的计算结果确定最终的准备金提取结果。总精算师应根据实际情况作出相应说明：

（1）当所使用的准备金评估方法能较为容易地被报告使用者接受与理解时，例如评估未决赔款准备金采用的方法为链梯法，那么总精算师只需要披露该方法并进行简单描述；

（2）当所使用的准备金评估方法较为特殊时，总精算师需要在报告中详细说明所使用的方法以及选用该方法的原因；

（3）当采用不同评估方法所得的评估结果之间存在较大差异时，总精算师需要披露可能造成这种差异的原因，并披露最终选择的准备金评估结果；

（4）当提取责任准备金所使用的评估方法、模型在本评估年度内发生变动时，通常都会致使所得准备金评估金额产生较大变化。这种情况下，总精算师需要阐明改变评估方法、模型的原因，以及对准备金评估结果所产生的影响。根据监管机构要求，对于每一变更，总精算师在本年度责任准备金及保单相关负债评估基础变更报告表中填报的内容包括：承保类型区分个人业务和团体业务；业务分类；涉及业务范围给出变更所涉及的险种和保单的描述。准备金科目是指评估基础发生变更的保单责任准备金科目，包括已发生未报案责任准备金；变更时间填报评估基础变更的具体时间；变更前评估基础的简述；变更后评估基础的简述；原有（变更前）评估基础下，本年度末相应的保单责任准备金；现有（变更后）评估基础下，本年度末相应的保单责任准备金，即本年度末实际提取额；评估基础变更引起的保单责任准备金变化额。从而使得报告使用者清晰地了解每一变更对准备金评估所造成的具体影响。

4. 重要假设及原因

准备金评估报告中应披露评估准备金所采用的各项假设以及选取原因。对精算假设的说明主要包括基准费率、风险调整系数、退保率、费用率、赔案发生趋势、结案趋势、赔款支付趋势、案均赔款额变化趋势、通货膨胀率等。

如果可行，总精算师应该指明所得评估结果的不确定性程度及其对主要假设变动的敏感度。当精算师判断认为加入不确定性程度和敏感度定量分析结果对报告使用者没有帮助时，则可不必做相应分析。

5. 与前一期评估结果的差异比较

准备金评估报告中应披露当期评估结果与前一期评估结果之间的差异比较。当期评估结果与前一期评估结果之间的差异可能是因承保业务、理赔流程的改变引起的，也可能是因准备金评估方法与假设选择等因素引起的，可能是正常的，也可能是非正常的。但报告中的具体数据只能反映数值上的差异而并不能揭示引起差异的原因，故而总精算师需要对此进行分析比较。

对未到期责任准备金的提取，应当说明险种的周期性、保险费基准费率、风险调整系数、赔付率、费用率和退保率等因素的变化情况；对未决赔款准备金的提取，应当说明赔款案件数发生规律、结案规律、案均赔款变化规律、承保实务、理赔实务、分保安排和额外成本增加等因素的变化情况。

6. 准备金评估结果的总结

准备金评估报告的正文主要是文字叙述，其核心是关于准备金评估的摘要和总结。原则上来说，准备金评估报告应按照《保险公司非寿险业务准备管理办法（试行）》第一十条规定的内容逐项陈述，但可根据保险公司的具体情况对程序顺序进行合理调整。下面以一家农业保险公司为例，说明准备金评估报告结果总结部分应包含下述内容：

（1）各险种保费收入情况及增长率；

（2）自留净保费比率；

（3）未到期责任准备金的合理估计；

（4）未决赔款准备金的合理估计；

（5）准备金提取的充足性情况；

（6）最终损失率；

（7）准备金管理建议。

总结部分结束后，一般是按照总结的项目，在接下来准备金评估报告正文的各节中，分别陈述前述项目的具体分析过程。

7. 附录及准备金评估报表

准备金评估报告中，反映各项责任准备金评估与分析过程的具有固定格式的准备金分析报表通常作为附录置于准备金评估报告的后半部分，因此准备金评估报告的附录部分才是评估的具体内容与实质。

附录部分主要是准备金分析报表以及准备金评估所使用的精算方法与假设，中国银行保险监督管理委员会目前要求非寿险责任准备金评估报告中应包含 8 张表，具体而言包括：

表一：未到期责任准备分析表；

表二：再保后未到期责任准备金分析表——按保单未到期期限分类；

表三：再保后未到期责任准备金分析表——按保单保险期间分类；

表四：赔款与理赔费用汇总分析表——未决赔款与理赔费用准备金；

表四 – 1：赔款与理赔费用汇总分析表——已决赔款与理赔费用准备金；

表四 – 2：赔款与理赔费用汇总分析表——赔付率；

表五：再保后最终损失与直接理赔费用汇总分析表；

表六：累计再保后已决赔款与直接理赔费用汇总分析表；

表七：再保后 IBNR 与直接理赔费用准备金汇总分析表；

表八：赔案件数汇总分析表。

本章小结

由于农业保险具有保险标的相关性强的特性，为规避巨灾风险，保险公司应为农险业务计提大灾准备金，因此本章第一节介绍了农业保险大灾准备金的计提方法与管理。实务操作中，实际情况可能会偏离准备金评估模型的假设，本章第二节介绍了较为常见的几种实际问题的特殊处理办法。最后，本章第三节、第四节分别介绍了准备金回溯分析和准备金评估报告，希望读者能在阅读后对农业保险的准备金评估有所了解。

重点概念

精算师的工作职能：精算师的工作职能定义为分析风险并量化其财务影响。他们综合运用数学、统计学、经济学、金融学及财务管理等方面的专业知识及技能，在保险、金融及其他领域中，分析、评估不确定的现金流对未来财务状况的影响。

准备金评估报告：保险公司总精算师为支持其关于准备金评估工作结论和建议而准备的书面文件。《保险公司非寿险业务准备金管理办法（试行）》（保监会令〔2004〕13 号）明确规定，保险公司应当建立精算制度，指定精算责任人负责准备金的提取工作，并定期向中国银行保险监督管理委员会报送由公司精算责任人签署的准备金评估报告。

准备金评估报告的编制目的：为了支持精算师关于保险公司准备金评估工作的结果与建议，并帮助公司管理层和保险监管机构了解保险公司的财务状况和偿付能力状况。

思考与练习

1. 请简述农业保险大灾风险准备金的计提目的。
2. 请简述哪些情境下可以使用农业保险大灾准备金。
3. 请简述准备金评估过程中应如何处理巨额赔案、集中性赔案和零赔案。
4. 请简述准备金回溯分析流程。
5. 请简述准备金评估报告的编制原则。

参考文献

［1］吴小平：《保险公司非寿险业务准备金评估实务指南》，中国财政经济出版社 2005 年版。

［2］谢志刚、周晶晗：《非寿险责任准备金评估》，中国财政经济出版社

2006 年版。

[3] 中国精算师协会:《非寿险精算》,中国财政经济出版社 2010 年版。

[4] 孟生旺、刘乐平:《非寿险精算学(第二版)》,中国人民大学出版社 2011 年版。

[5] 中国精算师协会:《非寿险责任准备金评估》,中国财政经济出版社 2011 年版。

[6] 中国精算师协会:《精算管理》,中国财政经济出版社 2010 年版。

[7] 张连增:《未决赔款准备金评估的随机性模型与方法》,中国金融出版社 2008 年版。

[8] 中国银行保险监督管理委员会:《保险公司非寿险业务准备金管理办法》(保监发〔2004〕第 13 号),2004 年 12 月 15 日。

[9] 中国银行保险监督管理委员会:《保险公司非寿险业务准备金管理办法实施细则(试行)》(保监发〔2005〕第 10 号),2005 年 2 月 2 日。

[10] 中国银行保险监督管理委员会:《保险公司总精算师管理办法》(保监发〔2007〕年第 3 号),2007 年 8 月 28 日。

[11] 中国银行保险监督管理委员会:《非寿险业务准备金评估工作底稿规范》(保监发〔2010〕第 54 号),2010 年 7 月 6 日。

[12] 中国银行保险监督管理委员会:《关于加强非寿险精算工作有关问题的通知》(保监发〔2010〕第 58 号),2010 年 7 月 8 日。

[13] 中国银行保险监督管理委员会:《保险公司非寿险业务准备金基础数据、评估与核算内部控制规范》(保监发〔2012〕第 19 号),2012 年 3 月 1 日。

[14] 中国银行保险监督管理委员会:《保险公司非寿险业务准备金回溯分析管理办法》(保监发〔2012〕第 46 号),2012 年 5 月 17 日。

[15] 中国银行保险监督管理委员会:《关于编报保险公司非寿险业务准备金评估报告有关事项的通知》(保监产险〔2012〕第 651 号),2012 年 5 月 30 日。

[16] 国务院:《农业保险条例》,2012 年 11 月 12 日。

[17] 财政部:《农业保险大灾风险准备金管理办法》(财金〔2013〕第 129 号),2013 年 12 月 8 日。

[18] 中国银行保险监督管理委员会:《关于财产保险公司和再保险公司实施总精算师制度有关事项的通知》(保监财险〔2017〕第 271 号),2017 年 11 月 24 日。

第九章　农业保险中的产品监控

学习目标

1. 了解精算管理体系。
2. 学习并掌握产品开发管理流程。
3. 了解农业保险中常见的监控数据，掌握农业产品监控设计的基本方法。

知识结构图

农业保险中的产品监控

精算管理系统

产品监控制度的建立

产品开发和管理

产品管理监控数据

监控数据的处理方法

监控制度的构成

产品监控报告

第一节 精算管理系统

精算系统的概念源自 1985 年，由英国精算师管理协会前任主席杰瑞米在一篇《关于人寿保险公司财务控制》的文章中提出，强调了精算在保险公司各个管理环节中的作用和相互关系。随着各大精算协会和精算教育机构对该观点的认识逐渐加深，精算管理体系已经成为精算教育和精算考试的重要部分。

精算管理系统的基本原理是运用控制论和负反馈观念描述精算师在金融服务业和管理业中的工作流程和工作职责，从而将各个精算工作领域有机地联系起来，并建立精算工作和其他领域的联系。贝利斯在精算管理教材中，将精算管理系统描述为一个概念性的框架，认为该系统概括了金融管理、产品和计划管理的持续管理过程，以及各个过程之间的关系。其主要思想基于发现和明确问题、设计并执行解决方案、监控解决方案实际效果并提供反馈意见的决策和控制过程，同时需要考虑外部影响因素和精算师职业规范对精算管理系统的影响。（见图 9 - 1）

图 9 - 1 精算管理系统

发现并明确问题是精算管理体系的第一个环节，也是保险设计的第一个环节。明确问题，意味着对事情本身的充分了解，通过建设性开放式的问题集思广益，积极听取各个利益相关人员的意见（保险产品利益相关包括投保人、销售人员、公司高层、政府、监管部门等），评估环境、思考效率，逐步将问题缩小于关键核心问题，分析风险并初步调整。精算问题可以归为两类：第一类是在给定约束下，寻找能够达到设定目标的最优方案，如合理的费率厘定等。第二类是当实际结果与目标有偏差时，如损失率和目标损失率之间的差别等，需要寻找产生差别的原因，并寻找调整方案的办法以达到目标。

设计方案并解决问题是发现并明确问题的下一环节。在设计方案并解决问题环节，精算师需要针对具体问题（如具体的产品设计，定价等），考虑环境、技术、利益相关人员和风险等（如政府的补助比例、政府保额要求、生产技术的提高、气象环境的恶化等）带来的约束和增益，将各个变量合理整合并通过模型描述出来，从而对问题进行解决。对于第一类精算问题，精算师在寻找最优方案时，往往需要从多个方案中进行选择，从而需要构造定量模型来估计不同方案下的结果及与其预期的偏差。对于第二类精算问题，精算师需要寻找造成偏差的主要因素，并提出合适的控制方法对这些因素进行限制，从而减少偏差。这时精算师不仅需要构造合理的模型来对各种因素的影响做定量分析，还需要采用敏感度分析①等方法来寻找关键变量，并针对每种风险因素的特征给出相应的风险管理方法。

监控结果与反馈是精算管理的第三步，是本次精算循环的最后一步，它将带来新的一轮精算循环。面对事物的不停变化和事物性质的不断暴露（例如环境恶化大于预期，数据不足导致的纯保费估计误差等），精算师原有模型的局限性、不足性和失真性将逐步显现，原有的最优解决方案逐步偏离预期甚至完全错误。因此，精算师需要定期评估实际经验和预期的差异，并将这些差异作为新问题的来源，重新调整解决方案。

在保险公司，完整的精算管理系统在考虑保险公司管理的基础上，可以具体扩展为从风险评估开始，经由产品设计、定价、负债评估、资产评估、资产负债管理、偿付能力评价、经验监控、利润分配这些环节，最后再回到风险评估并开始下一轮过程的循环，该循环系统包含了各个环节的相互联系，以及社会、经济、人口、税收、法律等外部环境因素对系统各环节的影响和精算师职业化问题。一个良好的精算管理系统能够帮助保险公司合理地控制和规划其风险与收益、平衡资产与负债、平滑现金流、完成公司的发展目标，对保险公司的健康持续稳定经营具有重要意义。

在具体保险产品的开发和管理上，可以按照明确问题—设计方案—结果监控的循环将保险产品的设计和开发分为产品开发需求、产品开发实施和产品管理三个部分。接下来，本书将对保险公司的产品开发和管理精算管理理论，以及其中的产品管理进行介绍。

一　产品开发和管理

要了解保险公司的产品开发和管理，首先需要考虑保险公司开发新产品的动机：

（1）由于市场竞争的压力，保险公司的产品需要不断推陈出新；

（2）为了开辟新的市场，保险公司会推出针对特定客户群体或区域的产品；

（3）由于宏观经济环境或保险公司内部经验的变化，可能导致原有产品盈利的能

---

① 敏感度分析可以简单地理解为一种测试：当影响因素发生1%的变化时，目标因素的变化比例会是多少。

力下降，保险公司需要推出新的产品替代原有产品；

（4）法律法规的修改（如税收或社会保障等）可能带来新的市场机会，保险公司需要把握时机进行产品创新；

（5）若现有的产品处于产品生命周期的衰退期，保险公司将根据常规的产品更新换代需求而推出新产品；[①]

（6）由于行业结构发生改变（如企业并购、股份化）、人口结构的变化、科学技术的发展等都可能带来新的产品需求，从而成为保险公司不断推出新产品的动力。

总结以上动机，可得保险公司产品开发的终极动机就是为了提供合适的产品以满足目标市场的需求、得到市场的认同、应对环境变化，从而使自己得到持续稳定的发展。

通过精算管理系统的学习，可以知道产品开发管理循环可以分为三个阶段：产品开发需求、产品开发实施和产品管理。

产品开发需求是整个产品开发管理过程的根本，在这个环节中，产品开发人员需要明确潜在市场和其存在的原因，并了解为什么潜在市场需求无法通过本公司或竞争者的现有产品满足。

在产品开发需求环节后，我们对产品已经有了一个大致的轮廓，需要进一步改造和调整使产品成功运营，即产品开发实施。整个产品的开发过程包括产品定义、定价、测试、营销、宣传，有些还会涉及核保和再保险计划。之前本书花了多个大章节进行描述的就是产品开发过程中的定价过程中的费率厘定环节，这也是精算师最传统的作用。

产品上市推出后，即进入产品管理阶段。产品管理涉及对现有产品的追踪评估、老产品的停售和更新换代等。如对产品上市后的销售情况进行追踪，定期、不定期地进行产品回顾并形成报告报送管理层，提出建议。

产品开发需求环节虽然是整个开发管理循环的根本，但由于其涉及人员范围过广，本书不对其进行介绍。产品开发实施过程中，费率厘定环节是精算师的传统工作，本书已经对该部分进行了介绍，其余内容不进行介绍，请读者自行阅读相关书籍。

二 农业保险产品管理监控数据

在产品管理过程中，建立有效的监控和反馈体系对新产品的成功非常重要，在新产品上市后，对其表现进行监控是产品管理过程中的重要环节，同时是满足经营管理、风险管理和财务管理的重要手段。要建立有效的监控和反馈体系，首先要知道有哪些

---

① 产品生命周期理论将一个产品的生命周期分为进入市场、引入、增长、成熟、饱和、衰退和退出市场七个阶段。

数据可以量化并进行监控。本书根据监控要求的来源将监控数据分为两大部分：第一部分来自政府，即农业保险的实施是否满足了服务农民改善民生的作用，政府投入的补贴到底值不值的问题；第二部分来自保险公司（也有保监会的监管要求），即保险公司的稳定持续经营问题，农业保险的实施中是否满足了总收支平衡，实际支出是否和预期接近等。

对于第一部分的监控数据，本书认为可以参考原保监会《关于印发〈农业保险统计制度〉的通知》（保监发〔2007〕111 号）规定中的十四个主要统计类指标：承保数量、参保农户户次、保险金额、签单保费、已决赔付件数、已决赔付数量、受益农户户次、已决赔款、未决赔付件数、未决赔付数量、未决农户户次、未决赔款、预付赔款、政府其他扶持（具体内容见拓展阅读），此外，还需要考虑赔付率和费用率（赔付率的高低可以检测该保险的运行是否可持续，赔付率和费用率一起分析，可以了解该产品农业保险补助的效率，即每收一块钱保费有多少用于运营，有多少成为了农民的实惠）。

拓展阅读

农业保险统计制度主要指标

（三）主要指标及口径

1. 承保数量

指保险公司在一定时期内签发的保险单中载明保险标的数量的总和。承保数量的计量单位按保险标的确定，其中，种植业保险计量单位为"亩"，养殖业保险计量单位为"头""只""亩"等。不同计量单位保险标的的承保数量一般不进行相加。

2. 参保农户户次

指保险公司在一定时期内签发的保险单中载明农户户次的总和。

3. 保险金额

指保险人承担赔偿或者给付保险金责任的最高限额，统计批增批减后的净额。

4. 签单保费

指在统计期内已起保保单的保费总额，按批改后的保费统计。

实收签单保费指保险公司实际收到的、在统计期内起保保单的签单保费，不包括财政补贴已经下拨但未到账部分。

4.1 政府保费补贴

指各级政府直接给予的保费补贴。其中：

4.1.1 中央财政保费补贴

指纳入国家预算，由中央财政直接补贴的保费。

4.1.2 省级财政保费补贴

指由省级财政部门直接补贴的保费。

4.1.3 地市县财政保费补贴

指由市县级或以下政府部门直接补贴的保费。

4.2 农民缴纳

指直接由农民缴纳的保费。

4.3 其他来源

指由龙头企业代缴纳的保费，或除上述列举保费来源以外的以其他方式缴纳的保费。

5. 已决赔付件数

指在统计期内已立案且已结案的赔案数量，包括已结案已付款和已结案未付款赔案的数量。

6. 已决赔付数量

指在统计期内已立案且已结案的赔案中赔付的保险标的数量的总和。

7. 受益农户户次

指在统计期内已立案且已结案的赔案中直接受益的农户受益次数的总和。

8. 已决赔款

指在统计期内已立案且已结案的累计赔偿金额，包括已结案已付款和已结案未付款赔案的累计赔偿金额。

9. 未决赔付件数

指截止到某个统计时点，已报案但尚未结案的赔案数量，包括已立案赔案和已报案未立案赔案的数量。

10. 未决赔付数量

指截止到某个统计时点，已报案但尚未结案的赔案中未赔付的保险标的数量的总和。

11. 未决农户户次

指截止到某个统计时点，已报案但尚未结案的赔案中未赔付的农户户次的总和。

12. 未决赔款

指截止到某个统计时点，已报案但尚未结案的累计估损金额，包括已立案赔案和已报案未立案赔案的累计估损金额。

13. 预付赔款

指在最终保险金的数额确定之前，保险人向被保险人或者受益人预先支付的一定数额的保险金。

14. 政府其他扶持

指除保费补贴以外，政府给予的其他扶持金额，包括经营费用补贴、超赔补贴及其他扶持金额。按照实际到账金额进行统计。

14.1 费用补贴

指各级政府对农业保险经营费用进行的直接补贴。

14.2 超赔补贴

指各级政府对农业保险超赔后进行的补贴，或为建立大灾准备金而直接拨付的补贴。

14.3 其他补贴

指除以上列明补贴以外的其他扶持金额。

对于第二部分的监控数据，本书认为要做到对产品的监控，需要三个方面的数据。第一个是产品销售情况的数据，第二个是设计产品时采用的假设参数的实际数据，第三个是准备金数据。从产品销售情况的数据来看，同样需要第一部分中的十四种统计类主要数据但是相比之下需要的更加细致，如所有承保数据、所有签单数据、所有未决赔付数据等（以承保数据为例，本书认为需要单条保单应该包括该保单的保单号、承保面积、投保时间、生效时间、承保位置、投保人情况、承保地的生产资料情况分级、风险分级、首年或续保等数据）；从假设参数的实际数据来看，需要所有赔付数据（赔付分布、赔付频率等，如前问，这里对于每条赔付数据，本书认为每条赔付同样需要包括赔付号、保单号、承保面积、投保时间、生效时间、承保位置、投保人情况、承保地的生产资料情况分级、风险分级、首年或续保等数据）、与赔付相关费用数据、实际销售费用（佣金等）、实际利润率、出险原因等；准备金数据参考准备金章节。

三　监控数据的处理方法

要对监控数据变化有认识，必须有固定的方法表现其变化。常见的监控数据处理方法有以下几个：

（1）同组数据内部的变化率分析（增长速度）。考察相邻期数据或者与基础数据之间的比率之差，来观察数据的变化情况。它是表明社会经济现象增长程度的相对指标，说明报告期水平比基期水平增减百分比。该方法可以运用于总保费、总赔付、总承保面积等同组数据的变化情况分析。

$$增长速度 = \frac{当期数据量}{基础数据量（或前期数据量）} \times 100\% - 1$$

（2）同组数据内部的变化分析（增长量）。考察相邻期数据或者与基础数据之间的差额，来观察数据的变化情况。它说明某种社会经济现象报告期水平比基期水平增加（或减少）了多少。计算结果为正值，表示增加量；计算结果为负值，表示减少量。由于比较的基期不同，增长量分为累计增长量和逐期增长量两种。该方法可以运用于总保费、总赔付、总承保面积等同组数据也可以用于损失率、实际赔付率、利润率等比率数据的变化情况分析。

$$增长量 = 当期数据量 - 基础数据量(或前期数据量)$$

（3）弹性系数。弹性系数是经济学常见指数，它是一定时期内相互联系的两个经济指标增长速度的比率，是衡量一个经济变量的增长幅度对另一个经济变量增长幅度的依存关系。在经济学中，由于有物价因素的影响，弹性系数分为名义弹性和实际弹性。名义弹性系数是用相关指标现行价格数值计算得到的速度之比；而实际弹性系数则考虑了物价因素，使用不变价格或者将价值消除物价因素转换到基期以后计算的速度之比。在农业保险公司的内部分析中，考虑其时间长度一般较短，可以不考虑物价因素的影响。弹性系数的使用有助于对不同数据之间相关性的简单了解。

$$弹性系数 = A 数据某期增长速度 /B 数据同期增长速度 - 1$$

（4）其他可以使用的监控数据处理方法还包括凹凸性分析、相关性分析等。

例 9 – 1：某保险公司在 2010 年推出了一款天气指数保险。在 2010—2016 年的 7 年里，该指数保险带来的年保费收入分别为 60 万元、125 万元、163 万元、182 万元、199 万元、196 万元、194 万元，该指数保险的年实际赔付情况分别为 51 万元、89 万元、172 万元、142 万元、168 万元、200 万元、159 万元。请用增长速度和增长量的概念，对这 7 年该保险公司年保费收入、年赔付情况、年损失率的情况进行分析。

解：

因为指数保险的赔付速度快，不存在已发生未报案准备金的情况。假设该指数保险的保险期为周期制，承保和保险期都在同一年内，那么该指数保险的年实际赔付即是当年的最终赔付，年保费收入即是当年的已赚保费。因此，该指数保险当年的年损失率等于年实际赔付额和年保费收入的比值。就此，可以做如下保险公司 2010—2016 年监控数据表。

表 9 – 1   2010—2016 年监控数据表

年份	年保费收入/万元	年赔付额/万元	损失率
2010	60	51	85%
2011	125	89	71%
2012	163	172	106%
2013	182	142	78%
2014	199	168	84%
2015	196	200	102%
2016	194	159	82%

按增长速度来分析，年保费收入和年赔付额情况见表9-2、表9-3。

表9-2 2010—2016年监控数据增长速度表

时间	2010—2011	2011—2012	2012—2013	2013—2014	2014—2015	2015—2016
保费增长速度	108%	30%	12%	9%	−2%	−1%
赔付增长速度	75%	93%	−17%	18%	19%	−21%

表9-3 2010—2016年监控数据增长量表

时间	2010—2011	2011—2012	2012—2013	2013—2014	2014—2015	2015—2016
年保费收入（万元）	65	38	19	17	−3	−2
年赔付额（万元）	38	83	−30	26	32	−41
损失率	−14%	34%	−27%	6%	18%	−20%

例9-2：某车险公司2014年到2017年赔付数据的事故发生年和理赔时间关系如下，请根据该积累流量三角形，计算出该公司各年的最终赔付额，并通过增长速度和增长量进行分析。

表9-4 某车险公司已发生损失的积累流量三角形

事故发生时间	理赔时间（0为当年以内，1为前两年，以此类推）			
	0	1	2	3
2014	600	712	768	770
2015	1604	1895	2037	
2016	1881	2112		
2017	1672			

解：

根据积累模型，可以检查随着时间理赔时间的延长，同一事故发生时间保单的已发生损失的变化情况。如表9-5。

表9-5 某车险公司已发生损失的变化情况

事故发生时间	理赔时间（0为当年以内，1为前两年，以此类推）		
	0—1	1—2	2—3
2014	119%	108%	100%
2015	118%	107%	
2016	112%		

通过简单的比较，初步认为同一时间段内，各事故发生时间的进展因子是一致的，2—3 累计已发生损失进展因子为100%，满足尾部收敛于100%的要求。因此，该进展因子是可信的。

得到不同事故发生时间的进展因子表后，需要通过一定的方式整合出最终的进展因子表。这里采用算术平均法，即取同一时间段内的进展因子的平均值。得到最终的进展因子表和各年事故最终赔付额表。

表9-6 最终进展因子表

理赔时间	0—1	1—2	2—3
进展因子	116%	108%	100%

表9-7 各年事故最终赔付额表 单位：万元

事故发生时间	最终赔付额
2014	770
2015	2037
2016	2274
2017	2095

表9-8 最终赔付分析表

年度	2014—2015	2015—2016	2016—2017
增长量	1267	237	−179
增长速度	165%	12%	−8%

除了数字的监控数据处理方法外，在实务中还可以通过图表的形式来展现信息，相比于数字信息的简洁，采用图表的方法比较显得更加直观，方便阅读者对各种数据的了解和整理。

相比于文字和数字，图表具有更高的层次性、差异性和延展性，能够更直观地表现数据的特点。而图和表对比，图比表具有更高的层次性、差异性和延展性。当然这并不是意味着图就是最好的表现方法，从内容上来说，本书认为文字和数字更容易更细致全面地展现内容，表次之，图最差。因此，在实际处理中，应该考虑需要，合理选择并使用。

从层次、差异和延展三个角度考虑，本书认为必须要掌握四种基础表的使用。第一种是简单和常见的列举表，即将各种信息和对应的数据或特点以表格的形式列举出来，可以参考表9-6和表9-7；第二种表突出表现数据之间的关系，相比于第一种表，由于各个信息之间存在主次关系或者包含关系，其排序和重要性需要在表中直观表现，可以参考表9-9；第三种表突出数据之间的差异性，即将同类信息列举在一起，来展现数据之间的差异和变化，如不同年份的赔付数据等；第四种表突出数据的延展性，即不同期数据之间的关联，并展现数据的发展，如流量三角形表。

表9-9 第二种表例

一级分类	二级分类	三级分类	因子的数据化
承保体因子	暴露性	作物种植比率	某作物种植面积/农作物总播种面积
		作物种植面积	某种作物种植面积
		作物生长时间与周期划分	根据经验记录平均生长时间和划分周期
	易损性	平均单产	某作物一定时间范围内的平均单产量
		单产波动	某作物一定时间范围内的产量方差，或预计损失率方差等。
		损失特点	某作物一定时间范围内的产量偏度，预计损失率偏度或特定分位点产量等

对于图而言，常见的图包括柱形图、折线图、饼形图、条形图、面积图、雷达图、直方图等，这里不再一一介绍。希望读者结合常见的数据软件对这些图的使用进行学习，丰富自己的图像展示能力。

第二节 产品监控制度的建立

一 监管制度的构成

在生活中、电视中和学习中，我们常常会听见反馈这个词语。在生物学中，科学家们通过研究发现动物通过反馈调节来控制自己身体内的激素变化，如在人体和其他一些动物体内，大脑中的下丘脑可以通过一系列手段控制体内某些内分泌腺的激素合成与分泌，而血液中的特定激素浓度又可以反过来影响下丘脑的控制；在公司管理工作中，为了加强公司效能建设，规范和提高公司管理水平，掌握各项工作进度，整合公司内外部资源，不断提高工作质量和效率等目标，各公司往往会结合实际情况，制定工作反馈制度；在保险业里面，如何建立完善合理的客户服务评价反馈机制也一直受到各级政府、保监会、学术界和保险公司的重视，如在2013年保监会就发布了《中国保监会关于印发〈人身保险公司服务评价管理办法〉的通知》"（保监发〔2013〕73

号）。在保险精算领域，监控制度的建立与完善是保险产品和保险公司管理中精算管理体系的第三步，与保险产品的成功以及保险公司的稳定持久经营息息相关。为了完善产品和公司的管理、推进公司风险控制水平的提高、建立现代化的产品管理机制，监控制度的建立至关重要。

要建立和完善监控制度，首先需要构建监控制度流程。参考精算管理体系，可以对监管制度构建精算监管管理微循环：监管目标的明确与发现—设计方法监控目标并实施—反馈监管结果并进入新一轮监管。

监管目标的明确与发现。监管目标的明确与发现是监管制度建立的第一步也是最重要的一步。它需要在明确监控目的的基础上，思考监控目的和不同数据的联系，针对特定的目的选出特定的监控数据，从而在该监控数据的基础上设立明确的目标。如从政府的角度考虑，作为目前农业保险最大的出资者，政府希望农业保险能覆盖足够多的农民，能起到助力扶贫、稳定农业产出、保证国家食品安全的战略作用。这就是一个模糊的目的。在该目的中，可以拆出"农业保险能覆盖足够多的农民""助力扶贫""稳定农业产出"和"保证国家食品安全"四个小目的，这就是对监控目的的明确。为了能够对该四个小目的进行监管，就需要思考四个小目的与不同数据之间的相关程度，从而针对各个小目的选出特定的监管数据。如"覆盖足够多的农民"可以由农业保险承保面积、受益农户两个指标反映，"助力扶贫"可以从受益农民、赔付比例和巨灾返贫率三个方面进行考虑（其余两个小目的读者可以自行思考）。这里假设每个小目的只能通过一个最适合的监管数据进行监控，因此这里以受益农户作为"覆盖足够多的农民"的监管数据，巨灾返贫率作为"助力扶贫"的监管数据。在该基础上，可以从政府对农业保险的希望总结出如下目标：受益农户要达到××程度，巨灾返贫率要下降到××程度（其余两个表读者可以自行补充）。

这里的目标是一种有阈值的目标。常见监控目标还包括当期与预期是否偏离，预测模型是否准确和预测趋势是否合理等。

例 9 - 3：某保险公司与某市政府共同协作，为当地水稻提供补贴型农业保险。由于该保险为自愿购买，该市政府希望保险公司可以通过与乡一级政府合作，共同宣传推动保险的销售，以完成对全市水稻风险足够多的覆盖，为当地水稻生产种植保驾护航。1 年后，出于对该保险实施效果的考察，政府希望该保险公司能从十四个监控指标中选出最合适的一个进行监控，从而汇报该保险销售的实际运行结果。请读者明确该保险监控中满足政府目的的监控目标是什么。

解：

在上例中，政府和保险公司合作的目的是给当地水稻提供补贴型农业保险。由于自愿购买，该保险的覆盖取决于销售的情况。对此，我们应该选择一个可以对销售情况进行监控的数据。

参考十四个主要统计类指标，这里认为承保数量和签单农户户数可以初步满足这个结果。考虑政府"完成对全市水稻风险足够多的覆盖，为当地水稻生产种植保驾护航"的目的，与签单农户的个体投保数量并不一致，无法很好地反映对水稻风险的覆盖情况。这里认为最好的监控数据是承保数量。

因此，监控目标是承保数量达到××。

在实际监控中，由于目的的特殊性，同一个监控目的对应的监控数据和监控目标往往不止一个，这就需要更为细致的分析。如监控总保费收入变化的原因中，考虑到总保费收入可以简化为单位保费和承保数量的乘积，为了在对总保费收入监控的同时了解实际的销售情况，可以将对总保费收入的监控换为对单位保费和承保数量的监控。（由于在实际中对于同一目标，往往存在着多个可以选择的监控数据，过多的监控数据量将会增大监控难度，降低监控效率。为了对监控数据量进行限制，从而减少监控难度提高监控准确性，一般会通过敏感性测试进行分析，从而选出影响力较高的监控数据。对于敏感性测试法，本书不做具体介绍。[①]）

例9-4：接例9-3。1年后，保险公司除了要给政府汇报该保险销售的实际运行结果，该公司还打算在内部对该险种进行监控，考虑目前的盈亏并确定是否需要向政府要求更多的保费以维持保险公司的正常运行，由于盈亏变化具有多种因素，且各个因素的变化可能性不同，该保险公司希望能够更加全面地对盈亏的变化情况进行了解。假设该险种的盈亏状况可以简单地以总保费收入减去总赔付来确定。请参考总保费和总赔付的费用构成，分析该保险公司可以监控哪些数据。

$$总盈亏 = 总保费收入 - 总赔付$$
$$总保费收入 = 承保数量 × 单位保费$$
$$总赔付 = 总受灾面积 × 亩均赔付$$

解：

由于该保险公司希望更全面地对盈亏变化进行监控，那么单独对盈亏额进行分析就会导致可用数据的遗失，导致对盈亏变化的因素无法了解。因此，该保险公司需要找到可能导致盈亏变化的影响数据，通过对该类数据进行监控从而得到盈亏的变化情况。

根据总保费和总赔付的构成，我们认为这里该保险公司需要对承保数量、单位保

---

① 敏感性分析是投资项目的经济评估中常用的分析不确定性的方法之一。从多个不确定性因素中逐一找出对投资项目经济效益指标有重要影响的敏感性因素，并分析、测算其对项目经济效益指标的影响程度和敏感性程度，进而判断项目承受风险的能力。若某参数的小幅度变化能导致经济效益指标的较大变化，则称此参数为敏感性因素，反之则称其为非敏感性因素。这种分析方法的缺点是每次只允许一个因素发生变化而假定其他因素不变，这与实际情况可能不符。

费、总受灾面积和亩均赔付四个数据进行监控。

设计方法监控目标并实施。知道了监控数据后，需要设计方法对该数据进行监控。监控方法分为两个步骤。第一步，确定预期情况以及实际情况与预期情况不同偏差等级的分级方法，即初步量化如何监控数据的变化；第二步，当同一目标存在多个监控数据时，为了量化各个监控数据变化对目标的影响，需要分析其对目标的作用从而将其对目标的影响大小进行分级，即细致量化监控数据的影响；第三步，检查监控数据的变化是否能与目标变化相对应。

对于监控方法的第一步，这个可以算是监控目标明确和发现的延伸。这里本书将其分为简易和多级两类：

（1）简易分析法。直接根据实际数据和预期数据的偏离情况，决定是否进行反馈。如针对覆盖面积需要达到当地总种植面积的 80% 以上的目标，可以简单认为达到 80% 反馈合格，低于 80% 反馈不合格；

（2）多级分析法。通过分析利益相关者、设计人员、相关人士的要求或者同业水平，对数据的预期值和预期变化范围进行制定，或者通过对需要监控数据的变化进行模拟，按照变化发生的概率范围对监控数据分级。如针对覆盖面积需要达到当地总种植面积的 80% 以上的目标，保险公司通过对销售团队历史销售能力的分析，认为他们有大概率完成 90%—70% 的覆盖面积。因此，可以认为达到 80% 及以上为合格，80%—70% 为不合格，70% 及以下为不合格且需要特殊监控。

对于监控方法的第二步，可以使用控制变量法或者因素分析法。控制变量法是科学研究中的常见方法，对于多因素多变量问题，它通过对变量的控制将多因素的问题转变为单因素的问题，从而分别加以研究最后综合解决；因素分析法，又称为指数分析法，是利用指数从数量上对复杂经济现象总发展动态中各构成因素的影响程度进行分析。因素分析法可以衡量各项因素影响程度的总大小，以便于判定影响目标变化的关键因素，从而进行分析和反馈。（因素分析法内容见拓展阅读）

例 9-5：接例 9-4。该市领导在对公司的汇报进行了解后，认可了该公司以承保面积作为监控数据的做法。

（1）在第二年，为了更好地评估并监督该农业保险的成果，该市领导希望该公司能保证第二年的总承保面积占全市水稻耕地总面积的 80% 以上。请制定对该指标的监控方法。

（2）已知第二年实际盈亏和预计盈亏监控数据如下表，请读者根据设计方法监控目标并实施设立监控方法。其中，第二步请运用控制变量法，分别计算各个数据变动对预计的影响，并按影响大小排序。（由于一共只需监测四个数据，出于谨慎目的，该保险公司希望进行细致的监控）

表 9 – 10 盈亏监控表

监控数据	承保数量（千亩）	单位保费（元/亩）	总受灾面积（亩）	亩均赔付（元/亩）
预期	50.4	26	5040	210
实际	50.1	26	5072	243

解：

（1）对于第一小问，该市政府领导已经提出了很明确的要求，即总承保数量占当地水稻种植的80%以上。因此这里可以用简易分析法，以该数据作为监控的评估标准，如果占比大于80%，则完成当年任务。如果占比低于80%，则当年任务没有完成。

（2）第一步，由于该保险公司希望进行细致的监控，这里设定只要监控数据发生了变化，则需要对其进行分析，根据盈亏监控表，承保数量、总受灾面积和亩均赔付发生率变化。由于该处一共有三个变化了的监控数据，需要对它们的影响进行分析。

第二步，根据盈余的如下计算公式，可以求得预期盈余。

$$总盈亏 = 总保费收入 - 总赔付$$

$$总保费收入 = 承保数量 \times 单位保费$$

$$总赔付 = 总受灾面积 \times 亩均赔付$$

合并如下：

$$总盈亏 = 承保数量 \times 单位保费 - 总受灾面积 \times 亩均赔付$$

$$预期盈余 = 50.4 \times 26 \times 1000 - 5040 \times 210 = 252000（元）$$

分别分析各个监控数据。

将承保数量替换为实际数据，预期盈余的变动比率为：

$$承保数量造成的盈余变化 = \frac{50.1 \times 26 \times 1000 - 5040 \times 210}{252000} - 1 = -0.3\%$$

将总受灾面积替换为实际数据，预期盈余的变动比率为：

$$总受灾面积造成的盈余变化 = \frac{50.4 \times 26 \times 1000 - 5072 \times 210}{252000} - 1 = -0.27\%$$

将亩均赔付替换为实际数据，预期盈余的变动比率为：

$$亩均赔付造成的盈余变化 = \frac{50.4 \times 26 \times 1000 - 5040 \times 243}{252000} - 1 = -0.66\%$$

由此可见，各个监控数据对盈余的影响为：

$$亩均赔付 \gg 承保数量 > 总受灾面积$$

第三步，检验盈余是否只受这四个因素的影响。这里由公式可知，盈余大小只和这四个因素有关。因此该监控数据是合理的。

反馈监管结果并进入新一轮监管。在得知监控数据结果并分析其影响后，如果监控数据不能反映监控目标的变化，则说明监控数据与监控目标关联性不大或者有需要监控的数据未被监控，需要重新设计监控方法。如果监控数据反映了监控目标的变化，则需要将该信息反馈给管理层或者产品设计人员，为下一步策略的制定与实施做准备，并进入下一轮监管。

拓展阅读

因素分析法

因素分析法的基本方法是假定其他因素不变，先测定其中一个因素的变动影响，然后用同样的方法，按照一定的排列顺序，依次对各个因素进行测定。因素的排列方法，需要根据因素的内在联系加以确定。一般是先替代数量因素，后替代质量因素；先替代用实物量、劳动量表示的因素，后替代用货币表示的价值因素；先替代主要因素、原始因素，后替代次要因素、派生因素；先替代分子，后替代分母。

测定数量因素等先替代因素变动影响时，后替代因素的数值要固定为预测值或基准值；测定质量因素等后替代因素变动影响时，先替代因素的数值要固定为实际值。

因素分析法的分析结果可以同时用相对变化和绝对变化两种形式表示，全面反映分析的结果。需要注意的是，由于替换因素顺序的改变将会给各个因素分析结果带来较难分析的影响，因此在实际处理中需要将因素的替换顺序固定，以助于不同时期的比较。

例9-6：接水稻的例子。已知第二年实际盈亏和预计盈亏监控数据如下表，请读者使用因素分析法，分别计算各个数据变动对预计的影响，并按影响大小排序（由于一共只需监测四个数据，出于谨慎目的，该保险公司希望进行细致的监控）。

表9-11　　　　　　　　　　　　　　　　盈亏监控表

监控数据	承保数量（千亩）	单位保费（元/亩）	总受灾面积（亩）	亩均赔付（元/亩）
预期	50.4	26	5040	210
实际	50.1	26	5072	243

解：已知盈余的计算公式如下

$$总盈亏 = 承保数量 \times 单位保费 - 总受灾面积 \times 亩均赔付$$

根据因素分析法的顺序划分，承保数量和总受灾面积属于数量因素，应先替代，单位保费和亩均赔付为价值因素，属于后替代因素。从重要性看，由于承保数量与单位保费相比损失更加易于预测和确定，因此变化较小，不大可能是导致总盈亏发生的主要因素，因此，根据重要性，总受灾面积和亩均赔付组成的赔付数据比承保数量和单位保费组成的收入数据更重要。

综上所述，该处替代顺序应为总受灾面积→承保数量→亩均赔付→单位保费（如果先从重要性角度看，替代顺序也可以为总受灾面积→亩均赔付→承保数量→单位保费；如果完全从重要性看，根据设计者认为重要性不同，也可以出现其他情况。这里仅选择了其中一种情况。由于因素分析法本身是一种简化的分析方法，读者不需要过于纠结替代顺序变化的问题，只要有理并遵守即可）。

根据盈亏计算公式和盈亏监控表，可以求的预期盈亏和实际盈亏如下：

$$预期盈余 = 50.4 \times 26 \times 1000 - 5040 \times 210 = 252000（元）$$

$$实际盈余 = 50.1 \times 26 \times 1000 - 5072 \times 243 = 70104（元）$$

因此，盈余变化为 -181896 元，盈余变化率为 -72.2%。

接下来依次测量各个因素变化的影响。

$$替换总受灾面积后的盈余 1 = 50.4 \times 26 \times 1000 - 5072 \times 210 = 245280（元）$$

$$替换承保数量后的盈余 2 = 50.1 \times 26 \times 1000 - 5072 \times 210 = 237480（元）$$

$$替换亩均赔付后的盈余 3 = 50.4 \times 26 \times 1000 - 5072 \times 243 = 70104（元）$$

$$替换单位保费后的盈余 4 = 50.4 \times 26 \times 1000 - 5072 \times 243 = 70104（元）$$

根据该替换序列，可以发现经过四次替换后，最终盈余和实际盈余相同。这说明该方法可以体现数据的变化。具体分析各个替换因素的影响如下：

对于总受灾面积，替换后从预期盈余变到了盈余 1，下降了 6720 元，变化率为 -2.7%（$-6720/252000$）；对于承保数量，替换后盈余从盈余 1 变到了盈余 2，下降了 -7800 元，变化率为 -3.2%（$-7800/245280$）；对于亩均赔付，替换后盈余从盈余 2 变到了盈余 3，下降了 -167376 元，变化率为 -70.5%（$-167376/237480$）；对于单位保费，替换后盈余从盈余 3 变到了盈余 4（也就是实际盈余），下降了 0 元，变化率为 0（$0/70104$）。

因此，根据因素分析法，亩均赔付 ＞＞ 承保数量 ＞ 总受灾面积 ＞ 单位保费。在这里因素分析法和控制变量法得出了一致的结果，但在实际中，由于因素分析法顺序选择的不同，影响差别不大的因素（这里的承保数量和总受灾面积）往往顺序会不一致，这将导致和控制变量法结果的差异。

一　产品监控报告

为了更好、更规范地对产品监控，除了有完整的监管制度，本书认为产品监控报告也是必不可少的。保险公司应该从销售额、重要性、社会价值和风险大小等多个角度，对各个产品进行考虑，结合保险公司自身的人力资源大小，选择适当数量的产品进行监控。由于银保监会对保险公司的产品监控并没有要求与模板，这里本书参考行业部分公司的产品监控报告以及产品开发报告，提供以下模板供读者参考。

××××年×××农业保险产品监控报告

产品基本信息	▶产品名称： ▶产品代码： ▶产品类型： ▶销售地点： ▶销售渠道： ▶产品重要程度：
产品形态	▶标的描述 ▶投保人描述 ▶保险责任描述

产品设计背景	▶产品设计的动机：
	  1. ……
	  2. ……
	  3. ……
	▶产品的利益相关方及意见：
	  1. 地方政府：……
	  2. 合作方：……
	  3. 农民：……

监控目的	▶监控目的1 ▶监控目的2 ▶监控目的3 注：按照监控目的的重要性排列，需要指出监控目的序列号、来源、具体监控目的、监控目标和监控方法，已经对该方法是否科学性的判断
监控结果	▶监控结果反馈表 ▶监控目的1结果 ▶监控目的2结果 ▶监控目的3结果 注：1. 结果反馈表和目的序号需要一一对应，以表格的形式对各个目的的监控结果列举，并根据监控目的的重要性进行加权，并为整个保险产品的运行进行一个加权评估。 2. 具体各项的监控结果需要较为细致地分析，除了数据之外，对于偏差较大的监控结果，需要从数据分析的角度寻找产生偏差的原因。 3. 数据分析出的偏差原因如果涉及保险公司销售、核保和理赔等部门，需要相应部门对该原因进行进一步考虑。包括原分析的合理性、实际可能的偏差原因和可改进方式等。
产品运营信息	▶该部分需要对各年销量、保费收入、保额、赔付额、运营成本等基础数据进行回溯和经验分析，并完成该保险产品与同类产品的比较。力图对该产品当前情况进行一个较为全面的描述。
内部意见	▶公司内部部门对该产品的意见列举
未来情况（由于该部分一般属于销售等部门的范畴，可以去掉）	▶产品情况预估1 ▶产品情况预估2 ▶产品情况预估3 注：该预估需要包括之前提到的监控目标的预估，除此之外，还应包括该产品的销售量、保费收入、赔付情况等产品运营数据的预估（从数据的角度和从销售等部门的角度）
产品其他信息	▶根据需要补充

章节小结

精算并不仅仅是使用数理方法解决问题，精算意味着一个完整的体系，是一个包括发现和明确问题、设计并执行解决方案、监控解决方案实际效果并提供反馈意见三大步骤和外部影响因素、精算师职业规范这两大限制条件的复杂过程。本章对精算管理体系、产品开发管理和监控制度的建立进行介绍，并试图为读者构建一个完整的精算理念。

重点概念

精算管理系统的基本原理：运用控制论和负反馈观念描述精算师在金融服务业和管理业中的工作流程和工作职责，从而将各个精算工作领域有机地联系起来，并建立精算工作和其他领域的联系。

精算管理系统主要思想：发现和明确问题、设计并执行解决方案、监控解决方案实际效果并提供反馈意见的决策和控制过程，同时需要考虑外部影响因素和精算师职业规范对精算管理系统的影响。

产品开发需求：整个产品开发管理过程的根本，在这个环节中，产品开发人员需要明确潜在市场和其存在的原因，并了解为什么潜在市场需求无法通过本公司或竞争者的现有产品满足。

产品开发实施：包括产品定义、定价、测试、营销、宣传，有些还会涉及核保和再保险计划。

产品管理：涉及对现有产品的追踪评估、老产品的停售和更新换代等。如对产品上市后的销售情况进行追踪，定期、不定期地进行产品回顾并形成报告报送管理层，提出建议。

控制变量法：控制变量法是科学研究中的常见方法，对于多因素多变量问题，它通过对变量的控制将多因素的问题转变为单因素的问题，从而分别加以研究最后综合解决。

因素分析法的基本方法：假定其他因素不变，先测定其中一个因素的变动影响，然后用同样的方法，按照一定的排列顺序，依次对各个因素进行测定。因素的排列方法，需要根据因素的内在联系加以确定。

思考与联系

1. 请简述精算管理体系的定义和构成。

2. 请写出原保监会规定的农业保险十四种主要统计指标中的任意六种并对其进行解释说明。

3. 请简要叙述产品监控的控制流程。

4. 从来源上分析，监控数据可以分为哪两类？请对其进行简单描述。

5. 请简述因素分析法和控制变量法，并解释对于同一案例，因素分析法结果和控制变量法可能不同。

参考文献

［1］中国精算师协会《精算管理》编写组：《非寿险精算学》，中国财政经济出版社 2010 年版。

［2］丁少群：《农业保险学》，中国金融出版社 2015 年版。

第十章 农业保险风险转移

学 习 目 标

1. 掌握再保险的概念以及自留额与分出额的计算方法。
2. 了解巨灾债券的概念和巨灾债券的套期保值。
3. 了解保险公司利用期货市场套期保值的方法。

知识结构图

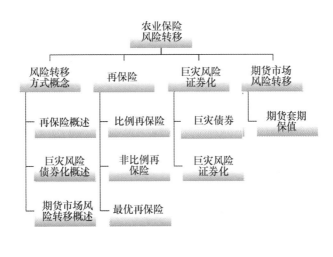

第一节 农业保险风险转移方式概述

随着社会经济的发展，农业保险的单个险种的保额和赔付不断提高，总体风险累积日益增长，保险人承担的风险越来越大。为实现保险经营的稳健发展，保险公司需要采取有效的风险转移方式分散损失风险。再保险是应用最为广泛的风险转移方式，已成为现代保险经营不可或缺的一部分，但再保险无法将承保风险转移至保险行业之外。自20世纪90年代末，全球非寿险业承保能力短缺，为提高保险行业的承保能力，保险领域的金融创新由此开启，巨灾风险证券化、期货市场已成为保险行业向金融行业转移风险的主体。下面，本书将简单介绍再保险、巨灾风险证券化以及期货市场分散保险风险途径。

一 再保险概述

再保险是指保险人将其承担的保险业务，部分转移给其他保险人的经营行为。前者在分出保险业务，而后者则在分入保险业务。故而再保险也称为分保。分出保险业务的保险人为原保险人（Original Insurer），也称为分出公司（Ceding Company）或再保险分出人；接受分保业务的保险人为再保险人（Reinsurer），也称分入公司（Ceded Company）或接受公司。

再保险是保险人之间分散风险损失的一项经营活动，是对保险人的保险，即保险的保险（The Insurance of Insurance）。根据再保险合同，分出公司将其所承担的部分风险责任转移给分入公司，为此分出公司需要向分入公司支付再保险费，当该风险成为实际损失时，分入公司必须分担其约定承保部分的损失。

同理，分入公司为避免巨额损失也需要分散风险，为此分入公司可将接受的风险进一步向其他分保人分出，这种经营活动称为转分保（Retrocession），对应的主体分别称为转分保分出人和转分保接受人。转分保可使得巨额风险责任得到分散，因此分出公司和分入公司都有开展再保险业务的需求，都可充当再保险的分出人或分入人。分入公司不是直接对原保险合同的损失给予补偿，不论原保险人是否对被保险人进行赔付，再保险人都要根据再保险合同约定对原保险人进行赔付。再保险合同属于补偿性合同。

二 巨灾风险证券化概述

传统保险定价以大数法则为依据，但巨灾风险无法通过大数法则加以分散，巨灾风险一旦发生，需要支付的巨额赔款甚至可能导致公司破产，引发整个保险行业的偿付危机和信任危机。在这种情况下，保险人通常采用分保的方式将风险转移至传统的再保险市场。但近年来，随着巨灾发生的频率和损失幅度不断上升，巨灾保险的需求与日俱增。但巨灾的接连发生，使得再保险市场的承保能力下降。20 世纪 90 年代以来，再保险市场出现了分入公司不愿意承保或续保，再保险产品价格直线上升的现象。在此背景下，巨灾风险证券化应运而生，成功地将巨灾风险转移至资本市场，有效缓解了再保险市场的承保压力。

巨灾风险证券化是指保险公司通过结构性重组的方式，将具有预期稳定现金流的资产转化为可以在资本市场上出售和流通的证券，由资本市场直接承担承保风险，充当保险市场的最后担保人。特定事件发生时，按照预先约定的条件融资（贷款或者发行股票），最终资金由资本市场流入保险市场。

三 期货市场风险转移概述

保险公司运用期货市场进行风险分散包括以下几个环节：保险公司根据农产品价格指数设计农产品目标价格保险；投保人（农业合作社、农业企业或个体农户等）通过购买农产品目标价格指数保险保障生产收益；保险公司通过购买与承保总量相同的期货公司的场外看跌期权对冲价格风险；期货公司通过场内期货交易复制看跌期权操作进一步转移风险。由此，价格风险由农业保险公司和期货公司共同管理分担。

第二节 再保险

一 再保险简介

再保险是保险公司转移风险的主要方式，当保险公司自身承担的保险责任超过一定额度，保险公司会选择将超出其承保能力的风险以再保险的方式分出。保险公司留下的承保部分为自留额或自留比例，分给分入公司的部分是分保额或分保比例。

按分保责任，再保险可细分为比例再保险和非比例再保险。比例再保险下，分出公司的自留额与分入公司的分保额以保险金额为基础确定，可以进一步细分为成数再保险、溢额再保险、成数和溢额混合再保险；非比例再保险下，分出公司的自留额与分入公司的分保额以赔款金额为基础确定，可以进一步细分为险位超赔再保险、事故超赔再保险及赔付率超赔再保险，有时险位超赔再保险、事故超赔再保险和赔付率超赔再保险统称为超额赔款再保险。

分出公司的自留额与保险金额之间是否存在固定的比例关系是区分比例再保险与非比例再保险的主要依据。比例再保险方式下，分出公司的自留额与保险金额之间存在固定的比例关系；而非比例再保险方式下，分出公司的自留额与保险金额之间没有固定的比例关系。

下面，将介绍比例再保险与非比例再保险自留额与分出额的计算方式，在此基础上，介绍保险公司得到最优再保险策略的常用方法。

二 比例再保险自留额与分出额的计算

比例再保险下，分出公司的自留额与分入公司的分保额是保额的一定比例，分出公司和分入公司按照这一比例分享保费，分担赔款，同时分入公司基于这一比例缴纳手续费。比例再保险可细分为成数再保险、溢额再保险以及成数和溢额混合再保险，下面，本小节将详细介绍前述三种比例再保险下自留额与分出额的具体计算方法。

（一）成数再保险

成数再保险（Quota Share Reinsurance）是指分出公司将每一危险单位的保险金额，按照约定的比率分给分入公司的再保险方式。只要保险金额在合同规定的限额以内，不论分出公司承保的每一危险单位的保险金额多大，都根据合同规定的比例分割保险金额，每一单位的保险费和所发生的赔款也根据这一比例进行分配和分摊，超出合同限额部分的保险金额由原保险公司自行承担。

实务中，原保险公司通常会选择较大的成数再保险自留比例，一般而言都在20%以上，有的高达40%以上。成数再保险合同中一般都会规定合同限额，限制分出公司与分入公司承担的风险责任，由此避免巨额保单下双方承担巨大风险责任的情况，另外有些合同还会对超过一定赔付率之上的分出人的损失参与约定条件。

例10-1：某农业保险公司与再保险公司签订了一份成数再保险合同，合同规定每一危险单位的合同限额为50万元，自留比例为30%，分出比例为70%。则合同双方的责任分配如表10-1所示。

表10-1　　　　　　　　成数再保险合同分保情况表（单位：万元）

			A	B	C
总额	保险金额	（1）	30	50	100
	保费	（2）	3	5	10
	赔款	（3）	5	10	15
分出	保险金额	（7）＝Min（50, 0.7×（1））	21	35	50
	保费	（8）＝（2）×（7）/（1）	2.1	3.5	5
	赔款	（9）＝（3）×（7）/（1）	3.5	7	7.5
自留	保险金额	（4）＝（1）－（7）	9	15	50
	保费	（5）＝（2）×（4）/（1）	0.9	1.5	5
	赔款	（6）＝（3）×（4）/（1）	1.5	3	7.5

（二）溢额再保险

溢额再保险（Surplus Reinsurance）是由分出公司与分入公司签订协议，对每个危险单位确定一个由保险人承担的自留额以及由分入公司承担的最高分入限额，保险金额超过自留额的部分称为溢额，分给分入公司承担，按照实际形成的自留额与分出额的比例分配保险费和分摊赔款。

溢额再保险合同中，分出公司首先应确定每笔业务中保险金额的自留额，将超过自留额的部分转移给分入公司，但转移给分入公司的部分需要低于合同规定的最高分入限额。自留额与保险金额称为自留比例，分出额与保险金额称为分保比例。保险标的保险金额的大小对溢额再保险的自留比例与分保比例造成影响。

溢额再保险分出额与分出额的计算较为简单，为了帮助读者理解，下面用一简单例子进行说明：假设一个溢额再保险合同规定自留额为50万元，现有三笔业务，保险金额分别为30万元、100万元和200万元，第一笔业务的保险金额在自留额之内，无须分保；第二笔业务的保险金额超过自留额，需要分保，实际自留额为50万元，分出额为50万元；第三笔业务的保险金额超过自留额，需要分保，实际自留额为50万元，分出额为150万元。该例中第二笔业务的自留比例为50%，分保比例为50%；第三笔业务的自留比例为25%，分保比例为75%。每笔业务根据实际形成的分保比例分配保险费和分摊赔款。

（三）混合再保险

成数和溢额混合再保险（Combined Quota Share and Surplus Reinsurance），是将成数再保险和溢额再保险组织在同一个合同里。实务中，成数和溢额混合再保险主要包括两种方式：其一是成数合同之上的溢额合同，其二是溢额合同之内的成数合同。

成数合同之上的溢额合同，是由分出公司先安排一个成数再保险合同，规定合同限额，然后以成数再保险合同的合同限额为"自留额"，安排一个溢额再保险合同，规定分入公司分入的线数。例如，一个成数分保合同的合同限额为2000万元，分出公司与分入公司之间保险金额的分割比例为4∶6。在成数分保合同的基础上，分出公司又与另一分入公司签订了一份溢额再保险合同，合同规定"自留额"为2000万元，分入公司的分入限额为2线，即为4000万元。保险金额在2000万元以下的业务，全部由成数合同处理，分出公司自留40%，其余60%由分入公司承担；保险金额在2000万元以上的业务，超过2000万元的部分转移给溢额合同的分入公司，直至最高分入限额4000万元。

溢额合同之内的成数合同，是保险人先安排一个溢额再保险合同，但对其自留额部分按另订成数合同处理。这种混合合同中，成数部分限额即为溢额的自留额，称为优先额（Priority），表示这一部分业务在溢额合同分配之前，由参加成数合同的分入公司优先承受。

例10－2：一个溢额再保险合同的自留额为100万元，分入公司的分入限额为4

线，并规定对于自留额部分，分出公司将其中的 60% 分出，则分出公司实际上只保留了原溢额合同部分的 40% 的责任。现有三笔业务，其保险金额及责任分配如表 10-2 所示：

表 10-2　　　　　　　　　　溢额再保险合同分保情况表　　　　　　　　　（单位：万元）

			A	B	C
总额	保险金额	(1)	60	150	600
	保费	(2)	0.6	1.5	6
	赔款	(3)	5	30	30
自留部分	保险金额	(4) = 0.4 × [(1) - (7)]	60	100	80
	保费	(5) = (2) × (4) / (1)	0.6	1	0.8
	赔款	(6) = (3) × (4) / (1)	5	20	4
成数分保	保险金额	(7)	0	50	400
	保费	(8) = (2) × (7) / (1)	0	0.5	4
	赔款	(9) = (3) × (7) / (1)	0	10	20
溢额分保	保险金额	(10) = 0.6 × [(1) - (7)]	0	0	120
	保费	(11) = (2) × (10) / (1)	0	0	1.2
	赔款	(12) = (3) × (10) / (1)	0	0	0.012

三　非比例再保险自留额与分出额的计算

非比例再保险下，当赔款超过一定标准或额度时，由分入公司承担超过部分的保险责任。非比例再保险有三种基本形式：险位超赔再保险、事故超赔再保险和赔付率超赔再保险。下面，将详细介绍前述三种非比例再保险下自留额与分出额的具体计算方法。

（一）险位超赔再保险

险位超赔再保险（Excess of Loss Per Risk Basis）依据每一风险单位或每一保单在一次事故中所发生的赔款金额来计算自留额和分保额。合同双方约定，对每个危险单位发生的赔款，分出公司自负一定的金额，分入公司负责超过部分的一定金额。由于农险难以明晰界定危险单位，故而农险的再保一般不采取该方式。

险位超赔再保险合同下，通常有两种确定再保险公司赔款的方法：一是按危险单位的赔款分别计算，分入公司对每个危险单位的赔款不超过最高责任限额，但其对一次事故的总赔款没有额度限制；二是按危险单位的赔款分别计算，分入公司对每个危险单位的赔款不超过最高责任限额，而且对分出公司每次事故的总赔款有额度限制，一般为险位限额的 2—3 倍，即每次事故分入公司只赔付 2—3 个危险单位的损失。

例 10 - 3：某农业保险公司与再保险公司签订的险位超赔合同规定农业保险公司的自负责任额为 10 万元，再保险公司的最高责任额为 20 万元。危险单位 A、B、C 的损失金额分别为 30 万元、40 万元、50 万元，赔款分摊如表 10 - 3 所示：

表 10 - 3 　　　　　　　　　险位超赔合同赔款分摊情况表　　　　　　　（单位：万元）

危险单位	赔款额	农业保险公司承担赔款	再保险公司承担赔款
A	30	10	20
B	40	20	20
C	50	30	20

但如果每次农业保险公司的总赔款责任限额为险位责任限额的 2 倍，则赔款分摊如表 10 - 4 所示。在这种情况下，再保险公司已承担两个危险单位的赔款，故而危险单位 C 的损失应全部由农业保险公司自行承担。

表 10 - 4 　　　　　　　　　险位超赔合同赔款分摊情况表　　　　　　　（单位：万元）

危险单位	赔款额	农业保险公司承担赔款	再保险公司承担赔款
A	30	10	20
B	40	20	20
C	50	50	0

（二）事故超赔再保险

事故超赔再保险（Excess of Loss Event Basis）是以一次事故所发生的赔款总和计算自留额与分保额，即一次事故中许多风险单位同时发生损失，责任累积额超过自留额的部分由分入公司负责。对于分出公司而言，该再保险方式主要用于避免一次巨灾事故的发生造成过大的责任累积，故而又被称为巨灾超赔保障再保险。

地震、台风、洪水和森林大火等灾害事故持续的时间可能较长，有时甚至可以持续好几天。在此情况下，事故划分次数的不同可能导致计算得出的分出公司自留额与分入公司分保额截然不同。故而在确定事故超赔再保险下，分出公司与分入公司承担的赔付责任时，需要对事故次数进行划分。事故次数的划分是事故超赔再保险合同下赔款分摊金额计算的关键。故而在事故超赔再保险中，应针对灾害事故对一次事故的持续时间作出明确规定。如规定台风、飓风连续 48 小时为一次事故，地震、洪水、森林大火连续 72 小时作为一次事故，等等。

事故超赔再保险下赔款的分摊要通过比较一次事故中多个危险单位发生的总赔款与合同中规定的自留额来确定。当一次事故中多个危险单位发生的赔款总额不超过事故超赔再保险合同中规定的自留额时，所有赔款由分出公司承担；当一次事故中多个危险单位发生的赔款总额超过事故超赔再保险合同中规定的自留额时，所有赔款则由分出公司和分入公司分摊。

例 10 - 4：一巨灾超赔再保险合同规定分出公司的自留额为 100 万元，分入公司的最高限额为 100 万元。一次暴风持续了四天，该事故共损失 500 万元。合同规定暴风连续 48 小时内为一次事故。

若将其视为两次事故，并假设第一个 48 小时内的损失为 200 万元，第二个 48 小时的损失为 300 万元，则赔款分摊情况如表 10 - 5 所示。

表 10 - 5　　　　　　　　　　　　　　　**赔款分摊表**

	分出公司承担赔款	分入公司承担赔款
第一个 48 小时内损失 200 万元	100 万元	100 万元
第二个 48 小时内损失 300 万元	100 万元	200 万元

（三）赔付率超赔再保险

赔付率超赔再保险（Excess of Loss Ratio Reinsurance），是一种按赔款与保费比例来确定自负责任和再保险责任的再保险方式，即在约定的一定时期（通常为一年）内，赔付率超过一定标准时，由分入公司就超过部分负责至某一赔付率或金额。赔付率再保险实质上是对分出公司提供的财物损失的保障，用以防止约定业务年度内赔付率发生较大波动而影响分出公司的经营稳定。

赔付率超赔再保险中，一般会规定两个限制性比率：一个是分出公司的自留比率；另一个是分入公司的最高责任比率。当实际赔付率低于合同约定的自留比率时，所有赔款由分出公司承担；当实际赔付率高于合同约定的自留比率而低于自留比率与最高责任比率之和时，分出公司只负责自留比率以内的赔款，超出自留比率的赔款由分入公司负责；当实际赔付率高于合同约定的自留比率与最高责任比率之和时，分出公司只负责自留比率以内的赔款，超出自留比率的赔款由分入公司负责，直至合同规定的最高责任比率，超过自留比率与最高责任比率之和部分的赔款由分出公司负责。例如，一个赔付率超赔再保险合同规定分出公司的自留比率为 70%，分入公司的最高责任比率为超过 70% 后的 50%，即实际赔付率在 70% 以下的赔款由分出公司负责，70% 到 120% 的赔款由分入公司负责。

四　最优再保险

最优再保险是指在通过适当的分保安排或风险交换，使保险公司在获利一定的情况下承担的风险更小，或在承担风险一定的情况下获利更大，从而达到保障公司偿付能力，稳定公司经营的目的。

保险公司通过购买再保险分散风险和稳定经营的同时，保费收入也因此减少。故而对于保险公司而言，购买再保险类似于金融中的投资行为。一方面，再保险的保费中除净保费外还包含了附加保费和利润等其他费用，购买再保险势必会降低保险公司的期望收益；另一方面，通过购买合理的再保险，保险公司能够降低经营风险。故而保险人需要在收益和风险之间进行权衡，由此得到最优再保险策略。

目前再保险最优化并未形成统一的评判标准，常见的优化准则包括期望利润最大化、方差最小化、保费最小化、破产概率最小化和调节系数最大化，无论哪种最优化方法都会明确再保险最优化策略的判定依据和策略中各参数的求解。本节中仅介绍最为常见及实用的再保险最优化方法：均值方差理论下的最优再保险。均值方差理论下的最优再保险从减少保险人经营风险不确定性的角度出发制定再保险策略。

均值方差理论下的最优再保险的雏形是英国精算学家 Stenfan Vajda 提出的最小方差模型，该理论模型在再保险保费给定的前提下，以变异系数最小化为判定依据，从而得出在最小方差理论下成数再保是最优再保险形式的结论。此后，Marek Kaluszka 在最小方差模型的基础上提出了均值方差理论下确定最优再保险的理论方法，该理论中再保险风险保费 P 为一定值，其数额由风险损失期望和方差确定，总索赔额为 X，再保险人承担的索赔额为 $R(X)$，在原保险人的期望赔款额 $E(X-R(X))$ 和风险保费 P 为定值的情况下，使得原保险人承担索赔额 $X-R(X)$ 的方差达到最小的策略即为最优再保险策略。

第三节　巨灾风险证券化

一　巨灾风险证券化简介

巨灾风险证券化是指保险公司通过结构性重组的方式，将具有预期稳定现金流的资产转化为可以在资本市场上出售和流通的证券，由资本市场直接承担承保风险，充当保险市场的最后担保人。特定事件发生时，按照预先约定的条件融资（贷款或者发行股票），最终资金由资本市场流入保险市场。巨灾风险证券化把保险公司面临的巨灾风险转化为证券，通过金融市场销售证券，由此将保险市场的巨灾风险向资本市场分散转移。

巨灾风险证券化产品在西方金融市场已经发展了 30 多年。1992 年芝加哥期权交易所首次发行了巨灾期权。随后，市场上出现了许多保险衍生型商品。1997 年以后，美国保险和再保险公司可以通过巨灾风险交易所直接进行风险交换的交易，使得承保不同地区、不同危险种类的保险公司和再保险公司得以互换风险。但国内的巨灾证券化才刚刚起步。2015 年 7 月 1 日，我国首只以地震风险为保障对象的巨灾债券在境外市场发行，正式拉开了我国巨灾风险证券化试点工作的帷幕。

目前，市场上出售的巨灾风险证券化产品包括巨灾债券、巨灾期权、巨灾期货、巨灾互换、应急资本、行业损失担保、债券联结期权、基准风险交易等，其中巨灾债券的应用最为广泛。故而，本节以巨灾债券为例来介绍巨灾风险证券化。

二 巨灾债券简介

巨灾债券（catastrophe securities）是保险公司发行的一种将收益与制定的巨灾损失相连接的债券，是一种将保险公司承保风险转移至资本市场的新型保险衍生品。一旦发生所约定的巨灾事件并达到触发条件时，巨灾债券持有人将根据合同约定损失部分利息（甚至本金）或获得债券发行公司的股票。巨灾债券的触发条件很大程度上决定了巨灾债券能否对保险公司承保的巨灾风险提供套期保值，触发条件大致可分为三类：一是巨灾损失指数；二是赔付额或赔付率；三是物理参数，如地震震级。

不同于一般的债券，其付息还本与巨灾事件是否发生相关联，只有巨灾发生且造成的损失达到触发条件时，按照约定保险人可以不返还利息或本金给债券持有者，债券持有者会丧失部分或者全部的利息收入，甚至有损失本金的可能性；如果未发生约定的巨灾风险，债券持有者在获得本金返还的同时，还将获得高于市场报酬率的利息返还。按照承担风险程度的不同，巨灾债券可细分为本金保护债券、本金部分受保护债券和本金不受保护债券。

巨灾债券还存在另一种形式：特定巨灾发生并达到触发条件时，债券持有者将获得债券发行公司的股票。

三 巨灾债券的风险转移

下面通过两个阶段的二项式模型来说明保险公司如何利用巨灾债券进行风险转移。假设巨灾债券的面值为 100 元，息票率为 7%，若发生巨灾，债券持有人将失去所有利息。该债券的支付分为两个阶段：若第一年内发生巨灾，则在第一年度末支付 7 元息票，若巨灾发生则无须支付息票；若第二年内未发生巨灾，则在第二年度末支付 100 元面值和 7 元息票，若巨灾发生则只需支付 100 元面值（见图 10 - 1）。此外，假设巨灾发生的概率为2%，无风险年化利率为5%。通过计算可以得出上述假设下，该种巨灾债券的价格为103.4585元。

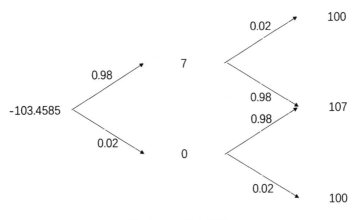

图10-1　巨灾债券

同样的假设条件下，运用上述方法计算得出一般债券的价格为103.7188元，详见图10-2。

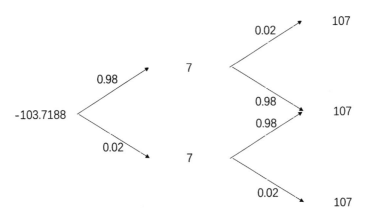

图10-2　一般债券

如果保险公司在发行巨灾债券的同时，又购买了一般债券进行对冲，保险人的净现金流如图11-3所示，若发生巨灾，则保险人在发生巨灾保险的年度末获得7元息票；若未发生巨灾，则保险人的净现金流为零。整个过程中，保险人花费了0.2603元/100元面值，相当于用0.2603元/100元面值购买了一个两年的再保险合约，当巨灾发生时，保险公司可用获得的7元债券收益进行巨灾损失赔付。

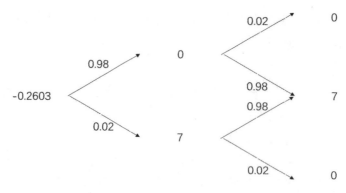

图 10 - 3 保险人的净现金流

第四节 期货市场风险转移

保险公司可依托期货市场价格发现与套期保值的功能，将保险产品与期货工具相结合，一方面，利用期货市场的价格发现功能进行保险产品设计，另一方面，利用期货市场实现保险资金的套期保值。本节主要介绍"保险 + 期货"在转移承保风险方面的应用。

一 期货市场风险转移简介

保险公司利用期货市场进行风险转移主要依托期货的套期保值功能，保险公司将保险产品与期货工具相结合，在承保农产品价格风险的同时，在期货市场上购买场外看跌期权进行风险对冲，由此形成现期货市场之间的盈亏冲抵机制，将保险公司承保农产品价格的市场风险转移到期货市场，利用期货市场进行保险资金的套期保值，由此实现规避市场价格波动风险、完善农业保险市场价格风险保障功能。

保险公司运用期货市场进行风险转移主要通过两种途径：一种是保险基于农产品期货价格的模式，农产品价格保险的目标价和场外看跌期权价格均根据农产品期货市场价格确定，两者完全匹配，由此实现价格风险的 100% 转移，保险公司相当于一个中介平台；另一种是保险基于农产品现货市场价格指数的模式，农产品价格保险的目标价根据农产品现货市场价格确定，场外看跌期权价格根据农产品期货市场价格确定，这一模式下，保险公司需要承担两个价格指数差异引发的基差风险，指数相关程度越高，风险转移效果就越好。需要特别指出的是，较之第一种模式，第二种模式的可行性更高，这是由于基于现货市场价格制定的目标价更易于被投保人接受。

二 期货套期保值

保险公司可通过买入看跌期权实现套期保值。保险标的合约到期价高于目标价时，保险公司的保费收入能够弥补期货市场合约的购买支出；保险标的合约到期价低于目标价时，保险公司的赔款支出能够通过期货市场的套期保值收入得以弥补。保险公司实质上是农户与期货市场的中介者，将参保农户与期货市场联结起来，由此实现保险风险向金融市场的分散转移。下面，我们通过案例加深对保险公司利用期货套期保值概念的理解。

例10-5：A农业保险公司（下文中简称A公司）在S省开发了一款鸡蛋价格指数保险，该产品的价格基准指数为S省鸡蛋行业协会公布的"中准价"，保险理赔触发值为8元/千克。当理赔结算周期内的日均"中准价"低于8元/千克时，投保人获得的赔付额为触发值与日均"中准价"的差额。

A公司分析发现，每年的10月中下旬至12月中下旬是鸡蛋价格低点期。A公司在7月购买了执行期为11月，执行价为7000元/吨的鸡蛋价格场外期权，交易数量为100吨，期权费用为4000元。

如果11月"中准价"均值为8.2元/千克，11月鸡蛋期货主力合约收盘均价为6.9元/千克，请分析A公司11月的盈利（或亏损）情况。

解：

（1）保险理赔情况分析。11月鸡蛋价格的"中准价"均值为8.2元/千克，而保险理赔触发值为8元/千克，"中准价"高于保险理赔触发值，因此11月无赔案发生，A公司无须进行理赔支付。

（2）期货盈利分析。由于11月鸡蛋期货主力合约收盘均价为6.9元/千克（6900元/吨），低于期货执行价，因此A公司可通过执行鸡蛋价格场外期权获取收益为：

$$(7000 - 6900) \times 100 - 4000 = 6000(元)$$

综上可知，A保险公司在11月运用"保险+期货"方法盈利6000元，达到了分散价格风险的效果。

本章小结

前述章节中介绍了农业保险精算定价与准备金评估方面的内容，而风险转移也是农业保险经营与研究绕不开的一个课题，故而本章对农业保险风险转移进行简要介绍。本章第一节简要概述再保险、巨灾风险证券化及"保险+期货"这几个主要的农业风险转移方式，再在随后的小节中详细介绍了这三种风险转移方式。

重点概念

再保险：指保险人将其承担的保险业务，部分转移给其他保险人的经营行为。

成数再保险：指分出公司将每一危险单位的保险金额，按照约定的比例分给分入公司的再保险方式。

溢额再保险：由分出公司与分入公司签订协议，对每个危险单位确定一个由保险人承担的自留额以及由分入公司承担的最高分入限额，保险金额超过自留额的部分称为溢额，分给分入公司承担，按照实际形成的自留额与分出额的比例分配保险费和分摊赔款。

险位超赔再保险：依据每一风险单位或每一保单在一次事故中所发生的赔款金额来计算自留额和分保额。合同双方约定，对每一危险单位发生的赔款，分出公司自负一定的金额，分入公司负责超过部分的一定金额。

事故超赔再保险：以一次事故所发生的赔款总和计算自留额与分保额，即一次事故中许多风险单位同时发生损失，责任累积额超过自留额的部分由分入公司负责。

赔付率超赔再保险：一种按赔款与保费比例来确定自负责任和再保险责任的再保险方式，即在约定的一定时期（通常为一年）内，赔付率超过一定标准时，由分入公司就超过部分负责至某一赔付率或金额。

巨灾风险证券化：指保险公司通过结构性重组的方式，将具有预期稳定现金流的资产转化为可以在资本市场上出售和流通的证券，由资本市场直接承担承保风险，充当保险市场的最后担保人。

巨灾债券：保险公司发行的一种将收益与制定的巨灾损失相连接的债券，是一种将保险公司承保风险转移至资本市场的新型保险衍生品。

期货市场风险转移：保险公司在承保农产品价格风险的同时，在期货市场上购买场外看跌期权进行风险对冲，由此形成现期货市场之间的盈亏冲抵机制，将保险公司承保农产品价格的市场风险转移到期货市场。

思考与练习

1. 按分保金额的安排，比例再保险和非比例再保险可细分为哪几种类别？

2. 某农业保险公司与再保险公司签订了一份成数再保险合同，合同规定每一危险单位的合同限额为 100 万元，自留比例为 40%，分出比例为 60%。试求下述情况下合同双方的责任分配情况：

（1）危险单位 A 的保险金额为 70 万元；

（2）危险单位 A 的保险金额为 150 万元；

（3）危险单位 A 的保险金额为 200 万元。

2. 某农业保险公司与再保险公司签订了一份溢额再保险合同，合同规定自留额为 40 万元，现有三笔业务，保险金额分别为 20 万元、100 万元和 200 万元，请确定这三笔业务的自留比例和分保比例。

3. 某农业保险公司与再保险公司签订了一份险位超赔合同，合同规定农业保险公司的自负责任额为 20 万元，再保险公司的最高责任额为 30 万元。危险单位 A、B、C 的损失金额分别为 10 万元、20 万元、60 万元，请确定农业保险公司和再保险公司的赔款分摊情况。

4. 某农业保险公司与再保险公司签订了一份赔付率超赔合同，合同规定农业保险公司应负责赔付率在 50% 以下的赔款，再保险公司负责赔付率在 50% 至 120% 内的赔款。现有两个危险单位危险单位 A 的保险金额为 100 万元，赔款 60 万元；危险单位 B 的保险金额为 80 万元，赔款 104 万元。请确定农业保险公司应分别为前述两个赔案支付的赔款金额。

5. 巨灾风险证券化的基本思想是什么？

6. 保险公司如何利用期货市场实现套期保值？

参考文献

[1] 赵苑达主编：《再保险学》，中国金融出版社 2003 年版。

[2] 李勇权：《巨灾保险风险证券化研究》，中国财政经济出版社 2004 年版。

［3］中国精算师协会：《非寿险精算》，中国财政经济出版社 2010 年版。

［4］康晗彬、刑天才：《巨灾再保险/债券定价模型分析与实证研究》，中国社会科学出版社 2017 年版。

［5］任柏桐：《从"保险＋期货"看我国保险业服务三农新模式》，《上海保险》2017 年第 2 期。

［6］李华、张琳：《"保险＋期货"：一种服务国家农业现代化的新模式》，《中国保险》2016 年第 7 期。

［7］谢世清：《巨灾债券的精算定价模型评析》，《财经论丛》2011 年第 V156（1）期。

后　　记

历时两年整，这本《农业保险精算》终于到了交稿的时候了。本书是南开大学农业保险研究中心策划的首套"农业保险系列教材"中的一本，旨在面向农业保险实际经办人员，讲解精算原理与方法。

感谢中心主任江生忠教授和中心专家委员会主任庹国柱教授的信任，让我有幸承担了本书的写作任务。接受这项任务，对我来说是一项极大的挑战！因为目前还没见其他可供参考的农业保险精算书籍。正因为这样，本书从构思到形成大纲经过了艰辛且漫长的过程。幸运的是，我们得到了很多经验丰富的农业保险专家及相关领域权威学者的指导和帮助，江生忠教授和庹国柱教授自始至终都关心着本书的写作进程，并提供了很多重要的指导意见。安信农业保险股份有限公司总经理何荣勋先生、战略发展部副总经理胡德雄先生、精算部杨国桃女士以及太平洋保险集团刘娇女士毫无保留地与我们分享了他们多年来在农业保险及农险精算领域工作的经验，为本书的写作出谋划策，贡献了很多真知灼见。

本书的写作主要由我和我的三位研究生——吴熙、刘炜男、林禹攸——完成。具体分工是：吴熙负责农业保险精算基础知识部分的内容，为本书的前三章；刘炜男负责农业保险精算定价部分的内容，分别为第三、第四、第五、第六章和第九章；林禹攸负责农业保险准备金评估和风险转移部分的内容，分别为第七、第八和第十章；全书的总纂工作由我负责。

为了能够完成本书的写作任务，我们除了每周都要进行专题讨论外，还安排林禹攸同学和刘炜男同学专程赴农险公司实习调研。再次感谢安信农业保险股份有限公司，同时感谢国元农业保险股份有限公司对我们的支持！感谢胡德雄先生、杨国桃女士以及国元农险的汪明美先生、孙喜波先生对我们派去的学生的接待和指导。考虑到本书写作经费有限，二公司还为我们提供了实习调研期间的一些食宿费用，我们对这些都深表感谢！

感谢张峭老师和王成刚、王鲁江、段应远等实践经验丰富的农业保险专家对本书初稿提出的宝贵意见，感谢孙喜波精算师和周县华精算师对本书提出的专业、全面和具体的修改意见，这些意见对本书的最后完成带来了极大的帮助。感谢张连增教授和朱航博士的支持和帮助，感谢吴学明先生的理解、支持和帮助！

本书是我和学生们为期两年共同时光的见证。虽然付出了很多的努力，但是会存在很多缺点和不足、错漏之处，恳请读者能提出宝贵意见，如有机会，以后一定好好修订。

李勇权